普通高等教育精品系列教材

统计学原理

（第五版）

主编○胡世强　孙　平

西南财经大学出版社
Southwestern University of Finance & Economics Press
中国·成都

图书在版编目(CIP)数据

统计学原理/胡世强,孙平主编.--5版.--成都:
西南财经大学出版社,2025.5.--ISBN 978-7-5504-6677-7

Ⅰ.C8

中国国家版本馆CIP数据核字第2025FQ5681号

统计学原理(第五版)

TONGJIXUE YUANLI

主　编:胡世强　孙　平

责任编辑:植　苗
责任校对:杨婧颖
封面设计:何东琳设计工作室
责任印制:朱曼丽

出版发行	西南财经大学出版社(四川省成都市光华村街55号)
网　　址	http://cbs.swufe.edu.cn
电子邮件	bookcj@swufe.edu.cn
邮政编码	610074
电　　话	028-87353785
照　　排	四川胜翔数码印务设计有限公司
印　　刷	郫县犀浦印刷厂
成品尺寸	185 mm×260 mm
印　　张	21.125
字　　数	525千字
版　　次	2025年5月第5版
印　　次	2025年5月第1次印刷
印　　数	1—2000册
书　　号	ISBN 978-7-5504-6677-7
定　　价	48.00元

第五版前言

《统计学原理》作为四川省“十二五”普通高等教育本科规划教材，自2007年2月正式出版后，9次印刷，自2018年12月第四版出版发行至今，已经有7年，感谢众多高校的老师们和其他读者们对本教材的认可、支持与厚爱。第四版发行以来，我国的统计改革不断深入，相关法规条例不断修订与发布。如修订后的《中华人民共和国政府信息公开条例》自2019年5月15日起实施，修改后的《全国经济普查条例》自2018年7月4日起实施，修改后的《统计执法监督检查办法》自2019年11月14日起实施，修改后的《统计执法证管理办法》自2019年11月14日起实施，《统计严重失信企业信用管理办法》自2022年4月14日起实施，等等，许多省份都修订了本地与统计相关的法规条例。这不仅对我国的统计工作带来了新的变化，也对统计教学与教材提出了新的要求。为此，我们根据统计学教学的规律以及我们对统计学教学的深入认识，结合国家对统计体系改革的内容以及最新的统计资料与信息，对《统计学原理》（第四版）进行了修订，以适应新的形势和新的教学内容。

本次修订的主要内容包括以下两个方面：

一是按照最新统计学相关法规条例要求对内容进行了修订。

二是采用最新的统计数据与图表对原教材中的数据与图表进行了更新。

教育部于2024年发布的《普通高等学校本科专业目录》，是指导高等教育工作的基本指导性文件之一，它对各个专业的核心课程都提出了指导性的意见。其中，“统计学”是所有经济学门类（含经济学类、财政学类、金融学类和经济与贸易类）专业和管理学门类下设工商管理类专业的核心课程。所以，“统计学”不仅是统计学专业的专业课程，也是所有经济学门类专业和工商管理类专业的核心课程。此外，为了适应非“统计学”专业学习统计学的需要，我们还组织了有关专家、学者编写和修订了本教材。

本教材是以统计理论为基础，结合我国统计法规、制度及统计工作改革的现实和我国统计教学的现状及发展趋势，面向高等学校管理类和经济类专业编写的。我们既保留了原社会经济统计学中仍具有现实意义的内容，又融入了最新的统计法规、统计理论、统计方法和计算机统计内容。

作为管理类和经济类的专业基础课，本教材立足于介绍统计的一般原理和基本方法，并将其应用于社会、经济活动的统计实践中，注重统计理论与统计实践的结合；主要以社会、经济生活中常见的现象及活动为例来阐明统计的基本理论和方法，因此将书名定为《统计学原理》。为此，我们在编写中坚持理论联系实际，学以致用，概念清晰，层次分明，条理清楚，深入浅出，尽量少进行数学公式推导，力求通俗易懂，讲求实效，便于非统计专业学生们尽快入门；同时，为了便于教学，我们在每章结束后都编写了“思考题”和“练习题”。

本教材具有较强的适用性，主要适用于非统计专业，特别适用于管理类和经济类各专业作为学习统计学的专业基础课教材。

本书由成都大学胡世强、孙平担任主编，刘羽担任副主编。具体写作分工如下：胡世强教授撰写第一、二、四、八、九章；孙平副教授撰写第三、六、七、十二章；刘羽讲师撰写第五、十、十一章。最后，由胡世强对全书进行总纂定稿。

本次由成都大学胡世强和孙平对全书进行了系统修订。

限于编者水平及写作时间，书中难免存在疏漏，恳请广大读者批评指正。

胡世强

2025 年 1 月于成都

目　录

第一章　总论

第一节　统计的内涵和特点

一、统计的内涵

统计活动已经有几千年的历史，但在早期并没有出现“统计”这样的用语。统计语言最早出现于中世纪拉丁语的“Status”，意思是指各种现象的状态和状况。由这一语根组成的意大利语“Stato”，表示“国家”的概念，也含有国家结构和国情知识的意思。根据这一语根，最早作为学名使用的“统计”，是德国政治学教授阿亨瓦尔（G. Achenwall）在1749年所著的《近代欧洲各国国家学纲要》一书序言中，把国家学名定为“Statistika”（统计）这个词。其原意是指“国家显著事项的比较和记述”或“国势学”，认为统计是关于国家应注意事项的学问。此后，各国相继沿用“统计”这个词，并把这个词译成各国的文字——法国译为“Statistique”，意大利译为“Statistica”，英国译为“Statistics”；日本最初译为“政表”“政算”“国势”“形势”等，直到1880年在太政官中设立了统计院，才确定以“统计”二字正名。1903年，钮永建、林卓南等翻译了四本横山雅南所著的《统计讲义录》一书，把“统计”这个词从日本传到我国。1907年，彭祖植编写的《统计学》在日本出版，同时在国内发行，这是我国最早的一本统计学书。可见，“统计”一词成了记述国家和社会状况的数量关系的总称。“统计”一词由来已久，其含义也随着社会经济的不断进步而不断发展和演变。在现代社会经济条件下，“统计”一词已经被人们赋予多种内涵。一般来讲，统计的内涵可概括为三个方面：统计工作、统计资料和统计学。

（一）统计工作

统计工作是为了满足一定的需要，运用各种统计方法对社会、政治、经济、文化、自然等现象进行统计调查、统计分析，提供统计资料和统计咨询意见，实行统计监督等活动的总称。

统计作为一种社会实践活动，已有数千年历史。我国早在夏禹时代，就有人口、土地和财产等方面的统计。据《帝王世纪》丛书记载，4 000多年前的夏王朝，为了治国治水的需要，查明了当时全国人口为13 553 923人，土地为24 308 024公顷（1公顷＝0.01平方千米，下同），并依照山川土质、人口物产及贡献度将全国分为九州。据《旧约全书》记载，公元前10世纪，犹太国王大卫和所罗门对全国进行了完整的人口和财产调查统计。随着社会的进步、经济的发展、科技的发达，统计工作的范围已由人口、土地、财产等扩展到社会经济生活的各个领域，而且在医学、生物、物理、化学等领域也大量地应用统计方法，其内容和方法越来越复杂，对现象的量化描述和分析也越来越重要。统计实践活动已成为人们认识客观事物、了解和掌握客观事物规律的重要手段。

（二）统计资料

统计资料是通过统计工作所取得的各项反映社会现象的数字资料以及与之联系的其他实际资料的总称，是统计工作的客体和成果。准确、及时、全面、系统地反映社会现象的统计资料，是统计资料使用者对社会、经济、政治、文化等现象进行科学管理的基本依据。

统计资料既包括根据研究目的并通过统计调查收集的原始资料，也包括经过整理、加工的系统资料。它的表现形式通常为统计表、统计图、统计报告、统计公告、统计年鉴以及其他有关的统计数字信息载体，其内容主要反映社会现象的规模、水平、结构、比例、速度及预测的数字和文字信息等。

（三）统计学

统计学是一门收集、整理和分析统计数据的方法科学，是统计工作实践的科学总结和理论概括。它以研究和阐明统计调查、统计整理、统计分析的理论和方法为基本内容，其目的是探索社会现象的内在数量规律，以达到对客观现象的科学认识。

在长期的实践经验和理论研究的基础上，统计学吸收了其他科学研究的相关成果，在学科交叉的优势下，形成了自身独特的研究领域，并总结了一套较为完善的统计理论和统计方法。正是这些理论和方法的应用，人们能够从客观事物复杂多样的外部形态中掌握其基本特征、相互关系及其发展变化的规律。所以，统计学已经成为人们研究自然与社会现象数量特征的一门通用的方法科学，是人们认识客观世界的最有用的工具之一。

统计内涵的三个方面有着密切的联系，如图 1-1 所示。

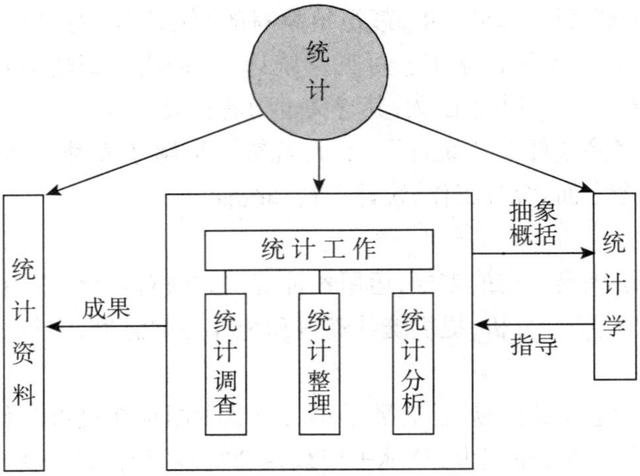

图 1-1　统计的内涵

统计工作是人们的统计实践，是主观反映客观的认识过程；统计资料是统计工作的成果，直接反映客观现象数量方面的特征与相互关系；统计工作与统计资料是过程与结果的关系。

统计学是统计工作实践的科学总结和理论概括，源于统计实践，又指导统计实践，是理论与实践的关系。

二、统计的特点、基本职能和基本任务

（一）统计的特点

虽然统计有各种内涵，但其最明显的含义是对社会现象的一种调查研究和认识活动。这种活动不是研究社会现象的所有方面，而是只研究大量社会现象的数量表现、数量关系以及数量规律。所以，它有别于其他的活动，具有数量性、总体性、具体性的特点。

1. 数量性

统计研究的是社会现象的数量方面，包括社会现象的规模、水平、结构、发展速度以及现象间的数量关系、质量互变的数量界限等。数量性是统计的基本特点，也是统计区别于其他社会调查研究活动的本质特征。

统计的数量性特点，具体可以从以下方面进一步理解：

（1）统计研究社会现象的数量方面，能够使人们具体认识事物的本质。任何现象的质都表现为一定的量，质总是以一定量的方式存在的。我们只有弄清了现象在一定时空条件下的规模、水平、结构和速度等，才能更准确地把握事物的发展方向。

（2）统计研究社会现象的数量方面，能够使人们了解事物质变的数量界限，随时对工作过程进行调控，避免或减少决策与计划的失误。事物的质变往往是从量变开始的，所以，我们必须密切注意现象发展变化的数量界限，把不同质的现象清楚地区分开来。

（3）统计研究社会现象的数量方面，能揭示各种社会现象在一定历史条件下发展变化的规律性，预测现象未来发展变化的趋势。统计通过对收集和整理的统计资料进行分析，能够把握现象发生、发展变化的规律性，进而运用科学方法对现象的未来情况进行预测，为决策提供坚实的基础。

但是，统计并不是研究社会现象的纯数量关系，而是在质与量的辩证统一中进行社会现象数量关系的研究。统计对社会现象数量方面的定量认识是以定性认识为基础的，因此我们要将定性认识与定量认识结合起来，遵循定性—定量—定性的科学认识规律。例如，要想研究国内生产总值的数量、构成及其发展变化，我们首先就要了解国内生产总值的本质属性，其次才能通过这种认识去确定国内生产总值的口径、范围和计算方法，进而才能据以处理实际的国内生产总值的统计问题。

2. 总体性

统计的总体性特点表明，统计研究的不是个别现象的数量方面，而是由许多个体现象构成的总体的数量方面。例如，劳动生产率统计并不是研究某个人的劳动效率，而是研究一个国家、地区、部门或一个企业的劳动生产率及其变动情况。

统计的总体性特点是由社会现象的特点和统计研究的目的决定的。社会现象涉及社会生产与生活的广阔领域，是各种社会规律相互交错作用的结果，它呈现出复杂多变的情况。因而，事物的变化趋势及规律只有在大量的现象中才能表现出来，而各个个体

现象所处的条件不同,它们既受共同因素的影响,又受某些个别的、偶然的因素影响。因此,个体现象的数量特征和变化趋势是难以说明社会现象总体的本质和规律的。只有以社会现象的总体为研究对象,才能消除偶然因素带来的影响,正确地显示现象的本质和规律性。

但是,总体是由个体所构成的,要认识社会现象总体,我们就必须从调查了解个体现象的情况开始,从个体到总体。认识个体是认识总体的手段,认识总体的数量特征才是统计的目的。

3. 具体性

统计所研究现象的数量不是抽象的数量,而是某一具体的客观存在的社会现象在一定时间、空间和条件下的数量表现。比如,2005 年我国的粮食产量为 48 401 万吨,钢材产量为 37 117 万吨,原煤产量为 21. 9 亿吨。显然,这些不是抽象的数量,而是我国在 2005 年这一具体条件下粮食、钢材、原煤生产的数量表现。如果抽掉具体的内容,不是在一定时间、地点和条件下进行研究,那就不能说明任何问题,也就不能称其为条件,其数据也就不是条件数字了。

(二)统计的基本职能

统计的职能是统计工作中固有的内在功能,其基本职能主要包括信息职能、咨询职能和监督职能。

1. 信息职能

统计的信息职能表现在统计工作根据科学的统计方法,全面、系统地收集、处理统计资料,提供由分析、计算形成的各种统计指标,从而提供大量的以数据描述为基本特征的社会经济信息。其具体体现为:统计人员通过对统计资料的反复筛选,提炼出有价值的、使用者尚未掌握的数字情报信息,并向使用者提供统计信息服务。

2. 咨询职能

统计的咨询职能是指利用已经掌握的丰富的统计信息资源,运用科学的分析方法和先进的技术手段,深入开展综合分析和专题研究,为科学决策和现代管理提供各种可供选择的咨询建议和对策方案。

3. 监督职能

统计的监督职能是指根据统计调查和统计分析,及时、准确地从总体上反映社会经济和科技的运行状态,并对其实行全面、系统的定量检查、监督和预警,以促使国民经济按照客观规律持续、稳定、协调地发展。

统计的三个职能是相辅相成的。统计的信息职能是保证其咨询职能和监督职能得以有效发挥的基本前提;统计的咨询职能是其信息职能的延续和深化;统计的监督职能是在其信息职能和咨询职能的基础上的进一步拓展,统计监督职能的强化又必然要对信息职能和咨询职能提出更高的要求,从而进一步促进信息职能和咨询职能的优化。

(三)统计的基本任务

统计的基本职能在统计工作中的具体体现,就是工作的基本任务。《中华人民共和国统计法》(以下简称《统计法》)第二条明确规定,统计的基本任务是对国民经济和社会发展情况进行统计调查、统计分析,提供统计资料和统计咨询意见,实行统计监督。

第二节　统计的基本方法

依据统计的特点，即研究现象数量方面的特殊性以及对长期的统计实践经验的总结和理论概括，在统计工作过程的各个阶段，从统计资料的收集、数据的整理汇总，到统计分析等，都有着各种专门的统计方法，并形成了统计的方法体系。统计的基本方法主要有大量观察法、统计分组法、综合指标法、统计推断法、数学模型分析法以及图表法等。

一、大量观察法

大量观察法是指在统计工作和研究中，对社会现象的全部或足够多数量的单位进行观察，来达到认识总体数量特征和规律性的目的的方法。该方法是收集统计数据即统计调查阶段运用的基本方法。

大量观察法的数学依据是大数定律，其法则是：在大量的随机现象中，个别随机现象所引起的偏差常常会相互抵消、相互补充而被平均化，从而导致大量随机现象共同作用后的总平均结果趋于稳定。

社会现象是由复杂多变、普遍联系、大量的社会个体现象组合而成的矛盾体。在研究社会现象总体的数量特征时，总体各单位的具体特征和数量表现有较大的差异性。根据大数定律，只要具有“大量”这样的个体现象，当它们汇总综合在一起时，总体的数量规律性通过综合平均就会显示出来。我们所研究的现象总体包含的个体越多，平均数也就越能够准确地反映出总体的规律性。

在对社会现象进行大量观察时，我们可以根据具体情况采用不同的观察形式，既可以对统计研究对象的所有单位进行全面调查，也可以对足以表现现象本质及规律的部分单位进行非全面调查。

在统计调查阶段，我们所收集到的原始资料不仅要准确，而且要全面。要做到全面且缩小差异，我们就需要对足够多的单位进行观察。在社会现象总体中，个别现象之间往往受偶然因素的影响，如果孤立地去观察总体中的少数单位，其结果往往不足以反映总体的一般特征。特别是当采用非全面调查形式时，我们只有通过大量观察，总体的数量特征才能显现。例如，人们对新生婴儿的性别比进行研究时，通过对大量的新生婴儿进行观察后发现，新生婴儿男女性别比例为107∶100，这一比例古今中外大致一致。但如果只在短期内，仅观察少数的新生婴儿，男女性别比就很可能不是107∶100了。所以，在统计调查中，广泛采用大量观察法，如各种普查、统计报表、抽样调查等，都是对总体进行大量观察，以保证从总体上认识现象。

二、统计分组法

统计分组法是指根据统计研究的目的和研究对象的特点将统计总体按照一定的标志划分为不同类型和不同性质的组别的方法。借助统计分组，可以确定社会现象的同质总体，并且正确运用统计指标揭示社会现象各种类型的特征，因此统计分组是统计的基本方法。

统计总体包含的单位(个体)具有多样性和差异性。这种差异不仅表现在数量上,而且表现在属性上。我们要想从整体上认识总体,分析研究总体内部的数量关系,掌握其本质,就需要对其进行分解。因此,统计分组是统计研究的需要。

统计分组贯穿于统计工作的全过程。在统计调查阶段,分组是关键,统计调查取得的原始数据往往比较凌乱,无法对其直接进行统计分析。所以,要使其系统化、条理化,就需要进行整理,而整理是建立在分组的基础上的;当进行统计分析时,也离不开统计分组,统计指标的应用、指标体系的建立都与统计分组密切相关。

三、综合指标法

综合指标法是指在通过大量观察获得众多的个体资料并进行合理分组的基础上,综合形成各种统计指标,并利用这些统计指标对总体的数量特征和数量关系进行综合、概括和分析的方法。

在统计的实践工作和理论研究中,综合指标法被广泛运用,如运用总量指标、相对指标、平均指标、速度指标、相关指标、预测指标等,从静态上、动态上综合反映和分析统计总体的规模、水平、结构、速度、依存关系、发展趋势等。这些指标都是经过汇总综合之后得到的,用以说明现象总体的数量表现的综合特征,所以称其为综合指标。汇总整理将个别的、偶然的、次要的因素对总体的影响消除或者基本上消除,从而使总体的全面性、必然性、主要性的作用显露出来,以便于对总体的认识和进一步分析研究。通过综合指标的计算可以显示出现象在具体时间、地点条件下的总量规模、相对水平、集中趋势、变异程度,并进一步从动态上研究现象的发展趋势和变化规律。

统计分组与综合指标是相互依存的,而且都是统计分析的基础。有了科学的统计分组,我们才能得到合理的综合指标,才能揭示总体内部结构,从而对研究对象进行深入的统计分析。

四、统计推断法

统计推断法是指在一定的置信程度下,根据样本资料的特征,对总体的特征做出估计和预测的归纳推理方法。它既可以用于对总体参数的估计,也可以用于对总体的某些假设的检验。

统计研究的是大量社会现象总体的数量特征,其范围往往是很大的,有时甚至是无限的。由于各方面条件的限制,我们有时并不可能全面系统地认识总体的全部单位,即使有可能,也会因工作量太大而没有必要。我们收集的数据是部分的或者有限的数据。比如,判定企业生产的全部产品是否都合格的标志是什么?是否需要对成千上万件产品逐一放入检验室进行检验?如果这样,花费的代价太大,所以,只需抽出一定量的个体(产品)进行检验,进而推断总体(全部产品)的合格率。

从一定意义上讲,一切观察所得到的资料都可以看成统计推断所需的样本资料,所以统计推断法可以广泛地应用于统计研究的许多领域。

五、数学模型分析法

数学模型分析法是将客观现象的统计数据配合适当的数学模型,反映客观现象之间的数量关系和数量特征，揭示其规律性的一种方法。

随着统计理论和实践的不断发展，利用数学模型进行统计数量研究越来越受到人们的重视。数学模型已成为社会经济分析中极有价值的工具。运用数学模型对实际统计数据进行加工，模拟社会经济运行过程，可以使人们在定性认识的基础上对定量认识更加深入和精准。

六、图表法

图表法是将统计调查得到的凌乱的数字资料加工整理为统计图、表，以统计表或统计图的形式反映客观现象的规律性或发展趋势的方法。因此，该类方法被广泛应用于统计分析中。

以上各种方法将在以后的内容中得到具体的应用。

统计的方法仍在不断地发展，我们只要把握住统计研究对象的特点，根据统计发展的需要，吸收一切相关学科有益的研究成果，不断地总结统计实践经验，不断完善和发掘新的统计方法，就可以最大限度地发挥统计的信息、咨询和监督职能。

第三节　统计学中的基本概念

统计学作为一门认识客观现象数量规律性的方法论科学，在统计研究和实践中，经常采用一些专门的概念。其中，最常用的基本概念有：统计总体与样本、统计标志与统计指标、变量和变量值。对这些概念的正确理解，有助于我们对以后内容的学习。

一、统计总体与样本

(一)统计总体与总体单位

1. 统计总体与总体单位的含义

统计总体简称总体，是根据一定目的确定的所要研究对象的全体。它是客观存在的，是在同一性质基础上结合起来的许多个别现象的整体。组成总体的每一个元素称为总体单位，或称个体。如研究我国大学的情况，由全国所有大学构成的总体中，每一所大学就是一个个体。

总体和总体单位并不是一成不变的，而是相对于统计的目的而言的，随着统计目的的变化，其总体和个体会发生相应的变化。比如，如果旨在了解某大学职工的收入水平，那么该大学就不再是总体单位(个体)，而成为统计总体了，该大学中的每一位职工则成为总体单位。

2. 统计总体的特征

(1)同质性，即构成统计总体的每一个单位(个体)必须在至少一个方面具有共同的属性，这是构成总体的基础。统计要综合反映某种事物的数量特征，如果总体单位的性质不同，就难以进行综合；或者进行了综合，其数量特征也没有意义。

(2)大量性，即构成统计总体的单位(个体)必须是大量的，或者是足够多的。因为统计的目的在于揭示现象发展的规律性，而现象变动的趋势或规律只有在对大量现象的观察活动中才能表现出来。因此，只有对由大量的总体单位构成的总体进行研究，才能找出其变化的趋势和规律性。

(3)差异性，即统计总体内的各种个体在具有相同性质的基础上，还必须具有质或量上的差异。它是研究统计总体的条件。因为只有各个体之间存在差异，才有统计研究的必要；如果各个体之间不存在差异，统计研究就失去了意义。

3. 统计总体的类别

统计总体按其所包括的范围的不同，可分为无限总体和有限总体。

无限总体是指所包括的个体是无限的，不能一一列举出来，不能全部计量的总体。比如，连续大量生产的某种产品的总产量是无限的，太空中的星球数也是无限的。

有限总体是指所包括的个体是有限的，能够一一列举出来，能全部计量的总体。比如，全国的大学数量、每年的大学毕业生人数等。

无限总体和有限总体的划分，有助于我们选择合适的统计调查方法和计量方法。

(二)样本

样本是指从总体中抽取的一部分个体构成的集合，构成样本的个体数目称为样本量。

从总体中抽出一部分个体作为样本，其目的是要根据样本提供的有关信息去推断总体的特征和规律性。比如，技术监督局从某企业生产的一批产品中随机抽出20件进行质量检查。该批产品是总体，每一件产品都是总体单位(个体)，抽出的产品就是样本，20件就是样品量。

样本是统计学中非常重要的概念。样本是从总体中以某种方法取得的，它们与总体具有同质的特性，但对于既定的总体来讲，由于每次抽取样本的客观条件不同，我们所得到的样本是多种多样的，所以样本具有随机性。

二、统计标志与统计指标

(一)统计标志

1. 统计标志的含义

统计标志是说明总体单位属性和数量特征的名称。总体单位是标志的承担者，标志是依附总体单位而存在的。每个总体单位有许多标志，每个标志是从某一特定方面来表明总体单位的特征的。比如，以某大学的全体学生为统计总体，每个学生均是总体单位，这些总体单位具有性别、年龄、身高等多方面的特征，这些特征都可以称为标志。

一个完整的统计标志应当包括标志名称和标志表现两个部分，其中标志表现就是标志在各单位上的具体表现。如上面所讲的，“性别”是标志名称，“男”或“女”就是标志表现。

2. 统计标志分类

(1)标志按其性质可分为品质标志和数量标志。

品质标志说明总体单位属性方面的特征，其具体表现是不能用数字表示的，只能用文字陈述，如学生的性别、民族、爱好等。

数量标志是表明总体单位数量特征的，其具体表现是能够用数值表示，如学生成绩、年龄等。

(2)标志按其可变性分为不变标志和可变标志。

不变标志是指总体中各种单位在该标志的具体表现都是相同的，是形成总体同质性基础的依据；可变标志是指总体中各单位之间在该标志的具体表现具有差别，它是统计分组和统计计算分析的基础。例如，对某大学教师的收入水平进行统计分析，"职业"就是不变标志，是形成统计总体的前提，这就是总体的同质性；每个教师的收入水平是不完全相同的，"收入"这个标志就是在总体各单位上因年龄、职称等不同而不同，因此"收入"便是可变标志。

(二)统计指标

1. 统计指标的含义

统计指标简称指标，是说明统计总体数量特征的概念。它是运用一定的统计方法，对总体各单位的标志值进行整理、计算、汇总，形成反映总体数量特征的综合指标，是统计反映现象表现的基本工具。

一个完整的指标包括指标名称和指标数值两个基本要素：指标名称是对现象质的规定性，反映该现象内容所属的范围；指标数值是统计所研究现象的具体数量综合的结果，对现象总体特征从数量上加以说明，反映现象的量的规定性。因此，统计指标不仅是指标名称和指标数值的有机结合，也是事物质的规定性和量的规定性有机联系的表现。

2. 统计指标的分类

(1)统计指标按其所反映的现象总体的数量特征分为数量指标和质量指标。

数量指标是指反映现象在一定时间、地点、条件下的总规模和总水平的条件指标，包括总体或其中各个部分的单位总数或标志值总和，因此也称为总量指标，如大学数、企业数、产品产量、总成本、利润总额等。数量指标是用绝对数表示的，反映的是现象总体的绝对量，其指标数值大小随总体范围的增减而变动。

质量指标是指反映现象总体内部与总体单位数相对应的平均水平或其他数量对比关系的指标。前者用平均数的形式表示，也称为平均指标；后者用相对数的形式表示，也称为相对指标。质量指标是数量指标的派生指标，表示事物的内涵状况。例如，某企业职工的年平均工资为20 000元，比上年增长10%，前者为平均指标，后者为相对指标，都属于质量指标，反映了该企业职工的工资水平及其相对于上年增长的程度，说明该企业职工的收入水平有较大幅度增长。

(2)统计指标按其计量单位分为实物指标、价值指标和劳动量指标。

实物指标是按现象的自然属性和特点的计量尺度度量的指标，如钢产量多少万吨、在校大学生人数多少万人、机器多少台等。实物指标反映的是不同的使用价值量，不同使用价值的指标是不能直接加总的，从而综合性差。

价值指标是以货币为计量单位的指标，综合性强，使不能直接相加的经济现象的数量得以相加。价值指标在经济等方面被广泛使用，如利润总额1 000万元、收入2 000万元等。

劳动量指标是以劳动时间为计量单位，如工时、工日、机器小时等指标。由于劳动量指标是用劳动时间来表示的，因而是可以相加的，具有一定的综合能力；但不同企业或同一企业不同时期的劳动量指标是不可相加的。

(3)统计指标按其反映的时间状况分为动态指标和静态指标。

动态指标是指反映现象总体在不同时期发展变动情况的指标。如国内生产总值的增长量、增长速度、发展速度等,都是动态指标。

静态指标是指反映现象总体在一定时期内或某一时点上的数量特征的统计指标。例如,国内生产总值是一个国家在一定时期内生产的最终产品的市场价值总和,人口总数是说明一个总体在某一时点上人口总规模的指标。

(4)统计指标按其表现形式分为总量指标、相对指标、平均指标和变异指标。

这些指标将在以后的章节中详细介绍。

3. 统计指标的特征

(1)可计量性。统计指标是对社会现象的某种综合数量特征进行概括而形成的科学范畴,但不是所有概括社会现象的范畴都能够形成统计指标,只有那些能够用数字加以计量的范畴才有可能成为统计指标。可计量性是统计指标的基本特征,也是社会经济范畴转化为统计指标的前提。

(2)具体性。统计指标是一定条件下某一具体社会现象的数量反映,它包含着特定时间、空间、内容和计量单位,不存在脱离具体内容的统计指标。

(3)综合性。统计指标是用一个综合的数字表明总体特征的,其数值既是同质总体各单位某一数值标志值的总计,又是各单位某一数量标志的差异综合。所以,统计指标又称为综合指标,它是综合说明总体数量特征的。

(三)统计标志与统计指标的关系

统计标志与统计指标既有联系又有区别。

1. 统计标志与统计指标的联系

(1)许多统计指标的数值是从总体单位数量标志值汇总得到的。比如,我国应届大学毕业生总人数指标是全国各高等学校当年应届大学毕业生人数的实际汇总数;一个县的粮食实际入库总产量是所属各乡村粮食实际入库的汇总数;等等。

(2)在一定的研究范围内,统计指标和数量标志之间存在着一定的变换关系。当研究目的改变,原来的总体单位变为统计总体,则相应的数量标志就变成了统计指标的名称,数量标志值就变成了指标数值;反之亦然。由于总体和总体单位会因统计研究目的的变化而随之变化,与之相对应的指标和标志同样也会因统计研究目的的变化而发生变化。

2. 统计标志与统计指标的区别

(1)统计标志反映总体单位的属性与特征,而统计指标则反映总体的数量特征。

(2)统计标志中的品质标志是不能用数值表示的,只有数量标志才能用数值表示;然而,不论什么统计指标都必须用数值表示。

(四)统计指标体系

统计指标体系是指由一系列相互联系的统计指标组成的有机整体。利用指标体系,可以从各个侧面完整地反映现象总体或样本的数量特征。

一个统计指标只能反映社会现象某个侧面的特征,而社会经济现象是一个非常复杂的整体,各类现象之间存在着相互联系又相互制约的关系,这就需要一套相互联系的统计指标,用以研究现象各方面相互依存、相互制约的关系。比如,原财政部等多部门共同制定对企业效绩进行全面考核的“企业效绩评价指标体系”，如表 1-1 所示。

表 1-1 企业效绩评价指标体系

评价指标	基本指标	修正指标
评价内容	名称	名称
财务效益状况	(1)净资产收益率 (2)总资产报酬率	(1)资本保值增值率 (2)主营业务利润率 (3)盈余现金保障倍数 (4)成本费用利润率
资产营运状况	(3)总资产周转率 (4)流动资产周转率	(5)存货周转率 (6)应收账款周转率 (7)不良资产比率
偿债能力状况	(5)资产负债率 (6)已获利息倍数	(8)速动比率 (9)现金流动负债比率
发展能力状况	(7)营业增长率 (8)资本积累率	(10)三年资本平均增长率 (11)三年销售平均增长率 (12)技术投入比率

由于社会现象的复杂性，统计指标体系显现出多样的形式。随着社会的发展、科技的进步、经济的增长，以及人们对客观现象认识的深入和完善，统计指标体系也将不断地改进更新，从而更加完善，更加科学。

三、变量和变量值

(一)变量和变量值的含义

变量是说明现象某种特征的概念，统计学中将可变的数量标志和统计指标称为变量，变量的数值表现就是变量值。比如，各个大学中的在校生人数就是变量，具体的人数数额就是变量值。

(二)变量的分类

1. 变量按其记录方式可分为数量变量和品质变量

由数量数据记录的变量称为数量变量；由品质数据记录的变量称为品质变量。例如，收入、利润、成本、资产、年龄、国民生产总值(GNP)等均为数量变量；而性别、民族、文化程度、经济类型等均为品质变量。

2. 变量按其性质可分为确定性变量和随机性变量

确定性变量是确定性现象的数量特征，它是指受性质明确、变动规律能掌握的确定性因素影响的变量，其数值能够事先确定下来。例如，改革开放以来，我国城镇居民人均可支配收入呈逐年上升趋势。

随机性变量是随机现象的数量特征，它是指受发生、发展具有不确定性、偶然性和突发性特点的随机因素影响的变量。受到随机因素影响的变量常常表现为不稳定和不确定，在同样的影响因素条件下会产生很多可能结果。例如，股票行情、市场行情等都是随机变量。随机变量具有随机性和偶然性，但它的数值却有一定的规律性，通过大量观察，运用统计技术分析，是可以揭示和描述其数量特征以及变动的规律性的。

3. 变量按其取值是否连续可分为连续型变量和离散型变量

连续型变量是指在一个取值区间内可以取到无穷多个值的变量，如人的身高、体重、年龄，学生的成绩，企业的利润、成本、收入、税金，长度，面积等。连续型变量值要用测量或计算的方法取得，可以是整数，也可以是小数或分数。

离散型变量是指在一个取值区间内，变量的一切可能取值之间均以整数值断开，并可以一一列举的变量，如职工人数、汽车数、学生人数、机器台数等。离散型变量一般只能表现为整数，多见于以自然单位表示的变量。

第四节　我国的统计法规体系

一、统计法规体系

要实现统计的目的，发挥统计的职能，完成统计的任务，就必须有统计法规对统计活动进行约束和规范。统计法规是调整我国社会、经济、政治等关系中统计关系的法律规范。

（一）我国统计法规体系的基本框架

我国统计法规体系由统计法律、统计行政法规、统计规章以及地方性统计法规四个层次的法律规范构成。

1. 统计法律

我国的统计法律是《统计法》，它是调节我国社会、政治、经济生活中统计关系的法律规范，是统计法规体系中最高层次的法律规范，是制定其他统计规范的依据，也是指导统计工作的最高准则。

《统计法》是统计工作的基本法。其他法律中涉及统计活动的，除《中华人民共和国刑法》（以下简称《刑法》）外，一般只规定要建立某一领域的统计制度，并不涉及统计活动的具体规范和法律责任。

2. 统计行政法规

统计行政法规是进一步解释统计法和调整我国社会、政治、经济生活中某些方面统计关系的法律规范。统计行政法规一般由国务院发布，以实施细则、条例、办法等形式呈现。现行有效的统计行政法规主要包括《全国人口普查条例》、《中华人民共和国统计法实施条例》（以下简称《统计法实施条例》）、《国际收支统计申报办法》、《全国经济普查条例》、《全国农业普查条例》、《中华人民共和国海关统计条例》、《全国污染源普查条例》、《土地调查条例》、《第五次全国人口普查办法》等。

3. 统计规章

我国的统计规章主要是由主管全国统计工作的行政部门——国家统计局就统计工作中某些方面的内容所制定的规范性文件。目前，有效的统计规章主要包括《统计人员从业资格认定办法》《统计违法违纪行为处分规定》《统计调查证管理办法》《统计行政处罚相关规定》《统计行政复议相关规定》《统计专业技术资格考试暂行规定》《新闻出版统计管理办法》《涉外调查管理办法》《部门统计调查项目管理暂行办法》《部门统计分类标准管理办法》《统计调查项目审批管理规定》《统计执法检查规定》等。国务院其他部门制定的统计规章也属于本体系范围，如《计划生育系统统计调查管理办法》《铁路统计工作的若干规定》《金融统计管理规定》《环境统计管理暂行办法》《药品监督管理统计管理办法》等。

4. 地方性统计法规

地方性统计法规一般是由各省（自治区、直辖市）人民代表大会及人大常委会制定的、只在本区域范围内适用的统计规范性文件，如《四川省统计管理条例》《北京市统计管理条例》《新疆维吾尔自治区统计管理条例》《浙江省统计工作监督管理条例》等。这些地方性法规以不与《统计法》和中央发布的其他统计法规相抵触为前提来制定。所以，它们也是我国统计法规体系的重要组成部分。

此外，国家统计局还会以文件的形式对统计工作进行规范和指导。这些文件被称为规范性文件，它们虽然不属于上述四个层次范畴，但也是统计法规的重要补充内容。统计规范性文件如《国家统计局政府信息公开指南》《国家统计局关于对外提供企业基本情况和有关信息资料的批复》《国家统计局关于统计检查证有关问题的批复》《国家统计局办公室关于贯彻落实〈统计从业资格认定办法〉的通知》等。

（二）统计法

《统计法》对统计工作的基本原则、统计组织和统计管理体制、统计调查、统计资料管理、统计人员管理、统计信息工程建设、民间及涉外社会调查活动管理、统计法律责任等方面做了规范。

《统计法》是 1983 年 12 月 8 日由第六届全国人民代表大会常务委员会第三次会议通过的。实施 13 年后，1996 年 5 月 15 日第八届全国人民代表大会常务委员会第十九次会议做出了关于修改《统计法》的决定，对原来的《统计法》进行了修订，修改后的《统计法》共六章三十四条。再经过 13 年，2009 年 6 月 27 日第十一届全国人民代表大会常务委员会第九次会议对《统计法》进行了修订并通过，自 2010 年 1 月 1 日起施行，修订后的《统计法》共七章五十条。

第一章是总则，共十条，分别从本法的立法宗旨、统计的基本任务、本法的范围、统计管理体制、统计人员工作责任制以及保证统计质量等方面进行了规范。

第二章是统计调查管理，共九条，对统计调查管理的内容和程序做了较为详细的规范。

第三章是统计资料的管理和公布，共七条，具体规范了如何管理统计资料以及公布统计资料的方式方法。

第四章是统计机构和统计人员，共五条，具体规范了我国统计机构的建立及统计机构的主要职责，规范了统计人员的职责和权限。

第五章是监督检查，共五条。这是新增加的一章，本章主要规范了统计监督检查的主体及对象，以及可采取的措施。

第六章是法律责任，共十一条，具体规范了各类组织、人员违反了统计法的规定应当承担的法律责任，以及申请行政复议或者提起行政诉讼的内容。

第七章是附则，共三条，主要赋予国家统计局负责制定实施细则以及本法的实施时间。

（三）统计法实施条例

《统计法实施条例》由《中华人民共和国统计法实施细则》（以下简称《统计法实施细则》）演变而来。最早的《统计法实施细则》是围绕1983年的《统计法》制定的，是1987年1月19日由国务院批准并由国家统计局于1987年2月15日发布，1996年对《统计法》进行修订后，国务院于2000年6月2日批准修订《统计法实施细则》。2000年6月15日，国家统计局发布了修订后的《统计法实施细则》。随着形势的变化，2005年12月16日，国务院又出台了《国务院关于修改〈中华人民共和国统计法实施细则〉的决定》，对《统计法实施细则》再次进行修订，并从2006年2月1日起在全国范围内实施。

国务院于2017年5月28日发布了《统计法实施条例》，自2017年8月1日起施行。《中华人民共和国统计法实施细则》同时废止。《统计法实施条例》共八章五十五条，是对《统计法》的规定做出的更详细、更具操作性的解释规定，旨在保证《统计法》的贯彻执行。

第一章是总则，共5条；第二章是统计调查项目，共10条；第三章是统计调查的组织实施，共5条；第四章是统计资料的管理和公布，共11条；第五章是统计机构和统计人员，共4条；第六章是监督检查，共4条；第七章是法律责任，共12条；第八章是附则，共4条。

二、我国统计法规的主要内容

（一）统计工作的基本原则

《统计法》对统计工作的基本原则做了以下规范：

1. 保障统一性原则

为保障我国统计工作的统一领导，《统计法》明确规定国家应建立集中统一的统计管理体制，统一统计制度和统计标准，依法统一管理和公布统计资料。

2. 独立性原则

《统计法》明确规定统计机构依法独立行使职权，不受任何单位和个人的侵犯。

3. 统计调查对象依法履行义务原则

统计调查对象的义务是法定的，必须依法如实、按时申报或提供统计调查所需的资料和情况。

4. 维护统计调查对象合法权益原则

《统计法》明确规定单个统计调查对象的资料受法律保护，统计机构、统计人员应尽可能减轻统计调查对象的负担。

5. 保障统计信息社会共享原则

《统计法》规定国家应建立公布统计资料的制度，各级人民政府统计机构应积极做好统计信息咨询服务工作，促进统计信息的社会共享。

（二）统计机构和统计管理体制

1. 统计机构

我国设定的政府统计机构分为两类：政府综合统计机构、政府部门统计机构。

政府综合统计机构是指各级人民政府设置的独立统计机构。《统计法》第四章规定国务院设立国家统计局，依法组织领导和协调全国的统计工作，国家统计局根据工作需要设立的派出调查机构承担国家统计局布置的统计调查等任务；县级以上地方人民政府设立独立的统计机构，乡、镇人民政府设置统计工作岗位，配备专职或者兼职统计人员，依法管理、开展统计工作，实施统计调查。

政府部门统计机构是指各级人民政府有关部门设置的统计机构或者组织。《统计法》第四章规定县级以上人民政府有关部门根据统计任务的需要设立统计机构，或者在有关机构中设置统计人员，并指定统计负责人，依法组织、管理本部门职责范围内的统计工作，实施统计调查，在统计业务上受本级人民政府统计机构的指导。

此外，企事业组织，根据统计任务的需要，也可以设置统计机构、统计人员。企事业组织统计机构是完成企事业单位统计任务的综合职能机构，其统计任务既包括填报国家机关依法编制和发布的统计调查表，也包括企事业单位自身的统计任务。

2. 统计管理体制

《统计法》规定：国家建立集中统一的统计系统，实行统一领导、分级负责的统计管理体制。国家统计局组织领导和协调全国统计工作，上级统计局对下级统计局具有业务上的领导权，政府综合统计系统具有对部门统计系统业务上的指导权和协调权。县级以上地方各级人民政府统计机构，在执行国家统计标准，贯彻全国统一的统计制度方法，完成国家统计调查任务的前提下，分级负责管理本地区的统计工作。

（三）统计调查管理

设定统计调查方面的法律规范，除了《统计法》及《统计法实施条例》外，还有《部门统计调查项目管理暂行办法》《统计调查项目审批管理规定》《统计调查证管理办法》以及各种《统计报表制度》。有关统计调查规范的主要内容包括以下六个方面：

1. 统计调查项目及审批程序

根据《统计法》的规定，我国的统计调查项目分为三类：国家统计调查项目、部门统计调查项目和地方统计调查项目。

（1）国家统计调查项目是指全国性基本情况的统计调查项目。国家统计调查项目由国家统计局制定，或者由国家统计局和国务院有关部门共同制定，报国务院备案；重大的国家统计调查项目报国务院审批。

（2）部门统计调查项目是指国务院有关部门的专业性统计调查项目。部门统计调查项目由国务院有关部门制定。统计调查对象属于本部门管辖系统的，报国家统计局备案；统计调查对象超出本部门管辖系统的，报国家统计局审批。

（3）地方统计调查项目是指县级以上地方人民政府及其部门的地方性统计调查项目。地方统计调查项目由县级以上地方人民政府统计机构和有关部门分别制定或者共同制定。其中，由省级人民政府统计机构单独制定或者和有关部门共同制定的，报国家统计局审批；由省级以下人民政府统计机构单独制定或者和有关部门共同制定的，报省级人民政府统计机构审批；由县级以上地方人民政府有关部门制定的，报本级人民政府统计机构审批。

国家统计调查、部门统计调查和地方统计调查是一个统一的整体，国家统计调查项目、部门统计调查项目、地方统计调查项目应当明确分工，互相衔接，不得重复。

2. 统计调查制度

制定统计调查项目，应当同时制定该项目的统计调查制度，并按统计调查项目的审批程序规定一并报经审批或者备案。

统计调查制度应当对调查目的、调查内容、调查方法、调查对象、调查组织方式、调查表式、统计资料的报送和公布等做出规定。

统计调查应当按照统计调查制度组织实施。变更统计调查制度的内容，应当报经原审批机关批准或者原备案机关备案。

3. 统计调查方法

统计调查应当以周期性普查为基础，以经常性抽样调查为主体，综合运用全面调查、重点调查等方法，并充分利用行政记录等资料，收集、整理统计资料。

我国已建立周期性普查制度，人口普查、农业普查每10年进行一次，分别在尾数逢0、6的年份实施；经济普查每5年进行一次，在尾数逢3、8的年份实施。

4. 统计调查项目的法定标志

按照规定程序批准的统计调查表应当标明表号、制定机关、批准或者备案文号、有效期限等标志。对未标明前款规定的标志或者超过有效期限的统计调查表，统计调查对象有权拒绝填报；县级以上人民政府统计机构应当依法责令停止有关统计调查活动。

《统计法》和《统计法实施条例》明确规定：违反本法和国家规定编制发布的统计调查表，有关统计调查对象有权拒绝填报；各级人民政府统计机构有权废止；国家机关违反本法规定，未报经审查或者备案，擅自编制发布统计调查表的，由县级以上人民政府统计机构责令改正，予以通报批评。

5. 统计标准

国家一直在加强统计科学研究，健全科学的统计指标体系，改进统计调查方法，提高统计的科学性。国家制定统一的统计标准，以保障统计调查中采用的指标含义、计算方法、分类目录、调查表式和统计编码等方面的标准化。国家统计标准由国家统计局制定，或者由国家统计局和国务院标准化主管部门共同制定。

国务院各部门可以制定补充性的部门统计标准，报国家统计局审批，但部门统计标准不得与国家统计标准相抵触。

6. 统计调查者身份证明

《统计法》规定：统计人员依照规定执行职务，依法对统计调查对象进行统计调查时，应当出示县级以上人民政府统计机构颁发的工作证件。为加强对统计调查的管理，规范统计调查活动，国家统计局按照《统计法》的规定，制定了《国家统计调查证管理办法》。

（四）统计资料管理

1. 统计资料统一管理制度

按照我国统计工作的管理体制，统计资料实行统一管理、分级负责的原则。《统计法》明确规定：县级以上人民政府统计机构和有关部门以及乡、镇人民政府，应当按照国家有关规定建立统计资料的保存、管理制度，建立、健全统计信息共享机制；国家机关、企事业单位和其他组织等统计调查对象，应当按照国家有关规定设置原始记录、统计台账，建立健全统计资料的审核、签署、交接、归档等管理制度。具体讲：

（1）国家统计调查和地方统计调查范围内的统计资料，分别由国家统计局、县级以上地方各级人民政府统计机构或者乡、镇统计员统一管理。

（2）部门统计调查范围内的统计资料，由主管部门的统计机构或者统计负责人统一管理。

(3)企事业组织的统计资料，由企事业组织的统计机构或者统计负责人统一管理。

(4)县级以上人民政府有关部门应当及时向本级人民政府统计机构提供统计所需的行政记录资料和国民经济核算所需的财务资料、财政资料及其他资料，并按照统计调查制度的规定及时向本级人民政府统计机构报送其组织实施统计调查取得的有关资料。

(5)国家建立统计资料灾难备份系统。

(6)调查中取得的统计调查对象的原始资料，应当至少保存2年。汇总性统计资料应当至少保存10年，重要的汇总性统计资料应当永久保存。法律法规另有规定的，从其规定。

(7)统计调查对象按照国家有关规定设置的原始记录和统计台账，应当至少保存2年。

2. 统计资料质量管理制度

统计资料质量管理制度包括：

(1)建立健全统计资料的审核制度，统计资料的审核、签署人员应当对其审核、签署的统计资料的真实性、准确性和完整性负责。

(2)确立以统计机构或统计负责人签署或盖章的统计资料为准的制度。

(3)建立健全统计数据质量的监控和评估制度。

3. 统计资料公布制度

(1)国家统计局统计调查取得的全国性统计数据和分省、自治区、直辖市统计数据，由国家统计局公布或者由国家统计局授权其派出的调查机构或者省级人民政府统计机构公布。

(2) 国务院有关部门统计调查取得的统计数据，由国务院有关部门按照国家有关规定和已批准或者备案的统计调查制度公布。

(3)县级以上地方人民政府有关部门公布其统计调查取得的统计数据，比照前款规定执行。

(4)已公布的统计数据按照国家有关规定需要进行修订的，县级以上人民政府统计机构和有关部门应当及时公布修订后的数据，并就修订依据和情况做出说明。

(5)县级以上人民政府统计机构和有关部门应当及时公布主要统计指标含义、调查范围、调查方法、计算方法、抽样调查样本量等信息，对统计数据进行解释说明。

(6)公布统计资料应当按照国家有关规定进行。公布前，任何单位和个人不得违反国家有关规定对外提供，不得利用尚未公布的统计资料谋取不正当利益。

(7)国家建立健全统计信息共享机制，实现县级以上人民政府统计机构和有关部门统计调查取得的资料共享。制定机关共同制定的统计调查项目，可以共同使用获取的统计资料。

4. 统计资料保密制度

(1)属于国家秘密的统计资料，必须保密。属于私人、家庭的单项调查资料，非经本人同意，不得泄露。

(2)统计机构、统计人员对在统计调查中知悉的统计调查对象的商业秘密负有保密义务。

(3)统计调查中获得的能够识别或者推断单个统计调查对象身份的资料，任何单位和个人不得对外提供、泄露,不得用于统计以外的目的。

这些规定对于维护统计调查对象的合法权益、提高他们对政府统计调查的配合程度具有重要的作用。

(五)统计机构和统计人员管理

1. 统计机构和统计人员设置

(1)国务院设立国家统计局,依法组织领导和协调全国的统计工作。国家统计局根据工作需要设立的派出调查机构承担国家统计局布置的统计调查等任务。

(2)县级以上地方人民政府设立独立的统计机构和专职统计人员,依法管理、开展统计工作,实施统计调查。县级以上地方人民政府统计机构受本级人民政府和上级人民政府统计机构的双重领导,在统计业务上以上级人民政府统计机构的领导为主,受本级人民政府统计机构的指导。

(3)乡、镇人民政府应当设置统计工作岗位,配备专职或者兼职统计人员,履行统计职责,在统计业务上受上级人民政府统计机构的领导。乡、镇统计人员的调动,应当征得县级人民政府统计机构的同意。

(4)县级以上人民政府有关部门根据统计任务的需要设立统计机构,或者在有关机构中设置统计人员,并指定统计负责人,依法组织、管理本部门职责范围内的统计工作,实施统计调查,在统计业务上受本级人民政府统计机构的指导。

(5)企事业组织的统计机构或者统计负责人在统计业务上受所在地人民政府统计机构或者乡、镇统计人员的指导。

(6)中小型企事业组织不单独设置统计人员的,可以指定人员专门负责统计工作。

2. 统计机构和统计人员的职权

统计机构和统计人员依法独立行使下列职权:

(1)统计调查权。统计人员进行统计调查时,有权就与统计有关的问题询问有关人员,要求其如实提供有关情况、资料,并更正不真实、不准确的资料。统计调查对象应当依照《统计法》和国家有关规定,如实提供统计资料和情况,不得虚报、瞒报、拒报、迟报,不得伪造、篡改。

(2)统计报告权。统计人员有权将统计调查取得的统计资料和情况加以整理、分析,并向上级领导机关和有关部门提出统计报告。任何单位或者个人不得阻挠和扣压统计报告,不得篡改统计资料。

(3)统计监督权。统计人员根据统计调查和统计分析,对国民经济和社会发展情况进行统计监督,检查国家政策和计划的实施,考核经济效益、社会效益和工作成绩,检查和揭露存在的问题,检查虚报、瞒报、伪造、篡改统计资料的行为,提出改进工作的建议。有关部门和单位对统计机构、统计人员反映、揭露的问题和提出的建议,应当及时处理、做出答复。

3. 国家统计局的职责

(1)根据有关法律、行政法规和国家有关政策和计划,制定统计工作规章,制定统计工作现代化规划和国家统计调查计划,组织领导和协调全国统计工作,监督检查统计法规和统计制度的实施。

(2)健全国民经济核算制度和统计指标体系,制定全国统一的基本统计报表制度;制定或者与有关部门共同制定国家统计标准，审定部门统计标准。

（3）在国务院领导下，会同有关部门组织重大的国情国力普查，组织、协调全国社会经济抽样调查。

（4）根据国家制定政策、制订计划和进行管理的需要，收集、整理、提供全国性的基本统计资料，对国民经济和社会发展情况进行统计分析、统计预测和统计监督。

（5）审查国务院各部门编制的统计调查计划和统计调查方案，管理国务院各部门编制和发布的统计调查表。

（6）检查、审定、管理、公布、出版全国性的基本统计资料，定期发布全国国民经济和社会发展情况的统计公报。

（7）统一领导和管理国家统计局派出的调查队。

（8）组织指导全国统计科学研究、统计教育、统计干部培训和统计书刊出版工作。

（9）开展统计工作和统计科学的国际交流。

国家统计局派出的调查队承担国家统计局布置的各项调查任务，依法独立开展统计调查，独立上报统计资料。

4. 县级以上地方各级人民政府统计机构的职责

（1）完成国家统计调查任务，执行国家统计标准，执行全国统一的基本统计报表制度。

（2）制定本行政区域内的统计工作现代化规划、统计调查计划和统计调查方案，统一领导和协调本行政区域内包括中央和地方单位的统计工作，监督检查统计法规和统计制度的实施。

（3）根据本行政区域内制订计划和进行管理的需要，收集、整理、提供基本统计资料，对本行政区域内国民经济和社会发展情况进行统计分析、统计预测和统计监督。

（4）审查本行政区域内各部门的统计调查计划和统计调查方案，管理本行政区域内各部门编制和发布的统计调查表。

（5）按照国家有关规定，检查、审定、管理、公布、出版本行政区域内的基本统计资料；省、自治区、直辖市人民政府统计机构定期发布本行政区域内国民经济和社会发展情况的统计公报；自治州、县、自治县、市、市辖区人民政府统计机构按照本级人民政府的决定，发布本行政区域内国民经济和社会发展情况的统计公报。

（6）组织指导本行政区域内各部门、各单位加强统计基础工作建设，加强统计教育、统计干部培训和统计科学研究工作；对本行政区域内人民政府统计机构干部和乡、镇统计员进行考核和奖励。

县级以上地方各级人民政府统计机构受本级人民政府和上级人民政府统计机构的双重领导，在统计业务上以上级人民政府统计机构的领导为主。

5. 乡、镇统计员执行乡、镇综合统计的职能以及履行的职责

（1）完成国家统计调查和地方统计调查任务，执行国家统计标准，执行全国统一的基本统计报表制度，执行统计法规和统计制度，监督检查统计法规和统计制度的实施。

（2）按照国家有关规定，收集、整理、分析、提供和管理本乡、镇的基本统计资料。

（3）组织指导本乡、镇各有关单位、人员加强农村统计基础工作建设，健全本乡、镇的统计台账制度和统计档案制度，组织乡、镇以下的统计业务工作。

6. 县级以上各级人民政府有关部门的统计机构或者统计负责人执行本部门综合统计的职能以及履行的职责

（1）组织指导、综合协调本部门各职能机构（包括生产、供销、基建、劳动人事、财务会计等机构）的统计工作，共同完成国家统计调查、部门统计调查和地方统计调查任务，执行统计法规和统计制度，监督检查统计法规和统计制度的实施。

（2）制定本部门的统计工作现代化规划、统计调查计划和统计调查方案，组织指导本部门及其管辖系统内企事业组织的统计工作，加强统计队伍和统计基础工作建设。

（3）按照国家有关规定，向上级领导机关和本级人民政府统计机构报送和提供本部门的基本统计资料，会同计划和其他有关职能机构对本部门执行政策、计划和经营管理效益的情况进行统计分析、统计预测和统计监督。

（4）管理本部门编制和发布的统计调查表和基本统计资料。

（5）会同本部门的人事教育机构，组织指导本部门的统计教育和统计干部培训；对本部门统计人员进行考核和奖励；加强本部门统计科学研究工作。

县级以上各级人民政府有关部门统计机构的设置，应当根据实际需要，本着精简、效能的原则，依照《统计法》的规定执行。

7. 企事业组织的统计机构或者统计负责人执行本单位综合统计的职能以及履行的职责

（1）组织指导、综合协调本单位各职能机构和下属机构的统计工作，共同完成国家统计调查、部门统计调查和地方统计调查任务，制订、实施本单位的统计工作计划和统计制度，执行统计法规和统计制度，监督检查统计法规和统计制度的实施。

（2）按照国家有关规定，报送和提供统计资料，对本单位计划的执行情况和经营管理的效益进行统计分析和统计监督。

（3）管理本单位的统计调查表和基本统计资料。

（4）会同本单位有关职能机构完善计量、检测制度，建立健全原始记录、统计台账和核算制度。

企事业组织的统计机构或者统计负责人在统计业务上，受所在地人民政府统计机构或者乡、镇统计员的指导。

8. 统计机构和统计人员实行工作责任制

统计机构和统计人员实行工作责任制，实行考核和奖惩制度，不断提高工作质量和工作效率。依照《统计法》和统计制度的规定，如实提供统计资料，准确及时完成统计工作任务，保守国家秘密。

9. 统计专业职务及相应职责

根据《统计专业职务试行条例》的规定，统计专业职务的名称定为：高级统计师、统计师、助理统计师、统计员。高级统计师为高级职务；统计师为中级职务；助理统计师、统计员为初级职务。

（1）统计员的职责是负责一个岗位的统计业务工作。统计员应及时准确地填报或汇总国家和有关部门制定的统计报表，进行统计资料的一般加工整理和简单分析。

统计员任职的基本条件是：掌握一般统计专业知识和计算技术；能够按照统计制度和统计方法的规定，准确及时填报或汇总报表；能对统计资料进行一般的加工整理和简单分析；中等专业学校或大学专科毕业见习一年期满。

(2)助理统计师的职责是负责一个岗位或组织指导一个专业某一方面的统计业务工作。助理统计师应拟定比较简单的统计调查方案，独立进行调查研究；及时准确地收集汇总统计资料，进行比较系统的加工整理和分析研究；指导统计员提高业务水平。

助理统计师任职的基本条件是：掌握统计理论基础知识和有关业务知识，熟悉计算技术；熟悉有关的统计制度和统计方法，能准确及时填报或汇总报表；能够拟定比较简单的统计调查方案，独立进行调查研究；能够对统计资料进行比较系统的加工整理，提供分析研究报告；获得硕士学位；获得研究生班结业证书或获得第二学士学位；大学本科毕业见习一年期满；大学专科毕业担任统计员两年以上；中等专业学校毕业担任统计员四年以上。

(3)统计师的职责是负责组织和指导一个单位、一个专业的统计业务工作。统计师应拟定统计调查方案，组织实施一定范围的社会经济调查；系统地加工和整理统计资料，写出有一定水平的分析报告；指导助理统计师提高业务水平。

统计师任职的基本条件是：掌握本专业比较系统的理论知识和较多的业务知识；有一定的统计工作经验，能够拟定统计调查方案并组织实施；能够对本专业有关的社会经济问题进行调查研究和综合分析，写出有一定水平的统计调查报告或有一定应用价值与学术水平的论文；能阅读本专业一门外文书刊资料；获得博士学位；获得硕士学位担任助理统计师两年左右；获得研究生班结业证书或获得第二学士学位，担任助理统计师两年以上；大学本科毕业担任助理统计师四年以上；大学专科毕业担任助理统计师四年以上。

(4)高级统计师的职责是负责组织和指导一个地区、一个部门、一个专业的统计业务工作。高级统计师应拟定大型统计调查方案，组织实施大规模的社会经济调查；对社会经济的现状和发展做出科学的预测、预报；指导培养中级统计专业人才。

高级统计师任职的基本条件是：掌握系统的统计原理知识和比较丰富的业务知识；有丰富的统计工作经验和解决统计工作中重大问题的能力；能够对社会经济问题进行系统的调查研究，写出较高水平的统计调查报告或较高应用价值和学术水平的论文，或能够对统计理论、统计制度和统计方法进行科学研究，提出有重要价值的建议；掌握一门外语；获得博士学位担任统计师两年以上；具有大学本科毕业及以上学历担任统计师五年以上。

10. 统计专业技术职务资格考试、评聘制度

《统计法》规定，国家实行统计专业技术职务资格考试、评聘制度，以提高统计人员的专业素质，保障统计队伍的稳定性。按照《统计专业职务试行条例》，统计人员应当具备与其从事的统计工作相适应的专业知识和业务能力。

从1995年起，初级、中级统计专业技术职务资格实行全国统一考试制度，高级统计师从2006年起实行考评试点，开始在部分省(自治区、直辖市)内举行全国统一考试。到2009年年底，高级统计师考试已经扩大到28个省(自治区、直辖市)。

初级统计专业技术职务资格全国统一考试科目为统计学和统计法基础知识、统计专业知识和实务两科；中级统计专业技术职务资格全国统一考试科目为统计基础理论及相关知识、统计工作实务两科；高级统计师考试科目为高级统计师实务。

评审统计专业人员任职资格，要根据统计人员任职的基本条件，对统计人员的工作

成绩、履行岗位职责的能力进行全面评议审定。

11. 具有统计专业技术职务人员调动规定

各级人民政府的统计机构、各部门和企事业组织,应当依照国家规定,评定统计人员的技术职称,保障有技术职称的统计人员的稳定性。

各地方、各部门、各单位应当根据国家有关规定和工作需要,设置统计专业技术职务。

(1)具有统计专业技术职务的人员的调动,应当分别征求本地区、本部门、本单位统计机构或者统计负责人的意见。其中,具有中级以上统计专业技术职务的人员的调动,应当征得上级统计机构的同意。

(2)县级以上地方各级人民政府统计机构主要负责人的调动,应当征得上一级人民政府统计机构的同意。乡、镇统计员的调动,应当征得县级人民政府统计机构的同意。

(3)各部门和企事业组织统计负责人的调动,应当征求上级主管部门和所在地人民政府统计机构的意见。

(4)国家统计局和县级以上地方各级人民政府统计机构增加和补充统计人员,应当从具备统计专业知识的人员中选调。

(六)统计信息工程建设

为了开发统计信息资源,保证运行高效、数据准确,《统计法》及《统计法实施条例》都对统计信息工程建设做出了规定。

1.《统计法》规定

国家有计划地加强统计信息化建设,推进统计信息收集、处理、传输、共享、存储技术和统计数据库体系的现代化。县级以上人民政府统计机构根据统计任务的需要,可以在统计调查对象中推广使用计算机网络报送统计资料。

2.《统计法实施条例》规定

县级以上人民政府统计机构和有关部门应当加强统计规律研究,健全新兴产业等统计,完善经济、社会、科技、资源和环境统计,推进互联网、大数据、云计算等现代信息技术在统计工作中的应用,满足经济社会发展需要。

(七)统计经费管理

《统计法》规定:县级以上人民政府应当将统计工作所需经费列入财政预算。重大国情国力普查所需经费,由国务院和地方人民政府共同负担,列入相应年度的财政预算,按时拨付,确保到位。《统计法实施细则》规定:按照规定审批统计调查计划,切实解决经批准的统计调查需要的人员和经费。

(八)统计执法检查

《统计执法检查规定》对检查机构、检查人员、查处违法案件的范围和分工、查处违法案件的程序(包括立案、调查、处理、结案的程序)以及对违法案件的通告等做了具体规定。

(九)统计法律责任

根据《统计法》及其实施细则的规定,统计法律责任包括行政处分、行政处罚和刑事责任。

1. 行政处分

《统计法》第三十七条、三十八条、三十九条具体规定了对哪些行为实行行政处分。内容主要包括：

（1）地方、部门、单位的领导人自行修改统计资料、编造虚假数据或者强令、授意统计机构、统计人员篡改统计资料或者编造虚假数据的；地方、部门、单位的领导人对拒绝、抵制篡改统计资料或者对拒绝、抵制编造虚假数据行为的统计人员进行打击报复的；统计人员参与篡改统计资料、编造虚假数据的，依法给予行政处分。

（2）统计调查对象有虚报、瞒报、伪造、篡改、拒报或者屡次迟报统计资料的行为之一，情节较重的，可以对负有直接责任的主管人员和其他直接责任人员依法给予行政处分。

（3）统计机构、统计人员违反《统计法》规定，泄露个人、家庭的单项调查资料或者统计调查对象的商业秘密，造成损害的，对负有直接责任的主管人员和其他直接责任人员依法给予行政处分。

2. 行政处罚

《统计法》及其实施细则规定的行政处罚有警告、罚款。

《统计法》第四十一条、四十二条规定了对一些违法行为可以予以警告和罚款。《统计法实施细则》第三十三条和第三十四条则相应地规定了罚款的数额。

此外，还有五种既不属于行政处分也不属于行政处罚的处理办法：责令改正、通报批评、取消荣誉称号、追缴物质奖励、撤销晋升的职务。

《统计法》第四十五条规定：利用虚假统计资料骗取荣誉称号、物质利益或者职务晋升的，除对其编造虚假统计资料或者要求他人编造虚假统计资料的行为依法追究法律责任外，由做出有关决定的单位或者其上级单位、监察机关取消其荣誉称号，追缴获得的物质利益，撤销晋升的职务。

3. 刑事责任

《统计法》第四十七条规定：违反本法规定，构成犯罪的，依法追究刑事责任。《刑法》第二百五十五条规定：公司、企业、事业单位、机关、团体的领导人，对依法履行职责、抵制违反会计法、统计法行为的会计、统计人员实行打击报复，情节恶劣的，处三年以下有期徒刑或者拘役。

此外，《统计法》专门规定：统计机构、统计人员泄露国家秘密的，依法追究法律责任；利用统计调查危害国家安全、损害社会公共利益或者进行欺诈活动的，依法追究法律责任。

三、国家统计报表制度

（一）国家统计报表制度的含义及内容

1. 国家统计报表制度的含义

国家统计报表制度是对基层单位和下级主管机关按照统一规定的表格形式和报送程序，定期向上级机关和国家报告自身基本情况、重要经济活动情况及其状况的一种统计调查规范和方法，是对统计调查工作的技术规范，要求各级统计人员在组织统计调查中必须遵循的统一规定。

2. 统计报表制度的基本内容

统计报告制度的基本内容,包括对报表目录、表式和填表说明三大部分的具体规范。

(1)报表目录是指明确各种报表的填报单位(报送单位)、调查对象、报送时间和报送方式及程序等要求事项。

(2)表式是指统计表的具体格式,表内要求填报的指标项目以及表外填报的各项补充资料。

(3)填表说明是指明表式中各种问题的理解和填写方法,以及有关注意事项。填表说明应包括填报范围(或汇总范围)、统计目录、指标解释、统计分组(类)或有关的划分标准及代码等问题。

(二)国家统计报表制度的组成内容

我国已经发布且目前仍行之有效的统计报表制度主要包括《国民经济核算统计报表制度》《基本单位统计报表制度》《农林牧渔业统计报表制度》《农业产值和价格综合统计报表制度》《工业统计报表制度》《建筑业统计报表制度》《运输邮电业统计报表制度》《批发和零售业、住宿和餐饮业统计报表制度》《成品油批发和零售统计报表制度》《农产量抽样调查制度》《乡村社会经济调查方案》《对外经济贸易和旅游综合统计报表制度》《部分服务业抽样调查统计报表制度》《房地产开发统计报表制度》《能源统计报表制度》《劳动统计报表制度》《科技综合统计报表制度》《高技术产业综合统计报表制度》《固定资产投资统计报表制度》《企业统计报表制度》《环境综合统计报表制度》《社会综合统计报表制度》《妇女儿童状况综合统计报表制度》《人口变动情况抽样调查方案》《劳动力调查制度》《城镇住户调查方案》《农村住户调查方案》《市、县社会经济基本情况统计报表制度》《价格统计报表制度》《企业调查统计制度》。

(三)统计报表制度的基本内容

下面以《国民经济核算统计报表制度》和《企业统计报表制度》为例介绍统计报表制度的基本内容。

1.《国民经济核算统计报表制度》

《国民经济核算统计报表制度》包括五部分,即地区生产总值核算制度、投入产出核算制度、资金流量核算制度、国民资产核算制度和国民经济账户制度。本综合制度的综合范围为各省、自治区、直辖市、计划单列市、新疆生产建设兵团辖区内的地区生产总值的生产、分配和支出情况,投入产出关系,社会资金的流量和流向,国民资产存量状况,以及各机构部门从生产、收支、资本、金融活动到资产负债的循环全过程。

(1)地区生产总值核算制度,是国家调查的一部分,是国家统计局对各省、自治区、直辖市、计划单列市、新疆生产建设兵团统计局的综合要求,各地区应按照全国统一的要求,认真组织实施,按时填报。该制度分年报和定期报表两部分。表中各项指标的含义和计算方法,应按照国民经济核算司 2006 年新修订的《国内生产总值年度核算方案》和《国内生产总值季度核算方案(试行)》执行。

(2)投入产出核算制度,是国家调查的一部分。根据国务院办公厅国办发〔1987〕18 号文件“每五年进行一次全国投入产出调查,编制投入产出表”的规定,逢二、逢七年份编制投入产出基准表,逢零、逢五年份编制投入产出延长表。

(3)资金流量核算制度,共有两张综合表,其中,资金流量(收入分配)表一张,资金流量(金融交易)表一张。资金流量核算的范围是本地区(省、自治区、直辖市、计划单列市、新疆生产建设兵团)各机构部门的资金流量状况,核算的内容包括经济循环过程中各种形式的资金。

(4)国民资产核算制度,共有五张表式,其中,资产负债综合表一张,机构部门资产负债表四张。一般要求只报送资产负债综合表,有条件的地区可编制和报送分机构部门资产负债表。在资产负债综合表和各机构部门资产负债表中,对于金融资产与负债部分没有编制条件的地区可暂不报送。

(5)国民经济账户制度,由各省、自治区、直辖市、计划单列市、新疆生产建设兵团统计局于2007年11月30日以前,同时以电子邮件和纸介质报表形式上报国家统计局国民经济核算司各一份。

2.《企业统计报表制度》

《企业统计报表制度》包括企业(集团)统计报表制度和企业景气调查制度两个方面的内容。

1) 企业(集团)统计报表制度

企业(集团)的统计范围包括七类企业:①中央企业;②由国务院批准的国家试点企业集团;③国家重点企业;④国务院确定的建立现代企业制度原百户试点企业;⑤由国务院主管部门批准的企业集团;⑥由省、自治区、直辖市人民政府及其主管部门批准的企业集团;⑦年营业收入(主营业务收入与其他业务收入之和,下同)和年末资产总计均在5亿元及以上的其他各类企业集团。

企业集团的统计调查单位是以母子公司为整体的企业集团,即包括企业集团的母公司、在中国境内和境外的全资子公司(单位)、绝对控股子公司(单位)和相对控股子公司(单位),不包括参股和协作企业(单位)。

企业(集团)统计报表制度分为两个部分:一是企业(集团)统计年报、企业(集团)调查问卷(年报)、中央企业主要经济指标快报、企业(集团)统计半年报;二是成员企业(单位)统计年报、成员企业(单位)统计半年报。

企业(集团)统计年报、企业(集团)调查问卷为上报表;成员企业(单位)统计报表仅供集团内部汇总使用,不上报(成员企业报表可根据需要自行复印)。企业(集团)的统计报表应在成员企业(单位)统计报表的基础上进行汇总(合并)填报。

统计报表的调查内容分为四类:一是反映企业(集团)概况和企业(集团母公司)情况的基本属性指标;二是反映企业(集团)财务状况的指标;三是反映企业(集团)劳动工资的指标;四是反映企业(集团)成员企业(单位)基本情况的主要指标。调查问卷的内容主要是反映企业(集团)不能用统计指标量化的改革和发展的情况与问题。

企业(集团)各项指标统计原则:一是企业(集团)的财务指标应按财政部门制定的"企业(集团)合并会计报表"的有关数据填报,合并会计报表中没有的指标应按母公司与各子公司(单位)相加汇总的数据填报;母公司和子公司(单位)的财务指标大部分直接取自企业会计报表,少部分应根据有关会计科目填列。二是企业(集团)概况、劳动工资等统计指标应按母公司与各子公司(单位)相加汇总的数据填报。除企业(集团)以外的重点企业按独立核算的法人企业会计报表和其他报表的有关数据填报。

2）企业景气调查制度

企业景气调查制度包括企业景气调查制度、制造业采购经理调查制度和非制造业采购经理调查制度。

（1）企业景气调查制度规定了企业景气调查的目的、范围、对象、调查表式和统计标准等内容。

企业景气调查的目的是及时、准确地反映宏观经济运行和企业生产经营状况，利用企业家对所在行业的运行状况和企业生产经营状况的判断和预期编制景气指数，为各级党政领导进行宏观管理与决策和企业生产经营提供参考依据和咨询建议。

企业景气调查范围包括：①工业（采矿业，制造业，电力、燃气及水的生产和供应业）；②建筑业；③交通运输、仓储和邮政业；④批发和零售业；⑤房地产业；⑥社会服务业（租赁和商务服务业、环境和公共设施管理业、居民服务业和其他服务业）；⑦信息传输、计算机服务和软件业；⑧住宿和餐饮业。

企业景气调查的对象是上述调查范围内的各法人企业及其负责人（如厂长、总经理等）以及依照法人单位进行统计的产业活动单位及其负责人。

企业景气调查内容包括：①企业基本情况，包括法人单位名称、组织机构代码、法定代表人、联系电话、详细地址、企业规模、行业代码、上年主营业务收入等；②企业家对本行业景气状况的判断，包括企业家对当前本行业总体运行状况的判断、对下期本行业总体运行状况的预计；③企业家对企业生产经营状况的判断，包括企业家对企业综合生产经营状况、流动资金、固定资产投资、劳动力需求等方面本期景气状况的判断和下期景气状况的预计；④企业家对企业生产经营问题的判断与建议。

企业景气调查表式包括企业基本情况调查表和各类企业景气调查问卷两类。

企业景气调查问卷包括：①工业企业景气调查问卷；②建筑业企业景气调查问卷；③交通运输、仓储和邮政业企业景气调查问卷；④批发和零售业企业景气调查问卷；⑤房地产业企业景气调查问卷；⑥社会服务业企业景气调查问卷；⑦信息传输、计算机服务和软件业企业景气调查问卷；⑧住宿和餐饮业企业景气调查问卷。

（2）制造业采购经理调查制度规定了调查的目标、调查的范围、调查的对象、调查的内容以及组织形式。

制造业采购经理调查的目的是编制中国制造业采购经理指数[①]，加强对国民经济活动的监测与预警能力，为国家宏观调控和企业生产经营提供参考依据和咨询建议。

制造业采购经理调查的范围：制造业法人企业以及依照法人单位进行统计的制造业产业活动单位。

制造业采购经理调查的对象：制造业企业的采购（或供应）经理，即企业主管采购业务活动的副总经理或负责企业原材料采购（包括能源、中间产品、半成品和零部件的采购）的部门经理。

制造业采购经理调查的内容：制造业企业的采购（或供应）经理对企业采购及其相关业务活动情况的判断，主要包括对企业生产、订货、采购、价格、库存、人员、供应商配送、

---

① 采购经理指数（PMI）是国际上通行的宏观经济监测指标，是衡量经济发展的重要指标，也是全球备受关注的先行指标之一。

采购方式等情况的判断,以及企业采购过程中遇到的主要问题及建议。

制造业采购经理调查的组织形式:国家统计局各调查总队负责催报和审核,国家统计局服务业调查中心负责数据汇总。

(3)非制造业采购经理调查制度规定了调查的目标、调查的范围、调查的对象、调查的内容以及组织形式。

非制造业采购经理调查的目的是编制中国非制造业采购经理指数,加强对国民经济活动的监测与预警能力,为国家宏观调控和企业经营提供参考依据和咨询建议。

非制造业采购经理调查的范围包括:建筑业,交通运输、仓储和邮政业,信息传输、计算机服务和软件业,批发和零售业,住宿和餐饮业,房地产业,租赁和商务服务业,环境和公共设施管理业,居民服务和其他服务业等非制造业行业法人企业以及依照法人单位进行统计的产业活动单位。

非制造业采购经理调查的对象包括:上述调查范围内的非制造业法人企业以及依照法人单位进行统计的非制造业产业活动单位的主管采购(或供应)的总经理。

非制造业采购经理调查的内容包括:非制造业企业主管采购(或供应)的总经理对企业经营活动、采购及相关业务活动情况的判断,主要包括对业务总量、新订单(客户需求)、存货、投入价格、企业员工、供应商配送等情况的判断,以及企业生产经营和采购过程中遇到的问题及建议。

企业统计报表制度的组织形式是由国家统计局各调查总队负责催报和审核,国家统计局服务业调查中心负责数据汇总,由国家统计局服务业调查中心组织实施。

【思考题】

1. 统计的内涵有哪些?这些含义之间存在什么联系?
2. 统计具有什么特点?
3. 统计的基本方法有哪些?
4. 举例说明统计总体、总体单位和样本之间的相互关系。
5. 什么是统计标志与统计指标?两者有何关系?
6. 我国的统计法规体系包含哪几个层次?主要内容有哪些?
7. 《统计法》的主要内容有哪些?
8. 如何理解我国的《国家统计报表制度》?该制度主要包括哪些内容?
9. 《国民经济核算统计报表制度》包括哪些主要内容?
10. 《企业调查统计制度》包括哪些主要内容?

【练习题】

单项选择题

1. “统计”一词的三种内涵是(　　)。

A. 统计调查、统计整理和统计分析　　B. 统计工作、统计资料和统计学

C. 统计信息、统计咨询和统计监督　　D. 统计理论、统计方法和统计技能

答案:(B)。

2. 统计的基本职能包括（　　）。

A. 统计调查、统计整理和统计分析的职能

B. 回顾过去、反映现状和预测远景的职能

C. 信息职能、服务职能和预测职能

D. 信息职能、咨询职能和监督职能

答案:(D)。

3. 总体的数量特征(例如总体的平均值或比例)被称为（　　）。

A. 统计指标　　B. 标准误差

C. 统计量　　D. 整体

答案:(A)。

4. 下列变量中,属于连续型变量的是（　　）。

A. 性别　　B. 电话号码

C. 重量　　D. 家庭人口

答案:(C)。

5. 一个统计总体（　　）。

A. 只能有一个统计标志　　B. 只能有一个统计指标

C. 可以有多个统计标志　　D. 可以有多个统计指标

答案:(D)。

第二章 统计资料的收集

第一节 统计资料收集的要求和种类

一、统计资料收集的意义

统计资料收集也称为统计调查，是指根据统计的目的、要求和任务，运用科学的统计调查方法，有计划、有组织地收集统计资料的活动过程。

收集到的统计资料有两种：一是原始资料，也称为初级资料，是指直接向调查单位收集的未经加工、整理的资料；二是次级资料，或称为第二手资料，是指收集到的经过初步加工、整理过的，能够在一定程度上说明总体现象的资料。由于各种次级资料是从原始资料过渡来的，所以统计资料收集过程中主要收集的是原始资料，但有时也需要对次级资料进行收集。

统计资料收集是统计工作的第一个阶段和基础环节，是认识现象的起点，是统计资料整理、计算汇总和分析研究的前提。它在整个统计工作中承担着提供基础资料的任务，是决定整个统计工作质量的基本环节。因此，统计资料收集的工作质量、取得数据的正确性与完整性，将直接影响以后各个阶段工作的质量，影响整个统计工作任务的完成情况。如果收集的原始资料不真实、数据不准确或残缺不全，根据这些资料进行整理和分析的结果，就不能如实反映客观事物的真相，甚至还会得出相反的结论。

统计调查不同于一般的社会调查，它主要着眼于数字资料的收集，并且收集的数字资料不是个别的，而是能够通过汇总计算形成综合数据的大量数字资料。

二、统计资料收集的基本要求

只有保证了收集统计资料的质量，才能保证统计工作完成对现象规律性的认识，才能保证以后的统计工作过程顺利进行。因此，统计资料收集必须符合准确性、及时性、完整性和经济性的基本要求。

（一）准确性

准确性是指收集的统计资料必须符合实际、真实可靠、准确无误，既不夸大也不缩小。准确性是统计工作的生命线，没有准确性，统计也就失去了认识客观现实的作用。在统计资料的收集过程中，准确性要求从统计调查的主体和客体两个方面来保证。

从统计调查的主体来看,准确性要求统计机构和统计人员必须实事求是,严肃统计纪律,执行统计法规;统计人员要具有强烈的责任心和事业心,不断提高统计业务素质,把统计差错率降至最低;统计人员应坚持一切从实际出发,实事求是地去调查、收集资料,决不弄虚作假、伪造篡改,也不能随意取舍数据,更不能凭主观意志搞实用主义的调查,不搞迎合式、剪裁式、歪曲式的调查等。

从统计调查的客体(对象)来看,国家机关、社会团体、企事业组织和个体工商户等统计调查对象,必须依照《统计法》和国家规定,如实提供统计资料,不得虚报、瞒报、拒报、迟报,不得伪造、篡改,必须保证所提供统计资料的准确性。

(二)及时性

及时性是指统计资料的收集必须按规定的时间如期完成并及时上报,从时间上满足各方面对统计资料的需要。

统计资料具有强烈的时效性,即使它是准确无误的,但如果提供不及时,也将降低其时效性,降低其使用价值。所以,统计资料的收集必须按期进行并如期完成。

(三)完整性

完整性是指必须按照统计调查的目的和要求收集到完整、全面、系统的统计资料,即在规定的时间内将调查的单位和项目的资料全部收集起来,不得遗漏。

统计资料的完整性是反映现象总体数量特征的基础,如果资料不完整、不全面、不系统,就无法反映现象全貌,就会给以后的统计整理和统计分析带来困难,以至于达不到统计的目的。

(四)经济性

经济性是指统计资料的收集要根据统计调查主体和客体的需要和可能性,注重现实条件,以尽量少的人力、物力、财力和时间耗费,收集到符合统计要求的高质量的统计资料。

三、统计调查的种类

根据统计调查的目的、任务和调查对象特点的不同,需要采用不同的调查方式和方法。所以,统计调查从不同的角度,按照不同的统计标志,有不同的分类。

(一)按统计的主体及作用不同分类

按统计的主体及作用的不同,统计调查分为国家统计调查、部门统计调查、地方统计调查和其他统计调查。

1. 国家统计调查

国家统计调查是指全国性基本情况的统计调查,包括国家统计局单独拟定的和国家统计局与国务院有关部门共同拟定的统计调查项目。国家统计调查计划中新的、重大的统计调查项目,由国家统计局报国务院审批;经常性的、一般性的统计调查项目,由国家统计局审批,如全国工业普查、全国人口普查、全国第三产业普查等。

各地方、各部门、各单位必须严格按照国家统计调查方案实施国家统计调查。

2. 部门统计调查

部门统计调查是指国家各部门的专业性统计调查。部门统计调查计划和统计调查方案由该部门的统计机构组织本部门各有关职能机构编制,其中统计调查对象属于本部门管辖系统内的，由本部门领导人审批，报国家统计局或者本级地方人民政府统计机构备案；统计调查对象超出本部门管辖系统的，报国家统计局或者本级地方人民政府统计机构审批；重要的，报国务院或者本级地方人民政府审批。各部门统计调查管辖系统的划分办法，由国家统计局会同国务院有关部门提出，报国务院批准后实施。

3. 地方统计调查

地方统计调查是指地方人民政府需要的地方性统计调查。地方统计调查计划和统计调查方案的报批办法，由省、自治区、直辖市人民政府统计机构规定，报国家统计局备案。

部门统计调查和地方统计调查不得与国家统计调查重复、矛盾。

国家统计调查与部门统计调查、地方统计调查的分工，由国家统计局会同国务院有关部门和省、自治区、直辖市人民政府统计机构具体商定。

4. 其他统计调查

其他统计调查是指各级政府之外的统计主体进行的统计调查，包括企事业单位、社会团体等社会组织、经济组织进行的有关统计调查，如企业进行的产品市场调查、消费者协会进行的调查等。

（二）按调查对象包含的范围不同分类

按调查对象包含的范围不同，统计调查分为全面调查和非全面调查。

1. 全面调查

全面调查是对被调查对象的所有单位都进行调查、登记的调查方法。全面调查的范围包括统计主体的全部主体单位，其目的是取得全面、系统的基本资料。普查就是典型的全面调查。全国人口普查的调查范围是全国范围内所有的人口；某企业进行的财产全面清查，也是一种全面调查，其范围就是本企业内部的所有财产。

2. 非全面调查

非全面调查是对构成被调查对象的部分主体单位进行的调查。调查涉及的范围只是总体的部分个体单位，如典型调查和抽样调查。由于非全面调查所调查的单位较少，因此可以集中力量做深入、细致的调查，调查项目也可以多一些，调查周期较短，有利于提高统计资料的时效性，节约统计工作中的人力、财力和物力。

（三）按调查时间是否连续分类

按调查时间是否连续，统计调查可分为一次性调查和经常性调查。

1. 一次性调查

一次性调查也称为非连续调查，是指对被调查对象在一定时点（期）上的状态进行一次性登记的调查方式。其目的在于取得该对象在特定时点（期）上的水平、状态的资料，其数值大小与时间间隔的长短没有直接关系，如人口普查、耕地数量调查、库存商品调查等。

2. 经常性调查

经常性调查也称为连续调查，是指随着调查对象的变化情况，按一定的时间周期进行不断的登记的调查方式。其目的是观察调查对象在一段时期内数量变化的累计结果。这类数量变化与时间的长短有直接关系，如产品产量调查、能源消耗调查、市场商品零售情况调查、企业的利润调查等。

(四)按调查的组织方式不同分类

按调查的组织方式不同,统计调查可分为统计报表调查和专门调查。

1. 统计报表调查

统计报表调查是按照国家统一规定的表格形式、报送时间、报送程序和计算方法,由填报单位自下而上地提供统计资料的一种调查方式。这种方式最突出地应用于国家统计系统和各个业务部门定期取得全面、系统的基本统计资料。

2. 专门调查

专门调查是针对调查对象的特点,为了某一特定目的而组织的一种收集统计资料的调查方式,如为了研究某单位的先进经验而组织的典型调查。专门调查包括普查、抽样调查、重点调查、典型调查等。

第二节　统计资料的调查方式

我国的《统计法》规定,统计调查应当以周期性普查为基础,以经常性抽样调查为主体,以必要的统计报表、重点调查、综合分析等为补充,收集、整理基本统计资料。

一、普查

(一)普查的概念

普查是为了某一特定目的而专门组织的一次性全面调查。普查需要对调查对象总体中的所有个体进行调查,并从总体的所有个体中收集资料。

普查的意义在于获得有关国情最基本的数字资料,把握社会总体的全貌,得出具有普遍意义的结论,为国家或部门制定政策、制订计划提供可靠的依据。

(二)普查的目的和特点

1. 普查的目的

普查的目的是摸清和掌握有关国情、国力的基本统计资料,为国家制定有关政策或措施提供依据。重大的国情国力普查需要动员各方面力量进行,由国务院和地方各级人民政府统一领导,组织统计机构和有关部门共同实施。

2. 普查的特点

(1)普查是周期性和一次性的。由于普查涉及面广、调查单位多,需要耗费大量的人力、物力、财力和时间,因此不能年年进行,更不能事事都搞,而只能对主要的调查项目每隔一定时期才进行一次,通常是每隔5年或10年进行一次,即周期性地进行普查。目前,经国务院批准的周期性普查项目主要有:全国人口普查、全国农业普查、全国经济普查、全国基本单位普查等。我国的普查已经制度化了,如人口普查和农业普查,每隔10年进行一次,每逢末尾数为“0”的年份进行人口普查,每逢末尾数为“6”的年份进行农业普查。

(2)统一标准调查时点,即标准时间。普查应当统一标准调查时间(点),避免调查数据的重复和遗漏,保证普查的准确性。不论登记点时间是规定的时点以前或者以后都必须按标准时间的实际状态调整,以取得标准时间上的准确数据。例如,我国前三次人口普查的标准时点都定为普查年份的7月1日零时;第五次全国人口普查的标准时点为

2000 年 11 月 1 日零时;第三次全国经济普查的标准时点为 2013 年 12 月 31 日,时期资料为 2013 年度资料;第四次全国经济普查的标准时点为 2018 年 12 月 31 日,时期资料为 2018 年度资料;第五次全国经济普查的标准时点为 2023 年 12 月 31 日,时期资料为 2023 年度资料;第二次全国污染源普查的普查标准时点为 2017 年 12 月 31 日,时期资料为 2017 年度资料。

(3)确定统一的普查期限,即规定进行普查登记的时期。普查期限的确定,应当考虑普查任务、特点和实施普查的条件,一般选择在被调查现象变动最小或者最适宜进行普查工作的时期,在选择普查期限的基础上,再确定普查的标准时间。例如,第五次全国人口普查的现场登记工作,从 2000 年 11 月 1 日开始到 11 月 10 日以前结束;复查工作在 2000 年 11 月 15 日以前完成;质量抽查工作在 2000 年 11 月 30 日以前完成。再如,第一次全国农业普查的访问登记工作和复查工作,从 1997 年 1 月 1 日开始到 1 月 31 日以前结束。

(4)统一规定普查的项目和指标。普查必须预先规定统一的调查项目和指标并进行登记,不准任意改变和增减,以免影响资料的汇总和综合,降低调查资料的质量。同一种普查,每次调查的项目和指标力求一致,并按规定的周期进行。这样便于进行历次调查资料的对比分析和观察社会现象的变化情况。

(5)普查资料的全面性和系统性。普查比其他任何调查方式所取得的资料都更全面、更系统。

(6)普查可为其他调查提供基本依据。由于普查收集的资料全面、系统,数据一般是比较准确的,规范化程度也较高,所以普查可以为抽样调查、重点调查等其他统计调查提供基本依据。

(7)普查所需的人力、物力、财力较大。

3. 普查的组织形式

(1)专门组织的普查机构。这是针对重大的国情、国力等的普查,需要动用各方面的力量,就必须由国务院和地方各级人民政府统一领导,建立专门的普查机构,要配备一定数量的普查人员,对调查单位直接进行采访登记或指导被调查者按照普查表的要求详细填报,然后采用汇总方式取得统计资料。比如,国家进行第五次人口普查就设置了专门的组织机构:国务院和省、自治区、直辖市人民政府,设区的市、自治州人民政府和地区行政公署,县、自治县、不设区的市和市辖区人民政府,设置人口普查领导小组及其办公室;乡、镇和街道办事处,设置人口普查办公室;村民委员会和居民委员会设置人口普查小组,分别负责人口普查的领导、组织和具体实施。普查机构内配备一定数量的普查员和普查指导员,原则上每个调查小区配备一名普查员。每个普查区配备一名普查指导员。普查员和普查指导员,由县、市人民政府负责选调配备,可以从各级党政机关、企事业单位、村民委员会或者居民委员会干部、教师和大中专学生以及离退休人员中选调,也可以临时从社会招聘。农村地区以中小学教师为主体。

(2)由调查单位自填调查表。这是利用调查单位的原始记录和核算资料,分发一定格式的调查表格,由调查单位填报,例如库存商品普查、生产设备普查等。

二、抽样调查

（一）抽样调查的概念及种类

1. 抽样调查的概念

抽样调查是按照一定的取样原则从调查对象的总体中抽出部分总体单位作为样本进行调查、观察，取得资料，并根据样本实际调查结果来推断总体数量特征的一种统计调查方式，属于非全面调查的范畴。

进行经常性抽样调查，应当在调查前查明基本统计单位及其分布情况，按照经批准的抽样调查方案，建立科学的抽样框。

2. 抽样调查的种类

抽样调查按抽样的方法不同分为随机抽样调查和非随机抽样调查。

（1）随机抽样调查是按照随机原则从总体单位中抽取样本，进而推断总体的抽样调查方法。随机原则是指样本单位的抽取不受任何主观因素及其他系统性因素的影响，是在随机状态下进行，每个总体单位都有被抽中的相同概率。

（2）非随机抽样调查是从调查的目的出发，根据人们的主观经验或其他条件来抽取样本的调查方法，如偶遇抽样、判断抽样、配额抽样、雪球抽样等。

（二）抽样调查的特点

1. 经济性

由于抽样调查只抽取调查对象总体的部分单位作为样本进行调查，通常样本只是总体中的小部分，因此调查的工作量小，可以节约大量的人力、物力、财力和时间，能够以较少的投入取得必要的统计资料。

2. 及时性

由于只对抽取的样本进行调查，较之普查的工作量就小得多，调查时间、数据处理时间都较短，从而能及时满足各方面对统计资料的需要。

3. 科学性

抽样调查数据之所以能用来代表和推算总体，主要是因为抽样调查方法本身的科学性。

（1）调查样本的抽取是比较科学的，特别是随机抽样，是按随机的原则抽取的，在总体中每一个单位被抽取的机会是均等的，因此能够保证被抽中的单位在总体中的均匀分布，不致出现倾向性误差，代表性强。

（2）抽样调查是以抽取的全部样本单位作为一个“代表团”，用整个“代表团”来代表总体，而不是用随意挑选的个别单位代表总体。

（3）所抽选的调查样本数量，是根据调查误差的要求，经过科学的计算确定的，在调查样本的数量上有可靠的保证。

（4）抽样调查的误差，在调查前就可以根据调查样本数量和总体中各单位之间的差异程度进行计算，并控制在允许范围以内，调查结果的准确程度较高。

4. 应用广泛性

抽样调查已成为世界各国普遍采用的一种统计资料收集方法，它广泛应用于社会、经济、自然各种现象的调查，对不可能进行全面调查的现象，如对某些具有破坏性的产品质量进行检验——灯泡的使用寿命、轮胎的里程试验等，都可以采用抽样调查；对不必要进行全面调查的现象，如10年进行一次人口普查，其他年份就可以采用抽样调查进行其他的人口变动情况调查、居民家庭收支情况调查等；对难以进行全面调查而又必须推算总体数量特征的现象，如个体工商户的经营情况、农作物收获量的预测等都应当采用抽样调查。

基于以上特点，抽样调查被公认为是非全面调查方法中用来推算和代表总体的最完善、最具有科学根据的调查方法。

与其他调查一样，抽样调查也会遇到调查的误差问题。通常抽样调查的误差有两种：一种是工作误差（也称为登记误差或调查误差）；另一种是代表性误差（也称为抽样误差）。但是，抽样调查可以通过抽样设计和通过计算并采用一系列科学的方法，把代表性误差控制在允许的范围之内。另外，由于调查单位少，代表性强，所需调查人员少，工作误差比全面调查要小。特别是在总体包括的调查单位较多的情况下，抽样调查结果的准确性一般高于全面调查。因此，抽样调查的结果是非常可靠的。

三、统计报表

（一）统计报表的含义及其特点

1. 统计报表的含义

统计报表是以基层企事业单位的原始记录为基础，采用统一的表格形式、统一的统计指标、统一的填写要求、统一的报送时间和统一的报送程序，自下而上逐级定期向国家主管部门报送基本统计资料的一种统计调查方式。在我国几十年的政府统计工作中，已经形成一套比较完善、系统的制度，所以统计报表又称为统计报表制度。

2. 统计报表的特点

（1）统一性。统计报表由国家统一规定了指标含义、计算口径、报表格式、报送时间、报送程序，不仅便于统计资料的汇总、积累，而且能够保证资料收集的统一性和及时性。

（2）可靠性。统计报表是根据基层单位的原始记录填制的，所以能够确保收集到的统计资料的可靠性和准确性。

（3）全面性。统计报表填报的内容多为时期指标，已经形成了一个内容全面、系统完整的指标体系。所以，统计报表所包含的范围比较全面，项目比较系统，分组比较合理，各项内容和调查周期相对稳定。新中国成立以来，统计报表制度主要承担着定期提供我国国民经济发展基本情况的基本统计资料的重要任务。定期填制统计报表还可以不断完善资料，进行历史对比、系统分析，研究社会、经济现象发展变化的规律性。

（二）统计报表的种类

1. 统计报表按报送周期分类

统计报表按其报送周期的长短，分为定期报表和年报。

（1）日报、旬报、月报、季报、半年报都属于短周期性的定期报表，主要是提供统计年度内一定时期社会经济的周期性基本状况的统计资料。定期统计报表的特点是：统计指标较少，统计范围较小，分类目录比较粗，时间要求比较短。

（2）年报是对统计年度全年国民经济活动的全面性总结的统计报表。年度统计报表的特点是：统计指标比较多，统计范围比较全，分类目录比较细，准确程度要求高。凡定期报表已有的统计内容，年度一般不再重复统计。

统计报表按周期不同进行分类，不仅仅体现时间上的差异，更主要的是报表的内容和作用不同。一般而言，周期长的报表指标项目多且细，周期短的报表指标项目少且较粗，报表周期越短，时效性越强，越能及时反映调查对象的基本情况，有利于及时掌握动态，调整计划，纠正差异。例如，日报、旬报包括的内容一般只限于生产经营活动中主要的指标项目，以较快的速度反映生产进度，为业务主管部门了解生产动态、指导工作提供资料，所以往往把日报、旬报称为进度报表；月度和季度报表包括的内容比较细，主要检查国民经济各部门每个月份或每个季度计划的执行情况，为及时了解计划完成情况提供依据；年度报表是全年工作的总结性报表，内容和项目都比较多而且全面，通过它可以检查国民经济计划的执行情况，为制定国家的各项方针政策和编制国民经济计划提供较全面的资料。

2. 统计报表按其内容和实施范围分类

统计报表按其内容和实施范围不同，可分为国家统计报表、业务部门统计报表和地方统计报表。

(1)国家统计报表是由国家统计部门统一制定，用以反映全国性的经济和社会发展基本情况的报表，包括工业、农业、交通、基本建设、商业、外贸、劳动工资、物资、财政等方面的统计资料，是国民经济的基本统计报表。

(2)业务部门统计报表是为了适应本部门业务管理的需要而制定的专业统计报表，在本系统内实施，用以收集本部门有关业务技术资料，作为国民经济基本统计报表的补充。

(3)地方统计报表是在国家统计报表的基础上，根据地方特点，补充规定的地区性统计报表，为地区的管理及经济服务。

3. 统计报表按其报送单位的层次和性质分类

统计报表按其报送单位的层次和性质，可分为基层报表和综合报表。

(1)基层报表是由基层的企事业单位根据原始记录汇总、整理而填报的统计报表。

(2)综合报表是由各地方统计部门或主管部门根据所属基层单位上报的报表逐级汇总填报的统计报表。

4. 统计报表按其调查方式分类

统计报表按其调查方式，可分为全面统计报表和非全面统计报表。

(1)全面统计报表是要求调查总体的每一个单位都必须填报的统计报表。目前，大多数报表属于全面统计报表。

(2)非全面统计报表是只要求调查总体中的一部分单位填报的统计报表。一般情况下，非全面统计报表的运用都是结合重点调查、典型调查、抽样调查等方式，抽取调查总体中的部分单位，再将统计报表布置给这些单位，要求它们按统计报表的指标、内容进行填报。例如，调查工业主要技术经济指标，只要求重点企业填报。

(三)例证

下面介绍的是我国《工业统计报表制度》的基本内容。

《工业统计报表制度》主要反映全国工业经济发展的基本情况，是党和国家了解工业经济现状、制定经济政策、编制和检查工业计划执行情况、进行经济管理、为宏观调控提供依据所需的全国性工业统计报表。它是依照《统计法》的规定，由国家统计局制定的统计报表制度。

《工业统计报表制度》是国家统计调查的一部分，是国家统计局对各省、自治区、直辖市统计局和国务院各有关部门的综合要求，由各地区和各部门按照全国统一规定的统计范围、计算方法、统计口径和填报目录，根据国家统计局拟订的工业企业报表制度的内容组织实施。

《工业统计报表制度》分为年报和定期报表两部分。工业定期统计报表的特点是：统计指标较少，统计范围较小，分类目录比较粗，时间要求比较快。工业年度统计报表的特点是：统计指标比较多，统计范围比较全，分类目录比较细，准确程度要求高。凡定期报表已有的统计内容，年度一般不再重复统计。年报和定期报表同时又分为综合表和基层表。综合表由各省、自治区、直辖市统计局和国务院各有关部门报送给国家统计局；基层表由国家统计局制定，各省、自治区、直辖市可结合地方要求进行补充，然后布置给其辖区内的工业企业填报。另外，我国还建立了全部国有工业企业及年产品销售收入在500万元以上的非国有工业按月报送分企业资料制度，并着手建立5 000家大型企业对国家统计局的直报制度。

四、重点调查

（一）重点调查及重点单位的含义

1. 重点调查的含义

重点调查是在所调查对象的总体中选择部分重点单位进行调查，用以反映总体基本情况的统计调查方式，是一种非全面调查。

2. 重点单位及其选择

重点单位是指在调查总体中具有举足轻重地位的总体单位，这些单位虽然只是总体中的一小部分，但它们调查的标志值在总体标志总量中占有绝大部分比重，通过对这些单位的调查，可以反映总体的基本情况。

进行重点调查，关键的问题是要选好重点单位。

（1）重点单位的数量，要根据调查任务来确定。一般来说，选出的单位应尽可能少些，而其标志值在总体中所占的比重应尽可能大些。其基本标准是所选出的重点单位的标志值必须能够反映所研究总体的基本情况。例如，要了解我国钢铁工业的生产情况，只要对宝钢、鞍钢、包钢、太钢、武钢、首钢等十几家大型钢铁企业进行调查，就可达到调查的目的。因为，虽然这十几家钢铁企业只占全国钢铁企业总数的极少数，但它们的产量却占了全国钢铁产量的大部分，是能够反映全国钢铁生产的基本情况的。

（2）选择重点单位时，往往存在如下情况：在某一问题上是重点单位，在另一问题上不一定是重点单位；在某一调查总体中是重点单位，在另一调查总体中不一定是重点单位；在这个时期是重点单位，在另一时期不一定是重点单位；重点之中又有重点；等等。

（3）选中的单位应是管理健全、统计基础工作较好的单位。

（二）重点调查的优势

重点调查的优势在于能够用较少的人力、物力、财力和时间取得反映调查总体的基本情况和变动趋势。

（三）重点调查的组织形式

根据调查的目的和内容的不同，重点调查可以是定期调查，也可以是一次性调查。

定期调查适用于经济性调查任务，可以发放定期报表，由选择的重点单位填报，定期观察一些重点单位的主要技术经济指标的完成情况及变动情况。一次性调查适用于临时调查任务，也可以同统计报表制度结合起来，采用统计报表中适用的资料。我国有一些重点调查已经纳入定期统计报表制度，逐级按月、季、年上报，如国家统计部门的重点城市工业企业主要经济指标电信月报、重点工业企业产品价格统计日报等。

五、典型调查

（一）典型调查的含义、作用及典型单位的选择

1. 典型调查的含义

典型调查是根据调查的目的和要求，在对调查对象进行初步的全面分析的基础上，有意识地从中选择少数具有代表性的典型单位，进行周密系统的调查，借以认识事物的本质及其发展变化规律性的一种调查研究方法，属于非全面调查范围。

2. 典型调查的作用

（1）典型调查可以研究尚未充分发展、仍处于萌芽状态的新生事物或某种倾向性的社会问题。通过典型调查可以对典型单位做具体深入的分析，可以具体地了解事物发生和发展的全过程及同各方面的联系，及时发现新情况、新问题，探索事物发展变化的趋势，形成科学的预见。

（2）典型调查可以补充全面调查和其他非全面调查的不足。典型调查可以收集全面调查或其他形式的非全面调查收集不到的统计资料和情况，因为调查的单位较少，可以对典型单位进行深入调查，从而把问题搞清楚。

（3）典型调查可以分析事物的不同类型，研究它们之间的差别和相互关系。例如，通过调查可以区分先进事物与落后事物，分别总结其经验教训，进一步研究对策，促进事物的转化与发展。

（4）在一定条件下，可以用典型调查的结果来推断总体的指标数值。当总体中各单位的差异很小时，每个单位都有一定的代表性，或者总体单位之间差异很大，但通过划类选典，掌握了各典型单位的数字资料，而且已知各种类型在总体中所占比重，就可以根据类型比例推算总体的指标数值。

3. 典型单位的选择

（1）典型单位的选择虽然由被调查者确定，但并非随意确定，而是根据调查的目的，参照调查对象和典型单位的有关资料和情况确定。

（2）选择典型单位，还应合理地确定典型单位的数目。在总体各单位差别不大的情况下，选择一个或几个有足够代表性的单位就可以了。比如，要对成都市内各商场上半年的零售情况进行调查，可选取大型商场10个、中型商场10个、大型超市10个为典型样本，而不必每个商场都调查一番，调查得出的结果也能比较客观地反映实际情况。

（二）典型调查的特点及分类

1. 典型调查的特点

（1）典型调查是对调查对象总体中的个别或某些单位进行的调查。由于范围小、单

位少，能够对被调查的对象做深入、细致的了解，同时又节省人力、物力、财力和时间，采用这种方式能以较小的代价获取较大的利益。

（2）典型调查是对有意识地选择的调查单位进行的调查，因此容易受人的主观意志的影响。由于典型样本是根据调查者主观判断决定的，所以难免带有某种程度的主观性。在对总体情况了解不够的情况下，往往难于选好典型，这样就难免对调查结果的准确性产生一定影响。因此，在使用典型调查时，应尽可能在对调查对象总体情况有大致了解的基础上进行。

（3）典型调查有利于深入实际，解剖调查对象。由于典型调查的数量少，便于深入细致的调查，既可以收集有关的数字资料，又可以掌握具体、生动的情况；既有经济技术成果资料，又有意识形态方面的情况；对调查对象的发展变化有比较透彻的了解，就可以发现问题、分析问题，并提出解决问题的途径和建议。

（4）典型调查可以估计总体，但是不能检验其正确性，因此属于定性调查。由于典型调查不是按随机原则抽取的，所以用典型单位的统计数据推断总体就无法计算和控制其误差，推断结果只是一个粗略的近似值。

2. 典型调查的分类

（1）"解剖麻雀式"的典型调查是直接对个别典型单位进行的调查研究。比如，调查单位之间差异较小，波动不大，就可选择一个或几个典型单位进行深入细致的调查。

（2）"划类选典式"的典型调查是在对总体进行分类的基础上，选择一部分典型单位进行调查。在总体单位比较多、各单位发展条件和发展程度又相差较大，当波动幅度大时，就需要将总体单位按某种与研究任务有关的标志划分成若干个组，以缩小组内各单位的差异，然后再从各个组分别选出典型单位。按这种方法进行调查，称为"划类选典式"典型调查。

六、个案调查

个案调查是指从对象总体中选取一个或几个特定的调查对象进行深入研究。它的主要作用不是由个体推论总体，而是要深入、细致地描述一个具体单位（如个人、群体、企业、城镇）的全貌和具体的社会过程。与典型调查不同，个案调查不要求调查对象具有代表性或典型性，它不试图以少量单位来概括或反映总体的状况。

个案调查的特点主要有三个：一是它比典型调查更具体、深入、细致，因为个案调查是对某个特殊单位进行的全面、深入调查，而调查对象的单一性决定了调查必须讲究深度和广度。如对某个先进典型单位或对某个落后典型单位的调查，都属于个别调查。二是个案调查的目的是了解和认识个案本身的问题，而不是推及同类事物，调查应注意挖掘现象背后的本质原因，总结经验教训，给人们提供借鉴。三是个案调查在调查内容、时间、活动上具有弹性。

尽管个案调查是社会调查的主要方法之一，但是随着社会的发展，个案调查的比重在不断下降，而抽样调查的比重在不断上升。

个案调查与抽样调查的更替反映出社会认识的某种规律性。人们对社会现象的认识首先是要详细了解每一种现象的细节，其次是通过对大量事物的归纳得出一般性、普遍性的认识。可以说，个案调查是通过深入"解剖麻雀"来描述各个"点"的情况（典型调查的作用也在于此);而抽样调查则是要了解"面"上的情况,它试图详尽地分析各个"点"之间的相互联系,以便从总体上把握社会现象的规律性。抽样调查的兴起说明,人们对社会的认识已从"点"发展到"面"。但是,在对一些新现象或新事物的研究中,部分学者仍是先从个案调查开始,然后再扩展到对现象的普遍联系的认识。

第三节 统计调查方案的设计

统计资料的收集是一项复杂、细致的科学工作,必须有目的、有计划、有组织、有步骤地进行,才能达到预期的效果。统计调查方案是统计调查组织为了顺利完成统计资料收集工作而预先设计的进行统计调查的行动计划,它是指导整个统计资料收集活动的纲领性文件,是统计计划在调查阶段的具体化。有了统一的统计调查方案,才能在统计资料的收集过程中统一认识、统一调查内容、统一调查方式方法、统一调查步调,从而保证及时、准确、全面取得所需的统计资料。

一个完整的统计调查方案应当包括调查目的、调查组织架构、调查对象及单位、调查内容与调查表、调查时间和期限、调查方式方法以及调查组织实施计划等内容。

下面以"第五次全国经济普查方案"和"第二次全国污染源普查方案"为例,介绍统计调查方案的设计。

一、确定调查目的

(一)调查目的的内涵

在设计调查方案中,我们必须确定调查的目的和任务。调查的目的是指通过统计调查想要搜集什么资料、研究并解决什么问题。只有明确了目的,才能确定本次调查的对象和内容,以及采用什么方式方法进行调查等。

(二)案例

1. 第五次全国经济普查的目的

第五次全国经济普查的目的是统筹开展投入产出调查,全面调查我国第二产业和第三产业的发展规模、布局和效益,摸清各类单位的基本情况,掌握国民经济行业间的经济联系,客观反映推动高质量发展、构建新发展格局、建设现代化经济体系、深化供给侧结构性改革以及创新驱动发展、区域协调发展、生态文明建设、高水平对外开放、公共服务体系建设等方面的新进展。通过普查进一步夯实统计基础,推进统计现代化改革,为加强和改善宏观经济治理、科学制定中长期发展规划、全面建设社会主义现代化国家提供科学准确的统计信息支持。

2. 第二次全国污染源普查的目的

第二次全国污染源普查的目的是摸清各类污染源基本情况,了解污染源数量、结构和分布状况,掌握国家、区域、流域、行业污染物产生、排放和处理情况,建立健全重点污染源档案、污染源信息数据库和环境统计平台,为加强污染源监管、改善环境质量、防控环境风险、服务环境与发展综合决策提供依据。

二、调查的对象和单位

（一）调查对象和单位的内涵

调查目的确定以后，就可以确定调查的对象和单位了。调查对象和单位确定得准确、适当与否，直接关系到统计调查工作的准确与否和完整与否。

1. 调查对象

调查对象是根据本次调查目的确定的统计调查的总体和调查范围。

要想确定调查对象，我们必须先根据调查目的对所研究的现象进行认真分析，掌握其特征，科学地确定“调查对象”的含义；再明确规定调查对象的总体范围，划清与其社会现象的界限，这样才能避免资料的重复或遗漏，保证统计资料的准确性。例如，在进行工业普查时，我们必须明确工业与农业、商业、交通运输业、建筑业等行业的界限。

2. 调查单位

调查单位是指所要调查的具体单位，是调查项目的具体承担者或载体，是我们收集数据、分析数据的基本单位。

调查单位的确定取决于调查目的和调查对象。当调查目的和调查对象发生变化，调查单位也就不同了。例如，对于城市职工家庭基本情况调查，调查单位是被调查的每一户城市职工；而若为城市职工基本情况调查，其调查单位就是被调查的每一位城市职工了。

调查单位可以是调查对象的全部单位，也可以是其中的部分单位。如采用全面调查，调查对象中的每一个单位都是调查单位，即调查单位与调查对象是相同的；如采用非全面调查，那么调查单位只是调查对象中的部分单位。所以，调查单位的确定还必须根据调查方式而定。

3. 填报单位

填报单位是调查中直接填报调查资料的单位。在一般情况下，填报单位与调查单位是一致的，但有时也会不一致。例如，在工业普查中，每个工业企业既是调查单位又是填报单位；如果是对工业设备进行普查，那么所有工业企业设备是调查单位，而调查项目的承担者——每个工业企业就成了填报单位，负责提供本企业的资料。

（二）案例

1. 第五次全国经济普查方案

第五次全国经济普查的对象是我国境内从事第二、第三产业活动的全部法人单位、产业活动单位和个体经营户。

法人单位是指有权拥有资产、承担负债，并独立从事社会经济活动（或者与其他单位进行交易）的组织。法人单位应同时具备以下条件：

（1）依法成立，有自己的名称、组织机构和场所，能够独立承担负债和其他民事责任；

（2）独立拥有和使用（或者授权使用）资产，有权与其他单位签订合同；

（3）会计上独立核算，能够编制资产负债表等会计报表。

在统计工作中，法人单位包括五种类型：企业法人、事业单位法人、机关法人、社会团体法人、其他法人。

产业活动单位是指位于一个地点，从事一种或者主要从事一种社会经济活动的组织或者组织的一部分。产业活动单位应同时具备以下条件：

（1）在一个场所从事一种或者主要从事一种社会经济活动；

（2）相对独立地组织生产活动或者经营活动；

（3）能提供收入或者支出等相关资料。

产业活动单位是法人单位的组成部分。仅包含一个产业活动单位的法人单位，称为单产业法人单位，该法人单位同时也是一个产业活动单位；由两个以上产业活动单位组成的法人单位，称为多产业法人单位，这些产业活动单位接受法人单位的管理和控制。

个体经营户包括个体工商户和其他个体经营户。

个体工商户是指依照《中华人民共和国市场主体登记管理条例》《促进个体工商户发展条例》等法律、行政法规规定，经营主体登记机关登记注册，从事工商业经营的个人和家庭。

其他个体经营户是指未在经营主体登记机关登记注册，但是有相对固定场所、一年内实际从事第二、第三产业个体经营活动累计三个月以上的个人和家庭，不包括以辅助劳力或者利用农闲时间进行兼营性工业、商业及其他活动的农民和农民家庭。

本次经济普查的范围，根据《国民经济行业分类》（GB/T4754－2017）和《三次产业划分规定》，普查范围具体包括：采矿业，制造业，电力、热力、燃气及水生产和供应业，建筑业，批发和零售业，交通运输、仓储和邮政业，住宿和餐饮业，信息传输、软件和信息技术服务业，金融业，房地产业，租赁和商务服务业，科学研究和技术服务业，水利、环境和公共设施管理业，居民服务、修理和其他服务业，教育，卫生和社会工作，文化、体育和娱乐业，公共管理、社会保障和社会组织，以及农、林、牧、渔专业及辅助性活动。

本次经济普查的方法如下：

（1）清查方法。采取“地毯式”清查的方法，对辖区内全部法人单位、产业活动单位和从事第二、第三产业活动的个体经营户进行全面清查，具体按照《普查单位清查办法》组织实施。

（2）普查登记方法。在全面清查的基础上，对法人单位和产业活动单位进行全面调查。国务院第五次全国经济普查领导小组办公室（以下简称国务院经济普查办公室）抽取多套个体经营户样本，各省级普查机构根据实际情况，在多套样本中确定一套作为最终样本，对个体经营户进行抽样调查，具体按照《个体经营户抽样调查方案》组织实施；对投入产出调查单位采取重点调查和典型调查相结合的方式进行调查。

各地普查机构原则上按行政区域组织实施普查。按照《普查登记工作细则》，对从事第二、第三产业活动的法人单位、产业活动单位和个体经营户进行普查登记。

（3）数据报送方式。在单位清查阶段，普查员使用 iPad、手机等手持电子终端采集清查对象数据；在普查登记阶段，采取普查员入户采集、普查对象自主填报、部门组织普查等方式采集普查对象数据。

2. 第二次全国污染源普查方案

第二次全国污染源普查对象为我国境内有污染源的单位和个体经营户。范围包括：工业污染源，农业污染源，生活污染源，集中式污染治理设施，移动源及其他产生、排放污染物的设施。

（1）工业污染源。普查对象为产生废水污染物、废气污染物及固体废物的所有工业行业产业活动单位。对可能伴生天然放射性核素的 8 类重点行业 15 个类别矿产采选、冶炼和加工产业活动单位进行放射性污染源调查。对国家级、省级开发区中的工业园区(产业园区)包括经济技术开发区、高新技术产业开发区、保税区、出口加工区等进行登记调查。

(2)农业污染源。普查范围包括种植业、畜禽养殖业和水产养殖业。

(3)生活污染源。普查对象为除工业企业生产使用以外所有单位和居民生活使用的锅炉(以下统称生活源锅炉),城市市区、县城、镇区的市政入河(海)排污口,以及城乡居民能源使用情况,生活污水产生、排放情况。

(4)集中式污染治理设施。普查对象为集中处理处置生活垃圾、危险废物和污水的单位。其中,生活垃圾集中处理处置单位包括生活垃圾填埋场、生活垃圾焚烧厂以及以其他处理方式处理生活垃圾和餐厨垃圾的单位;危险废物集中处理处置单位包括危险废物处置厂和医疗废物处理(处置)厂[危险废物处置厂包括危险废物综合处理(处置)厂、危险废物焚烧厂、危险废物安全填埋场和危险废物综合利用厂等;医疗废物处理(处置)厂包括医疗废物焚烧厂、医疗废物高温蒸煮厂、医疗废物化学消毒厂、医疗废物微波消毒厂等];集中式污水处理处置单位包括城镇污水处理厂、工业污水集中处理厂和农村集中式污水处理设施。

(5)移动源。普查对象为机动车和非道路移动污染源。其中,非道路移动污染源包括飞机、船舶、铁路内燃机车和工程机械、农业机械等非道路移动机械。

三、调查内容和调查表

(一)调查内容

1. 调查内容的内涵

在确定了调查对象和调查单位以后,我们必须确定调查内容。调查内容是用来说明调查单位的特征,即统计标志的调查项目,包括品质标志和数量标志及其他情况。品质标志如人口普查中每个人的姓名、性别、民族等;数量标志如人口普查中每个人的年龄、收入等。

2. 确定调查内容(项目)的注意事项

调查内容直接关系到调查资料的数量和质量。因此,调查内容以及选择标志的确定,应当根据调查目的和对象的特点,贯彻少而精的原则。所以,当确定调查内容时,我们应当注意以下四点:

(1)需要与可能相结合。方案中只列出调查目的所必需且有可能实现的内容项目,只登记与调查现象本质相关的标志,不应列出可有可无、备而不用的标志,尽量避免内容庞杂,防止不必要地延长调查时间从而影响调查工作的质量。

(2)调查内容或项目的含义要具体明确,做出统一的解释或提示,以免调查人员或被调查人员按各自的理解填写,造成答案不一致,结果无法汇总。

(3)调查内容和项目的答案要有明确的表示形式,如文字式、是否式、数字式等,对数字式还必须标明计量单位。

(4)列入的调查内容或项目应当尽可能地相互联系,以便有关项目相互核对和检查。

（二）调查表

1. 调查表的含义及构成

调查表就是调查内容的表格形式，它是将调查内容按照一定的顺序排列成表格形式，用来登记调查单位数据的统计表格，一般由表头、表体和表外附加三部分组成。

（1）表头是调查表的名称，用来说明调查的内容、被调查单位的名称及其性质和隶属关系等。

（2）表体是调查表的主要部分，具体包括：用来说明调查的具体项目及项目的具体表现；项目的栏号，有利于在整理或编写说明时引用方便；计算单位；等等。

（3）表外附加通常包括填表人签名、填报日期、填表说明等内容，其作用在于明确责任，若发现问题，便于及时查询。

2. 调查表的分类

调查表一般可分为单一表和一览表。

（1）单一表是每份调查表只登记一个调查单位的资料。这种表式适用于调查单位调查的项目较多而调查单位较少的情况。因为当调查项目较多时，单一表可以容纳较多的标志，每份表上都注明了调查时间、地点及其他事项，便于分组整理。我国目前的工业企业定期统计报表就是一种单一表。

（2）一览表是每份调查表中登记若干个调查单位的资料。这种表式适用于对调查单位调查的项目比较少而调查单位又比较多的情况，如我国人口普查时所使用的一种调查表就是一览表，在每份调查表上登记一个家庭里的若干人。

3. 设计调查表的要点

（1）调查项目的安排要考虑到填表人方便填报。只有填写比较方便、容易，填报人才能减轻心理负担，缩短填写时间，保证填写质量。

（2）为了防止登记栏内的登记差错，应当印出登记项目的名称以及登记的数据项目的计量单位。

（3）全部登记项目都要在指定的空格内登记。

（4）为了便于计算机处理和分析调查数据，每个录入项目都必须编码。

（5）对数量、金额等项目，在录入栏项目之间印上虚线，每三位数印双实线，以便减少填报人的登记错误和数据录入人员的录入错误。

（6）选择调查表颜色时，要尽可能选择不给录入人员的眼睛造成疲劳的颜色。

（三）案例一：第五次全国经济普查方案

第五次全国经济普查的主要内容包括普查对象基本情况、组织结构、人员工资、生产能力、财务状况、生产经营、能源生产和消费、固定资产投资、研发活动、信息通信技术应用和数字化转型情况、数字经济活动、投入产出情况等。

第五次全国经济普查的普查表包括清查表和登记表两种，普查表目录如表 2-1 所示。

1. 清查表

第五次全国经济普查的清查表包括法人和产业活动单位清查（如表 2-2 所示）和个体经营户清查（如表 2-3 所示）。

2. 普查登记表

依据不同普查对象，普查登记表分为五类，即一套表单位普查登记表、非一套表单位普查登记表、个体经营户普查登记表、部门普查登记表、投入产出调查表。

(1)一套表单位普查登记表。

普查内容为一套表单位基本情况、财务状况、人员工资、能源生产与消费、生产能力、生产经营和服务活动、固定资产投资、研发活动、信息通信技术应用和数字化转型情况、数字经济活动等。

本方案中的一套表单位，即一套表调查单位，具体包括：

①规模以上工业，即年主营业务收入 2 000 万元及以上的工业法人单位。

②有资质的建筑业，即有总承包、专业承包资质的建筑业法人单位。

③限额以上批发和零售业，即年主营业务收入 2 000 万元及以上的批发业、年主营业务收入 500 万元及以上的零售业法人单位。

④限额以上住宿和餐饮业，即年主营业务收入 200 万元及以上的住宿和餐饮业法人单位。

⑤有开发经营活动的房地产开发经营业，即有开发经营活动的全部房地产开发经营业法人单位。

⑥规模以上服务业，即年营业收入 2 000 万元及以上服务业法人单位，包括交通运输、仓储和邮政业，信息传输、软件和信息技术服务业，水利、环境和公共设施管理业三个行业门类和卫生行业大类；年营业收入 1 000 万元及以上服务业法人单位，包括租赁和商务服务业，科学研究和技术服务业，教育三个行业门类，以及物业管理、房地产中介服务、房地产租赁经营和其他房地产业四个行业小类；年营业收入 500 万元及以上服务业法人单位，包括居民服务、修理和其他服务业，文化、体育和娱乐业两个行业门类，以及社会工作行业大类。

普查内容为一套表单位基本情况、财务状况、人员工资、能源生产与消费、生产能力、生产经营和服务活动、固定资产投资、研发活动、信息通信技术应用和数字化转型情况、数字经济活动等。

(2)非一套表单位普查登记表。

普查内容为非一套表单位基本情况、财务状况、从业人员情况、经营情况、固定资产投资、能源及生石灰生产、研发活动、信息通信技术应用和数字化转型情况、数字经济活动情况。

(3)个体经营户普查登记表。

普查内容为个体经营户基本情况、雇员支出、房租、营业收入、固定资产投资情况等主要经济指标。

(4)部门普查登记表。

普查内容为金融、铁路部门及军队系统负责普查的单位基本情况、人员工资、财务状况等内容。

(5)投入产出调查表。

调查内容为选定的调查单位的投入结构信息，以及固定资产投资构成调查、进口货物使用去向调查等内容。投入产出调查基层表不再一一列举。

3. 普查登记表示例

(1)一套表单位普查登记表共有 29 张,我们选取以下 21 张表予以列示:

①调查单位基本情况(如表 2-4 所示);

②法人单位所属产业活动单位情况(如表 2-5 所示);

③从业人员及工资总额(如表 2-6 所示);

④能源生产、销售与库存(如表 2-7 所示);

⑤非工业企业主要能源品种消费情况(如表 2-8 所示);

⑥固定资产投资项目情况(如表 2-9 所示);

⑦企业研究开发项目情况(如表 2-10 所示);

⑧主要业务活动营业收入(如表 2-11 所示);

⑨信息通信技术应用和数字化转型情况(如表 2-12 所示);

⑩数字经济活动情况(如表 2-13 所示);

⑪规模以上工业个体经营户基本情况(如表 2-14 所示);

⑫规模以上工业财务状况(成本费用)(如表 2-15 所示);

⑬工业总产值、主要产品产量及产值(如表 2-16 所示);

⑭工业企业战略性新兴产业总产值(如表 2-17 所示);

⑮有总承包和专业承包资质的建筑业法人单位生产经营情况(如表 2-18 所示);

⑯有总承包和专业承包资质的建筑业法人单位房屋竣工面积及价值(如表 2-19 所示);

⑰限额以上批发和零售业财务状况(如表 2-20 所示);

⑱房地产开发经营业财务状况(如表 2-21 所示);

⑲房地产开发企业资金和土地情况(如表 2-22 所示);

⑳房地产开发项目经营情况(如表 2-23 所示);

㉑规模以上服务业财务状况(如表 2-24 所示)。

(2)非一套表单位普查登记表共有 10 张,我们选取以下 8 张表予以列示:

①单位基本情况(如表 2-25 所示);

②法人单位所属产业活动单位情况(如表 2-26 所示);

③单位从业人员情况(如表 2-27 所示);

④企业法人主要经济指标(如表 2-28 所示);

⑤金融业财务状况(如表 2-29 所示);

⑥单位固定资产投资项目情况(如表 2-30 所示);

⑦行政事业单位主要经济指标(如表 2-31 所示);

⑧民间非营利组织主要经济指标(如表 2-32 所示);

(3)个体经营户普查登记表有 1 张(如表 2-33 所示)。

(4)部门普查登记表,主要是对中国人民银行、国家金融监督管理总局、中国证券监督管理委员会、国家铁路局和中国国家铁路集团有限公司 4 个部门进行普查的表格。我们每个部门选取 2 张表予以列示。

①中国人民银行普查登记表:金融业调查单位基本情况(如表 2-34 所示);中国人民银行本部及分支机构主要经济指标(如表 2-35 所示)。

②国家金融监督管理总局普查登记表：金融业从业人员情况（如表 2-36 所示）；保险专业中介机构财务状况（如表 2-37 所示）。

③中国证券监督管理委员会普查登记表：行政事业单位主要经济指标（如表 2-38 所示）；证券业利润和费用明细（如表 2-39 所示）。

④国家铁路局、中国国家铁路集团有限公司普查登记表：铁路运输业从业人员及工资总额（如表 2-40 所示）；铁路运输业财务状况（如表 2-41 所示）。

（5）普查综合表，主要是针对以上银行、金融、证券、铁路等部门设计的综合表，共有 23 张，我们选取以下 8 张表予以列示：

①银行及相关金融业资产负债及损益（如表 2-42 所示）；

②保险业基本情况（如表 2-43 所示）；

③资本市场服务业主要经济指标（如表 2-44 所示）；

④证券业资产负债（如表 2-45 所示）；

⑤基金业利润（如表 2-46 所示）；

⑥期货业利润和费用明细（如表 2-47 所示）；

⑦铁路运输业主要经济指标（如表 2-48 所示）；

⑧全国铁路线路里程（如表 2-49 所示）。

表 2-1　普查表目录

表号	表名	统计范围	报送、审核时间	页码
（一）清查表				
621 表	法人和产业活动单位清查表	辖区内全部法人单位和产业活动单位	普查员入户采集，省级普查机构在 2023 年 11 月 10 日 24 时前完成数据审核、验收、上报	12
622 表	个体经营户清查表	辖区内从事第二产业和第三产业活动的个体经营户	同上	14
（二）一套表单位普查登记表				
601 表	调查单位基本情况	辖区内规模以上工业、有资质的建筑业、限额以上批发和零售业、限额以上住宿和餐饮业、有开发经营活动的房地产开发经营业、规模以上服务业法人单位	调查单位 2024 年 3 月 10 日 24 时前网上填报，省级普查机构 2024 年 4 月 15 日 24 时前完成数据审核、验收、上报	15
601-1 表	法人单位所属产业活动单位情况	601 表 212 栏"本法人单位是否有下属产业活动单位（分支机构、派出机构、分公司、分部、分厂、分店等）"选"是"的法人单位	同上	18

表2-1(续)

表号	表名	统计范围	报送、审核时间	页码
602 表	从业人员及工资总额	辖区内规模以上工业、有资质的建筑业、限额以上批发和零售业、限额以上住宿和餐饮业、有开发经营活动的房地产开发经营业、除铁路运输业以外的规模以上服务业法人单位	调查单位 2024 年 3 月 10 日 24 时前网上填报,省级普查机构 2024 年 3 月 31 日 24 时前完成数据审核、验收、上报	19
605-1 表	能源购进、消费与库存	辖区内规模以上工业法人单位	调查单位数据由国务院经济普查办公室在 2024 年 3 月 10 日 24 时前,根据 2023 年 1—12 月份数据摘抄	20
605-2 表	能源加工转换与回收利用	辖区内有能源加工转换活动或回收利用的规模以上工业法人单位	同上	21
605-3 表	能源生产、销售与库存	辖区内规模以上工业、有资质的建筑业、限额以上批发和零售业、限额以上住宿和餐饮业、有开发经营活动的房地产开发经营业、规模以上服务业等重点法人单位	同上	22
605-4 表	非工业企业主要能源品种消费情况	辖区内有资质的建筑业、限额以上批发和零售业、限额以上住宿和餐饮业、有开发经营活动的房地产开发经营业、规模以上服务业法人单位	调查单位 2024 年 3 月 10 日 24 时前网上填报,省级普查机构 2024 年 4 月 15 日 24 时前完成数据审核、验收、上报	23
606 表	固定资产投资项目情况	辖区内规模以上工业、有资质的建筑业、限额以上批发和零售业、限额以上住宿和餐饮业、有开发经营活动的房地产开发经营业、规模以上服务业法人单位的 500 万元及以上固定资产投资项目	同上	24

表2-1(续)

表号	表名	统计范围	报送、审核时间	页码
607-1表	企业研究开发项目情况	辖区内规模以上工业企业法人单位;特、一级总承包,一级专业承包建筑业企业法人单位;规模以上交通运输、仓储和邮政业,信息传输、软件和信息技术服务业,租赁和商务服务业,科学研究和技术服务业,水利、环境和公共设施管理业,卫生和社会工作,文化、体育和娱乐业,科研育种相关企业法人单位的全部研究开发项目	调查单位2024年3月10日24时前网上填报,省级普查机构2024年3月31日24时前完成数据审核、验收、上报	26
607-2表	企业研究开发活动及相关情况	辖区内规模以上工业企业法人单位;特、一级总承包,一级专业承包建筑业企业法人单位;规模以上交通运输、仓储和邮政业,信息传输、软件和信息技术服务业,租赁和商务服务业,科学研究和技术服务业,水利、环境和公共设施管理业,卫生和社会工作,文化、体育和娱乐业,科研育种相关企业法人单位	同上	27
608表	主要业务活动营业收入	辖区内规模以上工业、有资质的建筑业、限额以上批发和零售业、限额以上住宿和餐饮业、有开发经营活动的房地产开发经营业、规模以上服务业法人单位	调查单位2024年3月10日24时前网上填报,省级普查机构2024年4月15日24时前完成数据审核、验收、上报	29
609-1表	信息通信技术应用和数字化转型情况	辖区内规模以上工业、有资质的建筑业、限额以上批发和零售业、限额以上住宿和餐饮业、有开发经营活动的房地产开发经营业、规模以上服务业法人单位	同上	30
609-2表	数字经济活动情况	辖区内属于《数字经济及其核心产业统计分类(2021)》核心产业中标注“*”的9个国民经济行业小类和认定为数字化效率提升业的规模以上工业、有资质的建筑业、限额以上批发和零售业、限额以上住宿和餐饮业、规模以上服务业法人单位	同上	32

表2-1(续)

表号	表名	统计范围	报送、审核时间	页码
B601 表	规模以上工业个体经营户基本情况	辖区内规模以上工业个体经营户	同上	34
B603 表	规模以上工业财务状况(成本费用)	辖区内规模以上工业法人单位和规模以上工业个体经营户	同上	35
B604-1 表	工业总产值、主要产品产量及产值	辖区内规模以上工业法人单位和规模以上工业个体经营户	同上	37
B604-2 表	主要工业产品生产能力	辖区内规模以上工业法人单位	同上	38
B604-3 表	工业企业战略性新兴产业总产值	辖区内经认定的从事战略性新兴产业生产的规模以上工业法人单位	同上	39
C603 表	有总承包和专业承包资质的建筑业法人单位财务状况	辖区内有总承包和专业承包资质的建筑业法人单位	同上	40
C604-1 表	有总承包和专业承包资质的建筑业法人单位生产经营情况	辖区内有总承包和专业承包资质的建筑业法人单位	同上	42
C604-2 表	有总承包和专业承包资质的建筑业法人单位房屋竣工面积及价值	辖区内有总承包和专业承包资质的建筑业法人单位	同上	43
E603 表	限额以上批发和零售业财务状况	辖区内限额以上批发和零售业法人单位	同上	44
E604 表	限额以上批发和零售业经营情况	辖区内限额以上批发和零售业法人单位	同上	46
S603 表	限额以上住宿和餐饮业财务状况	辖区内限额以上住宿和餐饮业法人单位	同上	47
S604 表	限额以上住宿和餐饮业经营情况	辖区内限额以上住宿和餐饮业法人单位	同上	49
X603 表	房地产开发经营业财务状况	辖区内有开发经营活动的房地产开发经营业法人单位	同上	50
X604-1 表	房地产开发项目经营情况	辖区内有开发经营活动的房地产开发经营业法人单位	同上	51
X604-2 表	房地产开发企业资金和土地情况	辖区内有开发经营活动的房地产开发经营业法人单位	同上	53
F603 表	规模以上服务业财务状况	辖区内除铁路运输业以外的规模以上服务业法人单位	同上	54

表 2-1(续)

表号	表名	统计范围	报送、审核时间	页码
(三)非一套表单位普查登记表				
611 表	单位基本情况	辖区内除一套表单位、金融和铁路部门负责普查的单位以外的第二产业和第三产业法人单位;辖区内除金融和铁路部门负责普查以外的第二产业和第三产业法人单位下属产业活动单位,以及第一产业法人单位下属的第二产业和第三产业产业活动单位	2024 年 4 月 30 日 24 时前完成入户采集或自主填报,省级普查机构 2024 年 5 月 31 日 24 时前完成数据审核、验收、上报	56
611-1 表	法人单位所属产业活动单位情况	611 表 214 栏“本法人单位是否有下属产业活动单位”选择“是”的法人单位	同上	59
611-2 表	单位从业人员情况	辖区内除一套表单位、金融和铁路部门负责普查的单位以外的第二产业和第三产业法人单位	同上	60
611-3 表	企业法人主要经济指标	辖区内除一套表单位、金融业单位,以及铁路部门负责普查的单位以外的以下第二产业和第三产业单位,包括企业法人单位,执行企业会计准则制度的事业法人单位、民办非企业法人单位和基金会,农民专业合作社,农村集体经济组织和除宗教活动场所以外的机构类型为 90 的其他法人单位	同上	61
611-4 表	金融业财务状况	辖区内除金融部门负责普查的单位以外的金融业法人单位	同上	63
611-5 表	单位固定资产投资情况	辖区内除一套表单位、金融和铁路部门负责普查的单位以外的调查单位的 500 万元及以上固定资产投资项目	同上	65
611-6 表	行政事业单位主要经济指标	辖区内除金融部门负责普查的单位以外的机关法人单位,居委会,村委会,不执行企业会计准则制度的事业法人单位	同上	67
611-7 表	民间非营利组织主要经济指标	辖区内社会团体法人单位,不执行企业会计准则制度的民办非企业法人单位,不执行企业会计准则制度的基金会,宗教活动场所法人单位	同上	69

表2-1(续)

表号	表名	统计范围	报送、审核时间	页码
611-8 表	信息通信技术应用和数字化转型情况	辖区内除一套表单位、金融和铁路部门负责普查的单位以外的以下第二产业和第三产业单位,包括企业法人单位,执行企业会计准则制度的事业法人单位、民办非企业法人单位和基金会,农民专业合作社,农村集体经济组织和除宗教活动场所以外的机构类型为 90 的其他法人单位	同上	71
611-9 表	数字经济活动情况	辖区内除一套表单位、金融和铁路部门负责普查的单位以外,属于《数字经济及其核心产业统计分类(2021)》核心产业中标注“＊”的 9 个国民经济行业小类的以下单位,包括企业法人单位,执行企业会计准则制度的事业法人单位、民办非企业法人单位和基金会,农民专业合作社,农村集体经济组织和除宗教活动场所以外的机构类型为 90 的其他法人单位	同上	72
(四)个体经营户普查登记表				
612 表	个体经营户普查登记表	辖区内抽中的个体经营户	2024 年 4 月 30 日 24 时前完成入户采集,省级普查机构 2024 年 5 月 31 日 24 时前完成数据审核、验收、上报	73
(五)部门普查登记表				
中国人民银行				
613 表	金融业调查单位基本情况	中国人民银行负责普查的货币金融服务及其他金融业法人单位和产业活动单位	2024 年 4 月 30 日 24 时前调查单位完成数据报送	74
613-1 表	金融业从业人员情况	中国人民银行负责普查的货币金融服务及其他金融业企业法人单位、中国人民银行本部及其地市级及以上分支机构	同上	76
613-2 表	人民银行本部及分支机构主要经济指标	中国人民银行本部及其地市级及以上分支机构	同上	77

表2-1(续)

表号	表名	统计范围	报送、审核时间	页码
613-3 表	银行及相关金融业资产负债及损益表	中国人民银行负责普查的货币金融服务及其他金融业企业法人单位	同上	78
国家金融监督管理总局				
614 表	金融业调查单位基本情况	保险业法人单位和产业活动单位、国家金融监督管理总局本部及其派出机构	2024 年 4 月 30 日 24 时前调查单位完成数据报送	79
614-1 表	金融业从业人员情况	保险业法人单位、国家金融监督管理总局本部及其地市级及以上派出机构	同上	81
614-2 表	行政事业单位主要经济指标	国家金融监督管理总局本部及其地市级及以上派出机构	同上	82
614-3 表	保险业费用明细表	除保险中介服务以外的保险业法人单位	同上	83
614-4 表	保险业资产负债表	除保险中介服务以外的保险业法人单位	同上	85
614-5 表	保险业利润表	除保险中介服务以外的保险业法人单位	同上	87
614-6 表	保险专业中介机构财务状况表	保险中介服务法人单位	同上	88
中国证券监督管理委员会				
615 表	金融业调查单位基本情况	中国证券监督管理委员会负责普查的资本市场服务法人单位和产业活动单位	2024 年 4 月 30 日 24 时前调查单位完成数据报送	90
615-1 表	金融业从业人员情况	中国证券监督管理委员会负责普查的资本市场服务法人单位	同上	92
615-2 表	行政事业单位主要经济指标	中国证券监督管理委员会及其派出机构;其他资本市场服务事业单位,不包括执行企业会计准则制度的事业单位	同上	93
615-3 表	证券业资产负债表	证券市场服务法人单位	同上	94
615-4 表	证券业利润和费用明细表	证券市场服务法人单位	同上	96
615-5 表	基金业资产负债表	公开募集证券投资基金法人单位	同上	97
615-6 表	基金业利润表	公开募集证券投资基金法人单位	同上	99

表2-1(续)

表号	表名	统计范围	报送、审核时间	页码
615-7 表	基金业业务及管理费用明细表	公开募集证券投资基金法人单位	同上	100
615-8 表	私募基金业财务状况	中国证券监督管理委员会负责普查的非公开募集证券投资基金法人单位	同上	102
615-9 表	期货业资产负债表	期货市场服务法人单位	同上	104
615-10 表	期货业利润和费用明细表	期货市场服务法人单位	同上	106
国家铁路局、中国国家铁路集团有限公司				
616 表	铁路运输业调查单位基本情况	铁路运输业法人单位和产业活动单位	2024 年 4 月 30 日 24 时前调查单位完成数据报送	107
616-1 表	铁路运输业从业人员及工资总额	年营业收入 2 000 万元及以上的铁路运输业法人单位	2024 年 3 月 10 日 24 时前调查单位完成数据报送	109
616-2 表	铁路运输业从业人员情况	年营业收入 2 000 万元以下的铁路运输业法人单位	2024 年 4 月 30 日 24 时前调查单位完成数据报送	110
616-3 表	铁路运输业财务状况	年营业收入 2 000 万元及以上的铁路运输业法人单位	同上	111
616-4 表	铁路运输业财务状况	年营业收入 2 000 万元以下的铁路运输业法人单位	同上	113
(六)普查综合表				
RH613-1 表	银行及相关金融业资产负债及损益表	中国人民银行负责普查的银行及相关金融业法人单位	2024 年 6 月 30 日前报送	114
RH613-2 表	银行及相关金融业业务情况	中国人民银行负责普查的银行及相关金融业法人单位	同上	115
JJ614-1 表	保险业费用明细表	除保险中介服务以外的保险业法人单位	同上	116
JJ614-2 表	保险业资产负债表	除保险中介服务以外的保险业法人单位	同上	117
JJ614-3 表	保险业利润表	除保险中介服务以外的保险业法人单位	同上	119
JJ614-4 表	保险专业中介机构财务状况表	保险中介服务法人单位	同上	120
JJ614-5 表	保险业基本情况	除保险中介服务以外的保险业法人单位	同上	121

表2-1(续)

表号	表名	统计范围	报送、审核时间	页码
ZJ615-1表	资本市场服务业主要经济指标	中国证券监督管理委员会负责普查的资本市场服务法人单位	同上	122
ZJ615-2表	资本市场服务业行政事业单位财务状况	中国证券监督管理委员会及其派出机构;其他资本市场服务事业单位,不包括执行企业会计准则制度的事业单位	同上	123
ZJ615-3表	证券业资产负债表	证监市场服务法人单位	同上	124
ZJ615-4表	证券业利润和费用明细表	证监市场服务法人单位	同上	126
ZJ615-5表	基金业资产负债表	公开募集证券投资基金法人单位	同上	127
ZJ615-6表	基金业利润表	公开募集证券投资基金法人单位	同上	128
ZJ615-7表	基金业业务及管理费用明细表	公开募集证券投资基金法人单位	同上	129
ZJ615-8表	私募基金业财务状况	中国证券监督管理委员会负责普查的非公开募集证券投资基金法人单位	同上	131
ZJ615-9表	期货业资产负债表	期货市场服务法人单位	同上	132
ZJ615-10表	期货业利润和费用明细表	期货市场服务法人单位	同上	134
ZJ615-11表	资本市场基本情况	资本市场服务法人单位	同上	135
TL616-1表	铁路运输业从业人员情况	铁路运输业法人单位	同上	136
TL616-2表	铁路运输业主要经济指标	铁路运输业法人单位	同上	137
TL616-3表	铁路运输业企业财务状况	铁路运输业法人单位	同上	138
TL616-4表	全国铁路线路里程	铁路运输业法人单位	同上	139
TL616-5表	全国铁路客货运输量	铁路运输业法人单位	同上	140

注:基于一套表单位普查登记表、非一套表单位普查登记表和个体经营户普查登记表汇总生成的综合表另行规定。

表 2-2　法人和产业活动单位清查

表号:621 表
制定机关:国家统计局
国务院经济普查办公室
文号:国统字〔2023〕77 号
2023 年　　　　有效期至:2024 年 6 月

《中华人民共和国统计法》第七条规定:国家机关、企业事业单位和其他组织及个体工商户和个人等统计调查对象,必须依照本法和国家有关规定,真实、准确、完整、及时地提供统计调查所需的资料,不得提供不真实或者不完整的统计资料,不得迟报、拒报统计资料。《中华人民共和国统计法》第九条规定:统计机构和统计人员对在统计工作中知悉的国家秘密、商业秘密和个人信息,应当予以保密。

01	单位类型　□(已视同法人单位的分支机构,请填写“1”) 1 法人单位　2 产业活动单位 普查机构填写:如为视同法人单位,请勾选　□
02	统一社会信用代码(没有统一社会信用代码的,由普查机构填写统计用临时代码) □□□□□□□□□□□□□□□□□□
03	单位详细名称 ________________
04	法定代表人(单位负责人)________________
05	运营状态　□(季节性生产 3 个月以上或临时性停产的企业,请填写“1”) 1 正常运营　2 停业(歇业)　3 筹建　4 当年关闭　5 当年破产　6 当年注销　7 当年撤(吊)销　9 其他
06	单位所在地区划及详细地址　(请精确、具体地描述本单位目前从事主要业务活动所在地详细地址,详细填写街(路)、门牌号,例如:北京西路 12 号楼 710 房间) ________省(自治区、直辖市)________地(市、州、盟)________县(市、区、旗) ________乡(镇、街道)________村(居)委会________街(路)、门牌号 普查机构填写:区划代码　□□□□□□□□□□□□　普查小区代码　□□□
07	单位注册地区划及详细地址 是否与单位所在地详细地址一致:　□1 是,2 否 ________省(自治区、直辖市)________地(市、州、盟)________县(市、区、旗) ________乡(镇、街道)________村(居)委会________街(路)、门牌号 普查机构填写:区划代码　□□□□□□□□□□□□
08	联系电话 长途区号　□□□□□ 固定电话　□□□□□□□□-□□□□□□ 移动电话　□□□□□□□□□□□
09	行业类别　(请按照“动词+名词”或“名词+动词”的形式,详细描述本单位目前从事的主要业务活动。从事多种活动的,请按重要程度或者营业收入比重依次填写 1~3 种活动) 主要业务活动 1 ________　2 ________　3 ________ 普查机构填写:行业代码　□□□□
10	机构类型　□□ 10 企业　20 事业单位　30 机关　40 社会团体　51 民办非企业单位　52 基金会 53 居委会　54 村委会　55 农民专业合作社　56 农村集体经济组织　90 其他组织机构

表2-2(续)

11

登记注册统计类别 □□□

内资企业

111 国有独资公司　112 私营有限责任公司　119 其他有限责任公司
121 私营股份有限公司　129 其他股份有限公司　131 全民所有制企业(国有企业)
132 集体所有制企业(集体企业)　133 股份合作企业　134 联营企业
140 个人独资企业　150 合伙企业　190 其他内资企业

港澳台投资企业

210 港澳台投资有限责任公司　220 港澳台投资股份有限公司　230 港澳台投资合伙企业
290 其他港澳台投资企业

外商投资企业

310 外商投资有限责任公司　320 外商投资股份有限公司　330 外商投资合伙企业
390 其他外商投资企业　400 农民专业合作社(联合社)　500 个体工商户
900 其他市场主体

12

成立时间________年________月　(请参照营业执照或登记证书中的成立日期填写)
开业时间________年________月　(请企业根据实际开业时间填写)

请法人单位填写:

13

执行会计标准类别 □
1 企业会计准则制度　2 政府会计准则制度　4 民间非营利组织会计制度　9 其他

14

如有下属产业活动单位(不包括视同法人单位),请填写:
本单位本部(总部、本店、本所等)和其他下属产业活动单位(分部、分厂、分店、支所等)共________个。
请填写法人单位本部和其他下属产业活动单位的基本情况:

序号	单位类别(1本部　2分支机构)	统一社会信用代码	单位详细名称	详细地址	区划代码(普查机构填写省、地市、县6位代码)	联系电话	主要业务活动	行业代码(普查机构填写)
甲	1	2	3	4	5	6	7	8

请产业活动单位填写:

15

单位类别 □
1 本部　(多产业法人单位去除下设分支机构后剩余的部分,如总部、本店、本所等)
2 分支机构　(多产业法人单位下设的分支机构,如分部、分厂、分店、支所等)
归属法人单位的
统一社会信用代码 □□□□□□□□□□□□□□□□□□
单位详细名称____________________
单位详细地址__________　普查机构填写:区划代码 □□□□□□

系统标识(调查对象免填)

16

底册唯一标识码　资料来源

单位受访人:　　　　联系电话:　　　　报出日期:20　年　月　日

说明:1. 统计范围:辖区内全部法人单位和产业活动单位。

2. 报送日期及方式:普查员入户采集,省级普查机构在2023年11月10日24时前完成数据审核、验收、上报。

3. 数据填报要求:本表中部分信息根据清查底册导入,应当据实修改。

表 2-3　个体经营户清查

表号:622 表
制定机关:国家统计局
　　　　国务院经济普查办公室
文号:国统字〔2023〕77 号
有效期至:2024 年 6 月

2023 年

《中华人民共和国统计法》第七条规定:国家机关、企业事业单位和其他组织及个体工商户和个人等统计调查对象,必须依照本法和国家有关规定,真实、准确、完整、及时地提供统计调查所需的资料,不得提供不真实或者不完整的统计资料,不得迟报、拒报统计资料。《中华人民共和国统计法》第九条规定:统计机构和统计人员对在统计工作中知悉的国家秘密、商业秘密和个人信息,应当予以保密。	
01	个体经营户名称______________________
02	个体经营户经营者姓名______________________
03	有无营业执照: □　1 有 2 无 统一社会信用代码(如果没有则无须填写)　□□□□□□□□□□□□□□□□□□
04	联系电话(固定电话或者移动电话)______________________
05	个体经营户所在地区划及详细地址 ______________省(自治区、直辖市)______________地(市、州、盟) ______________县(市、区、旗) ______________乡(镇、街道)______________村(居)委会______________街(路)、门牌号 普查机构填写:区划代码　□□□□□□□□□□□□　普查小区代码　□□□
06	行业类别(请按照"动词+名词"或者"名词+动词"的形式,详细描述目前从事的主要业务活动)主要业务活动______________________ 普查机构填写:行业代码(中类)　□□□
07	从业人员期末人数______________人,其中:女性______________人(指 2023 年 6 月 30 日参加经营活动的所有人员,包括业主、雇员以及参加经营活动的其他人员,如家庭成员、帮手和学徒,2023 年 7 月 1 日以后开业的,按照受访当日情况填写)。
08	预计今年营业收入为:□ ①营业收入<200 万元　②200 万元≤营业收入<500 万元　③500 万元≤营业收入<1 000 万元 ④1 000 万元≤营业收入<2 000 万元　⑤营业收入≥2 000 万元

受访人:　报出日期:20　年　月　日

说明:1. 统计范围:辖区内从事第二产业和第三产业活动的个体经营户。

2. 报送日期及方式:普查员入户采集,省级普查机构在 2023 年 11 月 10 日 24 时前完成数据审核、验收、上报。

表 2-4 调查单位基本情况

表号:601 表
制定机关:国家统计局
国务院经济普查办公室
文号:国统字〔2023〕77 号
有效期至:2024 年 6 月

2023 年

109	统一社会信用代码 □□□□□□□□□□□□□□□□□□
102	单位详细名称 ________
201	法定代表人(单位负责人)________
202	1 成立时间(所有单位填报)_____年_____月 2 开业时间(仅限企业填报)_____年_____月
203	联系方式 长途区号 □□□□□□ 固定电话 □□□□□□□□□-□□□□□□□ 移动电话 □□□□□□□□□□□□□ 传真号码 □□□□□□□□□-□□□□□□□ 邮政编码 □□□□□□
105	单位所在地区划及详细地址 __________省(自治区、直辖市)__________地(市、州、盟)__________县(市、区、旗) __________乡(镇、街道) __________村(居)委会 __________街(路)、门牌号
	区划代码 □□□□□□□□□□□□ 城乡代码 □□□
106	单位注册地区划及详细地址 是否与单位所在地详细地址一致: □ 1 是,2 否 ________省(自治区、直辖市)________地(市、州、盟)________县(市、区、旗) ________乡(镇、街道) ________村(居)委会 ________街(路)、门牌号
	区划代码 □□□□□□□□□□□□ 城乡代码 □□□
107	单位所在园区详细名称 1 ______________ 所在园区代码 1 ________ 单位所在园区详细名称 2 ______________ 所在园区代码 2 ________ 单位所在园区详细名称 3 ______________ 所在园区代码 3 ________
208	运营状态 □ 1 正常运营 2 停业(歇业) 3 筹建 4 当年关闭 5 当年破产 6 当年注销 7 当年撤(吊)销 9 其他
103	行业类别 主要业务活动 1 ______________ 2 ______________ 3 ______________
	行业代码 □□□□
104	报表类别 □ A 农业 B 规模以上工业 B1 规模以下工业 C 建筑业 E 批发和零售业 S 住宿和餐饮业 X 房地产开发经营业 F 规模以上服务业 H 投资 U 其他
191	单位规模 □ 1 大型 2 中型 3 小型 4 微型
192	从业人员 从业人员期末人数________人 其中:女性________人
193	企业主要经济指标 营业收入________千元 其中:主营业务收入________千元 资产总计________千元 营业利润________千元
100	是否为"视同法人单位"? 如是,请勾选 □
211	机构类型 □□ 10 企业 20 事业单位 30 机关 40 社会团体 51 民办非企业单位 52 基金会 53 居委会 54 村委会 55 农民专业合作社 56 农村集体经济组织 90 其他组织机构

表2-4(续)

205	登记注册统计类别 □□□ 内资企业 111 国有独资公司　112 私营有限责任公司　119 其他有限责任公司 121 私营股份有限公司　129 其他股份有限公司　131 全民所有制企业(国有企业) 132 集体所有制企业(集体企业)　133 股份合作企业　134 联营企业 140 个人独资企业　150 合伙企业　190 其他内资企业 港澳台投资企业 210 港澳台投资有限责任公司　220 港澳台投资股份有限公司　230 港澳台投资合伙企业 290 其他港澳台投资企业 外商投资企业 310 外商投资有限责任公司　320 外商投资股份有限公司　330 外商投资合伙企业 390 其他外商投资企业　400 农民专业合作社(联合社)　500 个体工商户 900 其他市场主体
216	港澳台商投资情况(限港澳台投资企业填报)(可多选) 1 港商投资□　2 澳商投资□　3 台商投资□　4 暂未投资□
206	企业控股情况　□　1 国有控股　2 集体控股　3 私人控股　4 港澳台商控股　5 外商控股　9 其他
207	隶属关系(限国有控股企业填报)　□□　10 中央　11 地方　90 其他
209	执行会计标准类别　□ 1 企业会计准则制度　2 政府会计准则制度　4 民间非营利组织会计制度　9 其他
210	执行企业会计准则制度情况　□ 1 执行《企业会计准则》　2 执行《小企业会计准则》　3 执行《企业会计制度》
213	企业集团情况(限企业集团母公司及成员企业填写)　本企业是　□ 1 集团母公司(核心企业或集团总部) 2 成员企业——请填直接上级法人统一社会信用代码　□□□□□□□□□□□□□□□□□□
C01	建筑业企业资质等级编码　□□□□
C02	建筑业企业新资质等级编码(若已更换最新资质证书,按新资质再次填写)________
X01	房地产开发经营业企业资质等级　□　1 一级　2 二级　3 三级　4 四级　5 暂定　9 其他
ES1	批发和零售业、住宿和餐饮业单位经营形式　□ 1 独立门店　2 连锁总店(总部)　3 连锁直营店　4 连锁加盟店　9 其他 连锁品牌(商标或商号名称):________________(经营形式选 2、3、4 的单位填报)
E02	零售业态(可多选,不超过 3 个)　□□□□　□□□□　□□□□ 有店铺零售 1010 便利店　1020 超市　1030 折扣店　1040 仓储会员店　1050 百货店 1060 购物中心　1070 专业店　1080 品牌专卖店　1090 集合店　1100 无人值守商店 无店铺零售 2010 网络零售　2020 电视/广播零售　2030 邮寄零售　2040 无人售货设备零售 2050 电话零售　2060 直销　2070 流动货摊零售　2090 其他
S02	住宿业单位星级评定情况　□　1 一星　2 二星　3 三星　4 四星　5 五星　9 其他
	单位组织结构情况
214	本法人单位是否有上一级法人　□　1 是　2 否 如为 1,请填写上一级法人统一社会信用代码□□□□□□□□□□□□□□□□□□ 上一级法人单位详细名称________________________
212	本法人单位是否有下属产业活动单位(分支机构、派出机构、分公司、分部、分厂、分店等)□ 1 是　2 否

单位负责人:　　统计负责人:　　填表人:　　联系电话:　　报出日期:20　年　月　日

说明:1. 统计范围:辖区内规模以上工业、有资质的建筑业、限额以上批发和零售业、限额以上住宿和餐饮业、有开发经营活动的房地产开发经营业、规模以上服务业法人单位。

2. 报送日期及方式:调查单位 2024 年 3 月 10 日 24 时前网上填报,省级普查机构 2024 年 4 月 15 日 24 时前完成数据审核、验收、上报。

3. 数据填报和处理要求:

(1)本表主要数据由国务院经济普查办公室在调查开始前统一导入数据采集处理软件中,生成报表数据。调查单位应根据实际情况对表中的数据进行认真核对与填写,数据如有变动应当据实修改(置灰的指标除外)。

(2)调查单位不能修改本表中“102 单位详细名称”“103 行业代码”“104 报表类别”“105、106”中的“区划代码、城乡代码”“100 是否为‘视同法人单位’”。

(3)普查机构不能修改本表中的“109 统一社会信用代码”“102 单位详细名称”“104 报表类别”,不能跨报表类别修改“103 行业代码”,不能跨省(自治区、直辖市)修改“105、106”中的“区划代码”。

(4)“105、106”中的“城乡代码”根据 2023 年《统计用区划代码和城乡划分代码》提取生成;“单位所在园区详细名称”和“所在园区代码”由普查机构后期处理生成。

(5)“191 单位规模”“192 从业人员”和“193 企业主要经济指标”等指标数据由各级普查机构待相关报表数据确认后进行摘抄或计算取得。具体方法为:“192 从业人员”数据从“从业人员及工资总额”(602 表)中的“从业人员期末人数(01)”和“其中:女性(02)”摘抄取得;“193 企业主要经济指标”数据分别从各行业“财务状况”表中的“营业收入(301)”“其中:主营业务收入(302)”“资产总计(213)”“营业利润(323)”摘抄取得;“191 单位规模”依据《统计上大中小微型企业划分办法(2017)》及“192 从业人员”和“193 企业主要经济指标”的数据计算取得。

表 2-5　法人单位所属产业活动单位情况

表号:601-1 表

制定机关:国家统计局

国务院经济普查办公室

文号:国统字〔2023〕77 号

有效期至:2024 年 6 月

统一社会信用代码□□□□□□□□□□□□□□□□□□

单位详细名称:　　　　2023 年

本法人单位下属产业活动单位共＿＿＿＿个					
序号	单位类别 (1 本部 2 分支机构)	统一社会信用代码	单位详细名称	详细地址	区划代码 (6 位)
甲	1	2	3	4	5
本部 分支机构 1 分支机构 2 · · · · 分支机构 N					
联系电话	主要业务活动	行业代码	从业人员 期末人数 /人	经营性 单位收入 /千元	非经营性单位 支出(费用) /千元
6	7	8	9	10	11

单位负责人:　　统计负责人:　　填表人:　　联系电话:　　报出日期:20　年　月　日

说明:1. 统计范围:601 表 212 栏“本法人单位是否有下属产业活动单位(分支机构、派出机构、分公司、分部、分厂、分店等)”选“1. 是”的法人单位填写本表。

2. 报送日期及方式:调查单位 2024 年 3 月 10 日 24 时前网上填报,省级普查机构 2024 年 4 月 15 日 24 时前完成数据审核、验收、上报。

3. 数据填报和处理要求:本表部分数据由国务院经济普查办公室在调查开始前统一导入数据采集处理软件中,生成报表数据。调查单位应根据实际情况对表中的数据进行认真核对与填写,指标数据如有变动应及时进行修改(置灰的指标除外)。区划代码、行业代码由普查机构填写。

4. 单位类别:①本部,指多产业法人单位去除下设分支机构后剩余的部分,如总部、本店、本所等;②分支机构,指多产业法人单位下设的分支机构,如分部、分厂、分店、支所等。

表 2-6　从业人员及工资总额

表号:602 表
制定机关:国家统计局
国务院经济普查办公室
文号:国统字〔2023〕77 号
有效期至:2024 年 6 月

统一社会信用代码□□□□□□□□□□□□□□□□□□
单位详细名称:　　　　　　　　2023 年

指标名称	计量单位	代码	本年	指标名称	计量单位	代码	本年
甲	乙	丙	1	甲	乙	丙	1
一、从业人员	—			按职业类型分:	—	—	
从业人员期末人数	人	—		中层及以上管理人员	人	76	
其中:女性	人	01		专业技术人员	人	77	
按人员类型分:	—	02		办事人员和有关人员	人	78	
在岗职工	人	05		社会生产服务和生活服务人员	人	79	
劳务派遣人员	人	06		生产制造及有关人员	人	80	
其他从业人员	人	07		二、工资总额	—	—	
按职业类型分:	—	71		从业人员工资总额	千元	12	
中层及以上管理人员	人	72		按人员类型分:	—	—	
专业技术人员	人	73		在岗职工	千元	13	
办事人员和有关人员	人	74		劳务派遣人员	千元	18	
社会生产服务和生活服务人员	人	75		其他从业人员	千元	19	
生产制造及有关人员	人	08		按职业类型分:	—	—	
从业人员平均人数	人	—		中层及以上管理人员	千元	81	
按人员类型分:	—	09		专业技术人员	千元	82	
在岗职工	人	10		办事人员和有关人员	千元	83	
劳务派遣人员	人	11		社会生产服务和生活服务人员	千元	84	
其他从业人员	人			生产制造及有关人员	千元	85	

单位负责人:　　　统计负责人:　　　填表人:　　　联系电话:　　　报出日期:20 年　月　日

说明:1. 统计范围:辖区内规模以上工业、有资质的建筑业、限额以上批发和零售业、限额以上住宿和餐饮业、有开发经营活动的房地产开发经营业、除铁路运输业以外的规模以上服务业法人单位。

2. 报送日期及方式:调查单位 2024 年 3 月 10 日 24 时前网上填报,省级普查机构 2024 年 3 月 31 日 24 时前完成数据审核、验收、上报。

3. 审核关系:

(1)从业人员期末人数(01)≥其中:女性(02)。

(2)从业人员期末人数(01)=在岗职工(05)+劳务派遣人员(06)+其他从业人员(07)。

(3)从业人员期末人数(01)=中层及以上管理人员(71)+专业技术人员(72)+办事人员和有关人员(73)+社会生产服务和生活服务人员(74)+生产制造及有关人员(75)。

(4)从业人员平均人数(08)=在岗职工(09)+劳务派遣人员(10)+其他从业人员(11)。

(5)从业人员平均人数(08)=中层及以上管理人员(76)+专业技术人员(77)+办事人员和有关人员(78)+社会生产服务和生活服务人员(79)+生产制造及有关人员(80)。

(6)从业人员工资总额(12)=在岗职工(13)+劳务派遣人员(18)+其他从业人员(19)。

(7)从业人员工资总额(12)=中层及以上管理人员(81)+专业技术人员(82)+办事人员和有关人员(83)+社会生产服务和生活服务人员(84)+生产制造及有关人员(85)。

表 2-7　能源生产、销售与库存

表号:605-3 表
制表机关:国家统计局
　　　　　国务院经济普查办公室
文号:国统字〔2023〕77 号
有效期至:2024 年 6 月

统一社会信用代码□□□□□□□□□□□□□□□□□□
单位详细名称:
2023 年

产品名称	计量单位	产品代码	年初产成品库存量	生产量	销售量	其中:销往省外	企业自用及其他	年末产成品库存量
甲	乙	丙	1	2	3	4	5	6

单位负责人:　　统计负责人:　　填表人:　　联系电话:　　报出日期:20　年　月　日

说明:1. 统计范围:辖区内规模以上工业、有资质的建筑业、限额以上批发和零售业、限额以上住宿和餐饮业、有开发经营活动的房地产开发经营业和规模以上服务业等重点法人单位。

2. 数据填报和处理要求:

(1)本表甲栏按照《能源生产、销售与库存目录》填报。

(2)调查单位数据由国务院经济普查办公室在 2024 年 3 月 10 日 24 时前,根据 2023 年 1—12 月份数据摘抄。

表 2-8　非工业企业主要能源品种消费情况

表号:605-4 表
制表机关:国家统计局
国务院经济普查办公室
文号:国统字〔2023〕77 号
有效期至:2024 年 6 月

统一社会信用代码□□□□□□□□□□□□□□□□□□

单位详细名称:　　　　2023 年

能源名称	计量单位	代码	能源消费	
			消费量	消费金额/千元
甲	乙	丙	1	2
天然气	立方米	01		
液化石油气	吨	02		
汽油	升	03		
煤油	吨	04		
柴油	升	05		
燃料油	吨	06		

单位负责人:　　　统计负责人:　　　填表人:　　　联系电话:　　　报出日期:20　年　月　日

说明:1. 统计范围:辖区内有资质的建筑业、限额以上批发和零售业、限额以上住宿和餐饮业、有开发经营活动的房地产开发经营业、规模以上服务业法人单位。

2. 报送日期及方式:调查单位 2024 年 3 月 10 日 24 时前网上填报,省级普查机构 2024 年 4 月 15 日 24 时前完成数据审核、验收、上报。

3. 油品重量单位与容积单位的换算关系:

(1)汽油:1 升≈0.73 千克≈0.00073 吨。

(2)轻柴油:1 升≈0.86 千克≈0.00086 吨。

(3)重柴油:1 升≈0.92 千克≈0.00092 吨。

(4)煤油:1 升≈0.82 千克≈0.00082 吨。

(5)燃料油:1 升≈0.91 千克≈0.00091 吨。

4. 液化天然气与天然气换算关系:1 千克液化天然气≈1.38 立方米天然气(天然气包括液化天然气)。

表 2-9 固定资产投资项目情况

表号:606 表
制表机关:国家统计局
国务院经济普查办公室
文号:国统字〔2023〕77 号
有效期至:2024 年 6 月

统一社会信用代码□□□□□□□□□□□□□□□□□□

单位详细名称: 2023 年

<table>
<tr><td colspan="6">一、项目基本情况</td></tr>
<tr><td>01</td><td>项目代码</td><td colspan="4">□□□□□□□□□□-□□□□□□□-□□□</td></tr>
<tr><td>02</td><td>项目名称</td><td colspan="4"></td></tr>
<tr><td>13</td><td>投资项目
在线审批
监管平台
统一代码</td><td colspan="4">□□□□-□□□□□□□-□□-□□-□□□□□□</td></tr>
<tr><td>104</td><td>报表类别</td><td colspan="4">报表类别 □
A 农业　B 规模以上工业　B1 规模以下工业
C 建筑业　E 批发和零售业　S 住宿和餐饮业
X 房地产开发经营业　F 规模以上服务业　H 投资
U 其他</td></tr>
<tr><td>205</td><td colspan="5">登记注册统计类别 □□□
内资企业
111 国有独资公司　112 私营有限责任公司　119 其他有限责任公司
121 私营股份有限公司　129 其他股份有限公司　131 全民所有制企业(国有企业)
132 集体所有制企业(集体企业)　133 股份合作企业　134 联营企业
140 个人独资企业　150 合伙企业　190 其他内资企业
港澳台投资企业
210 港澳台投资有限责任公司　220 港澳台投资股份有限公司　230 港澳台投资合伙企业
290 其他港澳台投资企业
外商投资企业
310 外商投资有限责任公司　320 外商投资股份有限公司　330 外商投资合伙企业
390 其他外商投资企业　400 农民专业合作社(联合社)　500 个体工商户
900 其他市场主体</td></tr>
<tr><td>03</td><td>项目建设
所在地
及区划</td><td colspan="4">__________省(自治区、直辖市)__________地(市、州、盟)__________县(市、区、旗)
__________乡(镇、街道)　__________村(居)委会　__________街(路)、门牌号
区划代码 □□□□□□□□□□□□</td></tr>
<tr><td rowspan="2">04</td><td>联系电话</td><td>□□□□□□□□□—□□□□□□</td><td rowspan="2">05</td><td rowspan="2">项目行业编码</td><td rowspan="2">□□□□</td></tr>
<tr><td>移动电话</td><td>□□□□□□□□□□□□□</td></tr>
<tr><td>06</td><td colspan="5">控股情况 □ 1 国有控股　2 集体控股　3 私人控股　4 港澳台商控股　5 外商控股　9 其他</td></tr>
<tr><td>07</td><td colspan="5">隶属关系 □□ 10 中央　11 地方　90 其他</td></tr>
<tr><td>08</td><td>建设性质</td><td colspan="4">□ 1 新建　2 扩建　3 改建和技术改造　4 单纯建造生活设施　5 迁建　6 恢复　7 单纯购置</td></tr>
<tr><td>09</td><td>项目类别</td><td>□1 工业企业技术改造项目
□2 棚户区改造项目
□3 涉农项目
□4 老旧小区改造项目
□5 信息类新型基础设施项目
□6 融合类新型基础设施项目
□7 创新类新型基础设施项目
□9 其他项目</td><td>10</td><td>项目开工时间</td><td>________年________月</td></tr>
<tr><td>11</td><td>本年全部
投产时间</td><td>__________年__________月</td><td>12</td><td>期末项目建设状态</td><td>□1 在建　2 全部投产
3 全部停缓建</td></tr>
<tr><td>13</td><td>是否为
"三新"项目</td><td>□1 是　2 否</td><td>14</td><td>是否为政府
专项债项目</td><td>□1 是　2 否</td></tr>
<tr><td>15</td><td colspan="2">建筑安装工程填报依据</td><td colspan="3">□ 1 工程结算单或进度单　2 会计科目或支付凭证</td></tr>
</table>

表2-9(续)

二、项目投资情况							
指标名称	计量单位	代码	本年	指标名称	计量单位	代码	本年
甲	乙	丙	1	甲	乙	丙	1
计划总投资	万元	101		上年末结余资金	万元	302	
自开始建设累计完成投资	万元	103		本年实际到位资金	万元	303	
本年完成投资	万元	107		国家预算资金	万元	304	
其中:住宅	万元	118		其中:中央预算资金	万元	328	
按构成分:	—	—		国内贷款	万元	305	
建筑工程	万元	108		利用外资	万元	307	
安装工程	万元	109		自筹资金	万元	311	
设备工器具购置	万元	110		其他资金来源	万元	318	
其中:购置旧设备	万元	111		其中:债券	万元	306	
其他费用	万元	112		各项应付款合计	万元	320	
其中:旧建筑物购置费	万元	113		其中:工程款	万元	321	
其中:建设用地费	万元	114					
本年新增固定资产	万元	128					

单位负责人:　　　　统计负责人:　　　　填表人:　　　　报出日期:20　年　月　日

说明:1. 统计范围:辖区内规模以上工业、有资质的建筑业、限额以上批发和零售业、限额以上住宿和餐饮业、有开发经营活动的房地产开发经营业、规模以上服务业法人单位的500万元及以上固定资产投资项目。

2. 报送日期及方式:调查单位2024年3月10日24时前网上填报,省级普查机构2024年4月15日24时前完成数据审核、验收、上报。

3. 数据填报和处理要求:

(1)本表除"计划总投资""自开始建设累计完成投资""上年末结余资金"外,其他指标均为本年累计数。

(2)投资项目在线审批监管平台统一代码的填报范围:报告期在建及新开工项目均须填写。该代码由各级发改部门投资项目在线审批监管平台生成。

(3)"一、项目基本情况"中的"项目代码(01)""项目名称(02)""投资项目在线审批监管平台统一代码(13)"。

从"投资项目申请表"的对应指标摘抄;"报表类别(104)""登记注册统计类别(205)"从"调查单位基本情况(601表)"中的对应指标摘抄。

4. 审核关系:

(1)自开始建设累计完成投资(103)≥本年完成投资(107)。

(2)本年完成投资(107)≥其中:住宅(118)。

(3)本年完成投资(107)=建筑工程(108)+安装工程(109)+设备工器具购置(110)+其他费用(112)。

(4)设备工器具购置(110)≥其中:购置旧设备(111)。

(5)其他费用(112)≥其中:旧建筑物购置费(113)+其中:建设用地费(114)。

(6)本年实际到位资金(303)=国家预算资金(304)+国内贷款(305)+利用外资(307)+自筹资金(311)+其他资金来源(318)。

(7)国家预算资金(304)≥其中:中央预算资金(328)。

(8)各项应付款合计(320)≥其中:工程款(321)。

表 2-10　企业研究开发项目情况

表号:607-1 表
制表机关:国家统计局
国务院经济普查办公室
文号:国统字〔2023〕77 号
有效期至:2024 年 6 月

统一社会信用代码□□□□□□□□□□□□□□□□□□□□

单位详细名称:　　　　2023 年

序号	项目名称	项目来源	项目开展形式	项目当年成果形式	项目技术经济目标	项目起始日期	项目完成日期	跨年项目当年所处主要进展阶段	项目研究开发人员/人	项目人员实际工作时间人/月	项目经费支出/千元				
												其中:政府资金	其中:用于科学原理的探索发现*		
														其中:企业自主开展*	委托外单位开展*
甲	乙	01	02	03	04	05	06	07	08	09	10	11	12	13	14

单位负责人:　统计负责人:　　填表人:　　联系电话:　　报出日期:20　年　月　日

说明:1. 统计范围:辖区内规模以上工业企业法人单位;特、一级总承包,一级专业承包建筑业企业法人单位;规模以上交通运输、仓储和邮政业,信息传输、软件和信息技术服务业,租赁和商务服务业,科学研究和技术服务业,水利、环境和公共设施管理业,卫生和社会工作,文化、体育和娱乐业,科研育种和相关企业法人单位的全部研究开发项目。

2. 报送日期及方式:调查单位 2024 年 3 月 10 日 24 时前网上填报,省级普查机构 2024 年 3 月 31 日 24 时前完成数据审核、验收、上报。

3. 数据填报要求:

(1)本表"项目来源"按《研究开发项目来源分类目录》填报;

"项目开展形式"按《研究开发项目开展形式分类目录》填报;

"项目当年成果形式"按《研究开发项目成果形式分类目录》填报;

"项目技术经济目标"按《研究开发项目技术经济目标分类目录》填报;

"跨年项目当年所处主要进展阶段"按《研究开发项目进展阶段分类目录》填报,非跨年项目免填。

(2)标注"*"的指标仅限高技术制造业大型企业、软件和信息技术服务业大型企业法人单位,规模以上研究和试验发展行业企业法人单位,国家重点实验室所在企业法人单位和部分行业龙头企业法人单位填报。

4. 审核关系:

表内审核:

(1)若项目完成日期(06)≠000000,则项目起始日期(05)≤项目完成日期(06)且项目起始日期(05)≤202312 且项目完成日期(06)≥202301。

(2)若项目起始日期(05)≤202212 或项目完成日期(06)≥202401,则跨年项目当年所处主要进展阶段(07)的有效代码为 1、2、3 或 4。

(3)项目研究开发人员(08)>0。

(4)项目人员实际工作时间(09)>0。

(5)项目经费支出(10)>0。

(6)项目经费支出(10)≥其中:政府资金(11)。

(7)若项目开展形式(02)的有效代码为 31、32、33,则跨年项目当年所处主要进展阶段(07)、项目研究开发人员(08)、项目人员实际工作时间(09)免填。

(8)项目经费支出(10)≥其中:用于科学原理的探索发现(12)。

(9)用于科学原理的探索发现(12)≥其中:企业自主开展(13)+委托外单位开展(14)。

表间审核:

(1)"企业研究开发项目情况"(607-1 表)∑项目人员实际工作时间(09)≤"企业研究开发活动及相关情况"(607-2 表)研究开发人员合计(01)×12。

(2)"企业研究开发项目情况"(607-1 表)∑项目经费支出(10)≤"企业研究开发活动及相关情况"(607-2 表)研究开发费用合计(07)。

表 2-11　主要业务活动营业收入

表号:608 表
制定机关:国家统计局
国务院经济普查办公室
文号:国统字〔2023〕77 号
有效期至:2024 年 6 月

统一社会信用代码□□□□□□□□□□□□□□□□□□□□□□
单位详细名称:　　　　　　　　　　　　2023 年

指标名称	代码	计量单位	本年
甲	乙	丙	1
营业收入	301	千元	
其中:非工业营业收入	01	千元	
其中:(按业务活动营业收入从大到小填报)	—	—	—
主要业务活动 1:______________	□□□	千元	
主要业务活动 2:______________	□□□	千元	
主要业务活动 3:______________	□□□	千元	
主要业务活动 4:______________	□□□	千元	
……	…	…	…

单位负责人:　　　　统计负责人:　　　　填表人:　　　　联系电话:　　　　填表日期:20　年　月　日

说明:1. 统计范围:辖区内规模以上工业、有资质的建筑业、限额以上批发和零售业、限额以上住宿和餐饮业、有开发经营活动的房地产开发经营业、规模以上服务业法人单位。

2. 报送日期及方式:调查单位 2024 年 3 月 10 日 24 时前网上填报,省级普查机构 2024 年 4 月 15 日 24 时前完成数据审核、验收、上报。

3. 数据填报和处理要求:

(1)主要业务活动名称及代码根据《一套表单位分主要业务活动营业收入调查行业目录》分类,按营业收入从大到小,依次填报主要业务活动的名称、代码和对应的营业收入数据。

(2)"营业收入(301)"指标数据由相关专业财务报表摘抄取得。

(3)填报的主要业务活动营业收入之和,应达到非工业营业收入的 90%以上。

4. 审核关系:

(1)营业收入(301)≥非工业营业收入(01)。

(2)非工业营业收入(01)≥各主要业务活动营业收入之和≥非工业营业收入(01)×90%。

(3)主要业务活动 1 营业收入≥主要业务活动 2 营业收入≥主要业务活动 3 营业收入≥……

表 2-12　信息通信技术应用和数字化转型情况

表号:609-1 表
制定机关:国家统计局
国务院经济普查办公室
文号:国统字〔2023〕77 号
有效期至:2024 年 6 月

统一社会信用代码□□□□□□□□□□□□□□□□□□□□□□
单位详细名称:　　　　　　　　　　　　　　2023 年

01	贵企业年末使用的计算机______台。
02	贵企业信息技术人员平均人数______人,上年______人。
03	贵企业全年信息化投入______千元,上年______千元。
04	贵企业在以下哪些方面采用了信息化管理(可多选)? 1 财务管理 □　2 购销存管理 □　3 生产制造管理 □　4 物流配送管理 □ 5 客户关系管理 □　6 人力资源管理 □　7 产品研发管理 □　8 企业资源规划(ERP) □ 9 其他______ □　10 无 □
05	贵企业年末拥有的网站数量______个。
06	贵企业网站的用途(可多选)? 1 对公司产品和服务进行描述,展示价格信息 □　2 在线下单、预订、预约,如购物车 □ 3 网站访问者可以在线进行个性化定制、产品设计等服务 □　4 查询或显示订单情况 □ 5 通过算法对用户精准定位,为其提供特色内容 □　6 提供企业 APP、社交媒体等链接信息 □ 7 其他______ □　8 无 □
07	贵企业在生产经营中是否已进行数字化转型? A 是□,贵企业已应用的数字化转型模式(可多选): 1 自建电商网站或 APP 进行商品或服务交易 □　2 通过第三方网站或 APP 进行商品或服务交易 □ 3 使用云计算服务 □　4 使用物联网技术 □　5 使用人工智能技术 □ 6 使用工业互联网 □　7 其他______ □ B 否□,贵企业未进行数字化转型的原因包括(可多选): 1 投入太高 □　2 预估效果不明显 □　3 缺少数字化转型专业人才 □ 4 没有先行案例,不懂得如何数字化转型 □　5 与现在的设备、软件或者系统不兼容 □ 6 获取大数据存在困难或者数据质量不高 □　7 担心违反数据保护法律或者侵犯隐私 □ 8 对使用数据以及相关技术可能承担法律责任的担忧 □　9 其他 □
08	贵企业是否通过网站或应用程序(APP)实现商品或服务交易? A 是 □　B 否 □(跳至 10 题)

09

指标名称	计量单位	代码	商品		服务	
			本年	上年	本年	上年
甲	乙	丙	1	2	3	4
通过网站或 APP 实现的销售额(包含增值税)	千元	a				
其中:B2B	千元	b				
B2C	千元	c				
其中:通过企业自建网站或 APP 实现的销售额	千元	d				
通过第三方网站或 APP 实现的销售额	千元	e				
其中:面向境外的电子商务销售额	千元	f				
通过网站或 APP 实现的采购额(包含增值税)	千元	g				
其中:面向境外的电子商务采购额	千元	h				

10　贵企业是否有电子数据交换(EDI)类型的商品或服务交易? A 是 □　B 否 □(跳至 12 题)

11

指标名称	计量单位	代码	商品		服务	
			本年	上年	本年	上年
甲	乙	丙	1	2	3	4
EDI 类型的商品或服务销售额(包含增值税)	千元	a				
其中:EDI 类型的面向境外商品或服务销售额	千元	b				
EDI 类型的商品或服务采购额(包含增值税)	千元	c				
其中:EDI 类型的面向境外商品或服务采购额	千元	d				

表2-12(续)

12	贵企业使用以下哪些云计算服务(不包括免费服务)(可多选)? 1 电子邮件 □ 2 办公软件 □ 3 金融或财务软件 □ 4 企业资源规划(ERP)软件 □ 5 客户关系管理软件 □ 6 安全软件,如:防病毒软件、网络访问控制软件 □ 7 数据库服务 □ 8 文件云存储服务 □ 9 借助网络算力运行公司自有软件 □ 10 为应用程序开发、测试和部署提供托管环境,如:可复用软件模块、应用程序编程接口 □ 11 其他__________________ □ 12 无 □
13	贵企业在以下哪些方面使用物联网(通过互联网进行监控或者遥控的互联设备或者系统)(可多选)? 1 能源消耗管理,如:使用智能计量器、智能温度计、智能路灯 □ 2 营业场所的安全监控,如:使用智能报警系统、智能烟雾探测器、智能门锁、智能摄像头 □ 3 生产管理,如:通过互联网传递信息的各类传感器、RFID 标签,用于监测生产流程或者促进生产自动化 □ 4 物流管理,如:库房管理中使用的各类传感器、RFID 标签,用以跟踪产品以及运输车辆 □ 5 设备运转维护,如:通过互联网传递信息的各类传感器,用以监测机器或者车辆的运转情况 □ 6 客户服务,如:使用智慧摄像头或者传感器,用以记录消费者行为以及提供个性化购物体验 □ 7 其他__________________ □ 8 无 □
14	贵企业使用以下哪些人工智能技术(可多选)? 1 文本分析和挖掘 □ 2 语音识别 □ 3 文字或者语音生成 □ 4 图像识别 □ 5 利用人工智能机器人开展的业务流程优化或者决策辅助技术 □ 6 机器学习与数据挖掘 □ 7 无人驾驶技术,如智能机器人、自动驾驶、无人飞机 □ 8 其他__________ □ 9 无 □
15	贵企业使用人工智能软件或者系统开展了以下哪些业务(可多选)? 1 市场营销或者产品销售,如:智能客服、客户画像、最优定价、个性化推广、市场分析 □ 2 生产流程管理,如:残次品自动筛选、自动化生产线、使用智能无人机进行生产监管和安全监测 □ 3 企业办公管理,如:商业虚拟助手、用语音文本转换起草文件、机器翻译 □ 4 企业决策管理,如:数据分析以及投资决策辅助、销售或者商业预测、风险管理 □ 5 物流管理,如:最优路线规划,机器人挑选打包服务,对包裹进行跟踪、分类,智能无人机投递 □ 6 信息网络安全防护,如:用户面部识别和授权、网络攻击识别和预防 □ 7 人力资源管理,如:应聘者识别挑选、自动化聘用、员工分类和表现分析、用于人员管理的聊天机器人 □ 8 其他__________________ □ 9 无 □
16	贵企业使用的人工智能软件或者系统是如何获取的(可多选)? 1 员工开发,包括母公司或者产业活动单位的员工 □ 2 经过员工修改过的商业软件或者系统 □ 3 经过员工开发过的开源软件 □ 4 购买后直接使用的商业软件或者系统 □ 5 从外部采购的相关服务 □ 6 其他______________ □ 7 无 □
17	贵企业在生产经营中应用了哪些工业互联网模式(可多选)? 1 智能化制造 □ 2 网络化协同 □ 3 服务化延伸 □ 4 个性化定制 □ 5 数字化管理 □ 6 平台化设计 □ 7 无 □

单位负责人:　　统计负责人:　　填表人:　　联系电话:　　报出日期:20　年　月　日

说明:1. 统计范围:辖区内规模以上工业、有资质的建筑业、限额以上批发和零售业、限额以上住宿和餐饮业、有开发经营活动的房地产开发经营业、规模以上服务业法人单位。

2. 报送日期及方式:调查单位 2024 年 3 月 10 日 24 时前网上填报,省级普查机构 2024 年 4 月 15 日 24 时前完成数据审核、验收、上报。

表 2-13 数字经济活动情况

表号:609-2 表
制定机关:国家统计局
国务院经济普查办公室
文号:国统字〔2023〕77 号
有效期至:2024 年 6 月

统一社会信用代码□□□□□□□□□□□□□□□□□□

单位详细名称: 2023 年

	一、工业数字经济活动情况(工业法人单位填报)
01	本年工业总产值(01)__________千元 其中:电子游戏游艺设备制造产品的工业总产值(02)__________千元,游艺用品及室内游艺器材制造(2462)单位填报 可用于声音、文字、图像传播的电线电缆产品的工业总产值(03)__________千元,电线、电缆制造(3831)单位填报
02	共有生产车间(或流水线)(04)__________个(条) 其中:智能(数字化)车间(或流水线)(05)__________个(条) 智能(数字化)车间(或流水线)所生产的工业总产值(06)__________千元
	二、建筑业数字经济活动情况(建筑业法人单位填报)
03	本年新签合同额(07)__________千元 其中:新签智能建造工程项目合同额(08)__________千元
04	本年建筑业总产值(09)__________千元 其中:用于网络基础设施、新技术基础设施、算力基础设施建设产值(10)__________千元,架线及设备工程建筑(4851)、电气安装(4910)单位填报 算力基础设施建设产值(11)__________千元,其他房屋建筑业(4790)、其他建筑安装(4999)单位填报
	三、批发和零售业数字经济活动情况(批发和零售业法人单位填报)
05	本年商品销售额(12)__________千元 其中:在商品流通环节中有互联网、云计算、物联网和人工智能等数字化、信息化技术适度参与的批发零售活动(如通过互联网和 APP 实现的销售、无人店铺零售等)实现的商品销售额(13)__________千元
	四、住宿和餐饮业数字经济活动情况(住宿和餐饮业法人单位填报)
06	本年营业额(14)__________千元 其中:利用互联网、云计算、物联网、人工智能、VR/AR、RFID 射频识别技术等数字化、信息化技术开展的现代住宿活动(如通过互联网和 APP 实现的住宿服务等)实现的营业额(15)__________千元 利用互联网、云计算、物联网、人工智能、VR/AR、RFID 射频识别技术等数字化、信息化技术开展的现代餐饮活动(如通过互联网和 APP 实现的餐饮服务等)实现的营业额(16)__________千元
	五、服务业数字经济活动情况(服务业法人单位填报)
07	本年营业收入(17)__________千元,通过网站或 APP 实现的销售额(包含增值税)(18)__________千元 其中:利用互联网、云计算、物联网、人工智能、VR/AR、RFID 射频识别技术等数字化、信息化技术取得的营业收入(19)__________千元 数据资源与数字产权的交易活动营业收入(20)__________千元,资源与产权交易服务(7213)单位填报 数字技术研究和试验发展营业收入(21)__________千元,工程和技术研究和试验发展(7320)单位填报 互联网新闻资讯服务营业收入(22)__________千元,新闻业(8610)单位填报

单位负责人: 统计负责人: 填表人: 联系电话: 报出日期:20 年 月 日

说明:1. 统计范围:辖区内属于《数字经济及其核心产业统计分类(2021)》核心产业中标注“*”的 9 个国民经济行业小类和认定为数字化效率提升业的规模以上工业、有资质的建筑业、限额以上批发和零售业、限额以上住宿和餐饮业、规模以上服务业法人单位。

其中,单位主要经济活动属于数字化效率提升业的,即单位行业代码对应《数字经济及其核心产业统计分类(2021)》05 大类的,由国家统计局工业司、投资司、贸经司、调查中心根据单位行业代码、主要业务活动,对照《数字产品和服务目录》进行初步认定,同时根据“信息通信技术应用和数字化转型情况”(609-1 表)中数字经济相关指标填报情况,由数据处理程序进行自动认定。

2. 报送日期及方式:调查单位 2024 年 3 月 10 日 24 时前网上填报,省级普查机构 2024 年 4 月 15 日前完成数据审核、验收、上报。

3. 数据填报和处理要求:

(1)工业:指标 02、03 可依据相关增值税发票标明的相应产品收入测算;指标 06 可依据智能(数字化)车间(或流水线)所生产的工业总产值占企业工业总产值或产能的比重测算。

(2)建筑业:指标 08 可依据报告期内新签的采用智能建造方式的项目合同金额填报;指标 10、11 可依据算力基础设施、网络基础设施、新技术基础设施的造价占建设项目合同总额的比例,以及当年完成情况测算。

(3)批发和零售业、住宿和餐饮业:指标 13、15、16 可依据“信息通信技术应用和数字化转型情况”(609-1 表)中信息技术人员平均人数或工资数占全部员工的比重测算,指标 13 测算结果如小于本单位在"限额以上批发和零售业经营情况"(E604 表)中填报的"通过公共网络实现的商品销售额",指标 15 测算结果如小于本单位在"限额以上住宿和餐饮业经营情况"(S604 表)中填报的"通过公共网络实现的客房收入",指标 16 测算结果如小于"通过公共网络实现的餐费收入",则以其中较大者填报。销售额、营业额均含增值税。

(4)服务业:指标 19 可依据"信息通信技术应用和数字化转型情况"(609-1 表)中"通过网站或 APP 实现的销售额(包含增值税)"和"EDI 类型的商品或服务销售额(包含增值税)"占营业收入的比重,或信息技术人员平均人数、工资数占全部员工的比重测算;指标 20、21、22 分别依据从事数据资源与数字产权交易活动、数字技术研究和试验发展活动、互联网新闻资讯服务活动收入占全部收入的比重测算。

(5)本表中"本年工业总产值(01)""本年新签合同额(07)""新签智能建造工程项目合同额(08)""本年建筑业总产值(09)""本年商品销售额(12)""本年营业额(14)""本年营业收入(17)""通过网站或 APP 实现的销售额(包含增值税)(18)"指标数据,可以由相关报表数据摘抄或计算取得。具体方法为:"本年工业总产值(01)"数据从"工业总产值、主要产品产量及产值"(B604-1 表)的"工业总产值(01)"摘抄;"本年新签合同额(07)""新签智能建造工程项目合同额(08)""本年建筑业总产值(09)"数据从"有总承包和专业承包资质的建筑业法人单位生产经营情况"(C604-1 表)的"本年新签合同额(03)""新签智能建造工程项目合同额(34)""建筑业总产值(08)"摘抄;"本年商品销售额(12)"数据从"限额以上批发和零售业经营情况"(E604 表)的"商品销售额(03)"摘抄;"本年营业额(14)"数据从"限额以上住宿和餐饮业经营情况"(S604 表)的"营业额(01)"摘抄;"本年营业收入(17)"数据从"规模以上服务业财务状况"(F603 表)的"营业收入(301)"摘抄;"通过网站或 APP 实现的销售额(包含增值税)(18)"数据根据"信息通信技术应用和数字化转型情况"(609-1 表)"通过网站或 APP 实现的销售额(包含增值税)"指标的"商品(本年)(09-a-1)""服务(本年)(09-a-3)"求和并摘抄。

表 2-14　规模以上工业个体经营户基本情况

表号:B601 表
制定机关:国家统计局
国务院经济普查办公室
文号:国统字〔2023〕77 号
有效期至:2024 年 6 月

2023 年

109	统一社会信用代码□□□□□□□□□□□□□□□□□□	102	单位详细名称________________
103	行业类别 主要业务活动 1________ 2________ 3________ 行业代码 □□□□		
105	单位所在地区划及详细地址 ________省(自治区、直辖市)________地(市、州、盟)________县(市、区、旗) ________乡(镇、街道)________村(居)委会________街(路)、门牌号 区划代码 □□□□□□□□□□□□　城乡代码 □□□		
106	单位注册地区划及详细地址 是否与单位所在地区划及详细地址一致:□1 是,2 否 ________省(自治区、直辖市)________地(市、州、盟)________县(市、区、旗) ________乡(镇、街道)________村(居)委会________街(路)、门牌号 区划代码 □□□□□□□□□□□□　城乡代码 □□□		
191	单位规模 □　1 大型　2 中型　3 小型　4 微型		
192	从业人员　从业人员期末人数________人　其中:女性________人		
193	企业主要经济指标 营业收入________千元　其中:主营业务收入________千元　资产总计________千元		
201	法定代表人(单位负责人)________	202-1	成立时间________年________月
		202-2	开业时间________年________月
203	联系方式 长途区号　□□□□□□ 固定电话　□□□□□□□□□-□□□□□□ 移动电话　□□□□□□□□□□□□□ 传真号码　□□□□□□□□□-□□□□□□ 邮政编码　□□□□□□		
208	运营状态 □　1 正常运营　2 停业(歇业)3 筹建　4 当年关闭　5 当年破产　6 当年注销　7 当年撤(吊)销　9 其他		

单位负责人:　　统计负责人:　　填表人:　　联系电话:　　报出日期:20　年　月　日

说明:1. 统计范围:辖区内规模以上工业个体经营户。

2. 报送日期及方式:调查单位 2024 年 3 月 10 日 24 时前网上填报,省级普查机构 2024 年 4 月 15 日 24 时前完成数据审核、验收、上报。

3. 数据处理要求:

(1)“103 行业代码”“105、106”中的“区划代码、城乡代码”“182 法人单位区划代码”均由普查机构填报或后期处理生成。

(2)“191 单位规模”和“193 企业主要经济指标”等指标数据由各级普查机构待相关报表数据确认后进行摘抄或计算取得。具体方法为:“193 企业主要经济指标”数据从“规模以上工业财务状况(成本费用)”表中的“营业收入(301)”“其中:主营业务收入(302)”“资产总计(213)”摘抄取得;“191 单位规模”依据《统计上大中小微型企业划分办法(2017)》及“192 从业人员”和“193 企业主要经济指标”的数据计算取得。

表 2-15　规模以上工业财务状况(成本费用)

表号:B603 表

制定机关:国家统计局

国务院经济普查办公室

文号:国统字〔2023〕77 号

有效期至:2024 年 6 月

统一社会信用代码□□□□□□□□□□□□□□□□□□□□

单位详细名称:　　　　　　　　　　　　2023 年

指标名称	计量单位	代码	本年	指标名称	计量单位	代码	本年
甲	乙	丙	1	甲	乙	丙	1
一、年初存货	千元	101		四、损益	—	—	
其中:产成品	千元	102		营业收入	千元	301	
二、期末资产负债	—	—		其中:主营业务收入	千元	302	
流动资产合计	千元	201		营业成本	千元	307	
其中:应收账款	千元	202		税金及附加	千元	309	
预付账款	千元	260		销售费用	千元	312	
存货	千元	205		管理费用	千元	313	
其中:产成品	千元	206		其中:上交管理费	千元	872	
长期应收款	千元	261		董事会费	千元	877	
长期股权投资	千元	243		研发费用	千元	331	
投资性房地产	千元	262		财务费用	千元	317	
固定资产原价	千元	209		其中:利息费用	千元	319	
其中:房屋和构筑物	千元	231		利息收入	千元	318	
机器和设备	千元	232		资产减值损失(损失以"-"号记)	千元	320	
固定资产累计折旧	千元	210		信用减值损失(损失以"-"号记)	千元	333	
其中:本年折旧	千元	211		其他收益	千元	330	
固定资产净值	千元	250		投资收益(损失以"-"号记)	千元	322	
固定资产净额	千元	252		净敞口套期收益(损失以"-"号记)	千元	334	
使用权资产原价	千元	263		公允价值变动收益(损失以"-"号记)	千元	321	
其中:房屋和构筑物	千元	264		资产处置收益(损失以"-"号记)	千元	335	
机器和设备	千元	265		营业利润	千元	323	
使用权资产累计折旧	千元	266		营业外收入	千元	325	
其中:本年折旧	千元	267		营业外支出	千元	326	
在建工程	千元	212		利润总额	千元	327	
无形资产	千元	246		所得税费用	—	328	
其中:土地使用权	千元	247		五、人工成本、其他费用及增值税	千元	—	
软件使用权	千元	248		应付职工薪酬(本年贷方累计发生额)	千元	401	
商誉	千元	249		其中:工资、奖金、津贴和补贴	千元	405	
资产总计	千元	213		福利费	千元	406	
流动负债合计	千元	214		社保费	千元	407	
其中:应付账款	千元	215		住房公积金	千元	408	
预收账款	千元	268		工会经费	千元	316	
租赁负债	千元	269		职工教育经费	千元	884	
长期应付款	千元	270		劳务派遣人员薪酬	千元	409	
负债合计	千元	217		其他职工薪酬	千元	410	
所有者权益合计	千元	218		其他属于劳动者报酬的部分	千元	411	
其中:实收资本	千元	219		上交政府的各项非税费用	千元	882	
国家资本集体资本	千元	220		水电费	千元	412	
法人资本	千元	221		其中:上缴的各项税费	千元	413	
个人资本	千元	222		差旅费	千元	414	
港澳台资本	千元	223		应交增值税(本年累计发生额)	千元	402	
外商资本	千元	224		销项税额	千元	404	
三、制造成本	千元	225		进项税额	—	403	
其中:直接材料消耗	千元	801		六、其他资料	千元	—	
生产部门人员薪酬	千元	802		工业总产值	千元	601	
	千元	901		平均用工人数	人	606	
				期末用工人数	人	609	

单位负责人:　　　统计负责人:　　　填表人:　　　联系电话:　　　报出日期:20　年　月　日

说明:1. 统计范围:辖区内规模以上工业法人单位和规模以上工业个体经营户。

2. 报送日期及方式:调查单位 2024 年 3 月 10 日 24 时前网上填报,省级普查机构 2024 年 4 月 15 日 24 时前完成数据审核、验收、上报。

3. 数据处理要求：本表中工业总产值(601)从B604-1表中摘抄。

4. 审核关系：

(1)年初存货(101)≥其中：产成品(102)。

(2)流动资产合计(201)≥其中：应收账款(202)+预付账款(260)+存货(205)。

(3)存货(205)≥其中：产成品(206)。

(4)固定资产原价(209)≥其中：房屋和构筑物(231)+机器和设备(232)。

(5)固定资产累计折旧(210)≥其中：本年折旧(211)。

(6)固定资产净值(250)=固定资产原价(209)-固定资产累计折旧(210)。

(7)固定资产净值(250)≥固定资产净额(252)。

(8)使用权资产原价(263)≥其中：房屋和构筑物(264)+机器和设备(265)。

(9)使用权资产累计折旧(266)≥其中：本年折旧(267)。

(10)无形资产(246)≥其中：土地使用权(247)+软件使用权(248)。

(11)流动负债合计(214)≥应付账款(215)+预收账款(268)。

(12)资产总计(213)=负债合计(217)+所有者权益合计(218)。

(13)负债合计(217)≥流动负债合计(214)+租赁负债(269)+长期应付款(270)。

(14)所有者权益合计(218)≥实收资本(219)。

(15)实收资本(219)=国家资本(220)+集体资本(221)+法人资本(222)+个人资本(223)+港澳台资本(224)+外商资本(225)。

(16)制造成本(801)≥直接材料消耗(802)+生产部门人员薪酬(901)。

(17)管理费用(313)>上交管理费(872)+董事会费(877)。

(18)营业收入(301)≥其中：主营业务收入(302)。

(19)当利润总额(327)>0时，利润总额(327)>所得税费用(328)。

(20)应付职工薪酬(401)=其中：工资、奖金、津贴和补贴(405)+福利费(406)+社保费(407)+住房公积金(408)+工会经费(316)+职工教育经费(884)+劳务派遣人员薪酬(409)+其他职工薪酬(410)。

(21)应付职工薪酬(401)>生产部门人员薪酬(901)。

(22)当水电费(412)>0时，水电费(412)>其中：上缴的各项税费(413)。

(23)允许所有者权益合计(218)、财务费用(317)、营业利润(323)、资产减值损失(320)、信用减值损失(333)、投资收益(322)、净敞口套期收益(334)、公允价值变动收益(321)、资产处置收益(335)、营业利润(323)、利润总额(327)、应交增值税(402)小于0，并用“-”号表示。

(24)营业利润(323)=营业收入(301)-营业成本(307)-税金及附加(309)-销售费用(312)-管理费用(313)-研发费用(331)-财务费用(317)+资产减值损失(320)+信用减值损失(333)+其他收益(330)+投资收益(322)+净敞口套期收益(334)+公允价值变动收益(321)+资产处置收益(335)。

(25)利润总额(327)=营业利润(323)+营业外收入(325)-营业外支出(326)。

(26)制造成本(801)+销售费用(312)+管理费用(313)+研发费用(331)>上交政府的各项非税费用(882)+水电费(412)+差旅费(414)。

表 2-16　工业总产值、主要产品产量及产值

表号：B604-1 表
制定机关：国家统计局
国务院经济普查办公室
文号：国统字〔2023〕77 号
有效期至：2024 年 6 月

统一社会信用代码□□□□□□□□□□□□□□□□□□□□□□

单位详细名称：　　　　2023 年

一、工业总产值

指标名称	代码	计量单位	本年
甲	乙	丙	1
工业总产值	01	千元	
工业销售产值	03	千元	
其中：出口交货值	04	千元	

二、工业总产值按工业行业小类分

指标名称	行业代码	计量单位	本年
甲	乙	丙	1
烟煤和无烟煤开采洗选	0610	千元	
⋮	⋮	千元	
其他水处理、利用与分配	4690	千元	

三、主要工业产品产量及产值

产品名称	产品代码	产量			
		计量单位	本年产量（包含中间产品和最终产品）		其中：中间产品产量
甲	乙	丙	1	2	3
按《主要工业产品产量目录》填报	0810010 ⋮ 4610010				

单位负责人：　　统计负责人：　　填表人：　　联系电话：　　报出日期：20　年　月　日

说明：1. 统计范围：辖区内规模以上工业法人单位和规模以上工业个体经营户。

2. 报送日期及方式：调查单位 2024 年 3 月 10 日 24 时前网上填报，省级普查机构 2024 年 4 月 15 日 24 时前完成数据审核、验收、上报。

3. 数据填报和处理要求：

（1）本表甲栏“二、工业总产值按工业行业小类分”按《国民经济行业分类》（GB/T4754-2017）行业小类填报。

（2）本表甲栏“三、主要工业产品产量及产值”按《主要工业产品产量目录》填报。

（3）如调查单位在 2023 年 12 月份规模以上工业法人单位名录库中，则“一、工业总产值”“二、工业总产值按工业行业小类分”中的“本年”，以及“三、主要工业产品产量及产值”中的“本年产量”数据统一由国务院经济普查办公室根据 2023 年 1—12 月份数据摘抄，调查单位需核实修改。对于《主要工业产品产量目录》中的非新增产品，调查单位需填报“三、主要工业产品产量及产值”中的“其中：中间产品产量”和“最终产品产值”数据；对于目录中的新增产品，调查单位需填报“三、主要工业产品产量及产值”中的“本年产量”“其中：中间产品产量”和“最终产品产值”数据。新增的调查单位需填报表中各项指标数据。

4. 审核关系：

(1)“一、工业总产值”中的“本年”≥“三、主要工业产品产量及产值”中的“最终产品产值”总和。

(2)“工业销售产值”≥“其中:出口交货值”。

(3)所有行业小类本年工业总产值加总等于首行工业总产值。

(4)某一产品最终产品产值≤该产品所属行业小类产值(或该产品对应的多个行业小类产值之和)。

(5)最终产品产值>0,则(本年产量-中间产品产量)>0;(本年产量-中间产品产量)>0,则最终产品产值>0。

(6)主要工业产品每一级的总项和其中项,均须满足以下关系(若总项严格等于其中项之和,则取等号):

①总项的本年产量≥其中项的本年产量之和;

②总项的中间产品产量≥其中项的中间产品产量之和;

③总项的最终产品产值≥其中项的最终产品产值之和。

表 2-17　工业企业战略性新兴产业总产值

表号:B604-3 表
制定机关:国家统计局
国务院经济普查办公室
文号:国统字〔2023〕77 号
有效期至:2024 年 6 月

统一社会信用代码□□□□□□□□□□□□□□□□□□□□
单位详细名称:　　　　　　　　　　2023 年

指标名称	代码	计量单位	本年	上年
甲	乙	丙	1	2
战略性新兴产业工业总产值	610	千元		
其中:新一代信息技术产业	611	千元		
战略性新兴产业产品产值				
……				
高端装备制造业	612	千元		
战略性新兴产业产品产值				
……				
新材料产业	613	千元		
战略性新兴产业产品产值				
……				
生物产业	614	千元		
战略性新兴产业产品产值				
……				
新能源汽车	615	千元		
战略性新兴产业产品产值				
……				
新能源产业	616	千元		
战略性新兴产业产品产值				
……				
绿色环保产业	617	千元		
战略性新兴产业产品产值				
……				
航空航天产业	618	千元		
战略性新兴产业产品产值				
……				
海洋装备产业	619	千元		
战略性新兴产业产品产值				
……				

单位负责人:　　　统计负责人:　　　填表人:　　　联系电话:　　　报出日期:20　年　月　日

说明:1. 统计范围:辖区内经认定的从事战略性新兴产业生产的规模以上工业法人单位。

2. 报送日期及方式:调查单位 2024 年 3 月 10 日 24 时前网上填报,省级普查机构 2024 年 4 月 15 日 24 时前完成数据审核、验收、上报。

3. 战略性新兴产业的认定和划分依据《工业战略性新兴产业分类》(另行印发),具体产业及名称可能略有调整,以发布的《工业战略性新兴产业分类》为准。

4. 审核关系:

(1)战略性新兴产业工业总产值(610)= 新一代信息技术产业产值(611)+高端装备制造业产值(612)+新材料产业产值(613)+生物产业产值(614)+新能源汽车产业产值(615)+新能源产业产值(616)+绿色环保产业产值(617)+航空航天产业产值(618)+海洋装备产业产值(619)。

(2)战略性新兴产业工业总产值(610)≤“规模以上工业财务状况(成本费用)”(B603 表)工业总产值(601)。

(3)战新产业各产业产值等于该产业下所有战略性新兴产业产品产值之和。

表 2-18　有总承包和专业承包资质的建筑业法人单位生产经营情况

表号:C604-1 表
制定机关:国家统计局
国务院经济普查办公室
文号:国统字〔2023〕77 号
有效期至:2024 年 6 月

统一社会信用代码□□□□□□□□□□□□□□□□□□□□
单位详细名称:　　　　2023 年

指标名称	计量单位	代码	本年	指标名称	计量单位	代码	本年
甲	乙	丙	1	甲	乙	丙	1
一、建筑业合同情况	—	—		四、竣工产值	千元	14	
签订合同额	千元	01		五、房屋施工面积	平方米	15	
上年结转合同额	千元	02		其中:新开工面积	平方米	16	
本年新签合同额	千元	03		六、从业人员	—	—	
二、承包工程完成情况	—	—		从事建筑业活动的平均人数	人	24	
直接从建设单位承揽工程完成的产值	千元	04		建筑业企业期末人数	人	25	
自行完成施工产值	千元	05		其中:工程技术人员	人	26	
分包出去工程的产值	千元	06		七、年末自有施工机械设备	—	—	
从建设单位以外承揽工程完成的产值	千元	07		净值	千元	30	
三、建筑业总产值	千元	08		总台数	台	31	
其中:装配式建筑工程产值	千元	17		总功率	千瓦	32	
其中:装饰装修产值	千元	09		八、企业总产值	千元	33	
其中:在外省完成的产值	千元	10		九、本年新签智能建造工程项目合同额	千元	34	
建筑工程产值	千元	11		其中:新签运用 BIM 技术的合同额	千元	35	
安装工程产值	千元	12					
其他产值	千元	13					

在外省完成的产值

省(自治区、直辖市)名称	代码	建筑业总产值/千元
甲	乙	41
	·	

单位负责人:　　统计负责人:　　填表人:　　联系电话:　　报出日期:20　年　月　日

说明:1. 统计范围:辖区内有总承包和专业承包资质的建筑业法人单位。

2. 报送日期及方式:调查单位 2024 年 3 月 10 日 24 时前网上填报,省级普查机构 2024 年 4 月 15 日 24 时前完成数据审核、验收、上报。

3. 数据填报和处理要求:

(1)本表"在外省完成的产值"甲栏下按《省(自治区、直辖市)目录》填报。

(2)本表"建筑业合同情况"中,所有建筑业法人单位指标数据均不能包含其与建筑业法人单位签订的合同数据,也不能包含其从上级建筑业法人单位或集团内部其他建筑业法人单位签订的合同数据。

(3)对 2023 年 4 季度季报单位,数据统一由国务院经济普查办公室根据 2023 年 1—4 季度数据摘抄,调查单位可核实修改。新增单位须独立如实填报。

4. 审核关系:

(1)签订合同额(01)= 上年结转合同额(02)+上年新签合同额(03)。

(2)直接从建设单位承揽工程完成的产值(04)= 自行完成施工产值(05)+分包出去工程的产值(06)。

(3)建筑业总产值(08)= 自行完成施工产值(05)+从建设单位以外承揽工程完成的产值(07)。

(4)建筑业总产值(08)= 建筑工程产值(11)+安装工程产值(12)+其他产值(13)。

(5)建筑业总产值(08)≥其中:装饰装修产值(09)。

(6)建筑业总产值(08)≥其中:在外省完成的产值(10)。

(7)建筑业总产值(08)≥其中:装配式建筑工程产值(17)。

(8)房屋施工面积(15)≥其中:新开工面积(16)。

(9)建筑业企业期末人数(25)≥其中:工程技术人员(26)。

(10)企业总产值(33)≥建筑业总产值(08)。

(11)建筑业总产值(41)之和=其中:在外省完成的产值(10)。

表 2-19　有总承包和专业承包资质的建筑业法人单位房屋竣工面积及价值

表号:C604-2 表
制定机关:国家统计局
国务院经济普查办公室
文号:国统字〔2023〕77 号
有效期至:2024 年 6 月

统一社会信用代码□□□□□□□□□□□□□□□□□□□□
单位详细名称:　　　　　　　　　　2023 年

房屋建筑分类	代码	本年	
		房屋竣工面积/平方米	房屋竣工价值/千元
甲	乙	1	2
合计	01		

单位负责人:　　　统计负责人:　　　填表人:　　　联系电话:　　　报出日期:20　年　月　日

说明:1. 统计范围:辖区内有总承包和专业承包资质的建筑业法人单位。

2. 报送日期及方式:调查单位 2024 年 3 月 10 日 24 时前网上填报,省级普查机构 2024 年 4 月 15 日 24 时前完成数据审核、验收、上报。

3. 数据填报和处理要求:

(1)本表甲栏合计按《房屋建筑分类目录》填报。

(2)对 2023 年 4 季度季报单位,数据统一由国务院经济普查办公室根据 2023 年 1—4 季度数据摘抄,调查单位可核实修改。新增单位须独立如实填报。

表 2-20　限额以上批发和零售业财务状况

表号:E603 表
制定机关:国家统计局
　　　　　国务院经济普查办公室
文号:国统字〔2023〕77 号
有效期至:2024 年 6 月

统一社会信用代码□□□□□□□□□□□□□□□□□□□□□□

单位详细名称:　　　　　　　　2023 年

指标名称	计量单位	代码	本年	指标名称	计量单位	代码	本年
甲	乙	丙	1	甲	乙	丙	1
一、年初存货	千元	101		所有者权益合计	千元	218	
二、期末资产负债	—	—		其中:实收资本	千元	219	
流动资产合计	千元	201		其中:个人资本	千元	223	
其中:应收账款	千元	202		三、损益	—	—	
预付账款	千元	260		营业收入	千元	301	
存货	千元	205		其中:主营业务收入	千元	302	
固定资产原价	千元	209		营业成本	千元	307	
其中:房屋和构筑物	千元	231		税金及附加	千元	309	
机器和设备	千元	232		其他业务利润	千元	311	
使用权资产原价	千元	263		销售费用	千元	312	
其中:房屋和构筑物	千元	264		管理费用	千元	313	
机器和设备	千元	265		研发费用	千元	331	
固定资产累计折旧	千元	210		财务费用	千元	317	
其中:本年折旧	千元	211		其中:利息收入	千元	318	
使用权资产累计折旧	千元	266		利息费用	千元	319	
其中:本年折旧	千元	267		资产减值损失(损失以“-”号记)	千元	320	
固定资产净值	千元	250		信用减值损失(损失以“-”号记)	千元	333	
固定资产净额	千元	252		公允价值变动收益(损失以“-”号记)净敞口	千元	321	
在建工程	千元	212		套期收益(损失以“-”号记)　资产处置收益	千元	334	
无形资产	千元	246		(损失以“-”号记)	千元	335	
其中:土地使用权	千元	247		投资收益(损失以“-”号记)	千元	322	
软件使用权	千元	248		其他收益	千元	330	
长期应收款	千元	261		营业利润	千元	323	
投资性房地产	千元	262		营业外收入	千元	325	
长期股权投资	千元	243		营业外支出	千元	326	
商誉	千元	249		利润总额	千元	327	
资产总计	千元	213		所得税费用	千元	328	
流动负债合计	千元	214		四、人工成本及增值税	—	—	
其中:应付账款	千元	215		应付职工薪酬(本年贷方累计发生额)	千元	401	
预收账款	千元	268		应交增值税(本年累计发生额)	千元	402	
租赁负债	千元	269		五、从事批发和零售业活动的从业人员平均人数	人	607	
长期应付款	千元	270					
负债合计	千元	217					

单位负责人:　　　统计负责人:　　　填表人:　　　联系电话:　　　报出日期:20　年　月　日

说明:1. 统计范围:辖区内限额以上批发和零售业法人单位。

2. 报送日期及方式:调查单位 2024 年 3 月 10 日 24 时前网上填报,省级普查机构 2024 年 4 月 15 日 24 时前完成数据审核、验收、上报。

3. 审核关系:

(1)流动资产合计(201)≥其中:应收账款(202)+存货(205)+预付账款(260)。

(2)固定资产原价(209)≥其中:房屋和构筑物(231)+机器和设备(232)。

(3)使用权资产原价(263)≥其中:房屋和构筑物(264)+机器和设备(265)。

(4)固定资产累计折旧(210)≥其中:本年折旧(211)。

(5)固定资产净值(250)=固定资产原价(209)-固定资产累计折旧(210)。

(6)固定资产净值(250)≥固定资产净额(252)。

(7)使用权资产累计折旧(266)≥其中:本年折旧(267)。

(8)资产总计(213)=负债合计(217)+所有者权益合计(218)。

(9)流动负债合计(214)≥其中:应付账款(215)+预收账款(268)。

(10)负债合计(217)≥流动负债合计(214)+租赁负债(269)+长期应付款(270)。

(11)所有者权益合计(218)≥其中:实收资本(219)。

(12)实收资本(219)≥其中:个人资本(223)。

(13)营业收入(301)≥其中:主营业务收入(302)。

(14)无形资产(246)≥其中:土地使用权(247)+软件使用权(248)。

(15)执行《企业会计准则》的企业:营业利润(323)=营业收入(301)-营业成本(307)-税金及附加(309)-销售费用(312)-管理费用(313)-财务费用(317)-研发费用(331)+资产减值损失(320)+信用减值损失(333)+公允价值变动收益(321)+投资收益(322)+净敞口套期收益(334)+资产处置收益(335)+其他收益(330);执行《小企业会计准则》和《企业会计制度》的企业:营业利润(323)=营业收入(301)-营业成本(307)-税金及附加(309)-销售费用(312)-管理费用(313)-财务费用(317)+投资收益(322)。

(16)利润总额(327)=营业利润(323)+营业外收入(325)-营业外支出(326)。

(17)固定资产净值(250)=固定资产原价(209)-固定资产累计折旧(210)。

(18)固定资产净值(250)≥固定资产净额(252)。

(19)使用权资产累计折旧(266)≥其中:本年折旧(267)。

(20)资产总计(213)=负债合计(217)+所有者权益合计(218)。

(21)流动负债合计(214)≥其中:应付账款(215)+预收账款(268)。

(22)负债合计(217)≥流动负债合计(214)+租赁负债(269)+长期应付款(270)。

(23)所有者权益合计(218)≥其中:实收资本(219)。

(24)实收资本(219)≥其中:个人资本(223)。

(25)营业收入(301)≥其中:主营业务收入(302)。

(26)无形资产(246)≥其中:土地使用权(247)+软件使用权(248)。

(27)执行《企业会计准则》的企业:营业利润(323)=营业收入(301)-营业成本(307)-税金及附加(309)-销售费用(312)-管理费用(313)-财务费用(317)-研发费用(331)+资产减值损失(320)+信用减值损失(333)+公允价值变动收益(321)+投资收益(322)+净敞口套期收益(334)+资产处置收益(335)+其他收益(330);执行《小企业会计准则》和《企业会计制度》的企业:营业利润(323)=营业收入(301)-营业成本(307)-税金及附加(309)-销售费用(312)-管理费用(313)-财务费用(317)+投资收益(322)。

(28)利润总额(327)=营业利润(323)+营业外收入(325)-营业外支出(326)。

表 2-21　房地产开发经营业财务状况

表号:X603 表
制定机关:国家统计局
国务院经济普查办公室
文号:国统字〔2023〕77 号
有效期至:2024 年 6 月

统一社会信用代码□□□□□□□□□□□□□□□□□□□□□
单位详细名称:　　　　2023 年

指标名称	计量单位	代码	本年	指标名称	计量单位	代码	本年
甲	乙	丙	1	甲	乙	丙	1
一、年初存货	千元	101		三、损益	—	—	
二、期末资产负债	—	—		营业收入	千元	301	
流动资产合计	千元	201		其中:主营业务收入	千元	302	
其中:应收账款	千元	202		土地转让收入	千元	303	
预付账款	千元	260		商品房销售收入	千元	304	
存货	千元	205		自持物业收入	千元	329	
固定资产原价	千元	209		其中:房屋出租收入	千元	305	
其中:房屋和构筑物	千元	231		其他收入	千元	306	
机器和设备	千元	232		营业成本	千元	307	
使用权资产原价	千元	263		其中:主营业务成本	千元	308	
其中:房屋和构筑物	千元	264		税金及附加	千元	309	
机器和设备	千元	265		其他业务利润	千元	311	
固定资产累计折旧	千元	210		销售费用	千元	312	
其中:本年折旧	千元	211		管理费用	千元	313	
使用权资产累计折旧	千元	266		研发费用	千元	331	
其中:本年折旧	千元	267		财务费用	千元	317	
固定资产净值	千元	250		其中:利息收入	千元	318	
投资性房地产	千元	262		利息费用	千元	319	
在建工程	千元	212		资产减值损失(损失以"-"号记)	千元	320	
无形资产	千元	246		信用减值损失(损失以"-"号记)	千元	333	
其中:土地使用权	千元	247		公允价值变动收益(损失以"-"号记)	千元	321	
软件使用权	千元	248		净敞口套期收益(损失以"-"号记)	千元	334	
商誉	千元	249		资产处置收益(损失以"-"号记)	千元	335	
长期应收款	千元	261		投资收益(损失以"-"号记)	千元	322	
长期股权投资	千元	243		其他收益	千元	330	
资产总计	千元	213		营业利润	千元	323	
流动负债合计	千元	214		营业外收入	千元	325	
其中:应付账款	千元	215		营业外支出	千元	326	
预收账款	千元	268		利润总额	千元	327	
租赁负债	千元	269		所得税费用	千元	328	
长期应付款	千元	270		四、人工成本及增值税	—	—	
负债合计	千元	217		应付职工薪酬(本年贷方累计发生额)	千元	401	
所有者权益合计	千元	218		应交增值税(本年累计发生额)	千元	402	
其中:实收资本	千元	219					
其中:个人资本	千元	223					

单位负责人:　　统计负责人:　　填表人:　　联系电话:　　报出日期:20　年　月　日

说明:1. 统计范围:辖区内有开发经营活动的房地产开发经营业法人单位。

2. 报送日期及方式:调查单位 2024 年 3 月 10 日 24 时前网上填报,省级普查机构 2024 年 4 月 15 日 24 时前完成数据审核、验收、上报。

3. 审核关系:

(1)流动资产合计(201)≥其中:应收账款(202)+存货(205)+预付账款(260)。
(2)固定资产原价(209)≥其中:房屋和构筑物(231)+机器和设备(232)。
(3)使用权资产原价(263)≥其中:房屋和构筑物(264)+机器和设备(265)。
(4)固定资产累计折旧(210)≥其中:本年折旧(211)。
(5)固定资产净值(250)=固定资产原价(209)-固定资产累计折旧(210)。
(6)使用权资产累计折旧(266)≥其中:本年折旧(267)。
(7)无形资产(246)≥其中:土地使用权(247)+软件使用权(248)。
(8)流动负债合计(214)≥其中:应付账款(215)+预收账款(268)。
(9)负债合计(217)≥流动负债合计(214)+租赁负债(269)+长期应付款(270)。
(10)资产总计(213)=负债合计(217)+所有者权益合计(218)。
(11)所有者权益合计(218)≥其中:实收资本(219)。
(12)实收资本(219)≥其中:个人资本(223)。
(13)营业收入(301)≥其中:主营业务收入(302)。
(14)主营业务收入(302)=土地转让收入(303)+商品房销售收入(304)+自持物业收入(329)+其他收入(306)。
(15)自持物业收入(329)≥其中:房屋出租收入(305)。
(16)营业成本(307)≥其中:主营业务成本(308)。
(17)财务费用(317)≥利息费用(319)-其中:利息收入(318)。

表 2-22　房地产开发企业资金和土地情况

表号：X604-2 表
制定机关：国家统计局
国务院经济普查办公室
文号：国统字〔2023〕77 号
有效期至：2024 年 6 月

统一社会信用代码□□□□□□□□□□□□□□□□□□□□□□
单位详细名称：　　2023 年

指标名称	计量单位	代码	本年
甲	乙	丙	1
上年末结余资金	万元	302	
本年实际到位资金	万元	303	
国内贷款	万元	305	
银行贷款	万元	322	
非银行金融机构贷款	万元	325	
利用外资	万元	307	
自筹资金	万元	311	
定金及预收款	万元	323	
个人按揭贷款	万元	324	
其他到位资金	万元	318	
本年各项应付款合计	万元	320	
其中：工程款	万元	321	
待开发土地面积	平方米	403	

单位负责人：　　统计负责人：　　填表人：　　联系电话：　　报出日期：20　年　月　日

说明：1. 统计范围：辖区内有开发经营活动的房地产开发经营业法人单位，一个法人单位填报一张表，包括本单位全部资金到位情况。

2. 报送日期及方式：调查单位 2024 年 3 月 10 日 24 时前网上填报，省级普查机构 2024 年 4 月 15 日 24 时前完成数据审核、验收、上报。

3. 数据填报要求：本表除“上年末结余资金”和“待开发土地面积”指标外，其他指标均为本年累计数。

4. 审核关系：

(1) 上年末结余资金(302) ≥0。

(2) 本年实际到位资金(303) = 国内贷款(305) + 利用外资(307) + 自筹资金(311) + 定金及预收款(323) + 个人按揭贷款(324) + 其他到位资金(318)。

(3) 国内贷款(305) = 其中：银行贷款(322) + 非银行金融机构贷款(325)。

(4) 本年各项应付款合计(320) ≥ 其中：工程款(321)。

表 2-23　房地产开发项目经营情况

表号：X604-1 表

制定机关：国家统计局

国务院经济普查办公室

文号：国统字〔2023〕77 号

有效期至：2024 年 6 月

统一社会信用代码□□□□□□□□□□□□□□□□□□

单位详细名称：　　　　　　　　　　　2023 年

一、项目基本情况			
01	项目代码 □□□□□□□□-□□□□	02	项目名称________
03	项目建设所在地及区划　　　　　　　区划代码□□□□□□□□□□□□ ________省（自治区、直辖市）________地（市、州、盟）________县（市、区、旗） ________乡（镇、街道）________村（居）委会________街（路）、门牌号		
04	项目开工时间________年________月	05	项目竣工时间________年________月
09	期末项目建设状态□1 在建　2 缓建　3 停建　4 竣工在售　5 竣工已售罄		
10	保障性住房情况　□　1 保障性租赁住房　2 公租房　3 共有产权房　4 其他	11	配建项目中所占比重________
12	房地产集团企业目录________________		

二、项目规划情况

指标名称	计量单位	代码	本年	指标名称	计量单位	代码	本年
甲	乙	丙	1	甲	乙	丙	1
项目规划占地面积	平方米	06		规划住宅套数	套	08	
容积率	—	061		其中：90 平方米及以下	套	081	
项目规划建筑面积	平方米	07		144 平方米以上	套	083	
住宅	平方米	071					
商业营业用房	平方米	072					
办公楼	平方米	073					
其他	平方米	074					

三、项目投资完成情况

指标名称	计量单位	代码	本年	指标名称	计量单位	代码	本年
甲	乙	丙	1	甲	乙	丙	1
计划总投资	万元	101		按工程用途分：	—	—	
自开始建设累计完成投资	万元	103		住宅	万元	118	
本年完成投资	万元	—		其中：90 平方米及以下	万元	117	
按构成分：	—	107		90—144 平方米	万元	130	
建筑工程	万元	108		144 平方米以上	万元	129	
安装工程	万元	109		办公楼	万元	121	
设备工器具购置	万元	110		商业营业用房	万元	122	
其他费用	万元	112		其他	万元	123	
其中：旧建筑物购置费	万元	113		本年新增固定资产	万元	128	
土地购置费	万元	114					

四、项目房屋面积施工、销售及待售情况

指标名称	计量单位	代码	合计	按用途分					
				住宅	其中：90 平方米及以下	144 平方米以上	办公楼	商业营业用房	其他
甲	乙	丙	1	2	3	4	5	6	7
房屋施工面积	平方米	601			—	—			
其中：本年新开工面积	平方米	602			—	—			
本年房屋竣工面积	平方米	603			—	—			
其中：不可销售面积	平方米	604			—	—			
本年住宅竣工套数	套	605	—		—	—	—	—	—
本年房屋竣工价值	万元	608			—	—			
房屋出租面积	平方米	609			—	—			

表2-23(续)

本年商品房销售面积	平方米	610							
现房销售面积	平方米	611			—	—			
期房销售面积	平方米	612			—	—			
本年商品房销售额	万元	613							
现房销售额	万元	614			—	—			
期房销售额	万元	615			—	—			
本年商品住宅销售套数	套	616	—		—	—	—	—	—
现房销售套数	套	617	—		—	—	—	—	—
期房销售套数	套	618	—		—	—	—	—	—
可售面积	平方米	626			—	—			
待售面积	平方米	623			—	—			
其中:待售1—3年(含1年)	平方米	624			—	—			
待售3年以上(含3年)	平方米	625			—	—			

单位负责人:　　统计负责人:　　填表人:　　联系电话:　　报出日期:20　年　月　日

说明:1. 统计范围:辖区内有开发经营活动的房地产开发经营业法人单位,一个项目填报一张表。

2. 报送日期及方式:调查单位2024年3月10日24时前网上填报,省级普查机构2024年4月15日24时前完成数据审核、验收、上报。

3. 数据填报要求:本表除“项目基本情况”“项目规划情况”“计划总投资”“自开始建设累计完成投资”“房屋出租面积”“可售面积”“待售面积”“待售1—3年(含1年)”和“待售3年以上(含3年)”指标外,其他指标均为本年累计数。

4. 审核关系:

“项目规划和投资完成情况”:

(1)项目规划建筑面积(07)=住宅(071)+商业营业用房(072)+办公楼(073)+其他(074)。

(2)规划住宅套数(08)≥其中:90平方米及以下(081)+144平方米以上(083)。

(3)自开始建设累计完成投资(103)≥本年完成投资(107)。

(4)本年完成投资(107)=建筑工程(108)+安装工程(109)+设备工器具购置(110)+其他费用(112)。

(5)其他费用(112)≥其中:旧建筑物购置费(113)+土地购置费(114)。

(6)本年完成投资(107)=住宅(118)+办公楼(121)+商业营业用房(122)+其他(123)。

(7)住宅(118)=其中:90平方米及以下(117)+90—144平方米(130)+144平方米以上(129)“项目房屋面积施工、销售及待售情况”主栏:

①房屋施工面积(601)≥其中:本年新开工面积(602)。

②本年房屋竣工面积(603)≥其中:不可销售面积(604)。

③本年商品房销售面积(610)=现房销售面积(611)+期房销售面积(612)。

④本年商品房销售额(613)=现房销售额(614)+期房销售额(615)。

⑤本年商品住宅销售套数(616)=现房销售套数(617)+期房销售套数(618)。

⑥待售面积(623)≥其中:待售1—3年(含1年)(624)+待售3年以上(含3年)(625)。

“项目房屋面积施工、销售及待售情况”宾栏:

①合计(1)=住宅(2)+办公楼(5)+商业营业用房(6)+其他(7)。

②住宅(2)≥其中:90平方米及以下(3)+144平方米以上(4)。

表 2-24 规模以上服务业财务状况

表号:F603 表
制定机关:国家统计局
国务院经济普查办公室
文号:国统字〔2023〕77 号
有效期至:2024 年 6 月

统一社会信用代码□□□□□□□□□□□□□□□□□□□□□□□

单位详细名称: 2023 年

指标名称	计量单位	代码	本年	上年
甲	乙	丙	1	2
一、年初存货	千元	101		
二、期末资产负债	—	—		
流动资产合计	千元	201		
其中:应收账款	千元	202		
预付账款	千元	260		
存货	千元	205		
固定资产原价	千元	209		
其中:房屋和构筑物	千元	231		
机器和设备	千元	232		
固定资产累计折旧	千元	210		
其中:本年折旧	千元	211		
使用权资产原价	千元	263		
其中:房屋和构筑物	千元	264		
机器和设备	千元	265		
使用权资产累计折旧	千元	266		
其中:本年折旧	千元	267		
固定资产净值	千元	250		
投资性房地产	千元	262		
无形资产	千元	246		
其中:土地使用权	千元	247		
软件使用权	千元	248		
长期应收款	千元	261		
长期股权投资	千元	243		
商誉	千元	249		
资产总计	千元	213		
负债合计	千元	217		
其中:应付账款	千元	215		
预收账款	千元	268		
租赁负债	千元	269		
长期应付款	千元	270		
所有者权益合计	千元	218		
其中:实收资本	千元	219		
其中:个人资本	千元	223		
三、损益	—	—		
营业收入	千元	301		
其中:净服务收入	千元	340		
营业成本	千元	307		
税金及附加	千元	309		
销售费用	千元	312		
管理费用	千元	313		
研发费用	千元	331		
财务费用	千元	317		
其中:利息收入	千元	318		
利息费用	千元	319		
资产减值损失(损失以“-”号记)	千元	320		
信用减值损失(损失以“-”号记)	千元	333		
公允价值变动收益(损失以“-”号记)	千元	321		
投资收益(损失以“-”号记)	千元	322		
净敞口套期收益(损失以“-”号记)	千元	334		
资产处置收益(损失以“-”号记)	千元	335		
其他收益	千元	330		
营业利润	千元	323		
营业外收入	千元	325		
营业外支出	千元	326		
利润总额	千元	327		
所得税费用	千元	328		
四、人工成本及增值税	—	—		
应付职工薪酬(本年贷方累计发生额)	千元	401		
应交增值税(本年累计发生额)	千元	402		
五、期末用工人数	人	609		

单位负责人: 统计负责人: 填表人: 联系电话: 报出日期:20 年 月 日

说明:1. 统计范围:辖区内除铁路运输业以外的规模以上服务业法人单位。

2. 报送日期及方式:调查单位 2024 年 3 月 10 日 24 时前网上填报,省级普查机构 2024 年 4 月 15 日 24 时前完成数据审核、验收、上报。

3. 数据处理要求:本表“上年”数据由国务院经济普查办公室根据 2022 年“财务状况”年报(F103 表)数据统一复制摘抄,涉及拆分、兼并、重组等情况的调查单位,经国务院经济普查办公室批准后可调整“上年”数据。新增的调查单位需填报表中各项指标。

4. 审核关系:

(1)固定资产累计折旧(210)≥其中:本年折旧(211)。

(2)流动资产合计(201)≥其中:应收账款(202)+存货(205)+预付账款(260)。

(3)固定资产原价(209)≥其中:房屋和构筑物(231)+机器和设备(232)。

(4)固定资产净值(250)= 固定资产原价(209)-固定资产累计折旧(210)。

(5)使用权资产原价(263)≥其中:房屋和构筑物(264)+机器和设备(265)。

(6)使用权资产累计折旧(266)≥其中:本年折旧(267)。

(7)无形资产(246)≥其中:土地使用权(247)+软件使用权(248)。

(8)负债合计(217)≥其中:应付账款(215)+预收账款(268)+租赁负债(269)+长期应付款(270)(9)所有者权益合计(218)= 资产总计(213)-负债合计(217)。

(9)实收资本(219)≥其中:个人资本(223)。

(10)当利润总额(327)>0 时,利润总额(327)>所得税费用(328)。

(11)执行《企业会计准则》的企业:营业利润(323)= 营业收入(301)-营业成本(307)-税金及附加(309)-销售费用(312)-管理费用(313)-财务费用(317)-研发费用(331)+资产减值损失(320)+信用减值损失(333)+公允价值变动收益(321)+投资收益(322)+净敞口套期收益(334)+资产处置收益(335)+其他收益(330)。

(12)执行《小企业会计准则》和《企业会计制度》的企业:营业利润(323)= 营业收入(301)-营业成本(307)-税金及附加(309)-销售费用(312)-管理费用(313)-财务费用(317)+投资收益(322)。

(13)利润总额(327)= 营业利润(323)+营业外收入(325)-营业外支出(326)。

表 2-25　单位基本情况

表号:611 表
制定机关:国家统计局
　　　　国务院经济普查办公室
文号:国统字〔2023〕77 号
有效期至:2024 年 6 月

2023 年

110	单位类型 □ （已视同法人单位的分支机构,请填写“1”） 1 法人单位　2 产业活动单位 普查机构填写:如为视同法人单位,请勾选 □
111	普查小区代码 □□□
112	建筑物编码 □□□
113	底册唯一标识码________________
114	专业类别________ A 农业　B 工业　C 建筑业　E 批发和零售业　S 住宿和餐饮业　X 房地产开发经营业 H 投资　I 劳资　L 社科文　F 服务业　J 名录库
A 法人单位和产业活动单位基本情况	
109	统一社会信用代码 □□□□□□□□□□□□□□□□□□
102	单位详细名称________________
201	法定代表人(单位负责人)________
202	1 成立时间(所有单位填写)______年______月　2 开业时间(仅限企业填写)______年______月
203	联系方式 长途区号 □□□□□ 固定电话 □□□□□□□□-□□□□□□ 移动电话 □□□□□□□□□□□ 传真号码 □□□□□□□□-□□□□□□ 邮政编码 □□□□□□
105	单位所在地区划及详细地址 ______省(自治区、直辖市)______地(市、州、盟)______县(市、区、旗) ______乡(镇、街道)______村(居)委会______街(路)、门牌号 区划代码 □□□□□□□□□□□□　城乡代码 □□□
106	单位注册地区划及详细地址 是否与单位所在地详细地址一致: □　1 是,2 否 ______省(自治区、直辖市)______地(市、州、盟)______县(市、区、旗)______乡(镇、街道)______村(居)委会______街(路)、门牌号 区划代码 □□□□□□□□□□□□　城乡代码 □□□
107	单位所在园区详细名称 1________________　所在园区代码 1________ 单位所在园区详细名称 2________________　所在园区代码 2________ 单位所在园区详细名称 3　所在园区代码 3
208	运营状态 □　1 正常运营　2 停业(歇业)　3 筹建　4 当年关闭　5 当年破产　6 当年注销　7 当年撤(吊)销　9 其他
103	行业类别 主 要 业 务 活 动 1 ________________　2 ________________ 3 ________________ 行业代码 □□□□
211	机构类型 □□ 10 企业　20 事业单位　30 机关　40 社会团体　51 民办非企业单位 52 基金会　53 居委会　54 村委会　55 农民专业合作社　56 农村集体经济组织 90 其他组织机构

表2-25(续)

205	登记注册统计类别 □□□ 内资企业 111 国有独资公司　112 私营有限责任公司　119 其他有限责任公司 121 私营股份有限公司　129 其他股份有限公司　131 全民所有制企业(国有企业) 132 集体所有制企业(集体企业)　133 股份合作企业　134 联营企业 140 个人独资企业　150 合伙企业　190 其他内资企业 港澳台投资企业 210 港澳台投资有限责任公司　220 港澳台投资股份有限公司　230 港澳台投资合伙企业 290 其他港澳台投资企业 外商投资企业 310 外商投资有限责任公司　320 外商投资股份有限公司　330 外商投资合伙企业 390 其他外商投资企业　400 农民专业合作社(联合社) 500 个体工商户　900 其他市场主体
贵单位是否为批发、零售、住宿或餐饮业法人单位或产业活动单位 □ 1 是 2 否(如选“否”,免填此部分) B1 批发和零售业、住宿和餐饮业法人单位和产业活动单位填报	
ES1	批发和零售业、住宿和餐饮业单位经营形式 □ 1 独立门店　2 连锁总店(总部)　3 连锁直营店　4 连锁加盟店　9 其他 连锁品牌(商标或商号名称):__________(经营形式选 2、3、4 的单位填报)
E02	零售业态(可多选,不超过 3 个) □□□□ □□□□ □□□□ 有店铺零售 1010 便利店　1020 超市　1030 折扣店　1040 仓储会员店　1050 百货店 1060 购物中心　1070 专业店　1080 品牌专卖店　1090 集合店　1100 无人值守商店 无店铺零售 2010 网络零售　2020 电视/广播零售　2030 邮寄零售　2040 无人售货设备零售 2050 电话零售　2060 直销　2070 流动货摊零售　2090 其他
S02	住宿业单位星级评定情况 □ 1 一星 2 二星 3 三星 4 四星 5 五星 9 其他
贵单位是否为房地产开发经营业法人单位 □ 1 是 2 否(如选“否”,免填此部分) B2 房地产开发经营业法人单位填报	
X01	房地产开发经营业企业资质等级 □ 1 一级 2 二级 3 三级 4 四级 5 暂定 9 其他
C 法人单位填报	
216	港澳台商投资情况(限港澳台投资企业填报)(可多选) 1 港商投资□ 2 澳商投资□ 3 台商投资□ 4 暂未投资□
206	企业控股情况 □ 1 国有控股 2 集体控股 3 私人控股 4 港澳台商控股 5 外商控股 9 其他
207	隶属关系(限国有控股企业填报) □□ 10 中央 11 地方 90 其他
209	执行会计标准类别 □ 1 企业会计准则制度　2 政府会计准则制度　4 民间非营利组织会计制度　9 其他
210	执行企业会计准则制度情况 □ 1 执行《企业会计准则》　2 执行《小企业会计准则》　3 执行《企业会计制度》
191	单位规模 □ 1 大型 2 中型 3 小型 4 微型
192	从业人员期末人数__________人　其中:女性__________人
193	企业法人单位填报 营业收入__________千元　资产总计__________千元　营业利润__________千元
194	非企业法人单位填报 非企业单位支出(费用)__________千元　资产总计__________千元
213	企业集团情况(限企业集团母公司及成员企业填写)　本企业是 □ 1 集团母公司(核心企业或集团总部) 2 成员企业——请填直接上级法人统一社会信用代码 □□□□□□□□□□□□□□□□□□

表2-25(续)

<table>
<tr><td>214</td><td>本法人单位是否有上一级法人 □ 1是 2否
如为1,请填写上一级法人统一社会信用代码□□□□□□□□□□□□□□□□□□□□□□
上一级法人单位详细名称________________________
本法人单位是否有下属产业活动单位(分支机构、派出机构、分公司、分部、分厂、分店等)
□ 1是 2否</td></tr>
<tr><td colspan="2">D产业活动单位填报</td></tr>
<tr><td>182</td><td>产业活动单位类别 □ 1本部(多产业法人单位去除下设分支机构后剩余的部分,如总部、本店、本所等)
2分支机构(多产业法人单位下设的分支机构,如分部、分厂、分店、支所等)
产业活动单位归属法人单位情况
法人单位统一社会信用代码□□□□□□□□□□□□□□□□□□□□□□
法人单位详细名称________________________
法人单位详细地址________________________
法人单位区划代码□□□□□□</td></tr>
<tr><td>198</td><td>从业人员期末人数________人　　其中:女性________人</td></tr>
<tr><td>195</td><td>经营性单位填报　经营性单位收入________千元</td></tr>
<tr><td>196</td><td>非经营性单位填报　非经营性单位支出(费用)________千元</td></tr>
<tr><td>197</td><td>房地产开发经营业产业活动单位填报
本年商品房销售面积________平方米　　年末商品房待售面积________平方米</td></tr>
</table>

单位负责人:　　　　填表人:　　　　联系电话:　　　　报出日期:20　年　月　日

说明:1. 统计范围:辖区内除一套表单位、金融和铁路部门负责普查的单位以外的第二产业和第三产业法人单位;辖区内除金融和铁路部门负责普查以外的第二产业和第三产业法人单位下属产业活动单位,以及第一产业法人单位下属的第二产业和第三产业产业活动单位。

2. 报送日期及方式:2024 年 4 月 30 日 24 时前完成入户采集或自主填报,省级普查机构 2024 年 5 月 31 日 24 时前完成数据审核、验收、上报。

3. 数据填报和处理要求:

(1)“114 专业类别”“103 行业代码”“105、106”中的“区划代码、城乡代码”“182 法人单位区划代码”“单位所在园区详细名称”“所在园区代码”均由普查机构填报或后期处理生成。

(2)“191 单位规模”“192 从业人员期末人数”“192 其中:女性”“193 营业收入”“193 资产总计”“193 营业利润”“194 非企业单位支出(费用)”“194 资产总计”等指标数据由各级普查机构待相关报表数据确认后进行摘抄或计算取得。

(3)A 部分指标由法人单位和产业活动单位填报,B1 部分指标仅由批发和零售业、住宿和餐饮业法人单位和产业活动单位填报,B2 部分指标仅由房地产开发经营业法人单位填报,C 部分指标仅由法人单位填报,D 部分指标仅由产业活动单位填报。

表 2-26　法人单位所属产业活动单位情况

表号:611-1 表
制定机关:国家统计局
国务院经济普查办公室
文号:国统字〔2023〕77 号
有效期至:2024 年 6 月

统一社会信用代码□□□□□□□□□□□□□□□□□□□□
单位详细名称:　　2023 年

本法人单位下属产业活动单位共＿＿＿个											
序号	单位类别（1 本部 2 分支机构）	统一社会信用代码	单位详细名称	详细地址	区划代码（6 位）	联系电话	主要业务活动	行业代码	从业人员期末人数/人	经营性单位收入/千元	非经营性单位支出（费用）/千元
甲	1	2	3	4	5	6	7	8	9	10	11
本　部 分支机构 1 分支机构 2 · · · · 分支机构 N											

单位负责人:　　填表人:　　联系电话:　　报出日期:20　年　月　日

说明:1. 统计范围:611 表 214 栏“本法人单位是否有下属产业活动单位”选择“1 是”的法人单位填报。

2. 报送日期及方式:2024 年 4 月 30 日 24 时前完成入户采集或自主填报,省级普查机构 2024 年 5 月 31 日 24 时前完成数据审核、验收、上报。

3. 数据填报要求:普查机构填写“区划代码”“行业代码”。

4. 单位类别:

(1)本部,指多产业法人单位去除下设分支机构后剩余的部分;

(2)分支机构,指多产业法人单位下设的分支机构,如分部、分厂、分店、支所等。

表 2-27　单位从业人员情况

表号:611-2 表
制定机关:国家统计局
国务院经济普查办公室
文号:国统字〔2023〕77 号
有效期至:2024 年 6 月

统一社会信用代码□□□□□□□□□□□□□□□□□□

单位详细名称:　　　　2023 年

指标名称	计量单位	代码	本年
甲	乙	丙	1
从业人员期末人数	人	01	
其中:女性	人	02	
按人员类型分组:	—	—	
在岗职工	人	03	
劳务派遣人员	人	04	
其他从业人员	人	05	

单位负责人:　　　填表人:联系电话:　　　报出日期:20　年　月　日

说明:1. 统计范围:辖区内除一套表单位、金融和铁路部门负责普查的单位以外的第二产业和第三产业法人单位。

2. 报送日期及方式:2024 年 4 月 30 日 24 时前完成入户采集或自主填报,省级普查机构 2024 年 5 月 31 日 24 时前完成数据审核、验收、上报。

3. 审核关系:

(1)从业人员期末人数(01)≥其中:女性(02)。

(2)从业人员期末人数(01)=在岗职工(03)+劳务派遣人员(04)+其他从业人员(05)。

表 2-28 企业法人主要经济指标

表号:611-3 表
制定机关:国家统计局
国务院经济普查办公室
文号:国统字〔2023〕77 号
有效期至:2024 年 6 月

统一社会信用代码□□□□□□□□□□□□□□□□□□□□□□

单位详细名称: 2023 年

指标名称	计量单位	代码	本年
甲	乙	丙	1
一、资产负债类			
年初存货	千元	01	
资产总计	千元	02	
其中:应收账款	千元	03	
年末存货	千元	04	
其中:产成品	千元	05	
固定资产净值	千元	06	
固定资产原值	千元	07	
本年折旧	千元	08	
负债合计	千元	09	
二、损益、人工成本及增值税			
营业收入	千元	10	
营业成本	千元	11	
税金及附加	千元	12	
其他收益	千元	13	
投资收益	千元	14	
营业利润	千元	15	
利润总额	千元	16	
应付职工薪酬(本年贷方累计发生额)	千元	17	
应交增值税(本年累计发生额)	千元	18	
三、能源及生石灰生产情况(仅工业单位填报)			
是否生产能源产品(如原煤、天然气、火力发电等)	—	19	□是/□否
原煤生产量	吨	20	
是否生产生石灰	—	21	□是/□否
生石灰产量	吨	22	
四、批发和零售业经营情况(仅批发和零售业单位填报)			
商品购进额(含增值税)	千元	23	
商品销售额(含增值税)	千元	24	
其中:通过公共网络实现的商品销售额	千元	25	
其中:零售额	千元	26	
其中:通过公共网络实现的零售额	千元	27	
零售额(按商品分类填报)	—	—	
粮油食品、饮料、烟酒类零售额	千元	28	
服装、鞋帽、针纺织品类零售额	千元	29	
家用电器、音像器材及通信器材类零售额	千元	30	
家具、五金电料、建筑及装潢材料类零售额	千元	31	
其他未列明商品类零售额	千元	32	
期末商品库存额(含增值税)	千元	33	
服务营业额(含增值税)	千元	34	

表2-28(续)

批发和零售业年末零售营业面积	平方米	35	
五、住宿和餐饮业经营情况(仅住宿和餐饮业单位填报)			
营业额(含增值税)	千元	36	
其中:客房收入	千元	37	
其中:通过公共网络实现的客房收入	千元	38	
餐费收入	千元	39	
其中:通过公共网络实现的餐费收入	千元	40	
住宿和餐饮业年末餐饮营业面积	平方米	41	
六、企业研究开发活动及相关情况 (仅制造业,信息传输、软件和信息技术服务业,科学研究和技术服务业单位填报)			
研究开发人员合计	人	42	
研究开发费用合计	千元	43	
人员人工费	千元	44	
直接投入费用	千元	45	
委托外部研究开发费用	千元	46	
其他费用	千元	47	
当年形成用于研究开发的仪器和设备	千元	48	
来自政府部门的研究开发经费	千元	49	
研究开发费用加计扣除减免税	千元	50	
补充资料(限无法独立填报财务数据的单位填报): 统一财务核算法人单位:统一社会信用代码□□□□□□□□□□□□□□□□□□□□ 单位详细名称____________________			

单位负责人:　　　　填表人:　　　　联系电话:　　　　报出日期:20　年　月　日

说明:1. 统计范围:辖区内除一套表单位、金融业单位,以及铁路部门负责普查的单位以外的以下第二产业和第三产业单位,包括企业法人单位,执行企业会计准则制度的事业法人单位、民办非企业法人单位和基金会,农民专业合作社,农村集体经济组织和除宗教活动场所以外的机构类型为90的其他法人单位。

2. 报送日期及方式:2024年4月30日24时前完成入户采集或自主填报,省级普查机构2024年5月31日24时前完成数据审核、验收、上报。

3. 数据填报要求:“产成品(05)”指标仅限工业企业填报。

4. 审核关系:

资产负债类:

(1)资产总计(02)≥应收账款(03)。

(2)资产总计(02)≥年末存货(04)。

(3)资产总计(02)≥固定资产净值(06)。

(4)年末存货(04)≥产成品(05)。

能源及生石灰生产情况:

(1)如果是否生产能源产品(19)选择“是”,则原煤生产量(20)≥0;如果是否生产能源产品(19)选择“否”,则原煤生产量(20)=0。

(2)如果是否生产生石灰(21)选择“是”,则生石灰生产量(22)>0;如果是否生产生石灰(21)选择“否”,则生石灰生产量(22)=0。

批发和零售业经营情况:

(1)商品销售额(24)≥通过公共网络实现的商品销售额(25)。

(2)商品销售额(24)≥零售额(26)。

(3)零售额(26)≥通过公共网络实现的零售额(27)。

(4)通过公共网络实现的商品销售额(25)≥通过公共网络实现的零售额(27)。

(5)零售额(26)=粮油食品、饮料、烟酒类零售额(28)+服装、鞋帽、针纺织品类零售额(29)+家用电器、音像器材及通讯器材类零售额(30)+家具、五金电料、建筑及装潢材料类零售额(31)+其他未列明商品类零售额(32)。

住宿和餐饮业经营情况：

(1)营业额(36)≥客房收入(37)+餐费收入(39)。

(2)客房收入(37)≥通过公共网络实现的客房收入(38)。

(3)餐费收入(39)≥通过公共网络实现的餐费收入(40)。

企业研究开发活动及相关情况：

(1)研究开发费用合计(43)=人员人工费(44)+直接投入费用(45)+委托外部研究开发费用(46)+其他费用(47)。

(2)如果研究开发人员合计(42)>0,则人员人工费(44)>0。

(3)如果人员人工费(44)>0,则研究开发人员合计(42)>0。

表 2-29　金融业财务状况

表号:611-4 表
制定机关:国家统计局
　　　　　国务院经济普查办公室
文号:国统字〔2023〕77 号
有效期至:2024 年 6 月

统一社会信用代码□□□□□□□□□□□□□□□□□□
单位详细名称:　　　　　　　　2023 年

指标名称	计量单位	代码	本年
甲	乙	丙	1
调查单位执行的财务报表格式为:□　1.《一般企业财务报表格式》　2.《金融企业财务报表格式》			
一、年初存货	千元	01	
二、期末资产负债	—	—	
流动资产合计	千元	02	
其中:交易性金融资产	千元	03	
存货	千元	04	
固定资产原价	千元	05	
其中:房屋和构筑物	千元	06	
机器和设备	千元	07	
固定资产累计折旧	千元	08	
其中:本年折旧	千元	09	
固定资产净值	千元	10	
使用权资产原价	千元	11	
使用权资产累计折旧	千元	12	
其中:本年折旧	千元	13	
债权投资	千元	14	
其他债权投资	千元	15	
长期股权投资	千元	16	
其他权益工具投资	千元	17	
资产总计	千元	18	
负债合计	千元	19	
其中:租赁负债	千元	20	
所有者权益合计	千元	21	
其中:实收资本	千元	22	
其中:个人资本	千元	23	
三、损益	—	—	
营业收入	千元	24	
营业成本(营业支出)	千元	25	
利息收入	千元	26	
利息支出	千元	27	
手续费和佣金收入＊＊	千元	28	
手续费和佣金支出＊＊	千元	29	
税金及附加	千元	30	
业务及管理费＊＊	千元	31	
销售费用＊	千元	32	
管理费用＊	千元	33	
研发费用＊	千元	34	
财务费用＊	千元	35	

表2-29(续)

其他收益	千元	36	
投资收益(损失以"-"号记)	千元	37	
净敞口套期收益(损失以"-"号记)	千元	38	
公允价值变动收益(损失以"-"号记)	千元	39	
汇兑收益＊＊(损失以"-"号记)	千元	40	
信用减值损失(损失以"-"号记)	千元	41	
资产减值损失(损失以"-"号记)	千元	42	
资产处置收益(损失以"-"号记)	千元	43	
营业利润	千元	44	
四、成本费用及增值税			
应付职工薪酬(本年贷方累计发生额)	千元	45	
应交增值税(本年累计发生额)	千元	46	

单位负责人：　　填表人：　　联系电话：　　报出日期:20　年　月　日

说明:1. 统计范围:辖区内除金融部门负责普查的单位以外的金融业法人单位。

2. 报送日期及方式:2024 年 4 月 30 日 24 时前完成入户采集或自主填报,省级普查机构 2024 年 5 月 31 日 24 时前完成数据审核、验收、上报。

3. 数据填报要求:标注"＊"的指标由执行《一般企业财务报表格式》的单位填报,标注"＊＊"的指标由执行《金融企业财务报表格式》的单位填报。

4. 审核关系:

(1)流动资产合计(02)≥交易性金融资产(03)+存货(04)。

(2)固定资产原价(05)≥房屋和构筑物(06)+机器和设备(07)。

(3)固定资产累计折旧(08)≥本年折旧(09)。

(4)使用权资产累计折旧(12)≥本年折旧(13)。

(5)固定资产净值(10)=固定资产原价(05)-固定资产累计折旧(08)。

(6)资产总计(18)≥流动资产合计(02)+固定资产原价(05)-固定资产累计折旧(08)+使用权资产原价(11)-使用权资产累计折旧(12)+债权投资(14)+其他债权投资(15)+长期股权投资(16)+其他权益工具投资(17)。

(7)负债合计(19)≥租赁负债(20)。

(8)所有者权益合计(21)=资产总计(18)-负债合计(19)。

(9)所有者权益合计(21)≥实收资本(22)。

(10)实收资本(22)≥个人资本(23)。

(11)执行《金融企业财务报表格式》的单位,营业收入(24)≥利息收入(26)+手续费及佣金收入(28)+其他收益(36)+投资收益(37)+净敞口套期收益(38)+公允价值变动收益(39)+汇兑收益(40)+资产处置收益(43)。

(12)执行《金融企业财务报表格式》的单位,营业成本(营业支出)(25)≥利息支出(27)+手续费及佣金支出(29)+税金及附加(30)+业务及管理费(31)-信用减值损失(41)-资产减值损失(42)。

(13)执行《一般企业财务报表格式》的单位,营业利润(44)=营业收入(24)-营业成本(营业支出)(25)-税金及附加(30)-销售费用(32)-管理费用(33)-研发费用(34)-财务费用(35)+其他收益(36)+投资收益(37)+净敞口套期收益(38)+公允价值变动收益(39)+信用减值损失(41)+资产减值损失(42)+资产处置收益(43)。

(14)执行《金融企业财务报表格式》的单位,营业利润(44)=营业收入(24)-营业成本(营业支出)(25)。

表 2-30 单位固定资产投资项目情况

表号:611-5 表

制表机关:国家统计局

国务院经济普查办公室

文号:国统字〔2023〕77 号

有效期至:2024 年 6 月

统一社会信用代码□□□□□□□□□□□□□□□□□□

单位详细名称: 2023 年

一、项目基本情况					
01	项目代码	□□□□□□□□□□-□□□□□□□-□□□			
02	项目名称				
13	投资项目在线审批监管平台统一代码	□□□□-□□□□□□-□□-□□-□□□□□□			
104	报表类别	报表类别 □ A 农业　B 规模以上工业　B1 规模以下工业 C 建筑业　E 批发和零售业　S 住宿和餐饮业 X 房地产开发经营业　F 规模以上服务业　H 投资 U 其他			
205	登记注册统计类别 □□□	内资企业 111 国有独资公司　112 私营有限责任公司　119 其他有限责任公司 121 私营股份有限公司　129 其他股份有限公司　131 全民所有制企业(国有企业) 132 集体所有制企业(集体企业)　133 股份合作企业　134 联营企业 140 个人独资企业　150 合伙企业　190 其他内资企业 港澳台投资企业 210 港澳台投资有限责任公司　220 港澳台投资股份有限公司　230 港澳台投资合伙企业 290 其他港澳台投资企业 外商投资企业 310 外商投资有限责任公司　320 外商投资股份有限公司　330 外商投资合伙企业 390 其他外商投资企业　400 农民专业合作社(联合社)　500 个体工商户 900 其他市场主体			
03	项目建设所在地及区划	＿＿＿省(自治区、直辖市)＿＿＿地(市、州、盟)＿＿＿县(市、区、旗) ＿＿＿乡(镇、街道)　＿＿＿村(居)委会　＿＿＿街(路)、门牌号 区划代码 □□□□□□□□□□□□			
04	联系电话	□□□□□□□□—□□□□□	05	项目行业编码	□□□□
	移动电话	□□□□□□□□□□□			
06	控股情况 □	1 国有控股　2 集体控股　3 私人控股　4 港澳台商控股　5 外商控股　9 其他			
07	隶属关系 □□	10 中央　11 地方　90 其他			
08	建设性质	□　1 新建　2 扩建　3 改建和技术改造　4 单纯建造生活设施　5 迁建　6 恢复　7 单纯购置			
09	项目类别	□1 工业企业技术改造项目 □2 棚户区改造项目 □3 涉农项目 □4 老旧小区改造项目 □5 信息类新型基础设施项目 □6 融合类新型基础设施项目 □7 创新类新型基础设施项目 □9 其他项目	10	项目开工时间	＿＿＿年＿＿＿月
11	本年全部投产时间	＿＿＿年＿＿＿月	12	期末项目建设状态	□1 在建　2 全部投产 3 全部停缓建
13	是否为“三新”项目	□1 是　2 否	14	是否为政府专项债项目	□1 是　2 否
15	建筑安装工程填报依据	□　1 工程结算单或进度单　2 会计科目或支付凭证			

表2-30(续)

二、项目投资情况							
指标名称	计量单位	代码	本年	指标名称	计量单位	代码	本年
甲	乙	丙	1	甲	乙	丙	1
计划总投资	万元	101		上年末结余资金	万元	302	
自开始建设累计完成投资	万元	103		本年实际到位资金	万元	303	
本年完成投资	万元	107		国家预算资金	万元	304	
其中:住宅	万元	118		其中:中央预算资金	万元	328	
按构成分:	—	—		国内贷款	万元	305	
建筑工程	万元	108		利用外资	万元	307	
安装工程	万元	109		自筹资金	万元	311	
设备工器具购置	万元	110		其他资金来源	万元	318	
其中:购置旧设备	万元	111		其中:债券	万元	306	
其他费用	万元	112		各项应付款合计	万元	320	
其中:旧建筑物购置费	万元	113		其中:工程款	万元	321	
其中:建设用地费	万元	114					
本年新增固定资产	万元	128					

单位负责人: 填表人: 联系电话: 报出日期:20 年 月 日

说明:1. 统计范围:辖区内除一套表单位、金融和铁路部门负责普查的单位以外的调查单位的500万元及以上固定资产投资项目。

2. 报送日期及方式:2024年4月30日24时前完成入户采集或自主填报,省级普查机构2024年5月31日24时前完成数据审核、验收、上报。

3. 数据填报和处理要求:

(1)本表除"计划总投资""自开始建设累计完成投资""上年末结余资金"外,其他指标均为本年累计数。

(2)投资项目在线审批监管平台统一代码的填报范围:报告期在建及新开工项目均须填写。该代码由各级发改部门投资项目在线审批监管平台生成。

(3)"一、项目基本情况"中的"项目代码(01)""项目名称(02)""投资项目在线审批监管平台统一代码(13)"从"投资项目申请表"的对应指标摘抄;"报表类别(104)""登记注册统计类别(205)"从"单位基本情况(611表)"中的对应指标摘抄,报表类别为U的单位首次填报时自主填写登记注册统计类别。

4. 审核关系:

(1)自开始建设累计完成投资(103)≥本年完成投资(107)。

(2)本年完成投资(107)≥其中:住宅(118)。

(3)本年完成投资(107)=建筑工程(108)+安装工程(109)+设备工器具购置(110)+其他费用(112)。

(4)设备工器具购置(110)≥其中:购置旧设备(111)。

(5)其他费用(112)≥其中:旧建筑物购置费(113)+其中:建设用地费(114)。

(6)本年实际到位资金(303)=国家预算资金(304)+国内贷款(305)+利用外资(307)+自筹资金(311)+其他资金来源(318)。

(7)国家预算资金(304)≥其中:中央预算资金(328)。

(8)各项应付款合计(320)≥其中:工程款(321)。

表 2-31　行政事业单位主要经济指标

表号:611-6 表
制表机关:国家统计局
国务院经济普查办公室
文号:国统字〔2023〕77 号
有效期至:2024 年 6 月

统一社会信用代码□□□□□□□□□□□□□□□□□□

单位详细名称:

2023 年

指标名称	计量单位	代码	本年
甲	乙	丙	1
一、年初存货	千元	01	
二、期末资产负债	—	—	
流动资产合计	千元	02	
其中:存货	千元	03	
应收账款	千元	04	
预付账款	千元	05	
长期股权投资	千元	06	
长期债券投资	千元	07	
固定资产原值	千元	08	
其中:房屋和构筑物	千元	09	
机器和设备	千元	10	
累计折旧	千元	11	
其中:本年折旧	千元	12	
在建工程	千元	13	
无形资产	千元	14	
其中:土地使用权	千元	15	
软件使用权	千元	16	
公共基础设施原值	千元	17	
公共基础设施累计折旧	千元	18	
其中:本年折旧	千元	19	
保障性住房原值	千元	20	
保障性住房累计折旧	千元	21	
其中:本年折旧	千元	22	
资产总计	千元	23	
负债合计	千元	24	
其中:应付账款	千元	25	
预收账款	千元	26	
长期应付款	千元	27	
净资产合计	千元	28	
三、收支	—	—	
本年收入合计	千元	29	
其中:财政拨款收入	千元	30	
事业收入	千元	31	
经营收入	千元	32	
本年支出合计	千元	33	
其中:工资福利支出	千元	34	
商品和服务支出	千元	35	
其中:劳务费	千元	36	
工会经费	千元	37	
福利费	千元	38	
税金及附加费用	千元	39	
对个人和家庭的补助	千元	40	
其中:离休费	千元	41	
退休费	千元	42	
医疗费补助	千元	43	
经营支出	千元	44	
其中:数字化、信息化支出	千元	45	
四、应交增值税(本年累计发生额)	千元	46	

补充资料(限无法独立填报财务数据的单位填报):
统一财务核算法人单位;统一社会信用代码□□□□□□□□□□□□□□□□□□
单位详细名称________________

单位负责人:　　填表人:　　联系电话:　　报出日期:20　年　月　日

说明:1. 统计范围:辖区内除金融部门负责普查的单位以外的机关法人单位,居委会,村委会,不执行企业会计准则制度的事业法人单位。

2. 报送日期及方式:2024 年 4 月 30 日 24 时前完成入户采集或自主填报,省级普查机构 2024 年 5 月 31 日 24 时前完成数据审核、验收、上报。

3. 审核关系:

(1)流动资产合计(02)≥存货(03)+应收账款(04)+预付账款(05)。

(2)固定资产原值(08)≥房屋和构筑物(09)+机器和设备(10)。

(3)累计折旧(11)≥本年折旧(12)。

(4)无形资产(14)≥土地使用权(15)+软件使用权(16)。

(5)公共基础设施累计折旧(18)≥本年折旧(19)。

(6)保障性住房累计折旧(21)≥本年折旧(22)。

(7)资产总计(23)≥流动资产合计(02)+长期股权投资(06)+长期债券投资(07)+固定资产原值(08)-累计折旧(11)+在建工程(13)+无形资产(14)+公共基础设施原价(17)-公共基础设施累计折旧(18)+保障性住房原值(20)-保障性住房累计折旧(21)。

(8)负债合计(24)≥应付账款(25)+预收账款(26)+长期应付款(27)。

(9)净资产合计(28)=资产总计(23)-负债合计(24)。

(10)本年收入合计(29)≥财政拨款收入(30)+事业收入(31)+经营收入(32)。

(11)本年支出合计(33)≥工资福利支出(34)+商品和服务支出(35)+对个人和家庭的补助(40)+经营支出(44)。

(12)商品和服务支出(35)≥劳务费(36)+工会经费(37)+福利费(38)+税金及附加费用(39)。

(13)对个人和家庭的补助(40)≥离休费(41)+退休费(42)+医疗费补助(43)。

(14)本年支出合计(33)≥数字化、信息化支出(45)。

表 2-32　民间非营利组织主要经济指标

表号：611-7 表

制表机关：国家统计局

国务院经济普查办公室

统一社会信用代码□□□□□□□□□□□□□□□□□□　　文号：国统字〔2023〕77 号

单位详细名称：　　2023 年　　有效期至：2024 年 6 月

指标名称	计量单位	代码	本年
甲	乙	丙	1
一、年初存货	千元	01	
二、期末资产负债	—	—	
流动资产合计	千元	02	
其中：存货	千元	03	
应收账款	千元	04	
预付账款	千元	05	
长期投资	千元	06	
固定资产原值	千元	07	
其中：房屋和构筑物	千元	08	
机器和设备	千元	09	
累计折旧	千元	10	
其中：本年折旧	千元	11	
在建工程	千元	12	
文物文化资产	千元	13	
无形资产	千元	14	
资产总计	千元	15	
负债合计	千元	16	
其中：应付账款	千元	17	
预收账款	千元	18	
长期应付款	千元	19	
净资产合计	千元	20	
净资产变动额	千元	21	
三、收支	—	—	
本年收入合计	千元	22	
其中：捐赠收入	千元	23	
会费收入	千元	24	
本年费用合计	千元	25	
其中：业务活动成本	千元	26	
其中：人员费用	千元	27	
日常费用	千元	28	
固定资产折旧	千元	29	
税费	千元	30	
管理费用	千元	31	
其中：人员费用	千元	32	
日常费用	千元	33	
固定资产折旧	千元	34	
税费	千元	35	
其中：数字化、信息化费用	千元	36	

补充资料（限无法独立填报财务数据的单位填报）：

统一财务核算法人单位：统一社会信用代码□□□□□□□□□□□□□□□□□□

单位详细名称________________

单位负责人：　　填表人：　　联系电话：　　报出日期：20　年　月　日

说明：1. 统计范围：辖区内社会团体法人单位，不执行企业会计准则制度的民办非企业法人单位，不执行企业会计准则制度的基金会，宗教活动场所法人单位。

2. 报送日期及方式：2024 年 4 月 30 日 24 时前完成入户采集或自主填报，省级普查机构 2024 年 5 月 31 日 24 时前完成数据审核、验收、上报。

3. 审核关系：

（1）流动资产合计（02）>存货（03）+应收账款（04）+预付账款（05）。

（2）固定资产原值（07）≥房屋和构筑物（08）+机器和设备（09）。

(3)累计折旧(10)≥本年折旧(11)。

(4)资产总计(15)≥流动资产合计(02)+长期投资(06)+固定资产原值(07)-累计折旧(10)+在建工程(12)+文物文化资产(13)+无形资产(14)。

(5)负债合计(16)≥应付账款(17)+预收账款(18)+长期应付款(19)。

(6)净资产合计(20)=资产总计(15)-负债合计(16)。

(7)本年收入合计(22)≥捐赠收入(23)+会费收入(24)。

(8)本年费用合计(25)≥业务活动成本(26)+管理费用(31)。

(9)业务活动成本(26)≥人员费用(27)+日常费用(28)+固定资产折旧(29)+税费(30)。

(10)管理费用(31)≥人员费用(32)+日常费用(33)+固定资产折旧(34)+税费(35)。

(11)本年费用合计(25)≥数字化、信息化费用(36)。

表 2-33　个体经营户普查登记表

表号:612 表
制表机关:国家统计局
　　　　　国务院经济普查办公室
文号:国统字〔2023〕77 号

单位详细名称:　　　　　　2023 年　　　　　　有效期至:2024 年 6 月

<table>
<tr><td colspan="2">一、个体经营户基本情况</td></tr>
<tr><td>有无营业执照　□　1 有 2 无
统一社会信用代码　□□□□□□□□□□□□□□□□□□
个体经营户名称____________________
个体经营户经营者姓名____________________
个体经营户所在地区划及详细地址
____________省(自治区、直辖市)
____________市(地、州、盟)
____________县(市、区、旗)
____________乡(镇、街道)
____________村(居)委会
____________街(路)、门牌号
联系电话(固定电话或者移动电话)____________
区划代码　□□□□□□□□□□□□
普查小区代码　□□□</td><td>A 经营状态　□
1 正常运营　2 停业(歇业)　3 当年关闭
4 未能找到　9 其他(如转为企业)

B 受访情况□
1 未能正常填报　2 正常填报

C 主要业务活动____________
行业代码(中类)　□□□

D 从业人员期末人数________人,
其中:女性________人
(指 2023 年 12 月 31 日参加经营活动的所有人员,包括业主、雇员以及参加经营活动的其他人员,如家庭成员、帮手和学徒)。</td></tr>
<tr><td colspan="2">二、个体经营户经营情况</td></tr>
<tr><td colspan="2">1. 您全年雇佣雇员的总支出一共是________千元(指个体经营户经营者或者管理者向所雇佣的人员支出的工资和奖金、伙食费用和房租、五险一金等)。

2. 您全年缴纳的房租一共是________千元(指店铺租金、自有店铺折算租金等)。

3. 您全年与经营相关的总支出一共是________千元,其中:全年缴纳的各种税费一共是________千元(与经营相关的总支出包括个体经营户采购商品支出,购置原材料、燃气和动力支出,雇佣雇员支出,以及缴纳的各种税费和缴纳的房租等,应当大于等于 1、2 项的合计)。

4. 您全年的用于建造房屋构筑物、购买设备工器具、役畜、产品畜等资产类支出一共是________千元(所购置的物品必须用于生产经营,且单位价值在 1 千元以上。如建造的厂房、仓库,购置的汽车、机车、切削工具、压延工具、测量工具、检验仪器、传动设备、医疗设备等;或者为生产经营搭建的操作平台等;或者为生产劳作批量购置的大牲畜,如耕牛、托运用的马、骡子等;或者为生产各种畜产品的牲畜,如母猪、种公猪、奶牛等)。

5. 您全年的营业收入一共是________千元,其中:通过网络实现的营业收入是________千元(全年的营业收入指个体经营户全年在生产经营过程中取得的全部毛收入。如工业个体经营户营业收入是指产品销售收入,包括销售产成品及自制半成品收入和对外加工费收入;批发和零售业个体经营户营业收入是指商品销售实现收入等;交通运输业个体经营户营业收入是指完成客货运输,向旅客和货物托运方收取的乘车费和货物运输费)。</td></tr>
</table>

填表人:　　　　　　　　联系电话:　　　　　　　　日期:20　年　月　日

说明:1. 统计范围:辖区内抽中的个体经营户。

2. 报送日期及方式:2024 年 4 月 30 日 24 时前完成入户采集,省级普查机构 2024 年 5 月 31 日 24 时前完成数据审核、验收、上报。

3. 数据填报和处理要求:本表“有无营业执照”“统一社会信用代码”“个体经营户名称”“个体经营户经营者姓名”“个体经营户所在地区划及详细地址”“联系电话(固定电话或者移动电话)”“区划代码”“普查小区代码”“行业代码(中类)”指标数据由普查机构从“个体经营户清查表”(622 表)摘抄取得。

表 2-34　中国人民银行金融业调查单位基本情况

表号:613 表
制定机关:国家统计局
国务院经济普查办公室
文号:国统字〔2023〕77 号

2023 年　　　　　　　　有效期至:2024 年 6 月

110	单位类型　□(已视同法人单位的分支机构,请填写"1")1 法人单位　2 产业活动单位 普查机构填写:如为视同法人单位,请勾选　□
111	普查小区代码　□□□
112	建筑物编码　□□□
113	底册唯一标识码 ________________
	A 法人单位和产业活动单位基本情况
109	统一社会信用代码　□□□□□□□□□□□□□□□□□□
102	单位详细名称 ________________
201	法定代表人(单位负责人)________
202	1 成立时间(所有单位填报)______年______月　　2 开业时间(仅限企业填报)______年______月
203	联系方式 长途区号　□□□□□ 固定电话　□□□□□□□□-□□□□□□　移动电话　□□□□□□□□□□□ 传真号码　□□□□□□□□-□□□□□□　邮政编码　□□□□□□
105	单位所在地区划及详细地址 ________省(自治区、直辖市)________地(市、州、盟)________县(市、区、旗) ________乡(镇、街道)________村(居)委会________街(路)、门牌号 区划代码　□□□□□□□□□□□□　　城乡代码　□□□
106	单位注册地区划及详细地址　是否与单位所在地详细地址一致:□　1 是,2 否 ________省(自治区、直辖市)________地(市、州、盟)________县(市、区、旗) ________乡(镇、街道)________村(居)委会________街(路)、门牌号 区划代码　□□□□□□□□□□□□　　城乡代码　□□□
107	单位所在园区详细名称 1 ________　所在园区代码 1 ________ 单位所在园区详细名称 2 ________　所在园区代码 2 ________ 单位所在园区详细名称 3 ________　所在园区代码 3 ________
208	运营状态　□　1 正常运营　2 停业(歇业)　3 筹建　4 当年关闭　5 当年破产　6 当年注销　7 当年撤(吊)销　9 其他
103	行业类别 主要业务活动 1 ________　2 ________　3 ________ 行业代码　□□□□
211	机构类型　□□ 10 企业　20 事业单位　30 机关　40 社会团体　51 民办非企业单位 52 基金会　53 居委会　54 村委会　55 农民专业合作社　56 农村集体经济组织 90 其他组织机构

表2-34(续)

205	登记注册统计类别 □□□ 内资企业 111 国有独资公司　112 私营有限责任公司　119 其他有限责任公司 121 私营股份有限公司　129 其他股份有限公司 131 全民所有制企业(国有企业) 132 集体所有制企业(集体企业) 133 股份合作企业　134 联营企业 140 个人独资企业　150 合伙企业　190 其他内资企业 港澳台投资企业 210 港澳台投资有限责任公司　220 港澳台投资股份有限公司　230 港澳台投资合伙企业 290 其他港澳台投资企业 外商投资企业 310 外商投资有限责任公司　320 外商投资股份有限公司　330 外商投资合伙企业 390 其他外商投资企业　400 农民专业合作社(联合社) 500 个体工商户 900 其他市场主体
216	港澳台商投资情况(限港澳台投资企业填报)(可多选) 1 港商投资□ 2 澳商投资□ 3 台商投资□ 4 暂未投资□
206	企业控股情况 □ 1 国有控股 2 集体控股 3 私人控股 4 港澳台商控股 5 外商控股 9 其他
207	隶属关系(限国有控股企业填报) □□ 10 中央 11 地方 90 其他
209	执行会计标准类别 □ 1 企业会计准则制度　2 政府会计准则制度　4 民间非营利组织会计制度　9 其他
210	执行企业会计准则制度情况 □ 1 执行《企业会计准则》 2 执行《小企业会计准则》 3 执行《企业会计制度》
191	单位规模 □　1 大型　2 中型　3 小型　4 微型
192	从业人员期末人数________人 其中:女性________人
193	企业主要经济指标 营业收入________千元　资产总计________千元　营业利润________千元
194	非企业法人单位填报 非企业单位支出(费用)________千元 资产总计________千元
301	企业法人单位数字化转型模式应用情况(可多选) 1 自建电商网站或 APP 进行商品或服务交易 □ 2 通过第三方网站或 APP 进行商品或服务交易 □ 3 使用云计算服务 □ 4 使用物联网技术 □ 5 使用人工智能技术 □ 6 使用工业互联网 □ 7 其他________ □ 8 无 □
302	企业法人单位通过上述数字化转型取得的营业收入________千元。
214	本法人单位是否有上一级法人 □ 1 是 2 否 如为 1,请填写上一级法人统一社会信用代码□□□□□□□□□□□□□□□□□□ 上一级法人单位详细名称________________ 本法人单位是否有下属产业活动单位(分支机构、派出机构、分公司、分部、分厂、分店等) □ 1 是 2 否
212	法人单位下属产业活动单位情况: 产业活动单位数________个(单产业法人本指标填 1,免填下属产业活动单位情况)

序号	单位类别(1 本部 2 分支机构)	统一社会信用代码	单位详细名称	详细地址	区划代码	联系电话
甲	1	2	3	4	5	6
……						

主要业务活动	行业代码	从业人员期末人数/人	经营性单位收入/千元	非经营性单位支出(费用)/千元
7	8	9	10	11

表 2-34(续)

D 产业活动单位填报	
182	产业活动单位类别 □ 1 本部(多产业法人单位去除下设分支机构后剩余的部分,如总部、本店、本所等) 2 分支机构(多产业法人单位下设的分支机构,如分部、分厂、分店、支所等) 产业活动单位归属法人单位情况 法人单位统一社会信用代码□□□□□□□□□□□□□□□□□□ 法人单位详细名称__________ 法人单位详细地址__________ 法人单位区划代码□□□□□□
198	从业人员期末人数______人 其中:女性______人
195	经营性单位填报 经营性单位收入__________千元
196	非经营性单位填报 非经营性单位支出(费用)______千元
197	房地产开发经营业产业活动单位填报 商品房销售面积______平方米 商品房待售面积______平方米

单位负责人: 统计负责人: 填表人: 联系电话:报出日期:20 年 月 日

说明:1. 统计范围:中国人民银行负责普查的货币金融服务及其他金融业法人单位和产业活动单位。

2. 报送日期:2024 年 4 月 30 日 24 时前调查单位完成数据报送。

3. 本表涉及的填报目录:《国民经济行业分类》(GB/T4754-2017),2023 年《统计用区划代码和城乡划分代码》。

4. 数据填报和处理要求:

(1)"103 行业代码""105、106"中的"区划代码、城乡代码""182 法人单位区划代码""单位所在园区详细名称""所在园区代码"均由普查机构填报或后期处理生成。

(2)"191 单位规模""192 从业人员期末人数""192 其中:女性""193 营业收入""193 资产总计""193 营业利润""194 非企业单位支出(费用)""194 资产总计"等指标数据由各级普查机构待相关报表数据确认后进行摘抄或计算取得。

(3)A 部分指标由法人单位和产业活动单位填报,C 部分指标由法人单位填报,D 部分指标由产业活动单位填报。

表 2-35　中国人民银行本部及分支机构主要经济指标

表号:613-2 表
制定机关:国家统计局
国务院经济普查办公室
文号:国统字〔2023〕77 号
有效期至:2024 年 6 月

统一社会信用代码□□□□□□□□□□□□□□□□□□

单位详细名称:　　　　2023 年

指标名称	计量单位	代码	本年	指标名称	计量单位	代码	本年
甲	乙	丙	1	甲	乙	丙	1
一、期末资产负债	—	—		二、收支	—	—	
流动资产合计 *	千元	01		本年收入合计	千元	20	
其中:存货 *	千元	02		其中:利息收入	千元	21	
应收账款 *	千元	03		本年支出合计	千元	22	
预付账款 *	千元	04		其中:工资福利支出	千元	23	
固定资产原值	千元	05		商品和服务支出	千元	24	
其中:房屋和构筑物	千元	06		其中:劳务费	千元	25	
机器和设备	千元	07		工会经费	千元	26	
累计折旧	千元	08		福利费	千元	27	
其中:本年折旧	千元	09		税金及附加费用	千元	28	
在建工程	千元	10		对个人和家庭的补助	千元	29	
无形资产 *	千元	11		其中:离休费	千元	30	
其中:土地使用权 *	千元	12		退休费	千元	31	
软件使用权	千元	13		医疗费补助	千元	32	
资产总计 *	千元	14		利息支出	千元	33	
负债合计 *	千元	15		其中:数字化、信息化支出	千元	34	
其中:应付账款 *	千元	16					
预收账款 *	千元	17					
长期应付款 *	千元	18					
净资产合计 *	千元	19					

单位负责人:　　统计负责人:　　填表人:　　联系电话:　　报出日期:20　年　月　日

说明:1. 统计范围:中国人民银行本部及其地市级及以上分支机构。

2. 报送日期:2024 年 4 月 30 日 24 时前完成数据报送。

3. 标注"*"指标仅中国人民银行本部报送,分支机构免报。

4. 审核关系:

(1)流动资产合计(01)≥存货(02)+应收账款(03)+预付账款(04)。

(2)固定资产原值(05)≥房屋和构筑物(06)+机器和设备(07)。

(3)累计折旧(08)≥其中:本年折旧(09)。

(4)无形资产(11)≥其中:土地使用权(12)+软件使用权(13)(分支机构免审)。

(5)资产总计(14)≥流动资产合计(01)+固定资产原值(05)+累计折旧(08)+在建工程(10)+无形资产(11)。

(6)负债合计(15)≥其中:应付账款(16)+预收账款(17)+长期应付款(18)。

(7)净资产合计(19)=资产总计(14)-负债合计(15)。

(8)本年收入合计(20)≥利息收入(21)。

(9)本年支出合计(22)≥工资福利支出(23)+商品和服务支出(24)+对个人和家庭的补助(29)+利息支出(33)。

(10)商品和服务支出(24)≥劳务费(25)+工会经费(26)+福利费(27)+税金及附加费用(28)。

(11)对个人和家庭的补助(29)≥离休费(30)+退休费(31)+医疗费补助(32)。

(12)本年支出合计(22)≥其中:数字化、信息化支出(34)。

表 2-36　金融业从业人员情况

表号:614-1 表
制定机关:国家统计局
国务院经济普查办公室
文号:国统字〔2023〕77 号
有效期至:2024 年 6 月

统一社会信用代码□□□□□□□□□□□□□□□□□□□□
单位详细名称:　　2023 年

指标名称	计量单位	代码	本年
甲	乙	丙	1
从业人员期末人数	人	01	
其中:女性	人	02	
按人员类型分组:	—	—	
在岗职工	人	03	
劳务派遣人员	人	04	
其他从业人员	人	05	

单位负责人:　　统计负责人:　　填表人:　　联系电话:　　报出日期:20　年　月　日

说明:1. 统计范围:保险业法人单位、国家金融监督管理总局本部及其地市级及以上派出机构。
2. 报送日期:2024 年 4 月 30 日 24 时前调查单位完成数据报送。
3. 审核关系:
(1)从业人员期末人数(01)≥其中:女性(02)。
(2)从业人员期末人数(01)= 在岗职工(03)+劳务派遣人员(04)+其他从业人员(05)。

表 2-37　保险专业中介机构财务状况

表号:614-6 表
制定机关:国家统计局
　　　　　国务院经济普查办公室
文号:国统字〔2023〕77 号
有效期至:2024 年 6 月

统一社会信用代码□□□□□□□□□□□□□□□□□□□□

单位详细名称:　　　　　　　　　　　2023 年

指标名称	计量单位	代码	本年
甲	乙	丙	1
一、资产负债	—	—	
应收票据	千元	01	
应收股利	千元	02	
应收利息	千元	03	
应收账款	千元	04	
其他应收款	千元	05	
预付账款	千元	06	
长期股权投资	千元	07	
固定资产原价	千元	08	
其中:房屋和构筑物	千元	09	
机器和设备	千元	10	
固定资产累计折旧	千元	11	
其中:本年折旧	千元	12	
使用权资产原价	千元	13	
其中:房屋和构筑物	千元	14	
机器和设备	千元	15	
使用权资产累计折旧	千元	16	
其中:本年折旧	千元	17	
无形资产	千元	18	
其中:土地使用权	千元	19	
资产总计	千元	20	
应付票据	千元	21	
应付账款	千元	22	
预收账款	千元	23	
应付职工薪酬	千元	24	
应付股利	千元	25	
应交税费	千元	26	
其他应付款	千元	27	
应付债券	千元	28	
长期应付款	千元	29	
专项应付款	千元	30	
租赁负债	千元	31	
负债合计	千元	32	
实收资本	千元	33	
二、损益	—	—	
(一)主营业务收入	千元	34	
其中:代理佣金收入	千元	35	
经纪佣金收入	千元	36	
咨询费收入	千元	37	
公估费收入	千元	38	
减:主营业务成本	千元	39	
主营业务税金及附加	千元	40	
(二)主营业务利润(亏损以“-”号填列)	千元	41	
加:投资收益	千元	42	
资产处置收益	千元	43	
净敞口套期收益	千元	44	
公允价值变动收益	千元	45	

表 2-37(续)

指标名称	计量单位	代码	本年
甲	乙	丙	1
投资收益	千元	46	
汇兑净收益	千元	47	
其他业务收入	千元	48	
减:营业费用	千元	49	
管理费用	千元	50	
财务费用	千元	51	
信用减值损失	千元	52	
其他资产减值损失	千元	53	
(三)营业利润(亏损以"-"号填列)	千元	54	
加:营业外收入	千元	55	
减:营业外支出	千元	56	
(四)利润总额(亏损以"-"号填列)	千元	57	
减:所得税	千元	58	
(五)净利润(亏损以"-"号填列)	千元	59	
三、人工成本及增值税	—	—	
应付职工薪酬(本年贷方累计发生额)	千元	60	
应交增值税(本年累计发生额)	千元	61	

单位负责人:　　统计负责人:　　填表人:　　联系电话:　　报出日期:20　年　月　日

说明:1. 统计范围:保险中介服务法人单位。

2. 报送日期:2024 年 4 月 30 日 24 时前调查单位完成数据报送。

表 2-38　行政事业单位主要经济指标

表号:615-2 表

制定机关:国家统计局

国务院经济普查办公室

文号:国统字〔2023〕77 号

有效期至:2024 年 6 月

统一社会信用代码□□□□□□□□□□□□□□□□□□

单位详细名称:　　　　　　　　2023 年

指标名称	计量单位	代码	本年	指标名称	计量单位	代码	本年
甲	乙	丙	1	甲	乙	丙	1
一、年初存货	千元	01		负债合计	千元	24	
二、期末资产负债	—	—		其中:应付账款	千元	25	
流动资产合计	千元	02		预收账款	千元	26	
其中:存货	千元	03		长期应付款	千元	27	
应收账款	千元	04		净资产合计	千元	28	
预付账款	千元	05		三、收支	—	—	
长期股权投资	千元	06		本年收入合计	千元	29	
长期债券投资	千元	07		其中:财政拨款收入	千元	30	
固定资产原值	千元	08		事业收入	千元	31	
其中:房屋和构筑物	千元	09		经营收入	千元	32	
机器和设备	千元	10		本年支出合计	千元	33	
累计折旧	千元	11		其中:工资福利支出	千元	34	
其中:本年折旧	千元	12		商品和服务支出	千元	35	
在建工程	千元	13		其中:劳务费	千元	36	
无形资产	千元	14		工会经费	千元	37	
其中:土地使用权	千元	15		福利费	千元	38	
软件使用权	千元	16		税金及附加费用	千元	39	
公共基础设施原值	千元	17		对个人和家庭的补助	千元	40	
公共基础设施累计折旧	千元	18		其中:离休费	千元	41	
其中:本年折旧	千元	19		退休费	千元	42	
保障性住房原值	千元	20		医疗费补助	千元	43	
保障性住房累计折旧	千元	21		经营支出	千元	44	
其中:本年折旧	千元	22		其中:数字化、信息化支出	千元	45	
资产总计	千元	23		四、应交增值税(本年累计发生额)	千元	46	

单位负责人:　　　统计负责人:　　　填表人:　　　联系电话:　　　报出日期:20　年　月　日

说明:1. 统计范围:中国证券监督管理委员会及其派出机构;其他资本市场服务事业单位,不包括执行企业会计制度的事业单位。

2. 报送日期:2024 年 4 月 30 日 24 时前完成数据报送。

3. 审核关系:

(1)流动资产合计(02)≥存货(03)+应收账款(04)+预付账款(05)。

(2)固定资产原值(08)≥房屋和构筑物(09)+机器和设备(10)。

(3)累计折旧(11)≥本年折旧(12)。

(4)无形资产(14)≥土地使用权(15)+软件使用权(16)。

(5)公共基础设施累计折旧(18)≥本年折旧(19)。

(6)保障性住房累计折旧(21)≥本年折旧(22)。

(7)资产总计(23)≥流动资产合计(02)+长期股权投资(06)+长期债券投资(07)+固定资产原值(08)-累计折旧(11)+在建工程(13)+无形资产(14)+公共基础设施原值(17)-公共基础设施累计折旧(18)+保障性住房原值(20)-保障性住房累计折旧(21)。

(8)负债合计(24)≥应付账款(25)+预收账款(26)+长期应付款(27)。

(9)净资产合计(28)=资产总计(23)-负债合计(24)。

(10)本年收入合计(29)≥财政拨款收入(30)+事业收入(31)+经营收入(32)。

(11)本年支出合计(33)≥工资福利支出(34)+商品和服务支出(35)+对个人和家庭的补助(40)+经营支出(44)。

(12)商品和服务支出(35)≥劳务费(36)+工会经费(37)+福利费(38)+税金及附加费用(39)。

(13)对个人和家庭的补助(40)≥离休费(41)+退休费(42)+医疗费补助(43)。

(14)本年支出合计(33)≥数字化、信息化支出(45)。

表 2-39　证券业利润和费用明细

表号:615-4 表
制定机关:国家统计局
国务院经济普查办公室
文号:国统字〔2023〕77 号
有效期至:2024 年 6 月

统一社会信用代码□□□□□□□□□□□□□□□□□□□□
单位详细名称:　　2023 年

指标名称	计量单位	代码	本年
甲	乙	丙	1
一、利润	—	—	
营业收入	千元	01	
其中:手续费及佣金净收入	千元	02	
其中:经纪业务手续费净收入	千元	03	
投资银行业务手续费净收入	千元	04	
投资咨询业务净收入	千元	05	
资产管理业务手续费净收入	千元	06	
利息净收入	千元	07	
投资收益(损失以"-"号记)	千元	08	
净敞口套期收益(损失以"-"号记)	千元	09	
公允价值变动净收益(损失以"-"号记)	千元	10	
汇兑净收益(损失以"-"号记)	千元	11	
资产处置收益(损失以"-"号记)	千元	12	
其他收益	千元	13	
其他业务收入	千元	14	
营业支出	千元	15	
其中:税金及附加	千元	16	
业务及管理费	千元	17	
信用减值损失	千元	18	
其他资产减值损失	千元	19	
其他业务成本	千元	20	
营业利润	千元	21	
营业外收入	千元	22	
其中:补贴收入	千元	23	
营业外支出	千元	24	
利润总额	千元	25	
所得税费用	千元	26	
净利润	千元	27	
二、费用明细	—	—	
职工费用	千元	28	
租赁费用	千元	29	
折旧费	千元	30	
无形资产摊销	千元	31	
长期待摊费用摊销	千元	32	
差旅费	千元	33	
业务招待费	千元	34	
投资者保护基金	千元	35	
其他	千元	36	
三、应交增值税(本年累计发生额)	千元	37	

单位负责人:　　统计负责人:　　填表人:　　联系电话:　　报出日期:20　年　月　日

说明:1. 统计范围:证券市场服务法人单位。

2. 报送日期:2024 年 4 月 30 日 24 时前调查单位完成数据报送。

表 2-40　铁路运输业从业人员及工资总额

表号:616-1 表
制定机关:国家统计局
国务院经济普查办公室
文号:国统字〔2023〕77 号
有效期至:2024 年 6 月

统一社会信用代码□□□□□□□□□□□□□□□□□□
单位详细名称:　　　　　　　2023 年

指标名称	计量单位	代码	本年	指标名称	计量单位	代码	本年
甲	乙	丙	1	甲	乙	丙	1
一、从业人员	—	—		按职业类型分:	—	—	
从业人员期末人数	人	01		中层及以上管理人员	人	76	
其中:女性	人	02		专业技术人员	人	77	
按人员类型分:	—	—		办事人员和有关人员	人	78	
在岗职工	人	05		社会生产服务和生活服务人员	人	79	
劳务派遣人员	人	06		生产制造及有关人员	人	80	
其他从业人员	人	07		二、工资总额	—	—	
按职业类型分:	—	—		从业人员工资总额	千元	12	
中层及以上管理人员	人	71		按人员类型分:	—	—	
专业技术人员	人	72		在岗职工	千元	13	
办事人员和有关人员	人	73		劳务派遣人员	千元	18	
社会生产服务和生活服务人员	人	74		其他从业人员	千元	19	
生产制造及有关人员	人	75		按职业类型分:	—	—	
从业人员平均人数	人	08		中层及以上管理人员	千元	81	
按人员类型分:	—	—		专业技术人员	千元	82	
在岗职工	人	09		办事人员和有关人员	千元	83	
劳务派遣人员	人	10		社会生产服务和生活服务人员	千元	84	
其他从业人员	人	11		生产制造及有关人员	千元	85	

单位负责人:　　　统计负责人:　　　填表人:　　　联系电话:　　　报出日期:20　年　月　日

说明:1. 统计范围:年营业收入 2 000 万元及以上的铁路运输业法人单位。

2. 报送日期:2024 年 3 月 10 日 24 时前调查单位完成数据报送。

3. 审核关系:

(1)从业人员期末人数(01)≥其中:女性(02)。

(2)从业人员期末人数(01)=在岗职工(05)+劳务派遣人员(06)+其他从业人员(07)。

(3)从业人员期末人数(01)=中层及以上管理人员(71)+专业技术人员(72)+办事人员和有关人员(73)+社会生产服务和生活服务人员(74)+生产制造及有关人员(75)。

(4)从业人员平均人数(08)=在岗职工(09)+劳务派遣人员(10)+其他从业人员(11)。

(5)从业人员平均人数(08)=中层及以上管理人员(76)+专业技术人员(77)+办事人员和有关人员(78)+社会生产服务和生活服务人员(79)+生产制造及有关人员(80)。

(6)从业人员工资总额(12)=在岗职工(13)+劳务派遣人员(18)+其他从业人员(19)。

(7)从业人员工资总额(12)=中层及以上管理人员(81)+专业技术人员(82)+办事人员和有关人员(83)+社会生产服务和生活服务人员(84)+生产制造及有关人员(85)。

表 2-41 铁路运输业财务状况

表号:616-3 表
制定机关:国家统计局
国务院经济普查办公室
文号:国统字〔2023〕77 号
有效期至:2024 年 6 月

统一社会信用代码□□□□□□□□□□□□□□□□□□

单位详细名称: 2023 年

指标名称	计量单位	代码	本年
甲	乙	丙	1
一、年初存货	千元	—	
二、期末资产负债	—	01	
流动资产合计	千元	02	
其中:应收账款	千元	03	
预付账款	千元	04	
存货	千元	05	
固定资产原价	千元	06	
其中:房屋和构筑物	千元	07	
其中:线路	千元	08	
机器和设备	千元	09	
其中:机车车辆	千元	10	
其他	千元	11	
固定资产累计折旧	千元	12	
其中:本年折旧	千元	13	
使用权资产原价	千元	14	
其中:房屋和构筑物	千元	15	
机器和设备	千元	16	
使用权资产累计折旧	千元	17	
其中:本年折旧	千元	18	
固定资产净值	千元	19	
投资性房地产	千元	20	
无形资产	千元	21	
其中:土地使用权	千元	22	
软件	千元	23	
长期应收款	千元	24	
长期股权投资	千元	25	
商誉	千元	26	
资产总计	千元	27	
负债合计	千元	28	
其中:应付账款	千元	29	
预收账款	千元	30	
租赁负债	千元	31	
长期应付款	千元	32	
所有者权益合计	千元	33	
其中:实收资本	千元	34	
其中:个人资本	千元	35	
三、损益	—	—	
营业收入	千元	36	
其中:净服务收入	千元	37	
营业成本	千元	38	
税金及附加	千元	39	

表 2-41(续)

指标名称	计量单位	代码	本年
甲	乙	丙	1
销售费用	千元	40	
管理费用	千元	41	
研发费用	千元	42	
财务费用	千元	43	
其中:利息收入	千元	44	
利息费用	千元	45	
资产减值损失(损失以“-”号记)	千元	46	
信用减值损失(损失以“-”号记)	千元	47	
公允价值变动收益(损失以“-”号记)	千元	48	
投资收益(损失以“-”号记)	千元	49	
净敞口套期收益(损失以“-”号记)	千元	50	
资产处置收益(损失以“-”号记)	千元	51	
其他收益	千元	52	
营业利润	千元	53	
营业外收入	千元	54	
营业外支出	千元	55	
利润总额	千元	56	
所得税费用	千元	57	
四、人工成本及增值税	—	—	
应付职工薪酬(本年贷方累计发生额)	千元	58	
应交增值税(本年累计发生额)	千元	59	
五、期末用工人数	人	60	

单位负责人:　　统计负责人:　　填表人:　　联系电话:　　报出日期:20　年　月　日

说明:1. 统计范围:年营业收入 2 000 万元及以上的铁路运输业法人单位。

2. 报送日期:2024 年 4 月 30 日 24 时前调查单位完成数据报送。

3. 审核关系:

(1)固定资产累计折旧(12)≥其中:本年折旧(13)。

(2)流动资产合计(02)≥其中:应收账款(03)+预付账款(04)+存货(05)。

(3)固定资产原价(06)=其中:房屋和构筑物(07)+机器和设备(09)+其他(11)。

(4)使用权资产原价(14)≥其中:房屋和构筑物(15)+机器和设备(16)。

(5)使用权资产累计折旧(17)≥本年折旧(18)。

(6)无形资产(21)≥其中:土地使用权(22)+软件(23)。

(7)负债合计(28)≥其中:应付账款(29)+预收账款(30)+租赁负债(31)+长期应付款(32)。

(8)所有者权益合计(33)=资产总计(27)-负债合计(28)。

(9)实收资本(34)≥其中:个人资本(35)。

(10)房屋和构筑物(07)≥线路(08)。

(11)机器和设备(09)≥机车车辆(10)。

(12)当利润总额(56)>0 时,利润总额(56)>所得税费用(57)。

(13)执行《企业会计准则》的企业:营业利润(53)=营业收入(36)-营业成本(38)-税金及附加(39)-销售费用(40)-管理费用(41)-财务费用(43)-研发费用(42)+资产减值损失(46)+信用减值损失(47)+公允价值变动收益(48)+投资收益(49)+净敞口套期收益(50)+资产处置收益(51)+其他收益(52)。

执行《小企业会计准则》和《企业会计制度》的企业:营业利润(53)=营业收入(36)-营业成本(38)-税金及附加(39)-销售费用(40)-管理费用(41)-财务费用(43)+投资收益(49)。

(14)利润总额(56)=营业利润(53)+营业外收入(54)-营业外支出(55)。

表 2-42　银行及相关金融业资产负债及损益

表号：RH613-1
制定机关：国家统计局
　　　　　国务院经济普查办公室
文号：国统字〔2023〕77 号
有效期至：2024 年 12 月

综合机关名称：中国人民银行　　　　2023 年　　　　计量单位：万元

指标名称	资产负债						损益			
	固定资产原价	累计折旧		无形资产	资产总计	实收资本	营业收入			
			本年折旧					利息收入		
									金融机构往来利息收入	各项贷款利息收入
甲	1	2	3	4	5	6	7	8	9	10
全国总计 一、按国民经济行业分组（大、中、行业小类） 二、按省（自治区、直辖市）、地市的国民经济行业大类分组										

续表一

损益											
营业收入										营业支出	
利息支出			手续费及佣金收入	手续费及佣金支出	租赁收益	公允价值变动收益	投资收益	汇兑净收益	其他业务收入		业务及管理费
	金融机构往来利息支出	各项存款利息支出									
11	12	13	14	15	16	17	18	19	20	21	22

续表二

损益											应纳增值税
营业支出							营业利润	营业外收入	营业外支出	利润总额	
业务及管理费			税金及附加	信用减值损失	其他资产减值损失	其他业务支出					
职工工资	福利费	住房公积金和住房补贴									
23	24	25	26	27	28	29	30	31	32	33	34

统计负责人：　　　　填表人：　　　　报出日期：20　年　月　日

说明：报送本外币口径数据。

表 2-43　保险业基本情况

表号:JJ614-5 表
制定机关:国家统计局
　　　　　国务院经济普查办公室
文号:国统字〔2023〕77 号
有效期至:2024 年 12 月

综合机关名称:国家金融监督管理总局　　　　2023 年　　　　计量单位:万元

指标名称	保　险 机构数 /个	原保险 保费收入	健康险	原保险 赔付支出	健康险
甲	1	2	3	4	5
全国总计 按地区分组(省、自治区、直辖市)					

统计负责人:　　　　填表人:　　　　报出日期:20　年　月　日

表 2-44　资本市场服务业主要经济指标

表号:ZJ615-1 表
制定机关:国家统计局
　　　　　国务院经济普查办公室
文号:国统字〔2023〕77 号
有效期至:2024 年 12 月

综合机关名称:中国证券监督管理委员会　　　　2023 年　　　　计量单位:万元

	单位数 /个	资产 总计	负债 合计	营业 收入	利润 总额	从业人员 期末人数 (万人)
甲	1	2	3	4	5	6
一、全国总计 按地区分组(省、自治区、直辖市) 二、按经济类型分组 1. 国有控股企业 按地区分组(省、自治区、直辖市) 2. 民营企业 按地区分组(省、自治区、直辖市) 3. 外商港澳台商控股企业 按地区分组(省、自治区、直辖市) 三、按单位规模分组 1. 大型企业 按地区分组(省、自治区、直辖市) 2. 中型企业 按地区分组(省、自治区、直辖市) 3. 小微型企业 按地区分组(省、自治区、直辖市)						

统计负责人:　　　　填表人:　　　　报出日期:20　年　月　日

表 2-45 证券业资产负债

表号：ZJ615-3 表
制定机关：国家统计局
国务院经济普查办公室
文号：国统字〔2023〕77 号
有效期至：2024 年 12 月

综合机关名称：中国证券监督管理委员会　　2023 年　　计量单位：万元

指标名称	资产									
	货币资金		结算备付金		拆出资金	融出资金	衍生金融资产	存出保证金	应收账款	合同资产
		客户资金存款		客户备付金						
甲	1	2	3	4	5	6	7	8	9	10
全国总计 一、按国民经济行业分组（门类，大、中、小类） 二、按地区分组（省、自治区、直辖市）										

续表一

资产													
买入返售金融资产	持有待售资产	交易性金融资产	债权投资	其他债权投资	其他权益工具投资	长期股权投资	投资性房地产	固定资产原价			固定资产累计折旧		在建工程
									房屋和构筑物	机器和设备		本年折旧	
11	12	13	14	15	16	17	18	19	20	21	22	23	24

续表二

资产												
无形资产				商誉	递延所得税资产	使用权资产原价			使用权资产累计折旧		其他资产	
	交易席位费	土地使用权	软件使用权				房屋和构筑物	机器和设备		本年折旧		应收融资融券客户款
25	26	27	28	29	30	31	32	33	34	35	36	37

续表三

资产						负债					
其他资产					资产总计	短期借款		应付短期融资款	拆入资金	交易性金融负债	衍生金融负债
应收利息	应收股利	抵债资产	长期待摊费用	其他应收款			质押借款				
38	39	40	41	42	43	44	45	46	47	48	49

续表四

负债												
卖出回购金融资产款	代理买卖证券款	信用交易代理买卖证券款	代理承销证券款	应付职工薪酬	应交税费	应付款项	合同负债	持有待售负债	预计负债	长期借款	应付债券	递延所得税负债
50	51	52	53	54	55	56	57	58	59	60	61	62

续表五

负债				所有者权益									负债和所有者权益总计
租赁负债	其他负债		负债合计	实收资本	其他权益工具	资本公积	库存股	其他综合收益	盈余公积	一般风险准备	交易风险准备	未分配利润	
		应付利息											
63	64	65	66	67	68	69	70	71	72	73	74	75	76

统计负责人：　　　　填表人：　　　　报出日期：20　年　月　日

表 2-46　基金业利润

表号：ZJ615-6 表
制定机关：国家统计局
　　　　　国务院经济普查办公室
文号：国统字〔2023〕77 号
有效期至：2024 年 12 月

综合机关名称：中国证券监督管理委员会　　　　2023 年　　　　计量单位：万元

指标名称	营业收入											
		管理费收入					销售服务费收入	手续费收入	利息净收入	投资收益		
			证券投资基金管理费收入	社保基金管理费收入	企业年金管理费收入	特定客户管理费收入					债券利息	股利
甲	1	2	3	4	5	6	7	8	9	10	11	12
全国总计 一、按国民经济行业分组(门类,大、中、小类) 二、按地区分组(省、自治区、直辖市,地市) 三、按控股情况分组 四、按规模分组												

续表一

营业收入														
投资收益			净敞口套期收益	公允价值变动收益							汇兑净收益	资产处置收益	其他收益	其他业务收入
非货币市场基金分红	货币市场基金分红	出售价差损益			股票	债券	基金	衍生工具	套期工具	指定以公允价值计量且变动计入当期损益的金融资产负债				
13	14	15	16	17	18	19	20	21	22	23	24	25	26	27

表 2-46(续)

续表二

营业支出						营业利润	营业外收入		营业外支出	利润总额	所得税费用	净利润	应交增值税
	税金及附加	业务及管理费	信用减值损失	其他资产减值损失	其他业务成本			补贴收入					
28	29	30	31	32	33	34	35	36	37	38	39	40	41

统计负责人：　　　　　　　　填表人：　　　　　　　　报出日期:20　年　月　日

表 2-47　期货业利润和费用明细

表号:ZJ615-10 表
制定机关:国家统计局
　　　　国务院经济普查办公室
文号:国统字〔2023〕77 号
有效期至:2024 年 12 月

综合机关名称:中国证券监督管理委员会　　　　2023 年　　　　计量单位:万元

指标名称	利润													
	营业收入										营业支出			
		手续费及佣金净收入	利息净收入	投资收益	净敞口套期收益	资产处置收益	公允价值变动收益	汇兑净收益	其他收益	其他业务收入		提取期货风险准备金	税金及其他	业务及管理费
甲	1	2	3	4	5	6	7	8	9	10	11	12	13	14
全国总计 一、按国民经济行业分组(门类,大、中、小类) 二、按地区分组(省、自治区、直辖市) 三、按控股情况分组 四、按规模分组														

续表一

利润									
营业支出			营业利润	营业外收入		营业外支出	利润总额	所得税费用	净利润
信用减值损失	其他资产减值损失	其他业务成本			补贴收入				
15	16	17	18	19	20	21	22	23	24

续表二

费用明细											应交增值税
运营费用					物业及设备费用	人工费用	其他营业费用				
	差旅费	会议费	税金	监管费				居间人费用	中间介绍业务费用	期货投资者保障基金	
25	26	27	28	29	30	31	32	33	34	35	36

统计负责人：　　　　　　　　填表人：　　　　　　　　报出日期:20　年　月　日

表 2-48 铁路运输业主要经济指标

表号:TL616-2 表
制定机关:国家统计局
国务院经济普查办公室
文号:国统字〔2023〕77 号
有效期至:2024 年 12 月

综合机关名称:铁路运输业普查机构　　2023 年　　计量单位:万元

指标名称	单位数/个	资产总计	负债合计	营业收入	利润总额	从业人员期末人数/万人
甲	1	2	3	4	5	6
一、全国总计						
按地区分组(省、自治区、直辖市)						
二、按经济类型分组						
1. 国有控股企业						
按地区分组(省、自治区、直辖市)						
2. 民营企业						
按地区分组(省、自治区、直辖市)						
3. 外商港澳台商控股企业						
按地区分组(省、自治区、直辖市)						
三、按单位规模分组						
1. 大型企业						
按地区分组(省、自治区、直辖市)						
2. 中型企业						
按地区分组(省、自治区、直辖市)						
3. 小微型企业						
按地区分组(省、自治区、直辖市)						

统计负责人:　　填表人:　　报出日期:20　年　月　日

表 2-49 全国铁路线路里程

表号:TL616-4 表
制定机关:国家统计局
国务院经济普查办公室
文号:国统字〔2023〕77 号
有效期至:2024 年 12 月

综合机关名称:铁路运输业普查机构　　2023 年　　计量单位:公里

指标名称	延展里程	营业里程	其中:正式营业里程	其中:高铁里程
甲	1	2	3	4
全国总计 按地区分组(省、自治区、直辖市)				

统计负责人:　　填表人:　　报出日期:20　年　月　日

(四)案例二:第二次全国污染源普查方案

第二次全国污染源普查内容包括工业污染源、农业污染源、生活污染源、集中式污染治理设施、移动源及其他。

(1)工业污染源。相关内容包括企业基本情况,原辅材料消耗、产品生产情况,产生污染的设施情况,各类污染物产生、治理、排放和综合利用情况(包括排放口信息、排放方式、排放去向等),各类污染防治设施建设、运行情况等。

废水污染物:化学需氧量、氨氮、总氮、总磷、石油类、挥发酚、氰化物、汞、镉、铅、铬、砷。

废气污染物:二氧化硫、氮氧化物、颗粒物、挥发性有机物、氨、汞、镉、铅、铬、砷。

工业固体废物:一般工业固体废物和危险废物的产生、贮存、处置和综合利用情况。危险废物按照《国家危险废物名录》分类调查。工业企业建设和使用的一般工业固体废物及危险废物贮存、处置设施(场所)情况。

稀土等 15 类矿产采选、冶炼和加工过程中产生的放射性污染物情况。

(2)农业污染源。相关内容包括种植业、畜禽养殖业、水产养殖业生产活动情况,秸秆产生、处置和资源化利用情况,化肥、农药和地膜使用情况,纳入登记调查的畜禽养殖企业和养殖户的基本情况、污染治理情况和粪污资源化利用情况。

废水污染物:氨氮、总氮、总磷、畜禽养殖业和水产养殖业增加化学需氧量。

废气污染物:畜禽养殖业氨、种植业氨和挥发性有机物。

(3)生活污染源。相关内容包括生活源锅炉基本情况、能源消耗情况、污染治理情况,城乡居民能源使用情况,城市市区、县城、镇区的市政入河(海)排污口情况,城乡居民用水排水情况。

废水污染物:化学需氧量、氨氮、总氮、总磷、五日生化需氧量、动植物油。

废气污染物:二氧化硫、氮氧化物、颗粒物、挥发性有机物。

(4)集中式污染治理设施。相关内容包括单位基本情况,设施处理能力、污水或废物处理情况,次生污染物的产生、治理与排放情况。

废水污染物:化学需氧量、氨氮、总氮、总磷、五日生化需氧量、动植物油、挥发酚、氰化物、汞、镉、铅、铬、砷。

废气污染物:二氧化硫、氮氧化物、颗粒物、汞、镉、铅、铬、砷。

污水处理设施产生的污泥、焚烧设施产生的焚烧残渣和飞灰等产生、贮存、处置情况。

(5)移动源。相关内容包括各类移动源保有量及产排污相关信息,挥发性有机物(船舶除外)、氮氧化物、颗粒物排放情况,部分类型移动源二氧化硫排放情况。

(6)其他。各省份可根据需求适当增加普查附表,报国务院第二次全国污染源普查领导小组办公室批准后实施。

四、调查时间与期限

调查时间是指调查对象所反映的时间,即调查资料所属的时期或时点;调查期限是指调查工作进行的期限,即从开始收集资料到资料处理的时间。

如果所调查的是时点现象,调查时间就是标准时点,就是对该现象在该时点上的情况进行一次性调查;如果所调查的是时期现象,调查时间即为标准时间,是对该现象在这一时期内对情况进行的调查活动。

在实际调查中,可以既有时点现象,又有时期现象。这时,调查时间不仅要有标准时点,还要有资料的所属时间。

例如,我国规定经济普查每5年进行一次,标准时点为普查年份的12月31日,第五次全国经济普查的标准时点为2023年12月31日。普查登记时,时点指标填写2023年12月31日数据,时期指标填写2023年1月1日—12月31日数据。普查期限为2022年10月—2026年12月。

又如,第三次全国工业普查资料的调查年度,除财务状况表调查1994年和1995年两年的资料外,其余均填报1995年资料。具体的调查时间是:从1994年11月至1995年12月为普查准备阶段;从1996年1月至1996年5月为普查资料的填报、审核、上报阶段;从1996年6月开始进入普查资料的汇总分析和成果发布阶段。

再如,第五次人口普查收集数据的所属时间即标准时点是2000年11月1日零时,普查的工作期限是2000年11月1日至10日。

五、调查方式

调查方式是指调查中收集资料的具体方式方法。在统计调查方案中,必须明确是全面调查还是非全面调查,如果涉及非全面调查,还应当明确是抽样调查还是重点调查等;在资料的收集方法上,还应当明确采用的是何种方法,是直接观察法,还是采访法、报告法等。

例如,第一次全国经济普查方案规定经济普查采用全面调查的方法,即对所有经济普查对象都应进行逐个调查,而对个体经营户则采用全面清查的方式。

又如,第三产业普查方案规定,第三产业普查在全面普查的基础上辅之以抽样调查方法。除个体经济以外的各种经济类型的企事业、行政单位采用全面普查的方法;城乡第三产业个体经济采用抽样调查的方法,以县(区)和直辖市辖区为单位分城乡、分行业等距随机抽样,以5%的样本推断全体。

六、调查的组织实施

为了保证调查的顺利进行,在方案中必须有组织与实施的内容,包括调查工作的组织架构,调查人员的选择、组织与培训,调查经费来源,开支预算及物资准备等。

(一)第五次全国经济普查的组织实施

1. 统一领导

国务院第五次全国经济普查领导小组负责普查组织和实施中重大问题的研究和决策。领导小组办公室设在国家统计局,按照统筹开展经济普查和投入产出调查的要求,负责普查的具体组织实施和协调,具体包括普查的宣传动员、方案设计、培训和部署、单位清查、普查登记、数据处理、资料开发、普查总结和日常组织协调等工作。

2. 分工协作

涉及企业和个体工商户名录方面的事项,由市场监管总局、税务总局负责和协调;涉及机关和事业单位名录方面的事项,由中央编办负责和协调;涉及社会团体、基金会、民办非企业单位及基层自治组织等名录方面的事项,由民政部负责和协调;涉及统一社会信用代码信息共享方面的事项,由市场监管总局负责和协调;涉及城乡社区网格化服务管理工作的事项,由中央政法委负责和协调;金融、铁路等部门和单位要按照普查工作统一要求,负责组织开展本系统的经济普查及投入产出调查;海关总署负责组织开展投入产出调查工作中的进口货物使用去向调查；军队系统的普查工作由中央军委战略规划办公室负责组织实施。掌握普查有关基础资料的各级部门要及时准确提供部门行政记录和数据信息。

3. 分级负责

地方各级人民政府设立普查领导小组及其办公室，认真组织好本地区的普查实施工作，及时采取措施解决普查中遇到的困难和问题。要充分发挥乡镇人民政府、街道办事处、村民委员会和居民委员会的作用，广泛动员和组织社会力量积极参与、认真配合做好普查工作。地方普查机构根据工作需要，可聘用或者从有关单位商调符合条件的人员，担任普查指导员和普查员，按时支付聘用人员的劳动报酬，保证商调人员在原单位的工作、福利及其他待遇不变，稳定普查工作队伍，确保普查工作顺利进行。

4. 共同参与

各地区、各部门要按照第五次全国经济普查的统一要求和各自职能，各负其责、通力协作、信息共享，认真做好普查的宣传动员、条件保障和组织实施等工作。

（二）第二次全国污染源普查的组织实施

1. 第二次全国污染源普查的基本原则

全国统一领导，部门分工协作，地方分级负责，各方共同参与。

2. 第二次全国污染源普查组织

全国污染源普查领导小组负责领导和协调全国污染源普查工作。全国污染源普查领导小组办公室设在生态环境部（原环境保护部），负责污染源普查日常工作。全国污染源普查领导小组成员单位的职责分工由全国污染源普查领导小组办公室协商有关方面确定。

县级及以上地方人民政府污染源普查领导小组，按照全国污染源普查领导小组的统一规定和要求，领导和协调本行政区域内的污染源普查工作。对普查工作中遇到的各种困难和问题，要及时采取措施，切实予以解决。

县级及以上地方人民政府污染源普查领导小组办公室设在同级环境保护主管部门，负责本行政区域内的污染源普查日常工作。

乡（镇）人民政府、街道办事处和村（居）民委员会应当积极参与并认真做好本区域普查工作。

重点排污单位应按照环境保护法律法规、排放标准及排污许可证管理等相关要求开展监测，如实填报普查年度监测结果。各类污染源普查调查对象和填报单位应当指定专人负责本单位污染源普查表填报工作。

充分利用相关部门现有统计、监测和各专项调查成果，借助购买第三方服务和信息化手段，提高普查效率。发挥科研院所、高校、环保咨询机构等社会组织的作用，鼓励社会组织和公众参与普查工作。

3. 第二次全国污染源普查实施

分阶段组织实施前期准备、清查建库、普查试点、全面普查、总结发布等方面的工作：2017 年完成前期准备、启动清查建库和普查试点，2018 年完成全面普查，2019 年完成成果总结与发布。

4. 普查培训

全国污染源普查领导小组办公室负责对省、市两级污染源普查工作机构技术骨干以及各省级普查培训师资的培训。省级污染源普查领导小组办公室负责对本行政区域内其余普查工作人员的培训。

5. 宣传动员

各级污染源普查领导小组办公室要按照国发〔2016〕59 号文件要求，充分利用报刊、广播、电视、网络等各种媒体，广泛动员社会力量参与污染源普查，为普查实施创造良好氛围。

6. 普查经费

第二次全国污染源普查工作经费由中央财政和地方财政分担。中央财政负担部分，由财政部按部门预算管理要求列入相关部门的部门预算；地方财政负担部分，由同级地方财政根据工作需要统筹安排。

中央财政安排经费主要用于：研究制订全国污染源普查方案，编制污染源普查涉及的监测、调查、质量管理等相关规范，开展普查表格设计、软件及信息系统开发建设，宣传、培训与指导，普查试点，普查质量核查与评估，全国数据汇总、加工，建档、检查验收、总结等。

地方财政安排经费主要用于：各地污染源普查实施总体方案制订，组织动员、宣传、培训，入户调查与现场监测，普查人员经费补助，办公场所及运行经费保障，普查质量核查与评估，购置数据采集及其他设备，普查表印制、普查资料建档，数据录入、校核、加工，检查验收、总结、表彰等。对开展普查试点工作的地区和贫困县予以补助。

各级污染源普查领导小组办公室根据普查方案确定年度工作计划，领导小组成员单位据此编制年度经费预算，经同级财政部门审核后，分别列入各相关部门的部门预算，分年度按时拨付。

第四节 统计资料的收集方法

一、直接观察法

直接观察法是由调查人员亲自深入调查对象中，主动与调查对象接触，亲身体察和计量实际情况，以取得原始资料的一种资料收集方法。这种方法的优点是取得的数据准确性较高；缺点是投入的人力、财力、物力和时间较多，花费较大，受限也较大。所以，这种方法适合单一、小规模的调查。比如，在对企业期末存货库存进行调查时，采用直接观察法，调查人员深入仓库等地进行实地观察、计数、计量等，以取得准确的数据资料。采用直接观察法，在调查前，应拟好详细的调查提纲，有的放矢地深入一线，才能得到自己想收集的数据资料。

二、问卷调查法

（一）问卷调查法的含义

问卷调查法是为了特定的目的，设计好问卷，再将问卷发放给被调查者，由被调查者自愿回答，调查者再根据回收回来的问卷答案汇总成统计资料的一种资料收集方法。它是一种书面调查的方式。

问卷的发放方式主要有：直接发放问卷、邮寄发放问卷、网上发放问卷、报刊刊登问卷等。

（二）问卷的设计

问卷调查法的关键是问卷的设计。

1. 问卷的形式

问卷的设计一般多采用客观题的形式，便于调查对象回答和选择，也有利于统计结果。除客观题外，也可设置少量主观题，让调查对象畅谈自己的看法。

问卷的设计要注意科学性，与调查目的紧密结合；问题设计应简明清楚，不致引起歧义或令被调查者无从作答。

2. 设计问卷的要求

（1）明确调查目的。明确要了解哪些情况，解决什么问题。调查通常要解决“是怎样”“为什么”的问题，在问题设计时必须能得出这两个问题的答案。如果只回答了“是怎样”，而没有“为什么”，那么这份调查报告势必体现不出深度。

（2）确定调查的对象总体和总体单位，比如人数、人群。

（3）设计问卷：

第一，问题数量不宜过多，以免引起被调查者的厌倦情绪。问题一般为10~20个；问卷数量在100份以上，太少不足以体现调查的科学性和普遍性。

第二，调查报告写作时心中应有一个清晰的对象。在调查时，这个对象是被调查者；在写作时，这个对象是读者。因此，问卷调查的设计应注重被调查者这个读者，问题的设计必须以被调查者为中心，既能达到调查的目的，又能让他们愉快地作答，还不能引起他们的反感。

第三，应有封闭式问题和开放式问题。封闭式问题应当有固定答案供被调查者选择；开放式问题没有固定答案，由被调查者自己作答，但不宜过多。

第四，问题设计要有针对性，单一明确，清晰具体，不能模棱两可，引起歧义。既要将答案指向被调查的目的，又要让被调查者容易作答。

第五，尽量避免无效问题。

第六，答案的设计要利于被调查者思考选择和调查者统计整理，就必须明确具体，没有歧义。

（三）问卷调查法的优点及缺点

问卷调查可避免调查者与被调查者之间的直接接触，减少被调查者的疑虑，有利于其表达出自己的真实想法和实际情况。特别是电子计算机等先进的统计手段，提高了问卷调查的效率，有利于节省时间、节约开支。而且问卷调查可通过邮件、网络等方式进行，不受时间、地点的限制，是大型调查的常用有效方式。

三、采访调查法

采访调查法是由调查人员通过一定的采访方式采访被调查者，然后根据被调查者的答复收集和取得原始统计资料的一种调查方法。

根据采访方式不同，采访调查法可细分为直接采访、电话采访等调查方法。

直接采访调查法是调查者通过直接面对面采访受访者以收集资料的方法。调查者既可以直接询问受访者，也可通过召开调查会议即由调查人员邀请有关人员进行座谈、讨论，相互核对，深入了解情况，还可当面将调查表交给被调查者，要求在一定期限内送还。

电话采访调查法是调查者通过电话方式对受访者进行采访询问以收集所需资料的方法。采用该方法所收集的资料不如直接采访所收集的资料准确。

采访调查法的优点在于收集到的资料比较准确可靠，而且还可以收集到一些新的资料，从中得到与研究问题有关的新情况，从而对调查对象有更全面、更深入的认识；缺点是花费的人力和时间较多；难点是如何熟练掌握访谈技巧。

四、网络调查法

网络调查法是指利用互联网调查以收集统计资料的方法。

网络调查的手段主要是电子邮件方式、网页方式。

网络调查可分为开放式网络调查、筛选式网络调查以及征募式网络调查。

网络调查法与传统调查法相比，其主要优点在于：调查的空间大，调查时间比较充裕，资料收集快捷，时效性高，成本低，可以减少回答误差与计量误差，问卷设计灵活。

从发展趋势看，网络调查将取代相当一部分传统调查方法。目前，发达国家很多的常规性统计调查已在网上进行，我国通过互联网进行调查的项目也越来越多。比如，在证券市场上，上市公司征集对股改方案的意见多是在网上进行的。

五、报告法

报告法是由调查者根据各种原始记录和核算资料，按照统计调查机构统一制定的报表格式和要求，在规定的时间内，按规定的程序，以信函、传真、电子文档的方式逐级向上报送统计资料的一种调查方法。这种方法常常和统计报表制度结合起来使用。

这种方法的优点在于：对调查者来讲，比较省时省力，只要基层单位的原始记录和核算资料比较健全，就可以收集到比较准确的资料；对被调查者而言，可以促使其建立健全原始记录和核算制度，加强基层统计工作。但是，当涉及被调查单位的各种利益时，就容易出现虚报或瞒报现象。

六、实验调查法

实验调查法是在事先确定调查的问题中，选择影响这些问题的诸多因素中的一个或几个，将其置于一定的条件下，进行小规模实验的调查方法。如在推行某种经销方法前，可先通过试点进行小规模的实验，对实验结果进行分析研究，再决定是否应该大规模推广；要改变某种产品的生产工艺、质量、包装设计、价格、广告等，也可以预先进行小规模的实验，调查用户和有关人员的反映，预测产品未来销售的潜力和趋势，然后决定这种产品的生产规模和产量。我国常见的展销、试销、试用、品尝、演示等都属于这种调查方法。

【思考题】

1. 统计资料收集的要求有哪些?
2. 普查的目的是什么?它有何特点?
3. 什么是抽样调查中的样本和总体?抽样调查的特点是什么?
4. 什么是重点调查?如何选择重点单位?
5. 何为典型调查?典型调查的作用是什么?
6. 一个完整的统计调查方案应当包括哪些内容?
7. 统计资料的收集方法主要有哪些?各种方法的特点是什么?
8. 谈谈你是如何理解我国的《统计法》规定的"统计调查应当以周期性普查为基础,以经常性抽样调查为主体,以必要的统计报表、重点调查、综合分析等为补充,收集、整理基本统计资料"。

【练习题】

一、单项选择题

1. 一名研究人员想要估计所在城市的人均住房面积,适合采用的调查方式是(　　)。

A. 普查　　B. 抽样调查
C. 重点调查　　D. 典型调查

答案:(B)。

2. 市场调查机构拟研究公司的广告费用和净资产回报率的关系,分别从净资产回报率高、中和低三类公司中选取了5家公司作为研究对象,则这种调查方式是(　　)。

A. 普查　　B. 抽样调查
C. 重点调查　　D. 典型调查

答案:(D)。

3. 全国家庭的收支状况调查的调查单位是(　　)。

A. 全国所有家庭　　B. 全国所有家庭的全体成员
C. 全国部分家庭　　D. 全国所有人口

答案:(A)。

4. 非全面调查中最完善、最有科学依据的调查方式是(　　)。

A. 重点调查　　B. 典型调查
C. 抽样调查　　D. 个案调查

答案:(C)。

5. 假设你想进行一项统计调查以了解人们对方便面品牌的认知,适合采用的收集方法是(　　)。

A. 直接观察法　　B. 问卷调查法
C. 采访调查法　　D. 实验调查法

答案:(B)。

二、实务题

1. 某企业对生产的洗发水产品进行统计调查，采用问卷调查法，为开发新产品提供信息。请你为该企业设计问卷，其他条件你可以自己设定。

2. 某公司准备对自己的固定资产进行全面普查，请你为该公司设计普查方案。

第三章　统计资料的整理

第一节　统计资料整理的意义和内容

一、统计资料整理的意义

统计资料整理是指根据统计研究的任务和要求，将调查阶段得到的大量的、分散的、零乱的资料进行科学的分类、汇总和显示，使其成为系统化、条理化和直观生动的综合资料的工作过程。

统计调查阶段得到的资料是分散的、不系统的，只能说明总体单位的特征和属性，只有通过统计整理阶段的工作，才能使这些资料由“个别”上升到“一般”，成为既便于储存、传递，又便于统计分析的反映总体特征的资料。

由此可见，统计资料整理既是统计调查的继续和深化，又是统计分析的基础和前提，在统计工作各阶段中具有承前启后的作用。

二、统计资料整理的内容

统计资料整理是一项细致而周密的工作，需要有计划、有组织地进行，因此进行统计资料整理的内容应包括以下四个方面：

（一）设计统计资料整理汇总方案

为了使统计资料整理工作顺利进行，我们要根据整理工作的目的和要求以及资料内容设计出整理方案，对资料整理的各个环节做具体的安排，包括明确分组标志、编制整理表格、选择合适的汇总方法等。

（二）审核调查资料

为了保证统计资料的质量，在统计资料汇总整理前，应该对统计调查资料进行严格的审核，看它们是否准确、及时、完整，若发现问题应及时纠正。

资料的准确性是审核资料工作的重点，应主要审查资料有无差错。审查的方法主要有两种：一是逻辑检查法，指运用逻辑理论检查各项目、各数据之间有无不合乎逻辑、不合理或相互矛盾的地方。例如，在人口调查中，少年儿童年龄段的居民不应该有婚姻的情况，人口数不小于家庭户数；在工业调查中，工业总产值应大于工业净产值。二是计算检查法，指检查资料的统计口径和范围、计算方法和计量单位是否符合要求，各项目数字间的关系是否正确。如合计是否是各项目数的加总等。

资料的及时性和完整性审核,应以整理的方案为准,检查调查单位是否齐全,各单位的表格、份数、指标项目是否都完整、无误,资料是否按规定的时间报出。

经过认真审核后,如有未到的资料要催交,缺的单位、项目等要补齐,错误的地方要更正。

(三)对资料进行分组、汇总和计算

这是整个统计整理工作的核心内容,分组汇总就是按照整理方案中的分组要求对审核无误的调查资料进行归类汇总,计算出每组的汇总数和总体数值。

资料汇总的手段一般有手工汇总和计算机汇总。随着计算机技术的迅速发展和计算机运用的普及,采用电子计算机进行数据处理的单位不断增多,原始的手工汇总方法几乎被计算机操作所替代。但是无论采用哪种汇总的方法,分组汇总后,为了及时发现并纠正汇总过程中出现的差错,都必须复核汇总的数值。即检查每项指标的计算方法、计量单位,各指标间的汇总关系、平衡关系、因子关系是否正确,并根据事先对现象总体的了解,判断验证指标数值与实际情况的吻合程度。

(四)编制统计表

编制统计表,就是把统计整理后的资料及资料数量间的联系简明扼要、系统有序地通过统计表显示出来。统计表是简明、集中地表现统计资料的很好的形式。

第二节 统计分组

一、统计分组的概念

统计分组,是根据统计研究的任务和研究对象的特点,按照一定的标志将统计总体分为性质不同的若干部分的统计分析方法。例如,研究某一地区居民的文化素质状况,将文化程度这一标志作为分组依据或标准进行统计分组,则可以分成文盲、小学、中学、大学、研究生等组。又如,研究某年某单位职工的工资情况,可以按工资这一分组标志分为1 000元以下、1 000~<1 500元、1 500~<2 000元、2 000~<2 500元、2 500~<3 000元、3 000元及以上等组。

将总体分成若干个性质不同的组不是随意划分的,而是以某个变异标志作为划分的标准来进行的。例如,文化程度、工资就是上述两个例子的分组依据或标准。统计分组的目的是揭示各组之间在性质上的差异,各组组内的总体单位的性质是相同的,不同组的总体单位的性质是存在着差别的。例如,中学组组内的居民在文化程度上,都属于中学水平,是文化程度相同的居民组成的一个组,该组组内的居民和其他各组的居民在文化程度方面存在着质的差别。又如,工资额在3 000元及以上这一组的职工的工资在该单位是高的,组内的职工工资都属于本单位的高工资这一性质,且与其他组职工在工资上存在质的区别。只是,这里是以数量界限来确定各组之间的性质区别的。有些分组的依据是反映事物属性差异的品质标志。按品质标志分组有的比较简单,有的则比较复杂,如《工业部门分类目录》《产品分类目录》等就采取了较为复杂的统计分组。

统计分组既是统计整理的基础，又是统计分析的基本方法，使我们对总体的认识更加深化，所以在整个统计分析研究工作中占有十分重要的地位。

二、统计分组的作用

（一）区分事物的类型

统计分组就是将总体按一定标志划分为不同类型的部分。例如，将工业企业按生产要素组合特征划分为资金密集型、技术密集型和劳动密集型，便可以分析各种类型企业的生产组织特点和在生产体系中的作用。

（二）研究总体的内部结构

在划分类型的基础上，计算各类型在总体中的比重，可以说明总体的结构和基本性质。例如，先将成都市历年国内生产总值按产业分为第一、第二、第三产业三个组，再计算出各产业所占的比重，如表 3-1 所示。

表 3-1　成都市历年分产业国内生产总值比重　　单位：%

产业	2010 年	2015 年	2018 年	2019 年
第一产业	5.1	3.5	3.4	3.6
第二产业	44.7	43.7	42.5	30.8
第三产业	50.2	52.8	54.1	65.6

资料来源：成都市统计局，国家统计局成都调查队．成都统计年鉴（2020）[M]．北京：中国统计出版社，2020.

通过表 3-1 中成都市三次产业比重的变化，可以观察出其结构变化是：第一产业的比重逐步趋于稳定，由 2010 年的 5.1%下降为 2015 年的 3.5%，而 2019 年占比为 3.6%；第二产业的比重逐渐下降，由 2010 年的 44.7%下降为 2019 年的 30.8%；第三产业的比重逐渐上升，由 2010 年的 50.2%上升到 2019 年的 65.6%，表明产业结构得到不断的调整和深化，第三产业在推动成都市经济发展的过程中发挥了越来越重要的作用。

（三）研究现象之间的依存关系

在社会经济活动中，各种现象彼此不是孤立的，相互之间总是存在着制约、依存关系。要反映现象之间的这种依存关系，也必须运用统计分组的方法。例如，将某公司销售额与流通费用率列表，如表 3-2 所示。

表 3-2　某公司商品销售额与流通费用率依存关系资料

商品销售额/万元	企业单位数/个	流通费用率/%
200 以下	5	3.5
200～<300	8	3.1
300～<400	12	2.4
400 及以上	3	1.9

分组资料表明，企业的商品销售额愈大，流通费用率愈是呈相对下降的趋势。

三、统计分组标志的选择

统计分组的关键在于正确选择分组标志和确定分组界限。

选择分组标志是统计分组的关键问题，正确选择分组标志能够使分组的作用得到更充分的发挥。所谓分组标志，是指将统计总体区分为各个性质不同组的标准或依据。例如，文化程度、性别、销售额、成绩等都是分组标志。分组标志既可以是品质标志，也可以是数量标志。分组标志一经选定，就会突出总体在此标志下的性质差异，而将总体在其他标志下的性质差异掩盖起来。为使统计分组具有科学性，保证统计整理的准确性，在选择分组标志时，必须遵循以下基本原则：

(一)根据统计研究的目的和任务选择分组标志

统计研究事物的标志有很多，对于同一研究对象，由于统计研究的目的和任务不同，需要采用的分组标志也就不同。为了达到统计研究的目的、完成统计研究的任务，在选择分组标志时，首先要遵循的原则是，研究的目的和任务是什么，就选择什么作为分组标志。例如，研究人口的年龄状况，就应该选择年龄对人口进行分组，而不应该选择文化程度作为分组标志；研究企业的生产情况，则应选择产量作为分组标志。

(二)选择最能够反映研究对象的本质特征及内在联系的标志作为分组标志

社会经济现象具有多种特征，选择分组标志时，往往遇到既可以使用这种标志，又可以使用另一种标志的情况。这时就根据被研究对象的特点，选择最能反映事物本质特征的标志作分组标志。例如，研究职工生活水平的高低情况，可以用职工的工资收入作为分组标志，也可以用职工家庭成员平均收入水平作为分组标志。究竟选用哪个分组标志更能充分反映职工的生活水平呢？我们知道，职工的工资水平并不能反映职工的生活水平，还要看他赡养的家庭人口数。如果他赡养的人口数很多，即使他的工资很高，其生活水平也不会高。因此，选用工资水平这个标志不恰当，选用按家庭成员计算的人均收入水平作为分组标志更恰当。

(三)要根据现象所处的历史条件和经济条件来选择分组标志

社会是不断发展和变化的，历史条件与经济条件也在不断地发生变化，历史条件与经济条件不同，选用的分组标志也不一样，要根据情况的变化做相应的改变。例如，前面讲到研究职工生活水平问题，现在要分列出职工生活困难户一组。那么什么是困难户的标准呢？当然要根据现在的实际情况确定，而不是根据20世纪50年代、60年代或者70年代的职工生活水平作为分组的标准，必须根据现在的收入水平和物价水平重新确定困难户的标准，然后再分组。随着国民经济的发展，统计部门的许多经济分类与按数量标志的分组，因情况变化都相应地做了修改。

四、统计分组的形式

(一)根据分组标志的性质，有品质标志分组和数量标志分组两种形式

1. 按品质标志分组

按品质标志分组是指从属性上区分各种类型的组。例如，对企业按经济类型(即所有制性质)分组，对人口按文化程度、性别等标志分组，这些分组标志界限容易分清。有些则比较复杂，不易划分清楚。例如，对某些产品按其经济用途分，到底属于生产资料还是属于生活消费资料，就不容易分清。其他像部门分类、职业分类等都有这种情况，如在农村中，很多农民既从事农业生产，又兼营工业或商业。为了使这些复杂的分类在全国统一执行，国家统计局及中央有关部门统一制定了各种分类目录与规定标准，如《工业部

门分类目录》《工业产品目录》《大中小型工业企业划分标准》《经济类型划分规定》等，供全国各地区、各部门、各单位分类时使用。

2. 按数量标志分组

按数量标志分组是从某个变量的差异程度上来区分各种类型。要在数量标志的变异范围内划定各组界限，在按数量标志分组时，应当根据统计研究的目的，先确定总体在已选定的数量标志的特征下有多少种性质不同的组成部分，然后再确定各组成部分之间的数量界限。例如，对企业按职工人数分组，按产量（或产值）分组或按固定资产多少分组等，这种分组可以反映企业组织的规模等级。

（二）按选择的分组标志的个数，有简单分组、复合分组和分组体系三种形式

1. 简单分组

简单分组是指对总体只按一个标志分组的形式。它只反映总体某一标志特征方面的差异。例如，对企业按经济类型分组，对居民家庭按人口数分组等。

2. 复合分组

复合分组是指按两个或两个以上标志重叠分组的形式，即先按一个主要标志分组，而后再按一个从属标志在各组中分组。对企业可以按经济类型和规模进行分组，如表3-3所示。

表3-3　企业按经济类型和规模分组

（1）国有企业	（2）民营企业	（3）其他企业
大型 中型 小型	大型 中型 小型	大型 中型 小型

复合分组不仅比简单分组更加具体和深入地反映总体内部的类型和结构特征，而且可以显示结构的层次，说明总体内部类型的主从关系。但是，复合分组的标志也不宜太多，一般不应超过三个。因为随着分组标志的增加，分组的类型组就会成倍增加，相应地各类型组的单位数减少，这就可能使总体内部各类型组界限模糊不清，失去分组的意义。

3. 分组体系

分组体系是指按照一系列相互联系、相互补充的标志对同一总体分别进行简单分组而形成的整体。分组体系可以从不同侧面全面、系统地反映总体内部的类型和结构特征。由于它采取简单分组单列形式，不会因标志的增加而造成类型界限模糊，适用于对复杂现象的系统研究。例如，我国国民经济的分组体系就是一个包括按生产资料所有制、部门特征、产品的经济用途、主管系统、地区以及规模等标志分组的庞大体系，可以用于宏观经济多方面的研究。

第三节　分配数列

一、分配数列的概念

统计分组后将总体单位归类到各组中去，按组顺序排列，并分别计算出各组的单位数，便形成了总体单位在各组之间的分布，称为分配数列或分布数列。分配数列由总体中的各个组的名称（或各组变量值）和各组相应的单位数构成。各组分布的单位数叫次数，又叫频数，各组的次数与总体次数之比叫频率或比率。

分配数列是统计整理结果的一种重要表现形式，反映了总体的分布状况和分布特征。在此基础上可以进一步分析研究总体的构成、一般水平及变动规律。

二、分配数列的种类

在统计中，根据分组标志的性质，分配数列可以分为品质分配数列和变量分配数列两种。

（一）品质分配数列

按品质标志分组所整理的分配数列称为品质分配数列，简称品质数列。

例如，某公司收集了反映100名顾客在购买手机时最关注情况的资料，如表3-4所示。

表3-4　100名顾客购买手机关注情况资料

B	A	D	A	B	D	C	B	D	E
D	A	E	B	B	D	D	A	B	D
A	D	B	D	A	E	D	D	B	B
B	D	C	D	D	A	B	D	D	A
D	B	D	B	D	B	C	C	B	D
D	A	D	B	B	D	E	D	D	B
E	D	A	D	E	D	B	B	A	D
B	D	B	D	D	A	B	D	D	C
A	D	B	A	B	D	E	B	D	B
D	B	D	E	D	B	D	D	B	D

注：表中A代表价格，B代表品牌，C代表售后服务，D代表功能，E代表外观。

很显然，上述数据是不便于直接观察和认识的。为了观察分析人们购买手机时最看重的因素，对上述资料按“关注类型”这个品质标志进行分组整理，得到品质分配数列，如表3-5所示。

表 3-5　顾客购买手机关注情况的频数分析

关注类型	数量/人	频率/%
功能	43	43
品牌	30	30
价格	14	14
外观	8	8
售后服务	5	5
合计	100	100

经分类整理成品质分配数列后，调查得到的数据被大大简化了，我们可以很容易看出，关注“功能”的人数最多，共 43 人，占被调查总人数的 43%；关注“品牌”的人数为 30 人，占被调查人数的 30%。由此可见，人们购买手机时普遍关注的是功能与品牌。

(二) 变量分配数列

1. 变量分配数列的含义

按数量标志分组所整理的分配数列称为变量分配数列，简称变量数列，如表 3-6 所示。

表 3-6　某单位职工植树量统计

植树量/株	职工人数/人
1	4
2	28
3	61
4	48
5	9
合计	150

变量数列有单项式的分配数列和组距式的分配数列两种。

(1) 单项式分配数列。它是指分组时将每一个变量值作为一组顺序排列的数列，如表 3-4 所示。这种分组方法通常只适合于变量值变动范围比较小、变量值不多且是离散变量的情况下采用，因为其变量值可以一一列举。

(2) 组距式分配数列。它是指分组时将有一定变动范围的两个变量值作为一组所形成的变量数列，如表 3-2 所示。在组距分组中，每个组的最小值称为下限，最大值称为上限。组距分组适用于连续变量或虽为离散型变量但取值很多、不便一一列举分组的情况。

2. 组距式分组的步骤

单项式分组方法简便，易于操作，但实际应用情况并不多；比较而言，组距式分组方法应用得较多，但是其分组方法难度稍大。现将整理组距式分配数列应注意的问题和方法分述如下：

某商场手机柜台在年初 55 天的销售活动中，手机的日销售量(部)资料如下：

59	73	87	65	89	85	77	94	69	97
56	80	68	87	96	50	63	88	91	90
96	86	93	79	74	65	74	89	83	51
74	79	94	67	92	82	81	70	87	86
54	87	86	54	62	76	86	73	86	70
100	110	108	102	112					

对上述数据进行组距式分组,应当按照下列步骤进行:

(1)计算全距。对数据进行排序,找出最大值与最小值,计算全距。全距即全部数据中的最大值与最小值之差。其排序结果如下:

50	51	54	54	56	59	62	63	65	65	67	68	69	70
70	73	73	74	74	74	76	77	79	79	80	81	82	83
85	86	86	86	86	86	87	87	87	87	88	89	89	90
91	92	93	94	94	96	96	97	100	102	108	110	112	

结果表明:最大值为 112,最小值为 50,全距=112-50=62。

(2)确定组数。组数的确定是指将总体分为多少组。它主要取决于数据分布的特点,组数要恰当,既不能太多也不能太少。如果组数过多,又可能造成数据的分布过于分散,同样不便于观察数据分布的特征和规律;如果组数过少,数据的分布就会过于集中,容易混淆数据的界限。一般来说,如果编制的组距数列能够反映总体的分布特征,那么所确定的组数就是正确的。

(3)确定组距。组距是一个组的上限与下限的差,一般由全距和组数来决定。组距=全距÷组数,它表明在全距一定的情况下,组距与组数成反比,即组数越多组距越小。组距通常取整数,一般应是 5 或 10 的倍数。本例中,组距=62÷7=8. 9,组距可取 10。

(4)确定组限。组限是每个组两端的数值,每个组最大的值为上限,最小的值为下限。组限表示各组数据变化的范围。在确定组限时,不能将不同性质的数据划归到一个组内。例如,学生考试成绩中 60 分是及格与否的分界线,就不能采取 55~65 分的分组方式,以利于区分各组的性质。对于连续型变量,因取值连续,所以采取将相邻两组的组限重叠的方法。例如,考试成绩可以分为40~<60 分、60~<80 分、80~100 分三个组。按照这种分组方法必须遵循统计中"上组限不在本组内"的原则来计算各组的频数,即如果某一变量值恰好等于某一组上限的变量值,就应将该变量值划归下一组组内。如某人的成绩恰好为 80 分则应归入 80~100 分一组,这样便可解决数据"不重"的问题。在实际分组时,第一组的下限应当略小于或等于最小变量值,最后一组的上限应当略大于或等于最大变量值,这样可以保证所有数据不被统计遗漏。

(5)编制组距分配数列。根据以上相关资料整理的手机的日销量组距分配数列,如表 3-7 所示。

表 3-7　手机日销售量分布

销售量/部	数量/天	频率/%
50～<60	6	10.9
60～<70	7	12.7
70～<80	11	20.0
80～<90	17	30.9
90～<100	9	16.4
100～<110	3	5.5
110～120	2	3.6
合计	55	100

如果一个组的组限表示为“××以下”或“××以上”，即缺下限或缺上限，则称这样的分组为开口组。开口组适合于数据中出现极端值的情况，假如在上例的数据中，最小值改为19，最大值改为156，若仍然按照上面的分组，就会出现没有频数的空白组，此时可采用开口组，如表3-8所示。

表 3-8　手机日销售量分布

销售量/部	数量/天	频率/%
60以下	6	10.9
60～<70	7	12.7
70～<80	11	20.0
80～<90	17	30.9
90～<100	9	16.4
100～<110	3	5.5
110及以上	2	3.6
合计	55	100

组距数列中若各组的组距相等则称为等距分组，如按学生成绩的分组，可分为40～<60分、60～<80分、80～100分等，就是等距分组。有时，对于某些特殊现象或为了特定研究的需要，各组的组距也可以是不相等的，称为不等距分组。比如，按人口年龄的分组，可以根据人口成长的生理特点分成0～6岁（婴幼儿组）、7～17岁（少年儿童组）、18～59岁（中青年组）、60岁及以上（老年组）等。

（6）组中值的确定。组距分组掩盖了各组内的数据分布状况，为了反映各组数据的一般水平，需要用组中值作为该组数据的一个代表值，组中值是每组变量值中点的那个数值。组中值$=\dfrac{\text{上限}+\text{下限}}{2}$。但这种代表有一个必要的假定条件，即各组数据在本组内呈均匀分布或在组中值两侧呈对称分布。如实际数据的分布不符合这一假定，用组中值作为一组数据的代表值会有一定的误差。对于开口组组中值的确定，一般借助于相邻组的组距来计算。

表3-8的组距数列中，60部以下组缺下限，其组中值为

$$缺下限的开口组组中值=上限-\frac{邻组组距}{2}$$

$$=60-\frac{10}{2}=55$$

表 3-8 的组距数列中，110 以上组缺上限，其组中值为

$$缺上限的开口组组中值=下限+\frac{邻组组距}{2}$$

$$=110+\frac{10}{2}=115$$

3. 累积频数和累积频率

当进行统计分析时，常需要观察某一数值以下或某一数值以上的频数或频率共为多少，这时可以计算累积频数或累积频率。

累积频数就是将各组的频数逐组累加起来。其方法有两种：一是从变量值小的一组向变量值大的一组累加频数，称为向上累积，此时每组的累计频数表示本组上限以下总共包含的总体次数是多少；二是从变量值大的一组向变量值小的一组累加频数，称为向下累积，此时每组的累计频数表示本组下限以上总共包含的总体次数是多少。

累积频率或累计百分比，就是将各组的百分比逐组累加起来。它也有向上累积和向下累积两种方法。

仍然以表 3-7 为例计算累积频数或累积频率，结果如表 3-9 所示。

表 3-9　手机日销售量累积频数分布

销售量/部	数量/天	频率/%	向上累积		向下累积	
			数量/天	百分比/%	数量/天	百分比/%
50～<60	6	10.9	6	10.9	55	100
60～<70	7	12.7	13	23.6	49	89.1
70～<80	11	20.0	24	43.6	42	76.4
80～<90	17	30.9	41	74.5	31	56.4
90～<100	9	16.4	50	90.9	14	25.5
100～<110	3	5.5	53	96.4	5	9.1
110～120	2	3.6	55	100	2	3.6
合计	55	100	—	—	—	—

若观察手机日销售量在 70 部及以上的天数共有多少，应采用向下累积，即70～<80组对应的“向下累积”42（天），等于日销售量在 70～120 的 5 组天数合计；若观察手机日销售量在 100 部以下的天数共有多少，应采用向上累积，即90～<100组对应的“向上累积”50（天），等于日销售量在 50～<100 的 5 组天数合计。同样，还可以求出日销售量在70 部及以上的天数频率（比重）为 76.4%，日销售量在 100 部以下的频率为 90.9%。累积次数的特点是：同一数值的向上累积和向下累积次数之和等于总体总次数。表 3-9 中，日销售量 70 部及以上的累积天数是 42 天，与日销售量 70 部以下的累积天数 13 天之和为 55 天，其累积频率之和等于 1%或 100%。表 3-9 中，日销售量 70 部及以上的累积频率为 76.4%，日销售量 70 部以下的累积频率为 23.6%，其累积频率之和为 100%。

【思考题】

1. 什么是统计整理？它的基本步骤有哪些？
2. 什么是统计分组？它有哪些作用？
3. 什么是分组标志？应如何选择？
4. 什么是分配数列？可分为哪几种？
5. 简述组距分组的步骤。
6. 统计表由哪几个主要部分组成？
7. 制作统计表应注意哪几个问题？
8. 直方图与条形图有何区别？
9. 茎叶图与直方图相比有什么优点？

【练习题】

一、单项选择题

1. 在统计分组中，一个给定的数据只应当落在某一个组中，即各个组应当(　　)。

A. 将所有数据均包括在内　　B. 相互排斥

C. 完全将数据包括在内　　D. 非常确定

答案:(B)。

2. 如果我们知道了下列哪项，就能够构造原有的分配数列？(　　)。

A. 折线图　　B. 累积次数分布

C. 直方图　　D. 包括以上所有各项

答案:(D)。

3. 数据集中的最大值为182，最小值为40。如果将数据分成组距相等的7组，那么在构造变量分配数列时组距应为(　　)。

A. 7　　B. 10

C. 20　　D. 21

答案:(D)。

4. 在研究古代文明时，为了确定某一地区人们的身体特征，人类学家常常测量人体残骸的骨头。在意大利的某个地方，人类学家发现了大量颅骨并测量了颅骨的宽度(用毫米来表示)。如果规定组限为125~129、130~134、135~139、140~144、145~149、150~154和155~159，那么对于第二组间距而言，它的实际组限是(　　)。

A. 130~134　　B. 129.5~134

C. 129.9~134.9　　D. 129.5~134.5

答案:(D)。

二、实务题

1. 某工厂第一车间15个工人的月工资情况如下(单位:元)：

480　496　532　560　560　588　596　612　640　668　696　720　750　780　820

利用分组法，将15个工人的工资额分成三组，计算每组频率，并说明该车间工人工资的特征。

2. 某工厂同工种的 40 名工人完成生产定额的百分数资料如下(单位:%):

123	97	115	88	119	134	112	90	135	126	89	100	124	114
124	110	98	108	121	96	109	110	126	99	142	152	99	112
125	105	94	133	107	133	108	97	101	110	91	120		

试据此编制等距变量数列,计算累计频数和累计频率。

第四章　统计表与统计图

第一节　统计表

一、统计表的含义及作用

（一）统计表的含义

统计表是指将经过统计调查、统计整理后的统计资料，按一定的项目和顺序排列在以纵横交叉的线条所绘制的表格中，系统地排列起来的一种表现统计资料的形式。它是表现统计资料最普遍、最常用的形式。广义的统计表包括统计活动各个阶段所用的一切表格，应用于统计工作的全过程。

（二）统计表的作用

采用统计表的形式来表现统计资料，主要有以下三个作用：

第一，能有条理地、清晰地反映大量的统计数字资料，是文字叙述方式不可替代的；

第二，能简练、醒目地体现大量数据中各项目间的关系，便于检查资料中数字的完整性、正确性，易于进行各种计算；

第三，能够科学合理地组织统计资料，便于阅读、对照比较和分析。

二、统计表的构成

统计表的构成可以从形式和内容两方面看。

（一）形式构成

从形式来看，统计表由总标题、横行标题、纵栏标题和指标数值四个部分组成，必要时可以在统计表的下方加上表外附加。统计表构成如图 4-1 所示。

图 4-1　统计表构成

（1）总标题是统计表的名称，通常位于表体的上端中央。它简明扼要地概括统计表所反映的统计资料的内容，如“四川省主要年份国内生产总值比重表”。

（2）横行标题是横行的名称，通常位于表体的左边，用来表明统计资料反映的总体及各组或类的名称，如横行标目（主词）的第一产业、第二产业、第三产业是总体分组后的各组名称。

（3）纵栏标题是纵栏的名称，通常位于表体的最上面一行，用来表明统计指标的名称。如纵栏标目（宾词）中的在业人口数和比重是说明总体及各组数量特征的统计指标名称。

（4）指标数值在横行纵栏的交叉格中填列，数字的经济内容由交叉的横行、纵栏标目说明。

（5）另外，还应该有必要的附注和资料来源，一般列在表体的下面。

（二）内容构成

从内容来看，统计表有主词和宾词两部分，如图 4-1 所示。

主词是统计表所要说明的对象，即要说明的总体及总体的各个类别和组。通常主词列在统计表的左边第一纵栏。

宾词是用来说明总体的各项统计指标，包括指标名称和指标数值。通常宾词列在表的右端。

但主词、宾词排列的位置不是固定不变的，有时考虑到数字资料的分布和美观等因素，主词、宾词也可以互换位置。

三、统计表的种类

统计表的形式多种多样，可以根据使用者的需要和统计数据本身的特点来选择。

（一）统计表按用途分类

统计表按用途可以分为统计调查表、统计汇总表、统计分析表。

1. 统计调查表

统计调查表是在统计调查中用于登记、收集原始资料的表格。第二章中的表 2-1 至表 2-13 都是调查表。

2. 统计汇总表

统计汇总表又称为整理表,是在统计汇总或者整理过程中用于表现统计汇总或整理结果的表格。它由两部分组成:一部分是统计分组,另一部分是用来说明统计分组各组综合特征的统计指标。这类表格能够综合说明统计总体的数量特征,是显示统计资料的基本表式,如表 4-1 所示的大华公司 2015 年商品销售汇总。

表 4-1　大华公司 2015 年商品销售汇总

地区	A 商品		B 商品		合计/元
	数量/台	金额/元	数量/台	金额/元	
四川省	45 000	54 000 000	100 000	200 000 000	254 000 000
北京市	39 000	42 900 000	40 000	72 000 000	114 900 000
上海市	28 000	28 000 000	50 000	95 000 000	123 000 000
广东省	40 000	46 000 000	40 000	72 000 000	118 000 000
重庆市	20 000	21 000 000	30 000	60 000 000	81 000 000
陕西省	10 000	10 800 000	20 000	40 000 000	50 800 000
合计	182 000	202 700 000	280 000	539 000 000	741 700 000

3. 统计分析表

统计分析表是在统计分析中用于对整理对象所取得的统计资料进行定量分析的表格,如表 4-2 所示的大华公司 2015 年度股东权益变动情况。

表 4-2　大华公司 2015 年度股东权益变动情况　　单位:元

项目	期初数	本期增加	本期减少	期末数	变动原因
股本	458 265 600	366 612 480	—	824 878 080	公积金转增
资本公积	3 096 131 629	872 506	366 612 480	2 730 391 656	转增股本
盈余公积 其中: 法定公益金	119 858 568 39 952 855	109 401 682 36 196 869	—	229 260 251 76 149 725	本年提取 本年提取
未分配利润	311 407 897	181 723 443	—	493 131 340	本年增加及股利分配
股东权益合计	3 985 663 694	658 610 111	366 612 480	4 277 661 327	—

(二)统计表按照主词分组情况不同分类

统计表按照主词分组情况不同,可以分为简单表、分组表和复合表三类。

1. 简单表

简单表是其主词栏未经任何分组的统计表。主词一般是按时间的先后顺序排列或按总体单位的名称、代号进行排列的表格,多用于统计整理的初级阶段,收集调查来的原始资料,如表 4-3 和表 4-4 所示。

表 4-3 某地农村工农业产品价格指数

年度	农村工业产品零售价格指数	农业产品收购价格指数	工农业产品价格指数
2001	100.1	100.5	99.6
2002	100.8	103.1	97.8
2003	101.9	104.2	97.8
2004	105.8	127.0	83.3
2005	107.4	129.1	83.2

表 4-4 某公司下属分公司销售额与广告支出情况

公司	销售额/万元/年	广告支出/万元/年
甲	2 580	57
乙	11 942	200
丙	9 845	150
丁	27 800	450

2. 分组表

分组表是其主词栏按一个标志进行分组的统计表。利用分组表可揭示出现象不同类型的特征,反映现象的内部结构和现象间的相互关系。

3.复合表

复合表是其主词栏按照两个或两个以上的标志进行重叠式分组的统计表。它能够从不同的角度反映总体的特征,比简单表、分组表更能深入全面地说明问题。具体如表 4-5所示。

表 4-5 某高校各年级学生按性别分组的在校生人数资料

按年级和性别分组	人数/人	比重/%
一年级	3 406	30.17
男	2 400	70.46
女	1 006	29.54
二年级	2 997	26.55
男	2 130	71.07
女	867	28.93
三年级	2 526	22.37
男	1 728	68.41
女	798	31.59
四年级	2 361	20.91
男	1 601	67.81
女	760	32.19
合计	11 290	100

需要注意的是，由于复合表多一次分组，组数就成倍地增加，所以不是分组标志用得越多、分组越细越好。总体被分的组数太多不仅不利于对现象的分析研究，而且连现象的基本特征都难以把握。因此复合表不宜超过三个分组标志分组。

四、编制统计表的规则

编制统计表应遵循科学、实用、简洁、醒目与美观相结合的总体规则，具体规则包括以下六个方面：

（一）统计表的各种标题要简明确切地概括所要标明的内容

统计表的总标题要标明统计表内资料所属的时间、地点及数据本身的含义。横行、纵栏标题要简明、准确地表现出所要反映资料的内容。

（二）表中各行各列的排列应注意反映资料的逻辑关系

一般是先局部后整体的原则，先列出各个项目，后列总计、合计。若没有必要列出所有项目，只观察几个主要方面，可以先列出总计，后列出其中的部分项目。

（三）表中数值资料必须标明计量单位

表中数值资料必须标明计量单位，如果表中资料只有一种计量单位，可标在统计表的右上方。若表中资料的计量单位有多种，通常设专门的计量单位栏。横行用（甲）、（乙）、（丙）等文字标明，纵栏则用（1）、（2）、（3）、（4）、（5）等数字编号。也可将计量单位直接写在标目下边。

（四）统计表中的数字要清晰，对准位数

统计表中的数字要清晰，对准位数，遇有相同的数字应照写，不能用“同左”“同上”的字样替代，或其他省略方式表示；无数字的空格用符号“—”表示，缺某项资料时，用符号“……”表示，以免使人误为漏填。一张填好的统计表不应该出现空白单元格。

（五）统计表的表式一般是开口式

统计表的表式一般是开口式，即左右两端是开口的，统计表的上下两端的基线应用粗体线或双线画出，资料不多时数字间的横线也可省略。

（六）表内引用的资料要在表下注明其资料来源

统计表内资料需要说明的在表下方加以注解。

第二节　统计图

一、统计图的含义及用途

（一）统计图的含义

统计图是根据统计数字，用几何图形、事物形象和地图等绘制的各种图形，具有直观、形象、生动、具体等特点。统计图可以使复杂的统计数字简单化、通俗化、形象化，使人一目了然，便于理解和比较。因此，统计图在统计资料整理与分析中占有重要地位，并得到广泛应用。

统计图一般由图形、图号、图目、图注等组成。

(二)统计图的用途

统计图的用途有以下五个：

(1)表示现象间的对比关系。

(2)揭露总体结构。

(3)检查计划的执行情况。

(4)揭示现象间的依存关系,反映总体单位的分配情况。

(5)说明现象在空间上的分布情况。

二、统计图的种类

绘制统计图可使数字资料形象化、通俗易懂,并能把资料的变化趋势和各种现象间的关系明确地表示出来,使读者在短时间内获得深刻的印象。统计图的种类很多,下面介绍五种常用的统计图。

(一)条形图

1. 条形图的含义

条形图是以等宽条形的长短或高低来比较数字资料的一种统计图。至于具体的形状,可以是条,也可以是立体的圆柱、方柱或锥体。条形图可以横放,也可以竖放。条形图一般用来表现品质分配数列或离散型变量的分布情况。

2. 条形统计图的特点

(1)能够使人一眼看出各个数据的大小。

(2)易于比较数据之间的差别。

3. 制作条形图

以表 3-5 的资料做出条形图,如图 4-2 和图 4-3 所示。

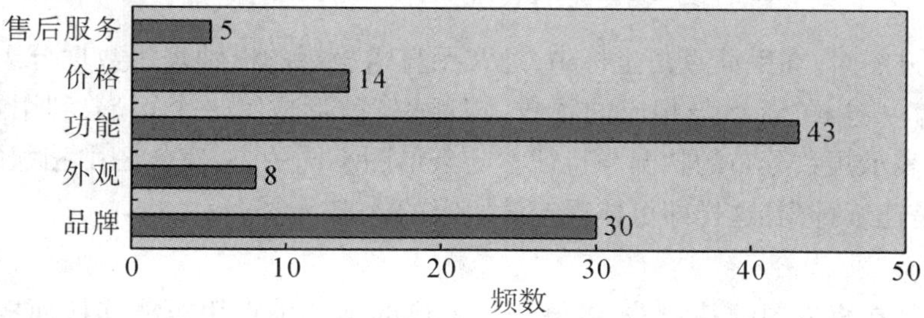

图 4-2 消费者购买手机时的关注因素条形图展示

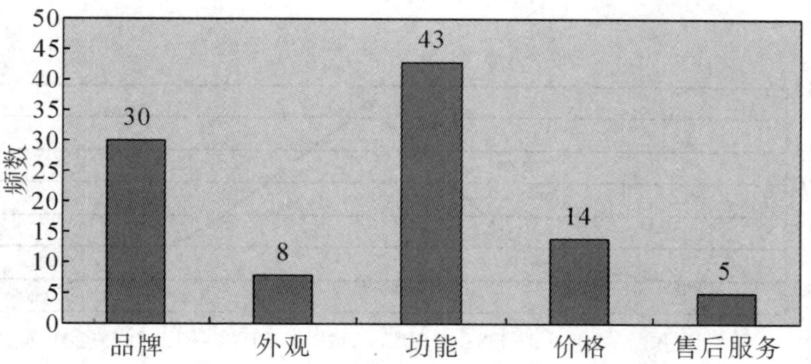

图 4-3 消费者购买手机时的关注因素柱形图展示

在条形图中，变量值大小依条形长度而有所区别，与其宽度无关。为使条形清晰，便于比较，各条形间应留有空隙，勿连接在一起。如条形过多，也可以省略空隙。

（二）直方图

直方图是用若干个并列的柱形来表现分布数列的统计图。直方图一般用来表现连续型变量的分布特征。现以表 4-6 中资料做出直方图，如图 4-4 所示。

表 4-6　某局属企业利润计划完成情况

按计划完成程度分组/%	企业数/个	频率/%
90 以下	4	6.90
90～<100	8	13.79
100～<110	32	55.17
110～<120	12	20.69
120 及以上	2	3.45
合计	58	100

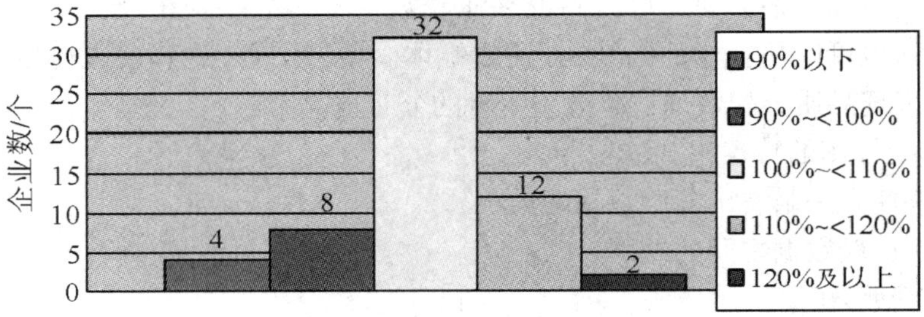

图 4-4　某局属企业利润计划完成情况直方图展示

绘制直方图时，在平面直角坐标中，通常用直角坐标的横轴表示数据分组，纵轴表示频数（或频率），这样，各组与相应的频数（或频率）就形成了一个矩形，利用矩形的宽度和高度即可表示频数分布的状况与特征。与条形图不同的是，直方图中相邻的矩形并没有间断，而是连续排列，这样即可体现连续组限的含义。

（三）折线图

折线图是在直方图的基础上，将每个长方形的顶端中点用折线连接而成，或用组中值和频数求出坐标点连接而成折线，来绘制折线图。以表 4-6 中资料做出折线图，如图 4-5所示。

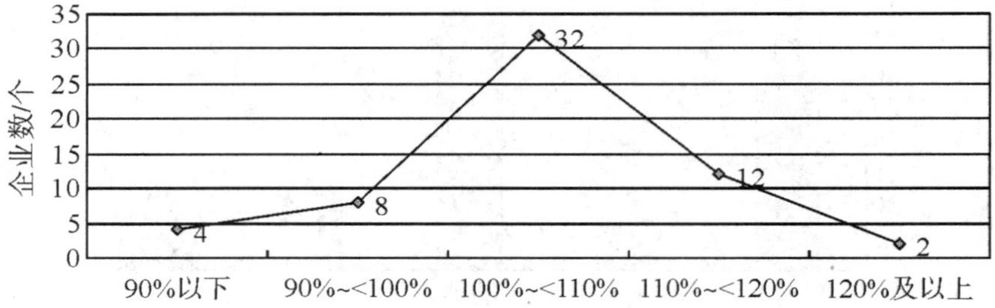

图 4-5　某局属企业产值计划完成情况折线图

折线统计图的特点是能够显示数据的变化趋势,反映事物的变化情况。

(四)圆形图

圆形图也叫饼图,以圆内扇区的面积来表示总体的分组及结构情况。圆形图最适宜用来表示品质分配数列的次数分布情况,因为它没有起点和终点,图中的各部分看不出顺序,这与品质分配数列中各组的平等关系特征是一致的。圆形图可以是平面的,也可以加工成立体的或组合形式的。根据表 4-7 提供的资料所绘制的圆形图,如图 4-6 和图 4-7 所示。

表 4-7　2023 年大华公司地区利润贡献情况

区域范围	利润总额/亿元	所占比重/%
全公司	10 097	100
其中:东部地区	6 560	65
中部地区	1 832	18
西部地区	1 705	17

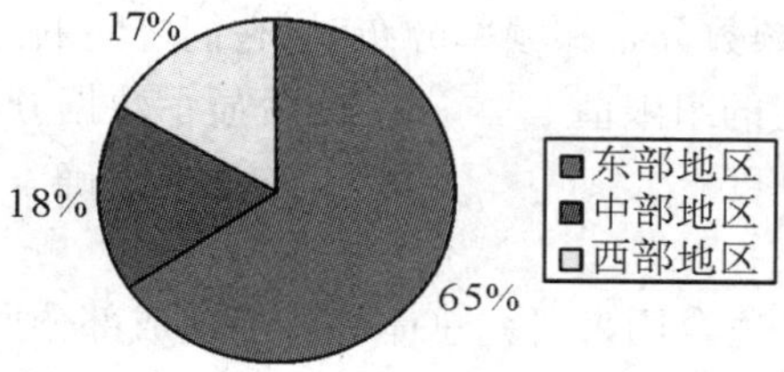

图 4-6　2023 年大华公司地区利润贡献结构图展示(一)

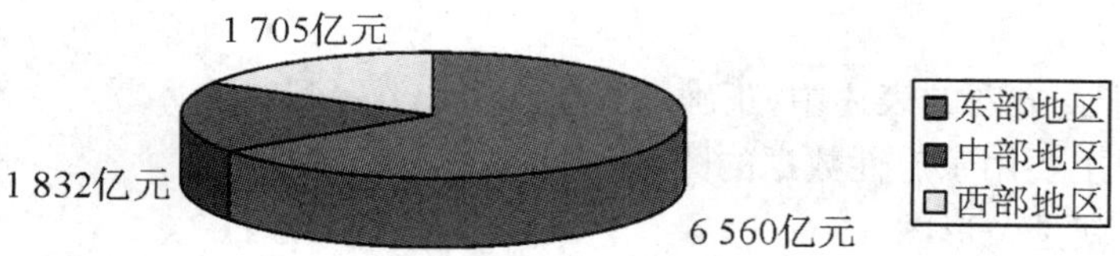

图 4-7　2023 年大华公司地区利润贡献结构图展示(二)

(五)茎叶图

茎叶图是将每个数值分成茎和叶两部分,一般取数值的最后一位为叶,前几位为茎,同茎的数值排成一列,然后按茎和叶的大小排列成图。如给出的某班 30 名学生考试成绩(分)如下:56、56、58、60、61、62、67、68、70、70、73、74、74、77、77、80、82、84、85、85、88、88、88、89、89、91、91、94、95、95。其茎叶图如图 4-8 所示。

茎	叶	频数
5	6 6 8	3
6	0 1 2 7 8	5
7	0 0 3 4 4 7 7	7
8	0 2 4 5 5 8 8 8 9 9	10
9	1 1 4 5 5	5

图 4-8　学生考试成绩茎叶图展示

第四章　统计表与统计图

从图 4-8 中我们可以看出，学生成绩的分布情况为：不及格学生有 3 名，成绩在 80~90 分的学生有 10 名，91 分及以上的学生有 5 名。

如果将茎叶图逆时针旋转 90 度，便是前面介绍的直方图。茎叶图不仅同直方图一样可以反映数据分布的情况，而且还能显示组中所包含数据的原始数值。

【思考题】

1. 统计表由哪几个主要部分组成？
2. 制作统计表的基本规则有哪些？
3. 直方图与条形图有何区别？
4. 茎叶图与直方图相比有什么优点？

【练习题】

一、单项选择题

1.当用统计图来表示频数分布和频率分布时，它们之间的区别是（　　）。

A. 横轴是否标有规定的组限值　　B. 能否显示数据分布的基本形态

C. 纵轴上是否标有刻度　　D. 上述均不正确

答案：（D）。

2.下列图示方法中，最适合用来研究总体中各个组成部分所占比重的是（　　）。

A. 条形图　　B. 圆形图

C. 折线图　　D. 茎叶图

答案：（B）。

3.下列关于直方图的表述中，正确的是（　　）。

A. 直方图主要用于定性数据的图示

B. 直方图就是条形图

C. 直方图的纵坐标代表各变量值出现的次数

D. 直方图的横坐标只表示分组，不表示数值的大小

答案：（C）。

4. 统计表从形式构成看，下列表述中，正确的是（　　）。

A. 横行标题用来表明统计资料反映的总体及各组或类的名称

B. 纵栏标题用来表明统计资料反映的总体及各组或类的名称

C. 主词是统计表所要说明的对象

D. 宾词是用来说明总体的各项统计指标

答案：（A）。

5. 统计表从内容构成看，下列表述中，正确的是（　　）。

A. 横行标题用来表明统计资料反映的总体及各组或类的名称

B. 纵栏标题用来表明统计指标的名称

C. 主词是用来说明总体的各项统计指标

D. 宾词是用来说明总体的各项统计指标

答案：（D）。

二、实务题

1. 某研究生班(MBA)有 15 人,他们的情况如下:

相关情况

编号	性别	年龄	来自地区
1	男	25	江苏省
2	男	42	内蒙古自治区
3	女	26	上海市
4	男	29	广东省
5	女	30	江西省
6	男	35	四川省
7	男	31	吉林省
8	女	29	河南省
9	女	28	新疆维吾尔自治区
10	男	34	云南省
11	男	36	上海市
12	男	27	北京市
13	女	26	福建省
14	女	27	湖北省
15	男	38	青海省

根据上述资料,分别设计一份简单分组表和一份复合分组表,并将有关数值填写在统计表内。

2. 某旅游公司在 2023 年 7—8 月每天的旅游收入数据如下:

旅游收入数据

单位:千元

107	102	124	86	107	103	118	88	115	117	90
112	87	105	115	96	93	98	132	107	108	104
102	119	78	91	110	95	94	90	86	110	104
120	80	128	129	84	82	123	129	131	111	102
79	125	109	99	122	135	100	124	125	106	105
111	110	99	114	113	117	101				

要求:

(1)指出上面的数据属于什么类型。

(2)对上面的数据进行适当的分组,编制频数分布表和累积频数分布表,并对旅游收入情况做简要说明。

(3)根据上面的整理结果,绘制直方图和茎叶图,对比说明两个图示的特点。

3. 大华职工按月工资分组而形成的变量数列如下表所示,试计算并填列表中所缺数字。

职工按工资分组的人数分布资料

按月工资分组/元	职工人数/人	比重/%	累计次数/人		累计频率/%	
			向上累计	向下累计	向上累计	向下累计
500 以下	16					
500～<600	50					
600～<700	23					
700～<800	14					
800 及以上	7					
合计	110					

4. 某市 30 个企业的固定资产资料如下(单位:万元):

285	340	386	417	485	515
562	620	622	648	655	690
721	743	795	815	840	878
925	930	955	1 140	1 200	1 225
1 240	1 324	1 331	1 421	1 540	1 624

试将上述资料编成等距数列并绘制直方图,说明它们的分布特征。

5.某高校商学院有正式教师 80 人,其职称情况如下:

商学院教师职称统计

职称分类	教师数量/人	所占比重/%
教授	16	20
副教授	32	40
讲师	24	30
助教	8	10
总数	80	100

要求:根据上表绘制该学院教师职称圆形图。

第五章 总量指标与相对指标

第一节 总量指标

一、总量指标的含义和作用

（一）总量指标的含义

总量指标是统计资料经过汇总后得到的反映总体总规模、总水平或工作总成果的统计指标。总量指标表现为具有计量单位的绝对数，所以又称为绝对指标或绝对数。有时总量指标也表现为总体发展变化的绝对差数。例如，一个国家（地区）在一定时间的社会总产值、国内生产总值、粮食产量、钢产量、原煤产量等都是总量指标；一个企业在一定时间的产值、产量、利润总额、固定资产价值等也是总量指标。总量指标的特点是其数值大小会随着总体范围的变化呈相同方向变化，即总体范围越大，总量指标数值越大。

（二）总量指标的作用

总量指标是统计分析中常用的最基本的指标，其作用可以概括为以下三个方面：

（1）总量指标是认识社会经济现象的基础。例如，要了解一个国家的基本国情、国力，就必须了解其人口数、土地面积、粮食产量、钢产量、国内生产总值、进出口贸易额等总量指标。要了解一个企业的基本情况，就要掌握企业的员工人数、产量、产值、利润、固定资产等总量指标。

（2）总量指标是实行社会管理和经济管理的基本依据。对一个国家或一个企业进行计划、分析、决策和预测的管理活动，首先必须掌握反映国民经济的基本状况的一些总量指标，或反映企业经济活动的一些总量指标，才能以此为依据做一些计划、分析、决策和预测的相关管理工作。如制订人口发展的计划和政策，就要以人口的一些基本数据为依据。

（3）总量指标是计算相对指标和平均指标的基础。相对指标和平均指标一般是两个总量指标对比的结果，它们是在总量指标的基础上派生出来的。因此，总量指标的计算，将直接影响相对指标和平均指标的计算结果。如人口密度是人口总数与国土面积总数对比的结果，若有一个指标不准确必将影响到人口密度指标的准确性。

二、总量指标的种类

(一)总体单位总量和总体标志总量

总量指标按其反映的总体内容不同,可分为总体单位总量和总体标志总量。总体单位总量简称为单位总量,是总体中所包含的总体单位数的总和,用来说明总体本身的规模大小。总体标志总量简称为标志总量,是总体中总体单位某一数量标志值的总和。例如,要了解某市工业企业的状况,该市的工业企业数是单位总量,而该市工业企业职工人数、工业总产值、工业固定资产价值等是标志总量。对于一个特定的总体而言,单位总量是确定的、唯一的,而标志总量可以有多个。此外,一个总量指标是单位总量还是标志总量,并不是固定不变的,是随着研究目的的不同而不同。仍如上例,若研究目的变为了解该市工业企业职工的生活水平,那么该市工业企业职工人数则不再是标志总量而是单位总量,而该市工业企业职工工资总额是标志总量。

(二)时期总量指标和时点总量指标

总量指标按其反映的时间状况不同,可分为时期总量指标和时点总量指标。

1. 时期总量指标

时期总量指标简称为时期指标,是反映社会经济现象在一段时间内发展过程的累计总量。例如,产品产量、产值、销售额、销售量等是时期指标。

2. 时点总量指标

时点总量指标简称为时点指标,是反映社会经济现象在某一时刻(瞬间)所达到的总量。例如,人口数、商品库存额(数)、居民储蓄存款余额等是时点指标。

3. 时期总量指标和时点总量指标的特点

时期总量指标与时点总量指标各有不同的特点,主要表现在以下三个方面:

(1)时期总量指标具有可加性,相加结果具有实际意义;而时点总量指标不具有可加性,相加结果不具有实际意义。

(2)时期总量指标的数值大小与所包含的时期长短有直接关系,通常时期越长,指标数值越大;而时点总量指标的数值大小与时间间隔长短无直接关系。

(3)时期总量指标的数值连续登记取得,时点总量指标的数值可以一次性登记得到。

例如,产品产量是时期指标,将某产品4月、5月、6月的产量相加,就得到第二季度的产量,而第二季度的产量比4月、5月、6月任何一月的产量都大;而职工人数是时点指标,将某企业各月末职工人数相加没有实际意义,而且年末职工人数不一定要大于月末职工人数。

三、总量指标的计量单位

总量指标的计量单位有实物单位、货币单位和劳动量单位三种。由于采用的计量单位不同,总量指标又分为实物指标、价值指标和劳动量指标。

(一)实物单位

实物单位是根据现象的自然、物理或化学属性而确定的计量单位。其具体可分为以下四种:

1. 自然单位

自然单位是根据现象的自然状况来确定的计量单位。如人口数以“人”为单位,汽车以“辆”为单位,电视机以“台”为单位。

2. 度量衡单位

度量衡单位是按照统一的度量衡制度规定来度量的计量单位。如钢产量以“吨”为单位,布匹产量以“米”为单位,木材以“立方米”为单位。

3. 复合单位

复合单位是由两种或两种以上的计量单位结合使用的一种计量单位。如发电量以“千瓦时”为单位,旅客周转量以“人千米”为单位。

4. 标准实物单位

标准实物单位是对名称和用途基本相同,但品种、规格、含量不同的同类产品或商品,按照统一的标准折算后进行度量的计量单位。这样折算的结果是能够加总不同规格的同类事物的实物数量。比如若某企业年产100吨氮肥,其含氮量为20%,则可以折合成20吨标准实物单位的氮肥。以实物单位为计量单位的总量指标,能直接地反映同类产品或商品使用价值量的大小和具体的实物内容。但对于不同种类产品或商品,由于它们的使用价值不同、性质不同、计量单位不同,无法按实物单位直接进行汇总,所以实物单位综合性较差。

(二)货币单位

货币单位是采用货币形式进行度量的计量单位,如产值、销售额、利润额以“元”为单位计量。以货币单位为计量单位的总量指标具有广泛的综合性,可以综合说明多种不同种类的产品或商品的价值总量,以反映经济活动的总规模、总水平、总成果,具有概括性和综合性,因而在统计工作中得到广泛应用。

(三)劳动量单位

劳动量单位是按照劳动时间来计量的单位,它可以把不能直接相加的实物产量变换成可以相加的劳动时间数量,一般用工时、工日、工年等计量。用劳动时间为单位计算的产品产量或完成的工作总量,通常只用于企业内部的核算,如企业基层生产单位生产的半成品、在制品的工作总量的核算等。

四、总量指标的计算方法

1. 直接计算法

直接计算法是指统计人员采用直接点数或测量的方法,将现象的总量计算出来的方法。

2. 间接推算法

间接推算法是根据各种关系或非全面调查资料去推算或估计总量指标的方法。如根据平衡关系、因素关系、因果关系、比例关系推算,或估计总量指标的插值估计法、抽样推断法等。

五、运用总量指标应遵守的原则

总量指标的计算和运用不是一个简单加总的技术问题,要使总量指标能够正确地反映社会经济现象的数量特征，必须遵循以下原则：

1. 总量指标的含义及计算范围的确定应科学

计算总量指标必须科学地明确其经济内容，划清总量指标所包括的计算范围。如对职工工资总额进行统计时，首先必须明确"工资"所包括的内容，即职工什么性质的收入可以计入"工资总额"的范围；其次还需要界定"工资总额"所属的时间和空间，这样才能正确地统计"工资总额"。

2. 总量分析应注意现象的同类性

只有同类现象才能直接汇总。如将粮食、棉花、钢铁、煤炭等不同产品产量直接加总没有经济意义，不能说明什么问题。

3. 计算口径、计量单位、计算价格和计算方法应一致

实际统计工作中，不同时期、不同国家(地区)的同一现象，在计算总量指标时常常会出现计量单位、计算价格、计算方法不一致的情况。在运用这些总量指标进行分析和计算时必须将其调整为统一的口径。

第二节　相对指标

一、相对指标的含义和作用

(一)相对指标的含义

相对指标是两个有联系的统计指标对比的比值，是用来反映现象之间数量特征和数量关系的综合指标。相对指标也称为相对数。例如，国内生产总值的产业结构、国民经济各部门之间的比例关系、国民经济和社会发展计划的完成情况等都是相对指标。

(二)相对指标的作用

相对指标在社会经济领域中得到广泛运用，其主要作用有以下三个方面：

第一，反映社会经济现象之间的数量对比关系，说明总体内部的结构、比例关系、发展程度、强度和密度等，为对事物进行深入分析提供依据。如计算一个地区不同经济类型的结构，可以分析该地区经济的根本特征；计算一个地区第一、第二、第三产业的比例，可以分析该地区社会经济发展的程度等。

第二，将现象的绝对差异抽象化，使原来不能直接对比的现象找到了对比的基础。由于不同企业(地区)的生产规模或经济条件不同，直接用总量指标比较、评价的意义不大。但用各自的计划完成程度、资金利润率、资金产值率、发展速度等相对指标进行比较，便可对其生产经营的结果做出合理的评价。

第三，相对指标说明现象的相对水平，表明现象的发展过程和程度，反映事物发展变化的趋势。例如，计算人均国民收入、人均钢铁产量等相对指标，可以反映一个国家或地区的国情、国力，表明经济实力的相对水平；用发展速度可以揭示经济发展变化的趋势和方向等。

二、相对指标的表现形式

相对指标的表现形式有两种：无名数和有名数。

(一)无名数

无名数又称不名数,是一种将对比的分子、分母的计量单位去掉,用抽象化的数值来表现的形式,是相对指标最常用的表现形式。无名数可用系数、倍数、成数、百分数、千分数等表示。系数和倍数是将分母指标数值抽象化为1来表明分子的相对程度是多少,当分子比分母大得多时用倍数表示;成数是将分母数值抽象化为10来表明分子的相对程度是多少,如粮食产量增加1成,即增产1/10;百分数是将分母数值抽象化为100来表明分子的相对程度是多少,是最常用的一种表现形式,其表示符号是"%";千分数和万分数是将分母数值抽象化为1 000或10 000来表明分子的相对程度是多少,千分数和万分数一般在分子比分母小得多时使用,以保持较高的精度,如人口增长率用千分数表示,每万人中的科技人员数用万分数表示。

(二)有名数

有名数是将对比的分子、分母的计量单位保留下来,用复合单位形式来表示。如人口密度指标以"人/平方千米"为单位,劳动力的动力装配程度指标以"千瓦/人"为单位等,用以表明事物的密度、强度和普遍程度。但也有一些有名数既不使用分子的计量单位,也不使用分母的计量单位,如商品流转速度指标以"次"或"天"为计量单位。

三、各种相对指标的计算和应用

由于研究问题的目的不同,计算相对指标所选择的比较基数就不同,进而产生了不同的相对指标。常用的相对指标有结构相对指标、比例相对指标、比较相对指标、强度相对指标、动态相对指标和计划完成程度相对指标六种,它们的作用各不相同。

(一)结构相对指标

1. 结构相对指标的含义

结构相对指标是将总体划分为若干个部分,然后以各部分的数值与总体全部数值对比而计算的比重或比率,用来反映总体内部构成状况的综合指标。其计算公式为

$$结构相对指标=\frac{总体某一部分数值}{总体全部数值}$$

结构相对指标以分组法为基础,指标数值一般采用百分数或成数表示。总体中各部分比重之和为100%或1。结构相对指标的分子或分母可以是总体单位数,也可以是标志总量。结构相对指标的分子、分母是不能互换的。

2. 结构相对指标的分析应用

(1)结构相对指标可以用于分析总体内部的构成情况,说明事物的性质和特征。在经济管理活动中,它常用于分析研究国民经济结构、人口构成、资产结构、筹资结构、成本结构等。

如某公司某年12月份职工文化程度构成情况如表5-1所示;某企业筹资结构如表5-2所示。

表 5-1　某年某企业职工文化程度构成

	研究生以上	本科	大专	中专	初中以下
占全部职工人数的比重/%	25.7	52.1	15.4	5.6	1.2

表 5-2　某企业筹资结构分析

筹资形式	金额/万元	结构比率/%
流动负债	30	15
长期负债	70	35
所有者权益	100	50
合计	200	100

从表 5-1 可以看出，该公司职工文化结构层次比较高，属于对文化程度要求较高的企业。

(2)结构相对指标可以用于分析资源利用率，挖掘利用潜力。

通过计算已利用的资源与全部资源的比率，来研究资源的利用率高低。例如：

$$出勤率=\frac{出勤工日(或出勤人数)}{制度工作工日(或职工人数)}\times100\%$$

$$设备利用率=\frac{实际使用设备数量}{现有设备数量}\times100\%$$

$$原材料利用率=\frac{消耗原材料数量}{产品数量}\times100\%$$

$$生产设备利用率=\frac{实际年产量}{生产能力}\times100\%$$

(3)结构相对指标可以用于分析事物普及率，研究某种事物的推广程度。

通过计算已普及数量与总体数量的比率，可以分析某事物在总体的普及率。例如：

$$市场占有率=\frac{某企业产品销售数量}{市场总需求量}\times100\%$$

$$产品保有率=\frac{已拥有某产品的消费数量}{全部消费者数量}\times100\%$$

$$森林覆盖率=\frac{森林面积}{国土面积}\times100\%$$

$$升学率=\frac{可升学人数}{全体学生人数}\times100\%$$

(4)结构相对指标可用于分析产品的质量高低。

通过计算合格品、废品、等级品与送检产品数量的比率等反映产品质量。例如：

$$合格率=\frac{合格产品数量}{送检产品数量}\times100\%$$

$$废品率=\frac{废品数量}{送检产品数量}\times100\%$$

$$等级率=\frac{等级品数量}{合格产品数量}\times100\%$$

(二)比例相对指标

比例相对指标是将总体划分为若干个部分,然后用总体中不同组成部分的指标数值进行对比而计算的综合指标,用以反映总体中各组成部分之间的数量联系程度和比例关系。其计算公式为

$$比例相对指标=\frac{总体中某一部分数值}{总体中另一部分数值}$$

比例相对指标可以用百分数表示,也可用比例的形式表示。例如,新生婴儿正常的性别比例是 105 ∶ 100。若采用百分数表示,就是新生婴儿中男性占 51.2%,女性占 48.8%。比例相对指标可以是总体中三个以上部分的数量对比,此时,比例相对指标表现为 $1:m:n$ 的连比形式。例如,2023 年全国货运总量中,铁路、水路、公路的货运量比例为 1 ∶ 1.87 ∶ 8.05。

比例相对指标与结构相对指标都是以统计分组法为基础的,两者都能反映总体内部的组成情况。所不同的是,结构相对指标以总体为对比的基础,将总体数据作为衡量各组成部分相对水平大小的标准;而比例相对指标则是以总体中某一个组成部分为对比基础,观察其他组成部分相对于该部分来说的相对水平大小,比例相对指标的分子与分母可以互换位置。

国民经济中有许多比例关系,如国民收入中积累与消费的比例关系、人口的性别比例关系、三次产业的比例关系、农业中农林牧渔的比例关系等,它们必须保持合理、协调的比例。可以通过分析这些比例关系,调整不合理的比例,使国民经济稳步协调地向前发展。可见,比例相对指标对于国民经济宏观调控具有重要意义。

(三)比较相对指标

比较相对指标是指不同单位(国家、地区)之间的同类指标对比的比值,用以反映不同国家、地区、单位之间经济发展不均衡的程度。其计算公式为

$$比较相对指标=\frac{甲单位的某一指标数值}{乙单位的同类指标数值}$$

比较相对指标一般用系数、倍数或百分数来表示。如 2019 年,浙江的人均国内生产总值(GDP)是四川人均 GDP 的 1.96 倍。

比较相对指标可以是绝对数的对比,也可以是相对数或平均数的对比。由于绝对数容易受总体空间范围的影响,因此计算比较相对指标的分子和分母多采用相对数或平均数。根据不同的研究目的,比较相对指标可以用于不同国家、地区、单位之间经济实力的比较,也可以用于先进与落后之间的比较,还可以用于实际水平与标准水平或平均水平的比较,从而找出差距,挖掘劳动潜力,提高工作质量,以促进经济的发展。一般情况下,比较相对指标的分子与分母可以对换位置。

(四)强度相对指标

1. 强度相对指标的含义

强度相对指标是两个性质不同而有一定联系的总量指标对比的比值,用以反映社会经济现象的发展强度、效率、效益、密度和普遍程度等。其计算公式为

$$强度相对指标=\frac{某一总量指标数值}{另一性质不同而有联系的总量指标数值}$$

强度相对指标一般以有名数表示，如人均粮食产量用“千克/人”，人口密度用“人/平方千米”等。有时也用百分数或千分数表示，如资金利税率、商品流通费用率、人口出生率等。

有些强度相对指标的分子和分母可以互换位置，从而形成了正强度相对指标和逆强度相对指标两种计算形式。正指标数值越大，表明所研究的经济现象分布越密，实力越强，强度和普遍程度越高；逆指标数值越大，表明经济现象的分布越疏，实力越弱，强度和普遍程度越低。例如，反映卫生事业对居民服务保证程度的正、逆指标分别为

$$每千人口的医院床位数=\frac{医院床位数(张)}{人口数(千人)}$$

$$每张医院床位负担的人口数=\frac{人口数(人)}{医院床位数(张)}$$

在实际工作中，一般根据指标对比的经济意义以及传统习惯用法，只选择一种形式。

2. 强度相对指标的应用

强度相对指标是重要的统计分析指标，可以反映一个国家或地区的经济实力，如人均国内生产总值、人均主要产品产量等；还可以反映一个部门为社会服务的能力，如医疗网密度、商业网点密度等；强度相对指标还用于反映生产的条件或效果，如以生产条件相互对比而计算的各种装备程度指标，又如将生产成果与生产条件对比计算的各种效率（效益）指标等。

（1）经济效益分析

经济效益就是投入与产出的对比关系，即投入产出率，反映生产要素投入的效益。其常见的分析指标有

$$成本费用利润率=\frac{利润总额}{成本费用总额}\times100\%$$

$$总资产利润率=\frac{本期净利润}{本期平均资产总额}\times100\%$$

$$资本收益率=\frac{净利润}{资本金总额}\times100\%$$

$$投资收益率=\frac{年平均净利润}{投资占用额}\times100\%$$

（2）经营能力分析

在企业财务分析中，资金营运能力和偿债能力分析就是运用强度相对指标进行分析的。反映资金营运能力即资金周转速度的指标有

$$存货周转率=\frac{销售成本}{存货平均余额}$$

$$应收账款周转率=\frac{赊销收入}{应收账款平均余额}$$

$$流动资产周转率=\frac{销售收入}{流动资产平均余额}$$

反映偿债能力的关系的指标有

$$资产负债率=\frac{负债总额}{资产总额}\times100\%$$

$$速动比率=\frac{速动资产}{流动负债}\times100\%$$

3. 经济实力强弱分析

反映一个国家或地区经济实力的强弱，一般用人均生产成果（产值或产量）来分析。根据生产成果与人口的对比，可以反映经济发达程度。例如：

$$人均国内生产总值=\frac{国内生产总值}{人口数}$$

$$人均钢产量=\frac{钢产量}{人口数}$$

$$人均粮食占有量=\frac{粮食总产量}{人口数}$$

4. 现代化水平分析

分析一个地区的现代化水平，常采用反映密度的关系比率来说明。密度越高，说明现代化水平越高。例如：

$$千人病床数=\frac{病床张数}{人口数（千人）}$$

$$商业网点密度=\frac{商业网点数}{人口数（千人）}$$

$$农业机械化程度=\frac{农机总动力}{耕地面积}$$

（五）动态相对指标

动态相对指标是将不同时间的同类指标数值进行对比而计算的综合指标，用以反映社会经济现象在不同时间上发展变化的程度，又称为发展速度。通常将研究、分析的时期称为报告期，为研究报告期的发展状况而选作比较基础的时期称为基期。动态相对指标的计算公式为

$$动态相对指标=\frac{报告期指标数值}{基期指标数值}$$

动态相对指标通常以百分数表示，当分子比分母大得多时，也用倍数表示。动态相对指标的分子和分母不可以互换位置。

例如，某企业 2008 年实现营业收入 1 600 万元，2009 年实现营业收入 2 080 万元，则

$$动态相对指标=\frac{2\ 080}{1\ 600}\times100\%=130\%$$

计算结果表明，该企业 2009 年营业收入比 2008 年增长了 30%，说明企业的营业收入 2009 年较 2008 年有较大幅度的增长，企业在增收方面取得了较好的成绩。在实际工作中，动态相对指标的运用非常广泛，详细内容将在动态分析中介绍。

（六）计划完成程度相对指标

计划完成程度相对指标是将某一时期的实际完成数与计划数进行对比的比值，用以

检查和监督计划的执行情况。其基本公式为

$$计划完成程度相对指标=\frac{实际完成数}{计划数}\times 100\%$$

计划完成程度指标一般以百分数表示,所以又称为计划完成百分数或计划完成百分比。

由于计划期有长有短,下达的任务数有各种不同的表现形式,计划完成程度指标的具体计算方法也各不相同。下面分别做详细介绍。

1. 短期计划执行任务的检查

短期计划指计划期相对较短的计划任务,如年度计划、季度计划、月度计划、旬计划、周计划等。由于计划任务的表现形式不同,短期计划执行情况的考核方法有以下两种:

(1)当计划任务为绝对数时,实际完成数也相应地表现为绝对数

不同的考核目的,产生了两种不同的具体计算方法:

第一,全期计划的考核。它是指以整个计划期为考核期,考察全期计划完成与否。具体计划公式为

$$计划完成程度指标=\frac{实际完成数}{同期计划数}\times 100\%$$

上式中,分子和分母相减表示超额完成计划的绝对效果。

例如,某企业某月产品产量计划为530万吨,该月的实际产量为545万吨,则产量计划完成程度为

$$计划完成程度指标=\frac{计划期实际完成数}{计划期计划数}\times 100\%=\frac{545}{530}\times 100\%=102.8\%$$

即该企业某月产品产量计划完成程度为102.8%,产品产量计划超额完成了2.8%。

第二,计划执行进度的考核。它是指以计划期内的某一段时间为考核期,考察该段时间完成全期计划任务的程度。这种方法多用于逐日、逐旬、逐月或逐季考核和控制生产计划的执行进度。其计算公式为

$$计划执行进度指标=\frac{期初累计至本期止的实际完成数}{全期计划数}\times 100\%$$

上式中,"期初累计至本期止"是指从计划期的期初开始,到计划期内某一观察时间为止的一段时期。由于这段时期比计划期短,所以考核结果不能以100%为是否完成计划的标准,而应遵循"任务与时间同步"的原则,以时间进度作为考核标准。比如,1~6月累计应完成全年计划的50%,1~9月累计应完成全年计划的75%等。

例如,某商业企业计划全年完成销售额1 250万元,在计划执行过程中,1~9月份实际累计完成销售额950万元,则该企业销售额计划完成进度为

$$计划执行进度指标=\frac{950}{1\ 250}\times 100\%=76\%$$

即该企业1~9月份的销售额计划执行进度为76%,超额完成1%。其销售额的计划执行进度是合适的,若继续保持这种状况,年底能够圆满完成计划任务。

(2)计划数为动态相对数时计划完成程度指标的计算

在实际工作中,也可以用提高或降低的百分比来规定计划任务。比如,产品产量计

划提高百分之几，某产品单位成本计划降低百分之几等。其计划完成程度指标为

$$计划完成程度指标=\frac{1\pm实际提高(降低)率}{1\pm计划提高(降低)率}\times100\%$$

例如，某企业计划规定产品产量比上年提高5%，单位成本比上年降低2.5%。实际产品产量比上年提高了6%，单位成本比上年降低了3.2%。则

$$产品产量计划完成程度指标=\frac{1+6\%}{1+5\%}\times100\%=101\%$$

$$单位成本计划完成程度指标=\frac{1-3.2\%}{1-2.5\%}\times100\%=99.3\%$$

即该企业产品产量计划完成程度为101%，超额完成了1%；单位成本完成计划99.3%，超额完成计划0.7%。

在实际工作中，由于人们对经济指标的要求不同，对计划完成程度指标的评价也不相同。对于像产量、利润、劳动生产率等越高越好的指标，计划任务一般以最低限额规定，则计算出的计划完成程度指标以等于或大于100%为完成或超额完成计划，小于100%为没完成计划；对于像单位成本、流动资金周转天数等越小越好的指标，则计划任务一般以最高限额规定，计算的计划完成程度指标以等于或小于100%为完成或超额完成计划，大于100%为没完成计划。

2. 中、长期计划执行任务的检查

中、长期计划是指计划期超过一年的计划，比如，三年计划、五年计划、十年计划等。

中、长期计划任务的下达有两种形式：一种是规定计划期内应完成的累计总量，另一种是规定计划期末应达到的水平。相应地，考核长期计划执行情况的方法就有累计法、水平法两种。

(1)累计法

当计划任务是整个计划期内累计应完成的总量下达时，采用累计法来考核长期计划的完成情况。其计算公式为

$$计划完成程度指标=\frac{计划期实际完成累计数}{计划期计划规定累计数}\times100\%$$

采用累计法考核长期计划执行情况时，如果从计划期的期初开始累计至计划期内某一时间为止的实际数达到了计划规定的累计数，那就算完成了计划，以后至计划期末所剩的时间为提前完成计划的时间。

例如，某地区"十五"时期计划固定资产投资1 200亿元，实际上自2018年年初至2023年4月底累计完成固定资产投资已达到1 200亿元，至2023年年底累计完成1 320亿元。则该地区固定资产投资计划完成程度为

$$计划完成程度指标=\frac{1\ 320}{1\ 200}\times100\%=110\%$$

即该地区"十五"时期固定资产投资计划超额完成了10%，提前完成计划的时间为8个月。

(2)水平法

当计划任务是以计划期末年应达到的水平规定时，采用水平法考核长期计划的完成

情况。其计算公式为

$$计划完成程度指标=\frac{计划期末年实际达到的水平}{计划规定的末年水平}\times 100\%$$

按水平法计算长期计划的执行情况时，只要是在连续一年（可以跨年度，连续 12 个月即可）的时间内，实际完成的年水平首次达到了计划规定的最后一年的水平，就算完成了计划，以后至计划期末所剩下的时间就是提前完成计划的时间。

例如，某企业"十五"计划规定产品年产量应达到 700 万吨，实际执行情况如表 5-3 所示。

表 5-3　某企业产品年产量实际执行情况　　单位：万吨

年份	2001	2002	2003	2004				2005			
				一季	二季	三季	四季	一季	二季	三季	四季
产量	609	620	651	167	170	173	179	182	186	189	192

$$计划完成程度指标=\frac{182+186+189+192}{700}\times 100\%=107\%$$

由于自 2004 年第二季度至 2005 年第一季度首次达到 700 万吨的年计划水平，所以可以确定该企业提前三个季度完成了五年计划。

四、运用相对指标时应注意的问题

（一）正确选择对比基数

对比的基数是指相对指标的分母。由于相对指标是两个有联系的指标的对比，因此对比基数的选择关系到相对指标的计算结果是否具有实际意义。基数的选择必须从统计研究的目的出发，结合研究对象的性质、特点和现象之间的联系加以确定。

（二）保持对比指标数值的可比性

保持分子、分母的可比性是计算相对指标的基本前提。所谓可比性，是指对比的两个指标所包含的内容、范围、时间和计算方法等必须一致。这样的对比才符合统计研究的要求，对比的结果才能正确反映社会经济现象的本质特征。

如果两个指标在包含的内容、范围、时间或计算方法上没有可比性，就应该进行适当的调整。例如，比较两个国家的国内生产总值指标，由于该指标在各个国家的统计口径、计算价格、经济条件等方面存在着差别，所以不存在可比性。只有经过调整，才能进行对比。

（三）相对指标和总量指标结合运用

总量指标反映现象的规模和水平，但是不能直接对比，且无法揭示现象之间的联系和差异。相对指标可以反映现象之间的联系和对比关系，具有可比性，但是把现象的绝对水平抽象化了，从而掩盖了现象间绝对量的差别。因此，在许多场合利用相对指标进行统计分析时，必须与计算相对指标所依据的绝对水平联系起来进行考察，才能对客观事物有一个全面、正确的认识。

相对数的大小直接受基数大小的影响，往往在大的相对数的背后，其绝对数很小，而在小的相对数的背后却可能隐藏着较大的绝对数，这是由其对比基数的不同造成的。因此，在统计分析中，我们不仅要看相对数的大小，也要看绝对数的多少，具体而又全面地认识事物的特征。

（四）各种相对指标要结合运用

社会经济现象是多方面的、复杂的。一个相对指标只能反映现象在某一方面的特征，要从不同的方面研究现象的特征，应根据统计研究的目的，将各种相对指标结合起来运用，对事物进行纵向、横向等多方面的对比分析。比如，我们在研究某个地区的经济发展情况时，既可以与计划比，研究其计划完成情况；也可以与上期比，研究发展速度；还可以与其他地区比，找出差距。把各种相对指标结合起来进行观察，就能较全面地说明该地区经济发展各方面的情况。

【思考题】

1. 什么是总量指标？它在统计工作中有何作用？
2. 总量指标如何分类？
3. 时期指标与时点指标相比各有什么特点？
4. 什么是相对指标？它包括哪些种类？其计量形式有哪几种？
5. 结构相对指标与比例相对指标有何关系？
6. 运用相对指标时应注意哪些问题？

【练习题】

一、单项选择题

1. 总量指标（　　）。

A. 有计量单位　　B. 没有计量单位

C. 有的有计量单位，有的无计量单位　　D. 只有复合计量单位

答案：（A）。

2. 在相对指标中，主要用有名数表示的指标是（　　）。

A. 结构相对指标　　B. 比例相对指标

C. 强度相对指标　　D. 动态相对指标

答案：（C）。

3. 在相对指标中，分子与分母不可以互换位置的指标是（　　）。

A. 结构相对指标　　B. 比例相对指标

C. 比较相对指标　　D. 强度相对指标

答案：（A）。

4. 我国第六次全国人口普查结果显示，我国男女之间的比例是51.27∶48.73，这个指标是（　　）。

A. 结构相对指标　　B. 比例相对指标

C. 强度相对指标　　D. 比较相对指标

答案：（B）。

5. 在五年计划中,用水平法检查计划完成程度适用于(　　)。

A. 规定第五年年初应达到的水平

B. 规定第五年年末应达到的水平

C. 规定五年内应完成的累计水平

D. 规定五年内任何一年应完成的水平

答案:(B)。

二、实务题

1. 甲、乙两地某年有下表所示资料:

甲乙两地经济状况资料

	甲地	乙地
工业总产值/万元	18 000	15 000
粮食产量/万千克	1 600	2 100
GDP/万元	34 000	36 000
人口数/万人	2	3

要求:分析比较两地的经济状况,并指出两地的相对差距。

2. 某企业若干年的销售额资料如下表所示:

某企业若干年的销售额资料

年份	2001	2002	2003	2004	2005
销售额/万元	500	550	600	660	720

要求:分析销售额逐年增长速度,并说明销售额的变化趋势。

3. 某公司下属三个分公司 2023 年有关销售额资料如下:

某公司下属三个分公司 2023 年有关销售额资料

部门	2023 年实际		2023 年计划		计划完成百分比/%	2022 年实际销售额/万元	2023 年销售额为 2022 年的百分比/%
	销售额/万元	比重/%	销售额/万元	比重/%			
甲	—	30	—	—	102	—	—
乙	400	—	437	—	—	—	115
丙	—	—	—	—	95	900	—
合计	2 000	—	—	—	—	1 840	—

要求:填写表中所缺数值,并指出表中的相对指标为何种相对指标。

4. 某市 2023 年人口为 100 万人,商业网点有 400 个,医生人数为 2 000 人。根据资料计算:

(1)商业网点密度的正指标和逆指标;

(2)医生密度的正指标和逆指标。

5. 某企业 2022 年某产品单位成本为 500 元，计划规定 2023 年成本降低 6%，实际降低 8%。试计算 2023 年单位成本的计划数与实际数，并计算成本降低计划完成程度指标。

6. 某企业计划 2020—2024 年基本建设投资总额为 2 500 万元，实际执行情况如下表所示：

实际执行情况

年份	2020	2021	2022	2023	2024			
					一季度	二季度	三季度	四季度
投资额/万元	480	508	600	612	120	180	250	150

试从相对数和时间两方面分析该企业基本建设投资总额计划完成情况。

7. 某冰箱厂要求五年计划最后一年产量达到 400 万台，该冰箱厂在五年计划最后一年的每月实际产量(单位:万台)如下：

五年计划最后一年的每月实际产量

月份	1	2	3	4	5	6	7	8	9	10	11	12
第五年/万台	34	35	36	38	39	40	41	42	44	44	44	47

要求：根据表列资料计算该冰箱厂五年计划完成程度。

第六章　集中趋势和离散程度的测定

第一节　平均指标的意义

一、平均指标的概念

总体各单位标志值的分布有两种趋势：一种是集中趋势；另一种是离散趋势。对集中趋势的测定在统计学中也称为平均指标。平均指标是同质总体各单位某一数量标志值在一定时间、地点条件下所达到的一般水平或代表值，其表现形式为平均数，可以用来反映标志值的一般水平或集中趋势。例如，对某地区居民某年收入水平进行平均，得到人均收入水平指标，反映了该地区居民某年生活收入的一般水平；将某单位职工工资进行平均，可以反映该单位职工工资的一般水平。

在统计所研究的社会经济现象总体中，各单位的数量标志表现在客观上总是参差不齐，存在着差异。平均指标是通过平均，将总体各单位数量标志值之间的差异抽象化，反映出社会经济现象总体各单位数量标志的一般水平。

从多数社会经济现象的变量数列分布情况看，越接近平均指标的标志值出现的次数越多，越远离平均指标的标志值出现的次数越少。变量值以平均数为中心上下波动，分布从两边向中间集中，因此平均数反映了总体标志值的集中趋势。平均数值的大小是有条件的，条件发生变化，平均数值也发生变化，但现象变动的集中趋势则是不变的，是始终存在的。

二、平均指标的作用

1. 平均指标作为总体各单位标志的一般水平和代表值

平均指标最基本的作用是作为总体各单位标志的一般水平和代表值。平均指标将总体各单位数量标志的差异抽象化了，用一个综合性的指标概括性地说明总体数量标志的一般水平或代表值。比如，用某地区职工年平均工资代表该地区职工的收入水平，给人以概括性的、深刻的印象。

2. 平均指标用于对同类现象的水平在不同空间进行对比

平均指标用于对同类现象的水平在不同空间进行对比，从而反映同类现象在不同地区、单位之间的差异程度。比如，比较某一时间不同地区职工平均工资，可以反映出不同地区之间职工工资水平的差异，以及不同地区之间经济发展的不平衡程度。

3. 平均指标用于比较现象在不同时间所达到的一般水平

平均指标可以用于比较现象在不同时间所达到的一般水平，从而反映现象发展变化的过程和趋势。比如，比较某地区居民家庭在不同时期平均每人年消费支出，可以反映该地区居民消费水平变动的趋势。

4. 平均指标用于分析现象之间的依存关系

在对社会经济现象进行统计分组的基础上，结合平均指标，可以分析现象之间存在的相互依存关系。比如，农作物亩产量与施肥量之间的依存关系，产品单位成本与产品产量之间的依存关系等，都需要借助平均指标进行分析。

三、平均指标的种类

（一）按计算方法分为数值平均数和位置平均数

1. 数值平均数

数值平均数就是根据总体各单位所有标志值计算的平均数，包括算术平均数、调和平均数、几何平均数。

2. 位置平均数

位置平均数就是根据标志值在变量数列中所处的特殊位置来确定的平均数，包括中位数和众数。

（二）按时间状况分为静态平均数和动态平均数

1. 静态平均数

将同一时间总体各单位的数量加以平均所得到的平均指标，称为静态平均指标。本章平均指标的含义则是从这一意义上表述的。

2. 动态平均数

将同类事物不同时间的数量加以平均所得到的平均指标，称为动态平均指标，又称序时平均数。

第二节　算术平均数

一、算术平均数的计算方法

（一）算术平均数的基本公式

算术平均数是最常用的平均指标，是通过将总体各单位数量标志值的总和除以总体单位总数来计算的。其基本公式为

$$算术平均数=\frac{总体标志总量}{总体单位总量}$$

在掌握了总体标志总量（或各组的标志总量）及总体单位总数的总量指标之后，可直接采用此公式计算算术平均数。计算时要注意分子和分母在总体范围要有可比性，两者必须属于同一总体或标志总量附属于总体单位总数，各标志值和各单位之间必须是一一

对应的；否则，计算出来的平均指标就会失去它应有的含义。这也是与强度相对指标的重要区别。强度相对指标虽然也是两个总量指标之比，但是，它是两个性质不同而又有联系的总量指标之比。强度相对指标的分子、分母是两个不同总体现象的总量，不存在各标志值与各总体单位的对应问题。例如，某年某地平均人口数为 8 151. 3 万人，国内生产总值（按当年价格计算）为 7 385. 1 亿元，则人均国内生产总值约为 9 060 元/人。这里，分子、分母有着密切联系，但并不反映该地区的每个人都具有国内生产总值这一标志值，所以人均国内生产总值是一个强度相对指标。

在实际工作中，很多时候不能直接取得总体标志总量和总体单位总数的资料，这就需要根据掌握的资料的不同，采用不同的计算方法。

（二）简单算术平均数

根据未分组的原始资料计算平均数时，只需将总体各单位的标志值直接相加得到标志总量再除以总体单位总数即可。按这种方法计算的平均数称为简单算术平均法。其计算公式为

$$\bar{x} = \frac{x_1 + x_2 + x_3 + \cdots + x_n}{n} = \frac{\sum x}{n}$$

式中：$\bar{x}$ 代表算术平均数；

x 代表各单位标志值（取值为 $x_1, x_2, x_3, \cdots, x_n$）；

n 代表总体单位数；

$\sum$ 是求和符号。

【例 6-1】某企业职工工资情况如表 6-1 所示，计算其平均工资。

表 6-1　某企业职工工资情况

姓名	工资额/元	姓名	工资额/元
高进	1 250	刘国良	2 504
王光	1 876	贾克平	1 876
张吉平	1 920	章忠国	2 660
赵光龙	2 106	李云	2 106
牛志成	1 163		
田民	1 250	合计	18 711

$$平均工资\ \bar{x} = \frac{\sum x}{n} = \frac{18\ 711}{10} = 1\ 871.1(元)$$

计算结果表明，简单算术平均数的大小只受各单位标志值大小一个因素的影响。

（三）加权算术平均数

如果总体按某一数量标志经过分组后形成变量数列，各个变量值出现的次数又不相同，那就要考虑次数的影响作用而采用加权算术平均数。须先将各组的变量值乘以该组的次数，得出各组的标志总量，再加总各组标志总量，得到总体标志总量，然后除以总体单位总量即可。

资料分组以后，平均指标的数值大小不仅受各组变量值的影响，而且受各组单位数的影响。在各组变量值既定的前提下，各组单位数的多少对平均指标的数值大小具有权

衡轻重的作用,统计上习惯把各组单位数(次数)称为权数。运用权数计算的算术平均数,称为加权算术平均数。其计算公式为

$$\bar{x}=\frac{x_1f_1+x_2f_2+\cdots+x_{n-1}f_{n-1}+x_nf_n}{f_1+f_2+\cdots+f_{n-1}+f_n}=\frac{\sum xf}{\sum f}$$

式中: f 代表权数(频数),即变量值出现的次数。

其余符号同前。

1. 根据单项变量数列计算加权算术平均数

【例 6-2】某车间 10 名工人生产某种产品的日产量资料整理如表 6-2 所示。

表 6-2 某车间工人生产某种产品日产量资料

日产量/件 x	工人数/人 f	日总产量/件 xf	工人数比重
17 18 19 20	2 3 4 1	34 54 76 20	0.2 0.3 0.4 0.1
合计	10	184	1.0

$$\bar{x}=\frac{\sum xf}{\sum f}=\frac{184}{10}=18.4(\text{件})$$

权数可以用绝对数来表示,称为频数;也可以用相对数(比重)来表示,称为频率。公式为权数比重的形式。一般来说,当权数以相对数表示时,可以利用权数比重的形式来计算平均数,即用标志值乘以相应的频率求得平均数,如表 6-3 所示。

表 6-3 某车间工人平均日产量计算

日产量/件 x	各组工人数占全部工人比重 $\frac{f}{\sum f}$	$x\cdot\frac{f}{\sum f}$
17 18 19 20	0.2 0.3 0.4 0.1	3.4 5.4 7.6 2.0
合计	1.0	18.4

$$\bar{x}=\frac{\sum xf}{\sum f}=\sum x\cdot\frac{f}{\sum f}=18.4(\text{件})$$

权数以绝对数表示和以相对数表示的计算结果是一样的。

权数对平均数的影响作用体现在其比重大小上。权数比重是权数的实质,即在各组变量值不变的情况下,权数比重不变,平均数则不变。权数比重变动,平均数则必然变动。如果表 6-2 中频数发生变化,但是比重不变,则情况如表 6-4 所示。

表 6-4 某车间工人平均日产量计算

日产量/件 x	工人数		日总产量/件 xf
	绝对数 f	比重 $f/\sum f$	
17	4	0.2	68
18	6	0.3	108
19	8	0.4	152
20	2	0.1	40
合计	20	1.0	368

$$\bar{x}=\frac{\sum xf}{\sum f}=\frac{368}{20}=18.4(\text{件})$$

计算出的算术平均数仍不变，这是因为权数比重未发生变化。

假如表 6-2 中各组权数比重发生了变化，那么计算的算术平均数也发生变化，如表 6-5所示。

表 6-5 某车间工人平均日产量计算表

日产量/件 x	工人数		日总产量/件 xf
	绝对数 f	比重 $f/\sum f$	
17	1	0.1	17
18	4	0.4	72
19	3	0.3	57
20	2	0.2	40
合计	10	1.0	186

$$\bar{x}=\frac{\sum xf}{\sum f}=\frac{186}{10}=18.6(\text{件})$$

权数具有权衡平均数大小的作用，是因为各组的权数不等。若各组权数都相等（被平均的各变量值的次数是一个常数），这时权数就失去了权衡轻重的作用。在这种情况下，可直接用简单算术平均数的方法计算平均数。这就说明了这两种平均数的主要区别是权数的作用是否存在。

简单算术平均数实际上是加权算术平均数的一种特例。也就是说，当各组权数相等时，加权算术平均数的形式就是简单算术平均数。用公式表示为

$$\text{若} f_1=f_2=\cdots=f_n,\text{则 } \bar{x}=\frac{\sum xf}{\sum f}=\frac{f\sum x}{nf}=\frac{\sum x}{n}$$

2. 根据组距变量数列计算加权算术平均数

根据组距数列计算加权算术平均数与单项数列只有一点不同，就是先求组中值，其

余的计算与单项数列的计算方法完全相同。由于组距数列每组不是一个具体的数值，而是一个区间，这时，我们用组中值作为各组的代表值（近似平均值）计算。

【例 6-3】某企业某月职工工资分组资料如表 6-6 所示，计算职工当月平均工资额。

表 6-6　某企业某月职工工资分组资料

月工资／元	组中值／元 x	人数／人 f	人数比重／% $\frac{f}{\sum f}$
1 200～<1 400	1 300	15	7.5
1 400～<1 600	1 500	45	22.5
1 600～<1 800	1 700	80	40
1 800～<2 000	1 900	50	25
2 000 及以上	2 100	10	5
合计	—	200	100

该企业职工某月平均工资为

$$\bar{x}=\frac{\sum xf}{\sum f}=\frac{1\,300\times15+1\,500\times45+1\,700\times80+1\,900\times50+2\,100\times10}{200}$$

$$=\frac{339\,000}{200}=1\,695(\text{元})$$

以上数列用频率计算平均数，则计算结果如下：

$$\bar{x}=\sum x\cdot\frac{f}{\sum f}$$

$$=(1\,300\times7.5\%+1\,500\times22.5\%+1\,700\times40\%+1\,900\times25\%+2\,100\times5\%)$$

$$=1\,695(\text{元})$$

二、算术平均数的数学性质

（一）各标志值与算术平均数的离差之和等于零

各标志值与算术平均数的离差之和等于零，即

对于未分组资料：$\sum(x-\bar{x})=0$

对于分组资料：$\sum(x-\bar{x})f=0$

（二）各个变量值与算术平均数的离差平方之和为最小值

各个变量值与算术平均数的离差平方之和为最小值，即

对于未分组资料：$\sum(x-\bar{x})^2\leqslant\sum(x-A)^2$

对于分组资料：$\sum(x-\bar{x})^2f\leqslant\sum(x-A)^2f$

式中：A 为任意数。

（三）算术平均数与总体单位数的乘积等于标志总量

简单算术平均数：$n\bar{x}=\sum x$

加权算术平均数：$\bar{x}\sum f=\sum xf$

（四）将各变量值都加上（或减去）常量 c，则算术平均数也加上（或减去）此常量 c

现以简单算术平均数为例：

$$\frac{\sum(x+c)}{n}=\frac{\sum x+\sum c}{n}=\frac{\sum x+nc}{n}=\bar{x}+c$$

（五）将各变量值都乘上（或除以）常量 c，则算术平均数也乘上（或除以）此常量 c

现以简单算术平均数为例：

$$\frac{\sum cx}{n}=\frac{c\sum x}{n}=c\bar{x}$$

第三节　调和平均数与几何平均数

一、调和平均数

调和平均数是指各变量值倒数的算术平均数的倒数，故又称倒数平均数，记作 H。根据所掌握的资料是否分组，调和平均数分为简单调和平均数与加权调和平均数两种计算形式。

（一）简单调和平均数

简单调和平均数是各总体单位标志值 x 的倒数的简单算术平均数的倒数。其计算公式为

$$H=\frac{1}{\dfrac{\frac{1}{x_1}+\frac{1}{x_2}+\cdots+\frac{1}{x_n}}{n}}=\frac{n}{\frac{1}{x_1}+\frac{1}{x_2}+\cdots+\frac{1}{x_n}}=\frac{n}{\sum\frac{1}{x}}$$

式中：H 代表调和平均数；

x 代表各变量值；

n 代表变量值的项数。

【例 6-4】某种农产品在三个农贸市场的价格分别为：甲市场 2 元/千克，乙市场 2.5 元/千克，丙市场 3 元/千克。现提出两个方面平均价格计算的论题：

（1）若分别在各市场购买了 1 千克，则该农产品平均价格是多少？

（2）若分别在各市场购买了 1 元，则该农产品平均价格是多少？

因为平均价格=购买金额÷购买数量，则

（1）平均价格 $\bar{x}=\frac{\sum x}{n}=\frac{2+2.5+3}{3}=2.5$（元）

这是简单算术平均数。

（2）平均价格 $H=\frac{n}{\sum\frac{1}{x}}=\frac{3}{\frac{1}{2}+\frac{1}{2.5}+\frac{1}{3}}\approx\frac{3}{1.23}\approx2.44$（元）

这是简单调和平均数。

上述两种计算结果表明各购买1千克的平均价格是2.5元,而各购买1元钱的平均价格是2.44元。

(二)加权调和平均数

当各个标志值相对应的标志总量不等时,则用加权调和平均数计算。它是以特定形式($m = xf$)为权数进行计算的。其计算公式为

$$H = \frac{1}{\dfrac{\dfrac{1}{x_1}m_1 + \dfrac{1}{x_2}m_2 + \cdots + \dfrac{1}{x_n}m_n}{m_1 + m_2 + \cdots + m_n}} = \frac{m_1 + m_2 + \cdots + m_n}{\dfrac{1}{x_1}m_1 + \dfrac{1}{x_2}m_2 + \cdots + \dfrac{1}{x_n}m_n} = \frac{\sum m}{\sum \dfrac{1}{x} \cdot m}$$

式中:x 代表各组变量值;

m 代表各组标志总量,即调和平均数的权数。

【例6-5】某商场上月分三批购进甲商品,每批购进价格和购进金额资料如表6-7所示,要求计算甲商品上月平均购进价格。

表6-7 甲商品购进价格和购进金额资料

批次	购进价格/元 x	购进金额/元 m	购进数量/件 m/x
第一批	34	9 520	280
第二批	36	12 960	360
第三批	37	7 252	196
合计	—	29 732	836

因为平均价格=购进总金额÷购进总数量,则

$$平均价格\ H = \frac{\sum m}{\sum \dfrac{m}{x}} = \frac{29\ 732}{836} \approx 35.6(元)$$

显然,本例中甲商品的平均购进价格的大小不仅受到各批购进价格 x 的影响,还受到各批购进金额 m 的影响。如果在某一价格购进的金额越多,则该价格对平均价格的影响就越大,即平均价格越靠近该价格水平;如果在某一价格购进的金额越少,则该价格对平均价格的影响就越小,即平均价格不会太靠近该价格水平。

在统计分析中,加权调和平均数经常作为加权算术平均数的一种变化形式来使用。加权算术平均数是以各组单位数(f)为权数,加权调和平均数则是以各组单位数(f)与各组标志值(x)的乘积即各组标志总量($m = xf$)为权数。加权调和平均数和加权算术平均数的关系如下:

$$H = \frac{\sum m}{\sum \dfrac{m}{x}} = \frac{\sum xf}{\sum \dfrac{xf}{x}} = \frac{\sum xf}{\sum f} = \bar{x}$$

加权算术平均数和加权调和平均数虽然计算形式不同,但其经济内容和实质是相同的。它们都是根据算术平均数的基本公式即总体标志总量除以总体单位总量来计算的。如果掌握基本公式分母方面(f)的资料,就采用加权算术平均数计算平均数;如果缺

乏基本公式分母方面的资料，而直接掌握基本公式分子方面($m=xf$)的资料，则采用加权调和平均数计算平均数。

二、几何平均数

几何平均数是 n 个变量值乘积的 n 次方根，记作 G 。

根据所掌握的资料是否分组，几何平均数的计算同样分为简单几何平均数和加权几何平均数两种形式。

(一) 简单几何平均数

计算中当每个变量值出现的次数为一次，则采用简单几何平均数。其计算公式为

$$G=\sqrt[n]{x_1\cdot x_2\cdot\cdots\cdot x_n}=\sqrt[n]{\Pi x}$$

式中：x 代表被平均的变量值；

Π 为连乘符号。

【例 6-6】某公司 2002 年的销售收入为 1 000 万元，2003 年与 2002 年相比增长率为 5%，2004 年与 2003 年相比增长率为 8%，2005 年与 2004 年相比增长率为 10%，求年平均增长率。

通过给出的数据可知，各年与前一年相比的比值(即发展速度)分别为 105%、108%、110%，则平均发展速度等于：

$$G_x=\sqrt[n]{x_1\cdot x_2\cdot\cdots\cdot x_n}=\sqrt[3]{105\%\times108\%\times110\%}=107.6\%$$

年平均增长率为 $107.6\%-100\%=7.6\%$。

(二) 加权几何平均数

当各个变量值的频数(权数)不同时，计算几何平均数应采用加权式。其计算公式为

$$G=\sqrt[f_1+f_2+\cdots+f_n]{x_1^{f_1}\cdot x_2^{f_2}\cdot\cdots\cdot x_n^{f_n}}=\sqrt[\Sigma f]{\Pi x^f}$$

式中：f 代表各个变量值出现的次数。

【例 6-7】投资银行某笔投资的年利率是按复利计算的，20 年的利率分配情况如表 6-8所示，求平均年利率。

表 6-8 某笔投资的年利率分配情况

年限	年利率/%	年本利率/%	年数/年
第 1 年	1	101	1
第 2 年至第 3 年	3	103	2
第 4 年至第 6 年	5	105	3
第 7 年至第 10 年	7	107	4
第 11 年至第 15 年	9	109	5
第 16 年至第 20 年	11	111	5
合计	—	—	20

按照上列公式用几何平均数求其平均的年本利率：

$$G=\sqrt[\Sigma f]{\Pi x^f}$$
$$=\sqrt[20]{1.01^1\times1.03^2\times1.05^3\times1.07^4\times1.09^5\times1.11^5}$$
$$=107.5\%$$

即20年的平均年利率为107.5% - 100% = 7.5%。

几何平均数的应用范围比较窄,通常用于计算比率或速度的平均数(当若干个比率或速度的乘积等于总比率或总速度时)。如果数列中有一个变量值等于零或负值,则无法计算几何平均数。

第四节　众数和中位数

算术平均数和调和平均数都是根据总体中各个标志值计算的数值平均数,其数值的大小容易受到极端标志值的影响。因此,当总体中出现极端标志值时,平均数的代表性就会受到影响。而众数和中位数是位置平均数,是根据标志值在次数分布数列中所处的特殊位置来确定的,不需要根据总体中各个标志值来计算,因而不受极端标志值的影响,众数和中位数作为标志值的代表值其代表性更好。所以,众数和中位数是算术平均数的补充形式。

一、众数

(一)众数的意义

众数,是总体中出现次数最多的那个标志值,也就是总体中最常见的、带有普遍意义的标志值,用 M_0 表示。在实际工作中,可以利用众数代替算术平均数来说明社会经济现象的一般水平。如集贸市场上,为了掌握某种商品的价格水平,可采用该商品成交数量最多的那个价格水平,即众数作为代表值,反映该种商品价格的一般水平。又如,像服装、鞋帽类的商品销售量最多的型号、尺寸就是该商品销售的众数,厂家可以据此安排生产,商家可以据此组织订货或进货。

如果在一个总体中,各个标志值出现的次数都是一样的,那就没有众数,这是众数与其他平均数及中位数的不同点。如果在一个总体中,两个标志值出现的次数都最多,就称为复众数。

(二)众数的确定与计算

1. 在单项数列中确定

对于单项式分组资料,众数的确定比较容易,出现次数最多的变量值即为众数。

【例6-8】农贸市场上某种农产品的价格和成交量资料如表6-9所示。

表6-9　某种农产品的价格和成交量资料

价格/元	成交量/千克
1.70	90
1.85	750
2.00	1 200
2.20	1 800
2.40	700
2.60	150
合计	4 690

表 6-9 中，由于该农产品在价格为 2.20 元时成交量最多，因此价格的众数 $M_0=2.20$ 元。这一价格可以用来代表该种农产品价格的一般水平。

2. 在组距数列中计算

首先将次数最多的那一组确定为众数所在组，其次按下限或上限公式求出众数的近似值。计算公式如下：

下限公式：$M_0=L+\frac{\Delta_1}{\Delta_1+\Delta_2}\times d$

上限公式：$M_0=U-\frac{\Delta_2}{\Delta_1+\Delta_2}\times d$

式中：M_0 表示众数；

L 表示众数组的下限；

U 表示众数组的上限；

d 表示众数组的组距；

Δ_1 表示众数组的次数 f_m 与其前一组的次数 f_{m-1} 之差（即 $\Delta_1=f_m-f_{m-1}$）；

Δ_2 表示众数组的次数 f_m 与其后一组的次数 f_{m+1} 之差（即 $\Delta_2=f_m-f_{m+1}$）。

【例 6-9】对某市某年城镇居民家庭年人均消费性支出进行抽样检查，有关资料如表 6-10所示，要求计算居民家庭年人均消费性支出的众数。

表 6-10　某市某年城镇居民家庭年人均消费性支出资料

年人均年消费性支出/元	家庭数/户
2 500 以下	54
2 500～<3 000	120
3 000～<3 500	322
3 500～<4 000	590
4 000～<4 500	1 120
4 500～<5 000	510
5 000～<5 500	198
5 500 及以上	86
合计	3 000

我们首先确定众数所在组，变量数列中 4 000～<4 500 元这一组家庭户数为 1 120，次数最多，故为众数组；其次用上限或下限公式求众数的近似值。

因为 $\Delta_1=f_m-f_{m-1}=1\ 120-590=530$，$\Delta_2=f_m-f_{m+1}=1\ 120-510=610$，则众数的近似值为：

下限公式：$M_0=4\ 000+\frac{530}{530+610}\times 500=4\ 000+232.46=4\ 232.46$（元）

上限公式：$M_0=4\ 500-\frac{610}{530+610}\times 500=4\ 500-267.54=4\ 232.46$（元）

从计算结果可以看出，众数只受出现次数最多的变量值影响，而不受其他变量值影响。因此当数列中出现极端变量值时，不会对众数产生影响，从而使众数作为总体各单位某一标志一般水平的代表性增强。但是众数的计算是有一定条件的，它适应于总体单位数较多，且标志值的分布有明显集中趋势的情况。对于总体单位数少以及标志值分布没有明显集中趋势的总体，众数的确定没有意义。

二、中位数

（一）中位数的意义

中位数是将总体各单位的数量标志值按大小顺序排列，居于中间位置的那个标志值就是中位数，用 M_e 表示。它将全部标志值分成两部分：一半标志值比它小，另一半标志值比它大。

中位数是位置平均数，它不受极端值的影响，在具有个别极大或极小标志值的分布数列中，中位数比算术平均数更具有代表性；当缺乏计量手段时，也可用中位数近似地代替算术平均数。如估计一群人的平均身高，而无测量身高的仪器，则可对人群依高低排队，排在队伍中间的人的身高就是平均身高的近似值。

中位数的计算一般分两步，首先确定中点位次，其次找出中点位次对应的标志值。

（二）中位数的确定与计算

1. 在未分组资料中确定

根据未分组资料确定中位数时，要先对资料进行排序，确定中位数的位次，然后确定中位数的具体数值。位次的确定公式为

$$中位数位次=\frac{n+1}{2}$$

式中：n 为数据的项数。

若 n 为奇数，则对应中位数位次那个变量值即为中位数；若 n 为偶数，则对应中位数位次左右相邻两个变量值的算术平均数即为中位数。

【例 6-10】某公司从销售部门和财务部门中分别随机抽取 7 名和 8 名员工，其年龄情况如下，计算这两组年龄的中位数。

销售部门：22　22　45　41　30　37　39

财务部门：33　47　51　41　23　29　32　37

先将上面的数据顺序排列，结果如下：

销售部门：22　22　30　37　39　41　45

财务部门：23　29　32　33　37　41　47　51

销售部门年龄中位数位次 $=\frac{7+1}{2}=4$，中位数即第 4 项数值，则

$$M_e=x_{(4)}=37（岁）$$

财务部门年龄中位数位次 $=\frac{8+1}{2}=4.5$，中位数即第 4、5 项数值的算术平均数，则

$$M_e=\frac{1}{2}[x_{(4)}+x_{(5)}]=\frac{1}{2}(33+37)=35（岁）$$

2. 在分组资料中计算

（1）单项式分组资料确定中位数。由于分组资料已经将各组标志值按大小顺序排列，所以在确定中位数时，首先根据公式 $\frac{\sum f}{2}$ 确定中点位次，其次根据向上累计次数或向

下累计次数确定中位数所在的组,该组的标志值即为中位数。

【例 6-11】某大学大三某班 50 名学生按年龄的分组资料如表 6-11 所示,确定该班学生年龄的中位数。

表 6-11　某班 50 名学生按年龄的分组资料

年龄/岁	人数/人	向上累计次数	向下累计次数
19	5	5	50
20	12	17	45
21	22	39	33
22	8	47	11
23	3	50	3
合计	50	—	—

中位数位次 $=\frac{50}{2}=25$ 项,由向上累计次数可看出,第二组累计次数为 17,小于 25;而第三组累计次数为 39,大于 25,说明中位数在第三组,该组对应的变量值 21 岁即该班学生年龄中位数。若由向下累计次数确定中位数所在的组,倒数第二组累计次数为 11,显然中位数不在该组;而倒数第三组累计次数为 33,说明中位数在倒数第三组,该组对应的变量值还是 21 岁,该班学生年龄中位数即 21 岁。

(2)组距式分组资料计算中位数。首先需确定中位数所在的组,方法与单项式分组资料相同,其次根据下限或上限公式求出中位数的近似值。计算公式如下:

$$\text{下限公式}:M_e = L + \frac{\frac{\sum f}{2} - S_{m-1}}{f_m} \times \mathrm{d}$$

$$\text{上限公式}:M_e = U - \frac{\frac{\sum f}{2} - S_{m+1}}{f_m} \times \mathrm{d}$$

式中:M_e 代表中位数;

L 代表中位数所在组的下限;

U 代表中位数所在组的上限;

$\sum f$ 代表总次数;

f_m 代表中位数组的次数;

d 代表中位数组的组距;

S_{m-1} 代表中位数组以前各组的累计次数;

S_{m+1} 代表中位数组以后各组的累计次数。

【例 6-12】根据表 6-10 所列某市某年城镇居民家庭人均消费支出抽样调查资料,居民家庭人均消费性支出的中位数计算过程如表 6-12 所示。

表 6-12　某市某年城镇居民家庭人均消费支出资料

全年人均消费性支出/元	家庭数/户	向上累计次数	向下累计次数
2 500 以下	54	54	3 000
2 500～<3 000	120	174	2 946
3 000～<3 500	322	496	2 826
3 500～<4 000	590	1 086	2 504
4 000～<4 500	1 120	2 206	1 914
4 500～<5 000	510	2 716	794
5 000～<5 500	198	2 914	284
5 500 及以上	86	3 000	86
合计	3 000	—	—

我们首先确定中位数所在组，中位数位次公式$=\frac{3\ 000}{2}=1\ 500$项，由向上（或向下）累计次数可判断中位数在4 000～<4 500这一组，其次用公式求中位数的近似值。

$$\text{下限公式：}M_e=4\ 000+\frac{\frac{3\ 000}{2}-1\ 086}{1\ 120}\times500=4\ 000+184.82=4\ 184.82(\text{元})$$

$$\text{上限公式：}M_e=4\ 500-\frac{\frac{3\ 000}{2}-794}{1\ 120}\times500=4\ 500-315.18=4\ 184.82(\text{元})$$

计算结果表明，中位数只受居于数列中点位置的变量值影响，而不受其他变量值影响。因此当数列中出现极端变量值时，中位数是不会受其影响的，从而使中位数作为总体各单位某一标志值一般水平的代表性增强。

第五节　标志变异指标

一、标志变异指标的概念和作用

（一）标志变异指标的概念

平均指标将总体各单位标志值的差异抽象化，反映总体标志值的一般水平和分布的集中趋势。但总体内各单位标志值是参差不齐的，它们分布在平均数的周围，呈现一种离中趋势或离散趋势，为了全面认识总体的数量特征，需要计算标志变异指标。所谓标志变异指标，就是反映总体各单位标志值差异程度或离散趋势的指标，也称标志变动度。标志变异指标与平均指标分别从两个侧面描述了总体分布的特征，是人们了解和掌握总体分布性质的基本着眼点。

（二）标志变异指标的作用

1. 说明平均数对标志值的代表性

平均数作为总体某一数量标志值的代表值，其代表性取决于总体各单位数量标志值的差异程度。总体各单位数量标志值的差异大，说明该总体平均数的代表性差；总体各单位数量标志值差异小，则说明该总体平均数的代表性好。

例如,某车间两个小组工人的月工资资料如下(单位:元):

甲组:800　　900　　1 000　　1 100　　1 200

乙组:900　　950　　1 000　　1 050　　1 100

这两个小组工人的月平均工资都是1 000元,但各组工人工资的差异程度不同:甲组工人工资每人相差100元,乙组只相差50元。因而,这两个小组工人的平均工资所具有的代表性也不同:甲组各工人工资额的差异较大,其平均数的代表性就差;乙组各工人工资额的差异较小,其平均数的代表性就强。

2. 反映均衡性、稳定性

标志变异指标可以反映事物发展的均衡性、稳定性:标志变异指标越小,说明事物的稳定性和均衡性越好;标志变异指标越大,说明事物的稳定性和均衡性越差。因此,运用标志变异指标可以分析考察经济发展的稳定性、生产的均衡性等。如物资供应是否按时有序地进行;产品质量是否稳定在允许范围之内;商品销售计划执行情况是否均衡。

3. 反映经济风险

风险就是收益的不稳定性,如果收益差异大,就说明收益不稳定,也就是风险大;如果收益差异小,说明收益稳定,风险小。标志变异指标常用来分析投资风险、经营风险等各种风险问题。

4. 衡量估计误差大小

估计误差包括以样本值估计总体数值的误差和预测值与实际值的误差,估计误差的大小分析,就是用标志变异指标来分析衡量的。样本值与总体数值或估计值与实际值差异越大,估计的准确性就越差。

二、标志变异指标的计算

常用的标志变异指标有全距、平均差、方差和标准差、变异系数等,其中标准差的应用最为广泛。

(一)全距

全距是指总体各单位标志值中最大标志值与最小标志值之差,用 R 表示。由于全距是两个极端数值之差,所以又称为极差。它表明总体各单位标志值变动的范围,R 越大,表明标志值变动的范围越大,即各单位标志值的差异越大。

【例6-13】某品牌电脑销售代理商欲根据1~6月份电脑销售情况在甲城市和乙城市中选择一处建立电脑销售总部。销售量情况如下(单位:台):

甲城:1 200　　1 250　　1 280　　1 300　　1 350　　1 420

乙城:1 000　　1 300　　1 780　　1 120　　1 350　　1 250

$$\bar{x}_{甲}=\bar{x}_{乙}=1\ 300(台)$$

$$R_{甲}=1\ 420-1\ 200=220(台)$$

$$R_{乙}=1\ 780-1\ 000=780(台)$$

甲、乙两城1~6月份的平均电脑销售量都是1 300台,但乙城的全距明显大于甲城,所以 $\bar{x}_{甲}$ 的代表性更强,说明甲城的电脑销售情况更稳定和均衡,更适宜建电脑销售总部。

对于组距式数列,全距的近似值为最大组的上限与最小组的下限之差,它比实际的全距要大一些。

全距的计算简便，易于理解，但其数值大小只受极端变量值的影响，没有考虑其他变量值的差异程度，因此不能全面反映总体各单位标志值之间真实的差异程度。在实际工作中，全距可以用于检查产品质量的稳定性和质量控制等方面。

（二）平均差

1. 平均差的意义

平均差是总体各单位标志值与其算术平均数离差绝对值的算术平均数，又称平均离差，用 $A.D$ 表示。平均差是各标志值对平均数的平均距离，其数值越大，说明标志值的差异程度越大，各标志值的分布也越离散。

2. 平均差的计算

根据掌握资料的不同，平均差有简单平均法和加权平均法两种计算方法。

（1）简单平均法

对于未分组资料，采用简单平均法。其计算公式为

$$A.D=\frac{\sum|x-\bar{x}|}{n}$$

【例 6-14】仍以例 6-13 中甲、乙两城的电脑销售为例，平均差的计算过程如表 6-13 所示。

表 6-13　平均差计算

甲城			乙城		
销售量／台 x	$x-\bar{x}$	$\|x-\bar{x}\|$	销售量／台 x	$x-\bar{x}$	$\|x-\bar{x}\|$
1 200	−100	100	1 000	−300	300
1 250	−50	50	1 120	−180	180
1 280	−20	20	1 250	−50	50
1 300	0	0	1 300	0	0
1 350	50	50	1 350	50	50
1 420	120	120	1 780	480	480
合计	0	340	合计	0	1 060

$$A.D_{甲}=\frac{\sum(|x-\bar{x}|)}{n}=\frac{340}{6}\approx 56.7(台)$$

$$A.D_{乙}=\frac{\sum(|x-\bar{x}|)}{n}=\frac{1\ 060}{6}\approx 176.7(台)$$

$\bar{x}_{甲}=\bar{x}_{乙}$，而 $A.D_{甲}<A.D_{乙}$，所以甲城的平均电脑销售量的代表性高于乙城，说明甲城电脑销售情况较乙城更稳定和均衡，更适宜建电脑销售总部。

（2）加权平均法

对于分组资料，应采用加权平均法。其计算公式为

$$A.D=\frac{\sum|x-\bar{x}|f}{\sum f}$$

【例 6-15】某连锁公司对其分布于各地的 300 家连锁店的月销售额进行调查，以分

析销售额的一般水平和离散程度,销售额资料如表 6-14 所示。

表 6-14　连锁店商品销售额平均差计算表

按销售额分组/万元	连锁店/个 f	组中值 x	xf	$x-\bar{x}$	$\lvert x-\bar{x}\rvert$	$\lvert x-\bar{x}\rvert f$
80~100	10	90	900	-123	123	1 230
100~<150	25	125	3 125	-88	88	2 200
150~<200	60	175	10 500	-38	38	2 280
200~<250	140	225	31 500	12	12	1 680
250 及以上	65	275	17 875	62	62	4 030
合计	300	—	63 900	—	—	11 420

$$\bar{x}=\frac{\sum xf}{\sum f}=\frac{63\ 900}{300}=213(\text{万元})$$

$$A.D=\frac{\sum \lvert x-\bar{x}\rvert f}{\sum f}=\frac{11\ 420}{300}\approx 38.1(\text{万元})$$

计算结果表明,各连锁店的销售额与总平均销售额的平均差为 38.1 万元。

3. 平均差的优点及局限性

平均差是根据总体内全部标志值计算的,考虑了各个标志值的差异,具有充分的代表性,弥补了全距的不足。但是,由于平均差是通过取绝对值的办法来消除离差的正负号,这不符合数学处理的要求,有碍于用它来作进一步的统计分析,所以在实际应用中受到很大的限制。

(三)标准差

1. 标准差的意义

标准差是总体各单位标志值与其算术平均数的离差平方和的平均数的平方根。标准差又称均方差,用 σ 表示。方差是总体各单位标志值与其算术平均数的离差平方和的平均数,用 σ^2 表示。其计量单位与标准差的计量单位相同。

2. 标准差的计算

由于掌握的资料不同,标准差的计算有简单平均法和加权平均法两种。

(1)简单平均法。根据未分组资料计算,是将总体各单位标志值与其算术平均数的离差平方求和,除以标志值个数后再开平方。其计算公式为

$$\sigma=\sqrt{\frac{\sum(x-\bar{x})^2}{n}}$$

【例 6-16】现仍以例 6-13 中甲、乙两城的电脑销售资料为例,说明标准差的计算方法,如表 6-15 所示。

表 6-15　电脑销售量标准差计算

$\bar{x}_甲 = \bar{x}_乙 = 1\ 300$ 台

甲城			乙城		
销售量／台 x	$x-\bar{x}$	$(x-\bar{x})^2$	销售量／台 x	$x-\bar{x}$	$(x-\bar{x})^2$
1 200	－100	10 000	1 000	－300	90 000
1 250	－50	2 500	1 120	－180	32 400
1 280	－20	400	1 250	－50	2 500
1 300	0	0	1 300	0	0
1 350	50	2 500	1 350	50	2 500
1 420	120	14 400	1 780	480	230 400
合计	0	29 800	合计	0	357 800

$$\sigma_甲 = \sqrt{\frac{\sum (x-\bar{x})^2}{n}} = \sqrt{\frac{29\ 800}{6}} \approx 70.5(台)$$

$$\sigma_乙 = \sqrt{\frac{\sum (x-\bar{x})^2}{n}} = \sqrt{\frac{357\ 800}{6}} \approx 244.2(台)$$

$\bar{x}_甲 = \bar{x}_乙$，而 $\sigma_甲 < \sigma_乙$，故甲城的电脑平均销售量代表性大，更适宜建电脑销售总部。

（2）加权平均法。根据分组资料计算标准差采用加权平均法。其计算公式为

$$\sigma = \sqrt{\frac{\sum (x-\bar{x})^2 f}{\sum f}}$$

【例 6-17】现以例 6-14 某连锁公司销售额资料为例说明加权式标准差的计算方法，如表 6-16 所示。

表 6-16　连锁店商品销售额标准差计算

按销售额分组／万元	连锁店／个 f	组中值 x	xf	$x-\bar{x}$	$(x-\bar{x})^2$	$(x-\bar{x})^2 f$
80～<100	10	90	900	−123	15 129	151 290
100～<150	25	125	3 125	−88	7 744	193 600
150～<200	60	175	10 500	−38	1 444	86 640
200～<250	140	225	31 500	12	144	20 160
250 及以上	65	275	17 875	62	3 844	249 860
合计	300	—	63 900	—	—	701 550

$$\bar{x} = \frac{\sum xf}{\sum f} = \frac{63\ 900}{300} = 213(万元)$$

$$\sigma = \sqrt{\frac{\sum (x-\bar{x})^2 f}{\sum f}} = \sqrt{\frac{701\ 550}{300}} \approx 48.4(万元)$$

该连锁公司 300 个连锁店销售额平均离差为 48.4 万元。

3. 标准差的优点及应用

标准差一方面具有平均差的优点，即它将总体中各单位标志值的差异全部包括在内，可以准确地反映总体的离散程度；同时还避免了求平均差时存在的取绝对值的问题，其采用平方的方法来消除各标志值与其平均数离差的正负号，更适合于代数运算等数学处理。由于标准差的这些优点，在实际工作中一般都采用它来测定总体的离散程度，其应用十分广泛。

但标准差都是用有名数表示的平均差异程度，数值大小除了受标志值差异程度的影响外，还受平均指标数值大小和计量单位两个因素的影响。当总体平均指标数值比较大时，标准差的数值也会大；反之，标准差的数值就会小。因此，在比较不同平均水平总体的变异程度时，就不能使用标准差，而应使用变异系数指标。

（四）是非标志的标准差

在统计分析中，经常把某种社会经济现象总体的全部单位划分为具有某种属性和不具有某种属性的两组。例如，是某商品的消费者或不是某商品的消费者的“是”与“非”；将学生按性别划分为“男生”和“女生”两组；将产品划分为“合格”与“不合格”两组；等等。由于这些反映单位属性或性质的标志不是数量标志，而是品质标志，且只有“是”与“非”两种表现，所以称之为“是非标志”，有时也称之为“交替标志”。在进行抽样推断时，是非标志的标准差有着重要的意义。

总体成数是指具有某种性质或属性的单位数占全部单位数的比重，反映数列“是”与“非”的构成。

若用 N 表示总体单位数，N_1 表示具有某种属性的单位数，N_0 表示不具有这种属性的单位数，则成数可表示为

$$P = \frac{N_1}{N}$$

$$Q = \frac{N_0}{N}$$

式中：P、Q 分别表示具有和不具有某种属性或性质的成数。

由于 $N = N_1 + N_0$，所以 $P + Q = 1$ 或 $Q = 1 - P$。

【例 6-18】某公司某月生产了一批彩电，共 1 000 台，其中合格产品有 975 台，不合格产品有 25 台，合格产品占全部产品的 97.5%，不合格产品占全部产品的 2.5%。这里，97.5%和 2.5%均为成数。

要计算是非标志的标准差，就要先计算是非标志的平均数。是非标志表现了现象质的差别，那么，计算其平均数时首先要把是非标志的标志表现进行量化处理。一般将具有某种属性或性质的标志取值 1，不具有某种属性或性质的标志取值 0（像前面例子中，用 1 代表合格，0 代表不合格）。其次以 1 和 0 作为变量值，计算其加权算术平均数，如表 6-17所示。

表 6-17　是非标志平均数计算

是非标志	标志值 x	单位数 f	成数 $\frac{f}{\sum f}$
是 非	1 0	N_1 N_0	P Q
合计	—	N	1

根据 $\bar{x}=\frac{\sum xf}{\sum f}$ 计算是非标志的平均数,即

$$\bar{x}=\frac{\sum xf}{\sum f}=\frac{1\times N_1+0\times N_0}{N_1+N_0}=\frac{N_1}{N}=P$$

由此可见,是非标志的平均数就是具有某种标志表现的单位数占总体单位数的比重,即成数 P 。如例 6-18 中合格产品率的平均数为 97.5%,不合格产品率的平均数为 2.5%。

根据前面标准差的计算方法,将成数标准差的计算公式推导如下:

$$\sigma_P=\sqrt{\frac{\sum(x-\bar{x})^2f}{\sum f}}=\sqrt{\frac{(1-P)^2N_1+(0-P)^2N_0}{N_1+N_0}}=\sqrt{(1-P)^2\frac{N_1}{N}+P^2\frac{N_0}{N}}$$
$$=\sqrt{(1-P)^2P+P^2(1-P)}=\sqrt{P(1-P)[(1-P)+P]}$$
$$=\sqrt{P(1-P)}$$

因此,是非标志的标准差为具有某种标志表现的成数 P 与不具有该标志表现的成数 $(1-P)$ 乘积的平方根。

当 $P=0.5$ 时,是非标志的标准差取最大值:

$$\sqrt{0.5\times0.5}=0.5$$

对于例 6-18,其是非标志的标准差为

$$\sigma_P=\sqrt{P(1-P)}=\sqrt{0.975\times0.025}=0.16$$

计算结果表明,这批彩电的平均合格率为 97.5%,标准差为 16%。

(五) 变异系数

全距、平均差和标准差都是反映总体各单位标志值差异程度的绝对指标。它们都有与平均数相同的计量单位,其数值大小不仅受各单位标志值间变异程度的影响,而且受平均数大小的影响。在两个变量数列的平均水平一致的情况下,可直接用反映总体各单位标志值差异程度的绝对指标进行比较,分析其标志差异程度。当对不同平均水平数列的标志变动程度进行分析研究时,不能直接用全距、平均差或标准差来比较它们的标志变动程度的大小,必须消除平均水平大小的影响,才能真正反映出不同水平的变量数列的离散程度。这就需要计算变异系数,即以标志变动程度与其相应的平均数的比值来表示,有全距系数、平均差系数、标准差系数。其中最常用的是标准差系数,用 V_σ 表示。其计算公式为

$$V_{\sigma} = \frac{\sigma}{\bar{x}} \times 100\%$$

【例 6-19】现有两个班学生统计学原理考试成绩分别为:甲班平均成绩 75 分,标准差 12.5 分;乙班平均成绩 80 分,标准差 13 分。试比较甲、乙两个班平均成绩代表性的大小。

因为甲、乙两个班平均成绩不相同,因此不能直接用标准差来比较,需要用标准差系数来比较。

$$V_{\sigma甲} = \frac{\sigma_{甲}}{\bar{x}_{甲}} \times 100\% = \frac{12.5}{75} \times 100\% \approx 16.7\%$$

$$V_{\sigma乙} = \frac{\sigma_{乙}}{\bar{x}_{乙}} \times 100\% = \frac{13}{80} \times 100\% \approx 16.3\%$$

由于 $V_{\sigma甲} > V_{\sigma乙}$,所以乙班平均成绩的代表性更大。

三、变异指标的应用

变异分析就是研究不同个体或不同条件下的数值差异大小。在经济活动分析中,它常用来分析个人收入水平的差异、投资风险、经营风险、财务风险、稳定性等问题。

(一)个体差异分析

个体差异分析是用来分析如职工工资的差异、个人收入差异、工人完成工作量的差异、学生学习成绩差异等各个体间差异的。个体差异分析的标准差计算方法为

$$标准差 = \sqrt{\frac{\sum(个体值 - 平均值)^2}{个体数}}$$

其中,标准差(或标准差系数)越大,说明个体差异越大,或者说越不均衡。如例 6-19的甲、乙两个班“统计学原理”平均成绩的比较。

(二)均衡性、稳定性分析

变异指标常用来分析企业生产的均衡性、销售或业务量的均衡性、经济发展的稳定性、市场价格的波动大小等问题。

【例 6-20】某商贸企业存在季节波动对经营的不利影响,本年度采取了一些营销手段试图改善。现有两年的销售资料如表 6-18 所示,试分析本年与上年相比,销售均衡性是否有所改善。

表 6-18 某企业本年与上年销售资料

单位:万元

月份	1	2	3	4	5	6	7	8	9	10	11	12
上年销售额	40	50	30	35	50	30	32	35	35	50	40	38
本年销售额	45	53	35	40	52	35	35	40	40	52	45	40

上年月平均销售额 = (40 + 50 + 30 + 35 + 50 + 30 + 32 + 35 + 35 + 50 + 40 + 38) ÷ 12
= 38.75(万元)

$$\text{上年月销售额标准差}=\sqrt{\frac{(40-38.75)^2+(50-38.75)^2+\cdots+(38-38.75)^2}{12}}$$

$$=7.21(\text{万元})$$

$$\text{本年月平均销售额}=(45+53+35+40+52+35+35+40+40+52+45+40)\div 12$$

$$\approx 42.67(\text{万元})$$

$$\text{本年月销售额标准差}=\sqrt{\frac{(45-42.67)^2+(53-42.67)^2+\cdots+(40-42.67)^2}{12}}$$

$$=6.43(\text{万元})$$

由于本年月平均销售额大于上年，而标准差还小于上年，所以本年销售均衡性比上年有所改善。改善的程度为

$$\text{上年标准差系数}=\frac{7.21}{38.75}\times 100\% \approx 18.61\%$$

$$\text{本年标准差系数}=\frac{6.43}{42.67}\times 100\% \approx 15.07\%$$

标准差系数即不均衡率降低了 3.54 个百分点。

【例 6-21】某农产品市场价格在本年 5 月与上年同期 4 周内变动情况如表 6-19 所示。试分析哪年价格较稳定（每周上市量基本相同）。

表 6-19　价格变动情况

时间	第一周	第二周	第三周	第四周
上年价格	1.0	1.5	1.2	1.1
本年价格	1.1	1.3	1.2	1.0

$$\text{上年平均价格}=\frac{1.0+1.5+1.2+1.1}{4}=1.2(\text{元/千克})$$

$$\text{上年价格标准差}=\sqrt{\frac{(1.0-1.2)^2+(1.5-1.2)^2+(1.2-1.2)^2+(1.1-1.2)^2}{4}}$$

$$=0.19(\text{元/千克})$$

$$\text{本年平均价格}=\frac{1.1+1.3+1.2+1.0}{4}=1.15(\text{元/千克})$$

$$\text{本年价格标准差}=\sqrt{\frac{(1.1-1.15)^2+(1.3-1.15)^2+(1.2-1.15)^2+(1.0-1.15)^2}{4}}$$

$$=0.11(\text{元/千克})$$

由于两年平均价格不同，需先计算标准差系数再进行比较：

$$\text{上年标准差系数}=\frac{0.19}{1.2}\times 100\% \approx 15.8\%$$

$$\text{本年标准差系数}=\frac{0.11}{1.15}\times 100\% \approx 9.6\%$$

可见，本年价格较稳定，价格差异率降低了 6.2 个百分点。

（三）风险分析

风险就是不稳定性，如果未来收益差异大，就说明收益不稳定，也就是风险大；如果未来收益差异小，说明收益稳定，风险就小。所以，我们可以计算未来收益的标准差，来说明风险的大小。

【例 6-22】某工厂欲开发一种新产品，现有两种产品可供选择，通过市场调查和预测，两种产品的未来收益情况如表 6-20 所示。

表 6-20　两种产品的未来收益情况

市场状况	甲产品		乙产品	
	年利润 / 万元	概率 /%	年利润 / 万元	概率 /%
畅销	100	30	80	30
一般	60	60	60	50
滞销	20	10	40	20

试分析两种产品的风险大小，做出开发哪种产品的决策。

下面我们分别计算两种产品的收益标准差。

甲产品：

$$\text{期望收益值} = 100 \times 30\% + 60 \times 60\% + 20 \times 10\% = 68(\text{万元})$$

$$\begin{aligned}\text{收益标准差} &= \sqrt{(100 - 68)^2 \times 30\% + (60 - 68)^2 \times 60\% + (20 - 68)^2 \times 10\%} \\ &= 24(\text{万元})\end{aligned}$$

乙产品：

$$\text{期望收益值} = 80 \times 30\% + 60 \times 50\% + 40 \times 20\% = 62(\text{万元})$$

$$\begin{aligned}\text{收益标准差} &= \sqrt{(80 - 62)^2 \times 30\% + (60 - 62)^2 \times 50\% + (40 - 62)^2 \times 20\%} \\ &= 14(\text{万元})\end{aligned}$$

由于这两种产品的期望收益值不相等，要比较哪个差异大，还需计算相对差异指标——标准差系数，才能比较。

$$\text{甲产品标准差系数} = \frac{24}{68} \times 100\% \approx 35.3\%$$

$$\text{乙产品标准差系数} = \frac{14}{62} \times 100\% \approx 22.6\%$$

甲产品的标准差系数差大于乙产品的标准差系数，说明甲产品收益的差异大于乙产品，其收益不如乙产品稳定，风险更大。所以，应做出开发乙产品的决策。

（四）估计误差或预测误差的测定

在统计分析中，抽样估计、回归分析或预测、趋势预测是重要的分析方法，其估计误差或预测误差，就是估计值或预测值与实际值之间的差异。这种差异（也就是误差大小）的度量，就是用标准差的计算方法来反映的。

$$\text{抽样平均误差} = \sqrt{\frac{\sum(\text{可能样本指标值} - \text{总体指标值})^2}{\text{可能样本数}}}$$

抽样平均误差表示全部可能样本指标值与总体指标值之间误差的标准差。其应用见“抽样推断”一章的内容。

$$估计标准误差(预测误差)=\sqrt{\frac{\sum(实际值-预测值)^2}{预测次数}}$$

估计标准误差表示回归预测或趋势预测时预测值与实际值之间的误差的标准差。

【思考题】

1. 什么是平均指标？在社会经济分析中,平均指标有何作用？常用的平均指标有哪几种？试比较它们的优缺点。

2. 平均指标与强度相对指标有何区别？

3. 加权算术平均数受哪两个因素的影响？权数怎样影响算术平均数大小？

4. 算术平均数、调和平均数、几何平均数各有何特点？

5. 为什么计算平均比率或平均速度要采用几何平均数,而不采用算术平均数和调和平均数？

6. 何谓中位数？如何确定中位数？

7. 何谓众数？如何确定众数？

8. 什么是标志变异指标？各种标志变异指标有何特点？

9. 为什么要计算离散系数？如何运用离散系数判断平均数的代表性？

【练习题】

一、单项选择题

1. 平均指标中易受极端值影响的是(　　)。

A. 算术平均数　　B. 众数
C. 中位数　　D. 上述均正确

答案:(A)。

2. 下列哪项不属于众数的局限性？(　　)。

A. 往往不具有唯一性　　B. 总体单位数要求较多
C. 不受计量单位影响　　D. 不受极端值影响

答案:(D)。

3. 标志变异指标中易受极端值影响的是(　　)。

A. 全距　　B. 平均差
C. 标准差　　D. 变异系数

答案:(A)。

4. 标准差越小,则说明数据 (　　)。

A. 越离散,平均数代表性越差　　B. 越集中,平均数代表性越好
C. 越离散,平均数代表性越好　　D. 越集中,平均数代表性越差

答案:(B)。

5. 下列哪项属于变异系数的优点？（　　）。

A. 不受平均数大小的影响　　B. 不受计量单位的影响

C. 不受极端值的影响　　D. 上述均正确

答案：(D)。

二、实务题

1. 某公司所有营业员的销售量资料如下表所示：

某公司所有营业员的销售量资料

销售量（百件）	112	115	124	128	131	142	186
人数（人）	3	5	18	35	24	11	4

要求：(1) 计算营业员的人均销售量。

(2) 确定销售量的中位数和众数。

2. 某车间工人按工龄分组资料如下表所示：

某车间工人按工龄分组资料

工龄／年	各组工人数所占比重／%
3	30
5	45
8	15
10	10
合计	100

要求：计算该车间工人工龄的算术平均数、中位数和众数。

3. 某商品在各地区的销售价格有很大的差异，现根据其销售量和销售价格资料整理成如下表所示的变量数列：

资料整理

销售价格／元／件	110 ~ < 120	120 ~ < 130	130 ~ < 140	140 ~ < 150	150 ~ < 160	160 ~ < 170	170 ~ < 180	180 及以上
销售量／件	128	239	768	486	201	196	131	13

要求：(1) 计算该商品价格的算术平均数；

(2) 确定该商品价格的中位数和众数。

4. 2023 年 12 月份某农产品在甲、乙两农贸市场的价格和成交额资料如下表所示：

资料整理

等级	价格／元	甲市场成交额／万元	乙市场成交额／万元
1	6.50	400	200
2	6.25	300	250
3	6.00	200	450
合计	—	900	900

试问:该农产品在哪一个市场的平均价格高?为什么?

5. 某品牌计算机有 A、B、C 三种型号,本周在甲、乙两家经销店的销售额和价格资料如下表所示:

资料整理

型号	单价/元	销售额/元	
		甲店	乙店
A	4 500	45 000	45 000
B	4 000	60 000	44 000
C	5 000	50 000	75 000

(1) 分别计算两家店的周平均售价。

(2) 试比较哪家店的平均售价高。为什么?

6. 根据下表所示的某城市家庭成员分配数列,计算该城市家庭成员数量构成的众数和中位数:

资料整理

家庭成员数	2	3	4	5	6	7
家庭数占总数的 %	10	37	28	15	9	1

7. 某投资银行的年利率按复利计算,10 年的年利率分别是:有 1 年为 7%,有 3 年为 8%,有 4 年为 10%,有 2 年为 11%。试求平均年利率是多少。

8. 某地区年中,各年财政收入分别是上一年的 120.2%、113.8%、117.7%、108.6%,据此计算该地区财政收入的年平均比率。

9. 某国有企业两个月的奖金资料整理成的分布数列如下表所示:

资料整理

5 月份		6 月份	
奖金额/元	职工人数/人	奖金额/元	职工人数/人
100 以下	50	100 以下	100
100~<150	100	100~<150	100
150~<200	400	150~<200	200
200~<250	300	200~<250	300
250~<300	130	250~<300	200
300 及以上	20	300 及以上	100
合计	1 000	合计	1 000

该企业 6 月份实行了新的工资、奖金制度,推行多劳多得、少劳少得,使职工收入拉开了档次。为了分析工资、奖金制度改革效果,需要计算分析下列问题:

(1) 计算两个月份的职工平均奖金额,比较其增减变动情况;

(2) 分析比较哪个月职工奖金额差异大,说明是否明显拉开了档次。

10. 对某商场服装组 200 名售货员按某月销售额分组，如下表所示：

资料整理

月销售额/万元	售货员数/人	月销售额/万元	售货员数/人
30 以下	10	90～120	25
30～<60	60	120 以上	5
60～<90	100	合计	200

计算售货员月销售额的均值和标准差。

11. 某公司现有两种投资项目可供选择，投资额相同。通过调研和估算论证，两个项目的有关资料如下表所示：

资料整理

市场状况	甲项目		乙项目	
	年收益 / 万元	概率 /%	年收益 / 万元	概率 /%
良好	500	30	800	30
一般	300	60	400	50
不利	100	10	－200	20

现要在甲、乙两个项目中选择一个，需要从收益大小和风险两方面加以对比决策。为此，要求计算：

(1) 两个项目在可能的三种市场状况下的期望平均年收益，并比较哪个项目的期望平均年收益大；

(2) 两个项目在可能市场状况下年收益的标准差和标准差系数，比较哪个项目的收益较稳定。

12. 某工业企业两年的产量资料如下表所示：

资料整理

月份	1	2	3	4	5	6	7	8	9	10	11	12
上年	3	2	4	5	6	4	3	3	2	4	5	5
本年	3	3	5	4	4	5	5	4	3	2	3	3

要求：分析哪一年生产较为均衡。

第七章　抽样推断

第一节　抽样推断的一般问题

一、抽样推断的含义及特点

（一）抽样推断的含义

抽样推断也称为抽样调查，是遵循随机原则，从总体中抽取一定数量的单位组成样本，并通过对样本的实际观察结果去对总体的数量特征做出具有一定可靠程度的推算或估计，从而达到认识总体的一种独特的统计方法。我们在前面的章节中学习了统计中的各种综合指标，但在实际工作中的很多场合，我们是不可能对总体的所有单位进行全面调查以得到总体的综合数量特征的。这时，只能通过抽样调查，取得总体部分单位的实际资料，以此去推断或估计总体的数量特征，进而达到对总体的认识。

（二）抽样推断的特点

1. 按随机原则从总体中抽取调查单位

随机原则也可称为同等可能性原则，是指当抽选具体的样本单位时，完全排除调查者的主观判断，保证总体中每个单位都有同等被抽中的机会。它的目的是使样本的分布状况尽量近似于总体的分布状况，从而保证样本对总体具有充分的代表性，并且抽取的样本单位越多，这种代表性就越强，抽样推断的可信度也就越高。

2. 用样本指标的数值去推断总体指标的数值

抽样推断的最终目的是根据被抽中单位的资料，对总体的数量特征做出科学的推断，以达到对被研究总体数量特征的认识。而其他非全面调查，如典型调查、重点调查等，一般不能从数量上推断总体。

3. 抽样推断的抽样误差可以事先计算并加以控制

由于抽样推断是以一部分单位的资料去推断总体，因此必然会产生抽样误差。但这种误差是可以事先计算并加以控制的，从而保证抽样推断的结果达到一定的可靠程度。

二、抽样推断的作用

由于抽样推断具有用样本指标去推断总体指标这一其他调查方法无法相比的优越性，所以它大大提高了统计分析的认识能力。在社会经济工作、科学技术研究及人们的

日常生活中都具有十分广泛的用途。概括起来,它主要可应用于以下五个方面:

第一,对有些总体,理论上可进行全面调查,但实际上办不到,应采用抽样推断。

在社会经济现象中,有的总体从理论上讲是有限的,可以进行全面调查,但实际上不可能,也不必进行全面调查时,只能进行抽样调查。例如,要了解一大片森林中具体有多少棵树,一座水库里究竟有多少条鱼等,我们就只能采用抽样推断的方法。

第二,对某些不可能进行全面调查而又需要了解其全面情况的现象,应采用抽样推断。

例如,工业产品的质量检验,常常具有破坏性,如灯泡的使用寿命检验、汽车的撞击试验等。任何生产厂商都不可能为了鉴定产品的质量去毁坏所有的产品,在这种情况下,就只能采用抽样的方法,用部分产品的质量检验资料对全部产品的质量状况进行推断。

第三,某些现象虽可进行全面调查,但抽样调查可节省人力、物力、财力和时间,且比较灵活,也应采用抽样推断。

比如,对城市职工家庭生活的调查,还有电视台节目收视率调查等。对这些现象没有必要耗费大量的人、财、物和时间去一一登记调查,只需随机抽查一部分样本就可据以推断出总体的情况。这样虽然会有一定的误差,但只要它在一定的范围内,我们仍然可以承认抽样的结果,并用它来满足对总体认识的需要。而且有时候,抽样推断结果甚至比全面调查的结果更准确。这是因为全面调查的调查单位多,涉及面广,参加人员也多,水平参差不齐,因此发生登记误差的可能性就大。抽样调查参加人员少,调查单位也少,发生登记误差的可能性也就相应减少。这样,只要我们把抽样误差控制好,抽样推断结果就可能会比全面调查的结果更准确。

第四,用抽样调查的资料对全面调查资料进行补充或修正。

我们知道,普查是一种范围广、耗费大、时间较长的调查方式。如我国的人口普查,每十年进行一次,但为了连续地观察人口现象在两次普查之间发展变化的过程和规律,我们在中间要进行一次人口的抽样调查,从内容上补充全面调查。另外,由于全面调查范围广,发生登记误差的可能性大。因此,我们要在全面调查后进行一次抽样复查,用抽样资料与相应范围内的全面调查资料相对比来确定一个修正系数,去修正全面调查资料。比如对某市人口进行全面调查得知其人口总数为 1 020 万人,通过对普查登记质量的抽样检查发现人口数误差率为 0.5%,以此可以对全面调查的资料进行修正。

第五,抽样推断可用于工业生产过程中的质量控制。

在成批或大量连续生产的工业产品生产过程中进行抽样检查,可判断生产过程是否正常,及时提供有关信息,便于采取措施,预防废品的产生。

随着抽样理论的发展、抽样技术的进步、抽样方法的完善和统计队伍业务水平的提高,抽样推断在统计工作中将发挥越来越大的作用。

三、抽样推断中的几个基本概念

(一) 全及总体和抽样总体

全及总体又称总体,从范围来看,就是所要推断对象的全体。它和前面所介绍的统计总体概念是一致的,可分为无限总体和有限总体两种。一般来讲,社会经济现象中的总体都是有限的。全及总体的单位总数通常用 N 表示。抽样总体又称为样本，是从全及总体中抽取出来，代表全及总体的那一部分单位的集合体。抽样总体的单位数通常用 n 表示。

总体是我们最终所需认识的对象，样本是我们具体调查登记的对象，样本源于总体，但最终要用来推断总体。总体是唯一的，但样本不是唯一的，因为同一总体可以抽出多个不同的样本组合，至于每次具体抽到哪个样本组合则是随机的。与总体单位数相比，样本单位数通常较小。数理统计中常把 $n > 30$ 的样本作为大样本，$n < 30$ 的样本作为小样本。由于大样本和小样本的抽样分布是不同的，所以用样本推断总体时也有不同的处理方法。社会经济现象的抽样调查多取大样本，而自然实验观察则多取小样本。当然大小是相对的，比如，对一个学校的 10 000 名学生进行抽样调查，抽取的样本单位数为 40，虽然数理统计中对此可认定为大样本，但在10 000 名学生中抽 40 名学生，此样本的代表性可能很小，因为 40 相对于 10 000 实在太少了。

（二）全及指标和样本指标

全及指标和样本指标是分别根据总体与样本各单位的标志值或标志属性计算的，反映它们各自特征的综合指标。抽样推断中常用的全及指标和样本指标主要有：

1. 全及平均数和样本平均数

全及平均数是根据全及总体的资料计算出来的平均数，用 $\bar{X}$ 表示；样本平均数则是根据抽样总体计算出来的平均数，用 $\bar{x}$ 表示。它们的具体计算参考第五章。需要说明的是，全及平均数是唯一的，而样本平均数则可能有多个。这是因为，抽取样本单位的具体组合不一样，则每一个不同的样本组合就会产生一个不同的样本平均数。这样，如果有 T 个不同的样本组合，就会有 T 个样本平均数。下面的有关指标也是这样。

2. 全及成数和样本成数

成数是指总体中具有某一属性的单位数占总体单位总数的比重。比如，男性或女性人口数占全部人口总数的比重，某种产品中合格品或不合格数量占全部产品数量的比重等。全及成数用 P 表示，样本成数用 p 表示。

成数可作为一种特殊的相对数，当一个特定总体的每个单位的某种标志在属性上只有两种表现形式时，我们把这两种表现形式称为是非标志。如人口性别非男即女，每件产品的质量要么合格，要么不合格。如果在总体单位数 N 中，具有某一标志表现的单位数为 N_1 个，则不具有该标志表现的单位数就为 N_0 个。这样，总体中具有或不具有某一标志表现的单位的成数为

$$P = \frac{N_1}{N}$$

$$Q = \frac{N_0}{N}$$

则有

$$P + Q = 1$$

以此类推，样本中的两个成数为

$$p = \frac{n_1}{n}$$

$$q = \frac{n_0}{n}$$

同样有

$$p + q = 1$$

3. 全及方差、标准差和样本方差、标准差

第五章我们已介绍过标准差的概念和计算，标准差的平方就是方差。在本节中，我们用 σ^2 表示全及方差，σ 表示全及标准差，s^2 表示样本方差，s 表示样本标准差。

为了方便，我们将上述概念及符号进行归纳，如表 7-1 所示。

表 7-1　抽样推断的相关指标

指标	全及总体（总体）	抽样总体（样本）
单位数	N	n
平均数	$\bar{X}$	$\bar{x}$
成数	$P = \frac{N_1}{N}$ $Q = \frac{N_0}{N}$	$p = \frac{n_1}{n}$ $q = \frac{n_0}{n}$
平均数方差与标准差	${\sigma_{\bar{x}}}^2$	${s_{\bar{x}}}^2$
成数方差与标准差	$\sigma_{\bar{x}}$ ${\sigma_P}^2$ σ_P	$s_{\bar{x}}$ ${s_p}^2$ s_p

（三）重复抽样和不重复抽样

从总体中抽取样本有重复抽样和不重复抽样两种抽样方式。如果我们从总体中每抽出一个单位，观察和登记其特征后，把它放回总体中，重新参加下一次抽选，如此进行 n 次，就可得到容量为 n 的抽样总体。这样总体每个单位在每次抽样时中选的机会是完全相等的，这就是重复抽样。相反，当我们把第一次被抽中的单位进行观察登记后，不再放回总体中，如此进行 n 次，也可得到容量为 n 的抽样总体。这时，同一个单位不可能多次被抽中，这就是不重复抽样。很显然，重复抽样中，同一个单位在每一次抽选中被抽中的机会是完全均等的，而不重复抽样中每个单位被抽中的可能性是随着前面单位被抽选后变得越来越大的。

两种抽样方法不同，样本的组成情况也就不同，从而会引起样本组合的数目也不同。如果我们用 T 表示样本的可能组合数，则可得到以下的不同样本个数，如表 7-2 所示。

表 7-2　不同抽样方法下的样本个数

抽样方法	可能的样本组合数 T	例：当 $N = 4, n = 2$ 时
考虑顺序的重复抽样	$T = N^n$	$T = 16$

表7-2(续)

抽样方法	可能的样本组合数 T	例:当 $N=4,n=2$ 时
考虑顺序的不重复抽样	$T=\dfrac{N!}{(N-n)!}$	$T=12$
不考虑顺序的重复抽样	$T=\dfrac{(N+n-1)!}{n!\ (N-1)!}$	$T=10$
不考虑顺序的不重复抽样	$T=\dfrac{N!}{n!\ (N-n)!}$	$T=6$

由表7-2可见,考虑顺序与否同样本个数也有关系。但不同顺序的同样组合,其抽样分布是相同的,所以在抽样推断中通常不必关心是否考虑抽样顺序,而只关心是否重复或不重复抽样就行了。

第二节　抽样误差

一、抽样误差的概念

我们通常讲的误差包括登记性误差和代表性误差。登记性误差是指在调查过程中由于主、客观原因引起的登记、汇总或计算等方面的差错而造成的误差。代表性误差则是指由于样本结构和总体结构不同而产生的样本指标和总体指标之间的误差。它通常也有两种,一种是偏差,也就是抽样时破坏了随机原则而产生的误差,也称为系统性误差。它是可以通过人们的主观努力加以克服的。另一种是随机误差,是指即使我们遵守随机原则,但也可能由于抽到不同的样本而产生的误差。它是一种必然产生的误差,不可以消除,但可以设法控制。再进一步讲,随机误差也有两种,即实际误差和抽样误差。实际误差是指样本的某一指标与总体的同质指标之间的差别,如$|\bar{x}-\bar{X}|$、$|p-P|$等,但这是我们无法知道的。因为,在抽样推断中,我们不知道总体指标的大小。而抽样误差则是指所有可能出现的样本指标与总体指标之间的平均离差,也就是所有可能出现的样本指标的标准差。它反映的是样本平均误差,习惯上称为抽样平均误差。它是可以计算出来的。在讨论抽样误差时,通常指的是抽样平均误差。

二、抽样平均误差的计算

(一)样本平均数的抽样平均误差

样本平均数的抽样平均误差是一系列样本指标的标准差,我们通常用符号$\mu_{\bar{x}}$来表示。按抽样误差的定义,我们可得其定义公式为

$$\mu_{\bar{x}}=\sqrt{\frac{\sum(\bar{x}_i-\bar{X})^2}{T}}$$

式中,T代表所有的样本可能组合数或所有样本平均数的个数。

该式只是为了说明抽样平均误差的实质,在实际计算时却很难应用。这是因为,实

际工作中不可能把每一个样本组合都抽到再来计算它的抽样平均误差。同时，上面公式中的全及平均数 $\overline{X}$ 我们也是无法知道的。这就是它被称为定义公式的原因。根据数理统计的理论，我们可从定义公式得出计算抽样平均误差的如下转换公式：

重复抽样的抽样平均误差为

$$\mu_{\bar{x}} = \sqrt{\frac{\sigma_{\bar{x}}^2}{n}} = \frac{\sigma_{\bar{x}}}{\sqrt{n}}$$

不重复抽样的抽样平均误差为

$$\mu_{\bar{x}} = \sqrt{\frac{\sigma_{\bar{x}}^2}{n} \times \frac{N-n}{N-1}}$$

从上式可以看出，抽样平均误差与总体标志变异程度的大小成正比，与样本单位数成反比。它们是影响抽样误差的主要因素之一。

【例 7-1】有 A、B、C、D 四个工人构成的总体，他们的日产零件数分别为 20、22、24、26 件，现随机抽取 2 人，求其平均日产零件数，并用以代表 5 人总体的平均日产零件数。

在重复抽样的情况下，所有可能的样本组合数为 $T = N^2 = 16$。其具体抽样情况及有关资料如表 7-3 所示。

表 7-3　抽样平均误差有关指标计算

样本组合情况	变量值 x_i	样本平均数 $\bar{x}_i$	$\bar{x}_i - \overline{X}$	$(\bar{x}_i - \overline{X})^2$
AA	20　20	20	-3	9
AB	20　22	21	-2	4
AC	20　24	22	-1	1
AD	20　26	23	0	0
BA	22　20	21	-2	4
BB	22　22	22	-1	1
BC	22　24	23	0	0
BD	22　26	24	1	1
CA	24　20	22	-1	1
CB	24　22	23	0	0
CC	24　24	24	1	1
CD	24　26	25	2	4
DA	26　20	23	0	0
DB	26　22	24	1	1
DC	26　24	25	2	4
DD	26　26	26	3	9
合计	—	368	0	40(20)

该资料的全及平均数 $\overline{X}=\frac{20+22+24+26}{4}=23$(件)。由表 7-3 也可知道16个样本平均数的平均数同全及平均数是相等的,也为23件,即$\frac{368}{16}$。

由定义公式得知,重复抽样的抽样误差为

$$\mu_{\bar{x}}=\sqrt{\frac{\sum(\bar{x}_i-\overline{X})^2}{T}}=\sqrt{\frac{40}{16}}=\sqrt{2.5}\approx 1.58(\text{件})$$

这个结果说明,16个样本的平均日产零件数与4人的总平均日产零件数之差有大小、正负的不同,但平均相差1.58件。

在不重复抽样情况下,样本可能组合数为12个,即表7-3中去掉AA、BB、CC、DD 4个样本组合,其相应的离差平方和仅为原来的一半,即括号中的20。这样,不重复抽样的抽样误差为

$$\mu_{\bar{x}}=\sqrt{\frac{\sum(\bar{x}_i-\overline{X})^2}{T}}=\sqrt{\frac{20}{12}}\approx\sqrt{1.667}\approx 1.29(\text{件})$$

这个结果说明,12个样本平均日产零件数与4人的总平均日产零件数之差有大小、正负的不同,但平均相差1.29件。

由计算结果可知,不重复抽样的抽样误差小于重复抽样的抽样误差。

很显然,这只是一个极简单的例子,是为了说明定义公式的含义,本身没有什么实用价值。所以,让我们再看看按照转换公式计算的抽样误差。

例7-1中,全及方差为

$$\sigma_{\bar{x}}{}^2=\frac{\sum(x_i-\overline{X})^2}{n}=5(\text{件})$$

重复抽样的抽样误差为

$$\mu_{\bar{x}}=\sqrt{\frac{\sigma_{\bar{x}}{}^2}{n}}=\frac{\sigma_{\bar{x}}}{\sqrt{n}}=\sqrt{\frac{5}{2}}=\sqrt{2.5}\approx 1.58(\text{件})$$

不重复抽样的抽样误差为

$$\mu_{\bar{x}}=\sqrt{\frac{\sigma_{\bar{x}}{}^2}{n}\times\frac{N-n}{N-1}}=\sqrt{\frac{5}{2}\times\frac{4-2}{4-1}}=\sqrt{\frac{5}{3}}\approx 1.29(\text{件})$$

可见,转换公式的计算结果分别与定义公式的计算结果相同。

转换公式中的不重复抽样公式里有一个$\frac{N-n}{N-1}$,它被称为校正因子。当全及总体很大时,我们可以近似地用$1-\frac{n}{N}$来代替它,其中$\frac{n}{N}$被称为抽样比例,针对实际问题而言,它应该是大于0而小于1的,因而$1-\frac{n}{N}$也就一定是大于0而小于1的。所以,不重复抽样的抽样误差会比重复抽样的抽样误差小。

(二)样本成数的抽样平均误差

前面讲过,成数是表示具有某种标志的单位数在总体单位总数中所占的比重,是

一种"是非标志"。为了计算这种是非标志的方差，必须将是非变异的标志过渡到数量标志上来。我们将是非变异标志用 X 表示，用 $X=1$ 表示单位具有这一标志，$X=0$ 表示单位不具有这一标志。具有这一标志的单位数(比如合格品)用 N_1 表示，不具有这一标志的单位数(比如不合格产品)用 N_0 表示。则有

合格产品占全部产品的比重为

$$P=\frac{N_1}{N}$$

不合格产品占全部产品的比重为

$$Q=\frac{N_0}{N}$$

显然，$P+Q=1$。

通过对表 7-4 的观察，我们就可以进一步知道按是非标志求得的成数的平均数及其方差的计算公式。

表 7-4　成数方差的计算公式推导

类型	是非标志 x	单位数 f	变量 × 成数 xf	离差 $x-\bar{x}$	离差平方 $(x-\bar{x})^2$	离差平方 × 权数 $(x-\bar{x})^2f$
合格产品	1	P	P	$1-P$	$(1-P)^2$	$(1-P)^2P$
不合格产品	0	Q	0	$0-Q$	$(0-Q)^2$	$(0-Q)^2Q$
合计	—	$P+Q=1$	P	—	—	$Q^2P+P^2Q=QP$

由

$$\bar{X}=\frac{\sum xf}{\sum f}=\frac{1\times P+0\times Q}{P+Q}=P$$

得

$$\sigma_p=\sqrt{\frac{\sum(x-\bar{x})^2f}{\sum f}}=\sqrt{\frac{(1-p)^2p+(0-Q)^2Q}{P+Q}}$$

$$=\sqrt{\frac{Q^2P+P^2Q}{1}}=\sqrt{QP}=\sqrt{P(1-P)}$$

由此可见，成数的平均数就是成数本身，成数的方差就是 $P(1-P)$。那么，根据抽样误差与总体方差之间的关系，就可以得出样本成数的抽样平均误差(用 μ_p 表示)的公式：

重复抽样时：

$$\mu_p=\sqrt{\frac{P(1-P)}{n}}$$

不重复抽样时：

$$\mu_p=\sqrt{\frac{P(1-P)}{n}(1-\frac{n}{N})}$$

（三）对抽样误差公式中总体指标的处理

我们从上述抽样平均误差的计算公式中可知，无论是平均数的方差还是是非标志的方差，都是就全及总体而言的。但是在抽样实践中，我们往往并不知道这两个指标的具体数值。要按上述公式计算抽样平均误差，只能通过下述四种方法来解决：

（1）用样本指标代替。即用s代替σ，用p代替P。概率论的研究从理论上作了证明，如果采取随机原则抽样，而样本单位n又足够大，样本分布状况同总体分布状况就很近似，样本方差也就可以相当接近总体方差。这是实际工作中常用的一种方法。

（2）用过去的资料代替。根据过去全面调查或非全面调查取得的方差和成数资料均可使用。在总体单位变量值的离散程度和单位构成变化不大时，这是一种可行的方法。此外，当过去有多个方差可供选择时，应选方差最大的。

（3）用小规模的调查资料代替。如果既无历史资料，又需在调查前估计出抽样误差，则可以事先进行一次小规模的试验性调查，用它的资料来代替。在农产量的抽样调查中，还常用农产量预计估产的资料来计算样本方差，从而进一步去计算总体方差。

（4）对成数指标而言，如果实在没有任何适当资料可用，则可取其最大的方差，即用0.25。

【例7-2】某大学对10 000名学生的体育成绩进行抽查，随机抽选了200名学生，得知体育成绩及格率为99%，求全部学生体育成绩及格率的抽样平均误差。

解：

$$\text{已知 } p = 0.99 \qquad N = 10\,000 \qquad n = 200$$

在重复抽样条件下：

$$\mu_p = \sqrt{\frac{p(1-p)}{n}} = \sqrt{\frac{0.99 \times 0.01}{200}} \approx 0.007\,03$$

在不重复抽样的条件下：

$$\mu_p = \sqrt{\frac{p(1-p)}{n}\left(1-\frac{n}{N}\right)} = \sqrt{\frac{0.99 \times 0.01}{200} \times \left(1-\frac{200}{10\,000}\right)}$$

$$\approx 0.006\,96$$

可见，两种方法的计算结果相差很小。

【例7-3】对某种产品进行质量检验，随机抽取150件，发现其中有3件不合格，试计算产品合格率的抽样平均误差。

解：

$$\text{已知 } p = \frac{150-3}{150} = 0.98 \qquad n = 150$$

$$\mu_p = \sqrt{\frac{p(1-p)}{n}} = \sqrt{\frac{0.98 \times 0.02}{150}} = 0.011\,4$$

通过前面对抽样误差的计算分析，我们可以看出抽样误差的大小主要受以下四个因素的影响：

（1）总体各单位标志值变异程度的大小，即总体方差的大小。总体各单位标志值变异程度越大，抽样误差就越大；反之，则越小。

(2) 样本单位数 n 的大小。n 越小,抽样误差越大,因为此时 n 对全及总体的代表性越弱;反之,n 越大,抽样比例越高,抽样误差也就越小,此时 n 对全及总体的代表性就越强。数理统计证明,当 n 充分大时,样本指标充分靠近全及指标,$P(|\bar{x}-\bar{X}|<\varepsilon)\to 1$。这就是一致性,它和前面提到的无偏性、有效性构成抽样调查可行的三个性质。

(3) 抽样方法。如前所述,重复抽样的抽样误差大于不重复抽样的抽样误差。

(4) 抽样组织方式不同,对抽样误差的大小也产生影响。这部分将在以后章节里专门讨论。

第三节　抽样估计

抽样推断是建立在我们对总体的数量特征不了解或了解不多的基础之上的。要利用抽样推断来解决这类问题,可以有两种途径,即抽样推断的主要内容有两个方面:抽样估计和假设检验。鉴于两个内容要求的知识程度的不同,在本课程我们仅介绍抽样估计这一内容。

所谓抽样估计,就是在不知道总体数量特征的情况下,依据采用一定的方法从总体中获得的样本资料,去对总体的数量特征进行估计的一种方法。

通常,我们所采用的估计方法有两种,即点估计和区间估计。

一、点估计

点估计的方法较简单,是指直接用样本平均数 $\bar{X}$ 去代替全及平均数 $\bar{x}$,或用样本成数 p 去代替全及成数 P 的一种抽样估计方法。例如,本章第二节的例 7-2 中,用 200 名学生的样本及格率99%去代替全部10 000名学生的及格率;例7-3 中,我们用150件样本合格率0.98 去代替总体合格率。显然,点估计由于没有考虑误差范围,其结果是要么恰好估计正确(这种情况可能性太小),要么就是估计完全错误。因此在实际工作中,这种方法只适合用于对估计的精确程度要求不高的情况。因此,我们在下面着重介绍区间估计。

二、区间估计

区间估计同点估计的根本不同之处在于它不是直接、简单地推断,而是根据样本指标和抽样误差去推断总体指标的可能范围。我们下面就来研究这种估计方法。

第一,根据样本指标和抽样误差计算总体指标所在的范围。如例 7-1 中,我们抽中第三个样本 AC 组合,$\bar{x}=22$,$\mu_{\bar{x}}=1.29$,则我们可以说全及平均数为 20.71~23.29(22±1.29)。又如例 7-3 中,我们抽取的样本合格率为 0.98,抽样误差是 0.011 4,我们可以说全部产品的合格率为 0.968 6~0.099 14(0.98±0.011 4)。

显然,区间已出来了,它有一个下限和一个上限。我们估计总体指标就在这个范围之内,这就被称为是区间估计。这种区间估计的推断是这样计算的:

$$\bar{x}-\mu_{\bar{x}}\leqslant \bar{X}\leqslant \bar{x}+\mu_{\bar{x}}\quad (\bar{x}\pm\mu_{\bar{x}})$$

$$p-\mu_{P}\leqslant P\leqslant p+\mu_{P}\quad (p\pm\mu_{P})$$

第二，区间估计所指的只是一个可能的范围，而不是一个绝对可靠的范围。推断总体指标在这个范围内的判断不是肯定的，有可能在，也有可能不在。也就是该总体指标在这个范围内的把握程度有多大，这是需要我们搞清楚的。

将把握程度和区间估计结合起来，我们来看表 7-3 中，在不重复抽样情况下，其有 12 个可能样本平均数与总体平均数的离差。对比前面计算出来的抽样误差 1.29，离差为 0 和 ±1 都在这个范围内，离差为 ±2 就超过了这个范围。不难看出，有 8 个样本平均数和总体平均数的离差在这个范围内，即总体指标落在样本指标正负 1 个抽样误差范围内，其正确的可能性为 66.67%($\frac{8}{12}$)，很接近 68.27%；有一点差异，这是因为 66.67% 是一个由简单例子计算出来的频率，而 68.27% 就是我们常说的把握程度，即概率。

第三，由上面可看出，所谓区间估计其实就是解决两个问题：一是区间的大小；二是这个区间包括总体指标的把握程度（概率）的大小。很显然，扩大抽样误差的范围就可以提高推断的把握程度，反之亦然。

概率论和数理统计为我们证明了抽样误差范围的变化和把握程度之间的数量关系，如表 7-5 所示。

表 7-5　抽样误差范围的变化和把握程度之间的数量关系

抽样误差范围（允许误差）	把握程度（概率） $F(t)$
0.5μ	0.382 9
1.0μ	0.682 7
1.5μ	0.866 4
1.96μ	0.950 0
2.00μ	0.954 5
3.00μ	0.997 3

我们把抽样误差的倍数称为概率度，用 t 来表示，那么 t 倍的抽样误差称为允许误差，用符号 Δ 来表示；它又被称为抽样极限误差，也是最大可能误差。

三、允许误差的计算

允许误差、概率度及抽样平均误差是三个相互联系的概念。它们的关系可以通过下式表达出来：

$$\Delta_p = t \times \mu_p$$

允许误差 = 概率度 × 抽样平均误差

（一）平均数的允许误差

1. 重复抽样时

$$\Delta_{\bar{x}} = t \times \mu_{\bar{x}} = t \times \sqrt{\frac{\sigma^2}{n}}$$

2. 不重复抽样时

$$\Delta_{\bar{x}} = t \times \mu_{\bar{x}} = t \times \sqrt{\frac{\sigma^2}{n}(1 - \frac{n}{N})}$$

（二）成数的允许误差

1. 重复抽样时

$$\Delta_p = t \times \mu_p = t\sqrt{\frac{p(1-p)}{n}}$$

2. 不重复抽样时

$$\Delta_p = t \times \mu_p = t\sqrt{\frac{p(1-p)}{n}(1 - \frac{n}{N})}$$

上述四个公式具体计算时有所不同，但有一点是共同的，就是当 t 值改变时，把握程度（概率）也会随之变化。

四、区间估计方法的应用

通过上面的叙述，我们可得出区间估计的公式，即

（一）平均数的区间估计方法

$$\bar{x} \pm \Delta_x \text{ 即 } \bar{x} \pm t\mu_{\bar{x}}$$

则

$$\bar{x} - t\mu_{\bar{x}} \leqslant \bar{X} \leqslant \bar{x} + t\mu_{\bar{x}}$$

【例 7-4】某地区的水稻种植面积为 25 000 亩（1 亩≈666.67 平方米，以下同），现随机抽取 500 亩进行实测，得知平均亩产为 640 千克，标准差为 71.5 千克，试以 95.45%的保证程度，对该地区水稻平均亩产做出估计。

解：

$$\text{已知 } N = 25\ 000 \quad n = 500 \quad \bar{x} = 640 \quad s = 71.5$$

$$\mu_{\bar{x}} = \sqrt{\frac{s^2}{n}(1 - \frac{n}{N})} = \sqrt{\frac{71.5^2}{500}(1 - \frac{500}{25\ 000})} = 3.2(\text{千克})$$

当概率$[F(t)] = 95.45\%$ 时，查表得 $t = 2$。

则

$$\Delta_x = t \times \mu_x = 2 \times 3.2 = 6.4(\text{千克})$$

该地区水稻平均亩产为 640 ± 6.4，即 633.6 ~ 646.4 千克，其概率保证程度为 95.45%。

（二）成数的区间估计方法

$$p \pm \Delta_P, \text{即 } p \pm t\mu_P$$

则

$$p - t\mu_P \leqslant P \leqslant p + t\mu_P$$

【例 7-5】某区对其农村家庭住户的彩电普及率进行抽查，随机抽查 400 户，其中 320 户拥有彩电，现以 90%的概率保证程度估计该地区全部农村家庭的彩电普及率的区间范围。

解：

$$p = \frac{n_1}{n} = \frac{320}{400} = 80\%$$

$$\mu_p = \sqrt{\frac{p(1-p)}{n}} \times 100\% = \sqrt{\frac{0.8 \times 0.2}{400}} \times 100\% = 0.02 \times 100\% = 2\%$$

当概率 $F(t) = 90\%$ 时，查表得 $t = 1.64$。

则

$$\Delta_p = t \times \mu_p = 1.64 \times 2\% = 3.28\%$$

该地区农村家庭的彩电普及率为 $80\% - 3.28\% \sim 80\% + 3.28\%$，即 $76.72\% \sim 83.28\%$。其概率保证程度为 90%。

（三）区间估计的特点

（1）区间估计所估计的总体指标落入的范围只是一个可能的范围，而不是一个绝对可靠的范围。估计正确的把握程度为 $F(t)$，估计错误的可能性为 $1 - F(t)$，即各有一定的概率。

（2）误差范围 Δ 的大小，由 $t \times \mu$ 决定，$t \times \mu$ 的大小反映的是有效性。t 越小，$F(t)$ 就越小，可靠性也就越小，但有效性越大；反之，t 越大，$F(t)$ 越大，可靠性也就越大，但有效性越小。所以，可靠性和有效性是不可兼顾的，要根据研究问题的性质来决定两者的大小。对于重要的产品质量指标，特别有关人体生命健康安全的指标，则要求达到 99.9% 以上的把握程度，其允许误差要在 3μ 及 3μ 以上。

第四节　抽样组织方式

前面所述的都是在抽样推断中要解决的问题。但是，怎样进行抽样，则是我们事先必须解决的。根据总体特征和调查目的，对抽取样本的程序和工作，做出周密的设计和安排，被称为抽样组织方式。它既是影响抽样平均误差的重要因素之一，又是确定样本容量（必要抽样数目 n）和提高抽样效果时须考虑的问题。

通常有四种基本抽样组织方式：简单随机抽样、机械抽样、类型抽样和整群抽样。这些方式既可单独使用，又可结合使用，下面我们分别加以说明。

一、简单随机抽样

（一）简单随机抽样的方法

简单随机抽样是指不对总体作任何处理，直接从中抽取样本，所以又被称为纯随机抽样。但是在具体抽取样本时，它又有以下三种不同方法：

1. 直接抽取法

这种方法是从调查对象中直接抽取样本单位。例如，电视机生产企业在成品中随意抽取部分样本单位来检验，所抽取的产品就是样本单位的实体。

2. 抽签法

这种方法事先对总体各单位编号，并将号码写于纸片上，充分掺和后，从中抽选样本单位。不过这种方法不适宜在总体单位太多的情况下使用。

3. 随机数码表法

这种方法先将总体单位编号，然后利用事先已有的随机数码表，对较大的总体进行抽样，表中的数字也是随机的。我们可以随意确定一个起始位置，随意确定间隔的行列，并由此取得随机数字。凡是属于编号范围内的号码，就可作为抽样中的样本单位予以记下，直至抽满额定的样本单位数为止。

（二）简单随机抽样的抽样误差

1. 平均数的抽样误差

重复抽样时：

$$\mu_{\bar{x}} = \sqrt{\frac{\sigma^2}{n}} = \frac{\sigma}{\sqrt{n}}$$

不重复抽样时：

$$\mu_{\bar{x}} = \sqrt{\frac{\sigma^2}{n}(1 - \frac{n}{N})}$$

2. 成数的抽样误差

重复抽样时：

$$\mu_p = \sqrt{\frac{p(1-p)}{n}}$$

不重复抽样时：

$$\mu_p = \sqrt{\frac{p(1-p)}{n}(1 - \frac{n}{N})}$$

（三）简单随机抽样的样本容量 n 的确定

由于样本容量 n 是影响抽样误差的因素之一，所以通过上面的公式，我们可以知道 n 的大小，即必要抽样数目的大小。

平均数的必要抽样数目：

重复抽样时：

$$\Delta_{\bar{x}} = t\mu_{\bar{x}} = t\sqrt{\frac{\sigma^2}{n}}$$

则

$$\Delta_{\bar{x}}^2 = t^2 \frac{\sigma^2}{n}$$

得

$$n = \frac{t^2\sigma^2}{\Delta_{\bar{x}}^2}$$

不重复抽样时：

$$\Delta_{\bar{x}} = t\mu_{\bar{x}} = t\sqrt{\frac{\sigma^2}{n}(1 - \frac{n}{N})}$$

则

$$\Delta_{\bar{x}}^2 = t^2 \frac{\sigma^2}{n}(1 - \frac{n}{N})$$

$$= \frac{t^2\sigma^2}{n} - \frac{t^2\sigma^2}{N}$$

得

$$n = \frac{Nt^2\sigma^2}{N\Delta_{\bar{x}}^2 + t^2\sigma^2}$$

对成数而言，将 σ^2 换成 $p(1-p)$ 就行了。

重复抽样时：

$$n = \frac{t^2p(1-p)}{\Delta_p^2}$$

不重复抽样时：

$$n = \frac{Nt^2p(1-p)}{N\Delta_p^2 + t^2p(1-p)}$$

【例 7-6】某学校有 1 000 名学生，现拟用随机抽样来推断学生期末平均考试成绩，已知以往成绩的标准差是 3 分，现以 95.45%的可靠程度保证，要求学生成绩估计的最大允许误差不超过 1 分，问至少应抽取多少学生？

解：

$$\text{已知 } N = 1\ 000, \sigma = 3, \Delta_{\bar{x}} = 1, t = 2$$

重复抽样时：

$$n = \frac{t^2\sigma^2}{\Delta_{\bar{x}}^2} = \frac{2^2 \times 3^2}{1^2} = 36(\text{人})$$

不重复抽样时：

$$n = \frac{Nt^2 \times \sigma^2}{N\Delta_{\bar{x}}^2 + t^2\sigma^2} = \frac{1\ 000 \times 2^2 \times 3^2}{1\ 000 \times 1^2 + 2^2 \times 3^2} \approx 35(\text{人})$$

可见，选抽 35 人可满足两种抽取方式的要求。

【例 7-7】某电视机生产厂商对一批总数为 10 000 台的电视机进行质量检验，以不重复抽样方式抽取了 300 台，发现有 9 台不合格。现要求：

(1) 以 95% 的概率保证，估计这批产品不合格率的可能范围。

(2) 若要求不合格率的允许误差不超过 1.5%，应抽多少台电视机进行检验？

解：

$$\text{已知 } N = 10\ 000, n = 300, p = 9/300 = 3\%, t = 1.96$$

(1)
$$\mu_p = \sqrt{\frac{p(1-p)}{n}(1 - \frac{n}{N})}$$

$$= \sqrt{\frac{0.03 \times (1 - 0.03)}{300} \times (1 - \frac{300}{10\ 000})}$$

$$= 0.97\%$$

$$\Delta_p = 1.96 \times 0.97\% = 1.90\%$$

即在不重复抽样情况下，以 95% 的概率保证，该批产品的不合格品率的可能范围为 1.1% ~ 4.90%，即 3% ±1.9%。

（2）
$$n = \frac{Nt^2p(1-p)}{N\Delta_p^2 + t^2p(1-p)}$$
$$= \frac{10\ 000 \times 1.96^2 \times 0.03 \times (1-0.03)}{10\ 000 \times 0.015^2 + 1.96^2 \times 0.03 \times (1-0.03)}$$
$$= 473(\text{台})$$

在 95% 的概率保证下，至少要抽 473 件才能保证允许误差不超过 1.5%。

（四）影响样本容量 n 的因素

我们知道，抽样单位数越多，样本对总体的代表性就越大，此时的抽样误差也就越小，但调查花费的人、财、物和时间也越多；反之，抽样单位数越少，抽样误差会越大，此时抽样推断的可靠性会越弱。因而，确定合适的样本容量就很关键。从前面的介绍中不难看出，影响样本容量的因素有三个：

1. 总体方差

总体方差亦即总体单位标志值的变异程度。如果总体方差大，则需要多抽；反之，则可少抽。

2. 允许误差

如果允许误差的范围小，就要多抽；反之，则可少抽。换句话说，如果不能有一丝一毫的允许误差，则只能进行全面调查。

3. 概率度

概率度 t 越大，要求可靠性越高，即概率的保证程度越高，此时就要多抽；反之，则可少抽。

综上所述，当这三个影响因素的大小都确定了，抽样的必要数目也就能计算出来了。当然，我们现在讨论的抽样组织方式对抽样的必要数目也是有影响的。

二、机械抽样

机械抽样又称为等距抽样，是先将总体各单位按一定标志排列，然后再按相同的间隔抽选样本单位的一种抽样组织形式。

按照在排队时所依照的标志不同，可把机械抽样分为无关标志排列法和有关标志排列法两种。

（一）无关标志排列法

无关标志排列法是指对总体单位排队时，采用的是与调查项目没有关系的标志排队。例如，按地名笔画排队、按姓氏笔画排队、按地理位置排队等。

假定全及总体为 N 个单位，我们需抽取 n 个样本单位，我们可将总体单位 N 按一定标志排队，将 N 划分为几个单位相等的部分，每个部分都包含 K 个单位，即 $K = \frac{N}{n}$，也就是抽选间隔。然后从第一组中任抽一个单位 i，第二部分被抽取的就是 $i + k$ 单位，以此类推，

直到抽满 n 个单位组成一个样本为止。

由此可见，只要知道总体单位和样本单位的个数，计算出抽样间隔，就可以进行机械抽样，所以这种方法较简单，近似于简单随机抽样。由于机械抽样只能是不重复抽样，所以，其抽样误差可近似用简单随机抽样的抽样误差公式计算。即

平均数：

$$\mu_{\bar{x}}=\sqrt{\frac{\sigma^2}{n}\left(1-\frac{n}{N}\right)}$$

成数：

$$\mu_p=\sqrt{\frac{p(1-p)}{n}\left(1-\frac{n}{N}\right)}$$

为了简便起见，也可用重复抽样的公式来计算。

同样，我们也可根据上述公式计算出样本容量 n 的大小。

平均数：

$$n=\frac{Nt^2\sigma^2}{N\Delta_{\bar{x}}^2+t^2\sigma^2}$$

成数：

$$n=\frac{Nt^2p(1-p)}{N\Delta_p^2+t^2p(1-p)}$$

（二）有关标志排列法

有关标志排列是指按照与调查项目的数量多少有关的标志进行排队。如研究职工收入时，按职工收入排列；研究企业经济效益时，按企业利润排列。

有关标志排列法机械抽样实际上可看成一种特殊的类型抽样，只是它的分类更细致，组数划分更多，并在每一个组内只抽选一个样本单位。所以，其抽样误差的计算理论上可用类型抽样的抽样误差公式，同样，其样本容量 n 的大小也可按类型抽样的公式求得。

三、类型抽样

类型抽样又称为分层抽样或分类抽样。它是将总体各单位按某个标志划分为若干类（组），再从各组中按随机抽样的方式抽取样本单位的抽样组织方式。比如，进行农产量抽样调查，先按地形将产地分为山区、丘陵、平原三类，然后再分别从各类中抽取样本。

由此可见，这种方式是将分组法和随机抽样法结合运用的一种方法。很明显，由于进行了分组，我们就可以将差别大的单位分开，因而样本单位的分布状况可能更接近于总体单位的分布状况，这样抽出来的样本更具有代表性。同时，由于进行了分类，所以影响抽样误差的只是每个组内的方差，而各个组之间的方差（组间方差）已影响不了抽样误差了。这是因为，我们对每个组都进行了抽样调查，对所有组来说，实际上是进行了全面调查。由于分组，组内方差较小，抽样误差也就相应小，这样也就提高了推断的效果。

按样本单位在各类中的分配状况不同，类型抽样一般可分为以下两种：

1. 等比例抽样

等比例抽样就是各组都按统一的比例抽取样本单位数。如将总体单位数 N 分为各类,则各类单位数分别为 $N_1, N_2, N_3, \cdots, N_k$,各级所抽取的样本单位数为 $n_1, n_2, n_3, \cdots, n_k$,那么,各组抽样比例就等于总体的抽样比例。即

$$\frac{n_1}{N_1} = \frac{n_2}{N_2} = \frac{n_3}{N_3} = \cdots = \frac{n_k}{N_k} = \frac{n}{N}$$

当样本总体 n 的多少确定后,各组的抽样单位数 n_i 就可以按统一的比例来计算。即

$$n_i = \frac{N_i}{N} \times n$$

或

$$n_i = \frac{n}{N} \times N_i$$

【例 7-8】某地播种小麦 60 000 亩,现拟抽取 960 亩进行产品调查,已知该地山区小麦为 20 000 亩,丘陵为 30 000 亩,平原为 10 000 亩,则等比例各组抽取单位数分别为:

山区:

$$n_1 = 20\ 000 \times \frac{960}{60\ 000} = 320(\text{亩})$$

丘陵:

$$n_2 = 30\ 000 \times \frac{960}{60\ 000} = 480(\text{亩})$$

平原:

$$n_3 = 10\ 000 \times \frac{960}{60\ 000} = 160(\text{亩})$$

2. 不等比例抽样

如果各类组别的总体单位数相差悬殊,此时按等比例抽选总体单位数少的类,样本单位数也就少,这样可能影响代表性。又如各组方差相差较大,采用等比例也不太合适。这时宜采用不等比例抽样,即将各组的总体单位数 N_i 和各组的标准差 σ 结合起来,总体单位数少的类可多抽一些,方差大的组也可多抽一些。

类型抽样误差的计算和简单随机抽样误差的计算方法有所区别,它是用平均组内方差代替总体方差。

(一) 平均数的抽样误差

重复抽样:

$$\mu_{\bar{x}} = \sqrt{\frac{\overline{\sigma_i^2}}{n}}$$

$\overline{\sigma_i^2}$ 称为平均组内方差,它是各组方差的平均数。它的计算方法是:

$$\overline{\sigma_i^2} = \frac{\sum \sigma_i^2 N_i}{N}$$

不重复抽样:

$$\mu_{\bar{x}} = \sqrt{\frac{\overline{\sigma_i^2}}{n}\left(1 - \frac{n}{N}\right)} \quad \text{（等比例抽样时用）}$$

【例 7-9】某省对省内大、中城市中学生月平均学习费用支出作调查，用等比例分类抽样方式调查的结果如表 7-6 所示。

表 7-6　中学生月平均学习费用支出

	调查人数／人	月平均学习费用支出／元	标准差
大城市	500	150	10
中等城市	1 000	130	12

根据此资料，以 99.73% 的可靠程度估计该省大、中城市中学生月平均学习费用支出的范围。

解：

$$\bar{x} = \frac{\sum xf}{\sum f} = \frac{150 \times 500 + 130 \times 1\,000}{1\,500} \approx 136.67$$

$$\overline{\sigma_i^2} = \frac{\sum \overline{\sigma}_i^2 N_i}{N} = \frac{10^2 \times 500 + 12^2 \times 1\,000}{1\,500} \approx 129.3$$

$$\mu_{\bar{x}} = \sqrt{\frac{\overline{\sigma_i^2}}{n}} = \sqrt{\frac{129.3}{1\,500}} = 0.294$$

$$\Delta_{\bar{x}} = t \times \mu_x = 3 \times 0.294 = 0.882$$

学生月平均学习费用的范围为：136.67 ±0.882，即在 135.788 ~ 137.552 之间，可靠程度为 99.73%。

（二）成数的抽样误差

1. 重复抽样

$$\mu_p = \sqrt{\frac{\overline{p_i(1 - p_i)}}{n}}$$

式中：$\overline{p_i(1 - p_i)}$ 是成数的平均组内方差。

其计算公式为

$$\overline{p_i(1 - p_i)} = \frac{\sum p_i(1 - p_i)N_i}{N}$$

在等比例抽样时，可用 n_i 和 n 代替 N_i 和 N。

2. 不重复抽样（等比例抽样时）

$$\mu_p = \sqrt{\frac{\overline{p_i(1 - p_i)}}{n}\left(1 - \frac{n}{N}\right)}$$

（三）样本容量 n 的确定

1. 重复抽样

平均数：

$$n = \frac{t^2 \overline{\sigma_i^2}}{\Delta_p^2}$$

成数：

$$n = \frac{t^2 \times \overline{p_i(1-p_i)}}{\Delta_p^2}$$

2. 不重复抽样

平均数：

$$n = \frac{Nt^2 \overline{\sigma_i^2}}{N\Delta_{\bar{x}}^2 + t^2}$$

成数：

$$n = \frac{Nt^2 \cdot \overline{p(1-p)}}{N\Delta_p^2 + t^2 \overline{p(1-p)}}$$

四、整群抽样

整群抽样又称为集团抽样，是先将总体分为若干群（组），以群（组）为单位，随机抽取一定数量的群（组）做样本，并对抽中的群中所有单位进行全面调查的一种抽样组织方式。

由于群与群之间存在差别，如果群内差异小（即方差小），群间差异大，则会出现抽样误差大的情况。此时，样本单位分布不均匀，代表性就低；反之，群内差异大而群间差异小，则样本代表性就会提高，抽样误差就减小。

整群抽样的抽样误差受三个因素影响：一是抽出的群数多少，抽出的群数越多，抽样误差就越小。二是群间方差（又叫组间方差），群间方差越大则抽样误差也越大。需要说明的是，整群抽样大都采用不重复抽样，对抽中的每一群，都是对群内各单位进行全面调查，所以在每个群内不存在抽样误差。三是抽样方式，由于采用不重复抽样方式，因此计算抽样误差时要使用修正系数。

如果 R 代表总体群数，r 代表样本群数，则整群抽样的抽样误差公式分别为

平均数：

$$\mu_{\bar{x}} = \sqrt{\frac{\sigma_{\bar{x}}^2}{r}\left(\frac{R-r}{R-1}\right)}$$

式中：$\sigma_{\bar{x}}^2$ 为平均数的群间方差。

$$\sigma_{\bar{x}}^2 = \frac{\sum(\bar{x}_i - \overline{X})^2}{n}$$

$\bar{x}_i$ 为各群的平均数，$\overline{X}$ 为总体平均数。

成数：

$$\mu_p = \sqrt{\frac{\sigma_p^2}{r}\left(\frac{R-r}{R-1}\right)}$$

式中：σ_p^2 为成数的群间方差。

$$\sigma_p^2 = \frac{\sum (p_i - P)^2}{R}$$

p_i 为各群的成数，P 为总体成数。

同样，计算时往往采用样本群间方差代替全及总体的群间方差，并且当 R 较大时，也可用 $1-\frac{r}{R}$ 代替$\frac{R-r}{R-1}$。

【例 7-10】某灯泡生产企业连续 720 小时生产一种灯泡，其中每间隔 24 小时抽取 1 小时的全部产品检验，并得知其平均使用寿命为 1 200 小时，群间方差为 60 小时。试计算样本平均数的抽样误差，并以 95% 的可靠程度来推断该批产品的平均使用寿命。

解：

已知 $\bar{x} = 1\ 200, \sigma_{\bar{x}}^2 = 60, R = 720, r = 30, t = 1.96$

则

$$\mu_{\bar{x}} = \sqrt{\frac{\sigma_{\bar{x}}^2}{r}\left(1-\frac{r}{R}\right)} = \sqrt{\frac{60}{30}\left(1-\frac{30}{720}\right)} \approx 1.385(\text{小时})$$

$$\Delta_{\bar{x}} = t\mu_{\bar{x}} = 1.96 \times 1.385 \approx 2.715$$

以 95% 的概率估计这批产品的平均寿命为 1 200 ±2.715，即为 1 197.29 ~ 1 202.72 小时。

此外，由于整群抽样抽取的是样本单位群体，所以确定其抽样数目就是确定抽样群体。一般只采取不重复抽样的方式，所以抽样群体的确定可用以下公式：

平均数：

$$r = \frac{Rt^2\sigma_{\bar{x}}^2}{R\Delta_{\bar{x}}^2 + t^2\sigma_x^2}$$

成数：

$$r = \frac{Rt^2\sigma_p^2}{R\Delta_{\bar{x}}^2 + t^2\sigma_p^2}$$

【思考题】

1. 什么是抽样误差？其大小受哪些因素的影响？
2. 区间估计的特点是什么？
3. 影响样本容量大小的因素有哪些？
4. 各种抽样组织方式有何特点？

【练习题】

一、单项选择题

1. 一名教师想从本校 1 600 名学生当中抽取一个样本,他现在手里有一份名单,上面列出了这 1 600 名学生的学号。教师先随机从名单的前 16 名学生当中抽取一个学号,然后每隔 16 名学生抽取一个学号,直至获得所需要的样本。这个抽样组织方式是(　　)。

A. 整群抽样　　B. 类型抽样

C. 机械抽样　　D. 简单随机抽样

答案:(C)。

2. 下列哪项属于影响样本容量大小的因素?(　　)。

A. 总体方差　　B. 允许误差

C. 概率度　　D. 上述均正确

答案:(B)。

3. 当样本容量增加时,抽样平均误差会(　　)。

A. 增大　　B. 减小

C. 不变　　D. 信息量不够,无法做出判断

答案:(B)。

4. 对于容量为 59 的随机样本,如果在 95% 的概率度下,其平均数的区间估计是[83,89],则样本平均数等于(　　)。

A. 83　　B. 89

C. 86　　D. 信息量不够,无法做出判断

答案:(C)。

5. 如果我们以 95% 的概率度得到总体平均数的区间,则(　　)。

A. 在 95% 的时间内,计算出来的区间包括样本平均数

B. 在 5% 的时间内,计算出来的区间不包括总体平均数

C. 从长期看,95% 的所有样本平均数均会落在该区间内

D. 在 95% 的时间内,该区间不包括总体平均数

答案:(B)。

二、实务题

1. 某村当年播种小麦 2 000 亩,随机抽查其中 100 亩,得知平均亩产为 455 斤(1 斤 = 0.5 千克,下同),标准差为 50 斤。试计算:

(1) 平均亩产的抽样误差;

(2) 在 95% 的概率保证下,全部小麦平均亩产量的可能范围。

2. 某企业在其 2 000 件产量中,随机抽查 200 件,发现优等品为 80 件。现试以 95% 的概率,估计全部产品中优等品的可能范围。

3. 某地抽割水稻 500 亩,测得平均亩产为 350 千克,标准差系数为 20%,试以 90% 的概率估计全地区水稻亩产量的可能范围。如果全区水稻播种面积为10 000 亩,其总产量为多少?

4. 某市对50 000户职工家庭生活进行抽样调查，已知过去该市职工家庭收入标准差为11.5元，现要求在95.45%的概率保证下，允许误差不超过1元。试计算：

（1）重复抽样和不重复抽样各要抽多少？

（2）如果允许误差扩大为2，应抽多少？

（3）如果允许误差减少$\frac{1}{2}$，应抽多少？

5. 成年男子身高应是正态分布。若某市成年男子的平均身高为170厘米，标准差为12厘米。

（1）若抽查10人，问有多大可能他们的平均身高为166.2 ~ 173.8厘米？

（2）如要求95%的把握程度，允许误差不超过3厘米，问需抽查多少人？

（3）允许误差不超过1.5厘米，把握程度提高到99.73%，问需抽取多少人？

第八章 相关与回归分析

第一节 相关分析的一般问题

一、相关关系的概念

自然界和社会中存在的许多事物或现象，彼此之间都不是孤立存在的，而是相互联系、相互依存、相互制约和相互影响的。与此相对应的是，在反映客观事物或现象数量特征的各个变量之间，必然也产生和存在着一定的关系，即某一变量总是不同程度地依赖或取决于其他的变量。这种关系我们通常称为数量依存关系，它可分为函数关系与相关关系。

（一）函数关系

函数关系反映的是现象之间存在的严格的数量依存关系，即相互之间的关系值是固定的。从数学上讲，就是对于某一变量的每一个数值，都有另一个变量的确定值与之相对应。它可以用一个数学表达式反映出来。例如，$S=\pi r^2$，即圆的面积与其半径的关系的数学表达式。这里，圆面积是随半径的大小而变动的，当r变化时，S必有唯一确定的值与之对应。在现实中，特别是自然界中，这种变量之间数量上具有唯一确定的依存关系是广泛存在的。

（二）相关关系

相关关系反映的是现象之间存在的不固定的数量依存关系。理解相关关系应把握两个要点：

第一，相关关系是指现象之间确实存在数量上的相互依存关系。也就是说，两个现象之间，一个现象发生数量上的变化，另一个现象也会相应发生数量上的变化。例如，身材高的人，一般体重也会重一些；收入高的家庭，支出也就高一些；劳动生产率提高了，生产成本相应会降低。我们一般将在具有相互依存关系的两个变量中作为依据的变量称为自变量，发生对应变化的变量称为因变量。如上面的收入、劳动生产率等叫自变量，习惯上用X表示；而对应的支出、生产成本等叫因变量，一般用Y表示。但某些场合，由于两个变量可以互为依据，如上面提到的身高与体重，则哪个是自变量，哪个是因变量，就只能根据研究目的来确定。

第二，现象之间数量依存关系的具体关系值是不固定的，即给出一个变量的数值，另一个变量可能有若干个数值与之相对应。例如,在身高和体重的关系中,我们会发现,它们之间数量依存关系的具体关系值不是固定的。也就是说,身高1.7米的人,他们的体重不是一个确定的值,而是若干值;反过来,体重60千克的人,他们的身高也不是一个确定的值,也是若干值;收入相同的家庭,它们的支出一般也不会相同;等等。这是因为影响因变量发生变化的不只是自变量一个因素,还有许多其他的因素,包括许多偶然性因素。所以我们可以说,相关关系是指客观现象之间确实存在的但关系值不固定的数量依存关系。

由此可见,相关关系和函数关系是有区别的。函数关系虽然也是指两个变量之间存在的数量依存关系,可它们之间的具体关系值是固定的。但相关关系和函数关系又是有联系的,当我们研究相关关系时,常常使用函数关系的数学表达式来对其进行定量表现,以便对相关关系的关系值进行估计或预测。这说明,函数关系是认识相关关系的工具。

另外,从上面对相关关系的介绍来看,很多相关关系具有因果含义,即相关关系中存在因果关系。如劳动生产率和生产成本、家庭收入和收支等。但因果关系并不能包括相关关系的全部,相关关系的概念比因果关系更广泛。因果关系属于相关关系,但相关关系则不全都是因果关系。如现象的相关关系还包括平衡关系、比例关系等,社会经济统计中对这些关系可使用其他的分析方法。

二、相关关系的种类

现象之间的相关关系是很复杂的,它们各以不同的方向、不同的程度相互作用着,并表现出不同的类型和形态。因此,相关关系也有不同的种类。

(一)单相关和复相关

从相关关系涉及的因素多少来划分,可将其分为单相关和复相关。两个因素之间的相关关系称为单相关,即一个自变量和一个因变量之间的相关关系,又称一元相关。例如,家庭收入和支出的关系。如果涉及三个或三个以上因素的相关关系,则称为复相关,又叫多元相关。例如,农产量与施肥量、灌溉量、耕作深度等因素之间的相关关系。

(二)直线相关和曲线相关

从相关关系的表现形态来划分,可将其分为直线相关和曲线相关。相关关系虽是一种并不严格的数量依存关系,但我们仍可借助数学上作散点图的方法来对其进行直观的观察。如果这种关系在图上近似地表现为一条直线,则称为直线相关;如果这种关系在图上近似地表现为一条曲线,则称为曲线相关。数学中把曲线分为抛物线、指数曲线、双曲线等,因此统计中的曲线相关也有对应的不同的形态。

(三)正相关和负相关

从相关关系变化的方向来划分,可将其分为正相关和负相关。当自变量X增加(或减少)时,因变量Y也相应增加(或减少),这种相关关系称为正相关。例如个头高的人体重一般会重一些;家庭收入增加,支出也会增加等。当自变量X增加(或减少)时,因变量Y却相应地减少(或增加),这种相关关系就称为负相关。如劳动生产率提高,生产成本相应下降;商品价格降低,商品销售量增加等。

(四)完全相关、不完全相关和不相关

按相关关系的程度来划分,可将其分为完全相关、不完全相关和不相关。完全相关

其实就是函数关系,即当自变量取某一个值时,因变量有唯一确定的值与之对应。而不相关则是指两种现象各自独立、互不影响,相互间的数量变动互不相干。比如,一个企业生产的产品品种多少与该企业职工年龄之间,以及一个城市的人均居住面积与该城市的年平均气温之间,很难找出它们之间具有什么样的相关关系。介于完全相关和不相关之间的相关关系,则称为不完全相关。它是我们本章要讨论的对象。这种相关关系,也是社会经济现象中广泛存在的一种相关关系。

三、相关分析的主要内容

对客观现象之间具有的相关关系进行研究,测定相互之间关系的密切程度,以揭示和掌握其数量变化的具体形式和规律性,以便用一个或几个现象的数量去估计或预测与之相关的其他现象的数量,这种方法在统计中称为相关分析法。它是从现象的复杂关系中消除非本质的偶然影响,从而使我们对关系的密切程度和变化的规律性有一个具体的数量上的认识,以利于我们在实际工作中对现象做出判断、进行预测。其主要内容包括:

(一)确定现象之间有无相关关系以及相关关系的表现形式

有相互依存关系才能用相关方法进行分析,如果没有关系而被当作有关系就会导致人的认识错误。并且,对于什么形式的关系也必须用什么样的方法。比如,把直线关系当作曲线关系来处理,显然不合适,也会产生错误的结果和认识。

(二)确定相关关系的密切程度

我们已知相关关系是一种关系值并不固定的数量依存关系,我们对它进行分析的目的就是要从这种不严格的关系中找到它们之间关系的密切程度。方法是编制相关图或相关表,它们能帮助我们做出初步的判断,进而计算出相关系数。相关系数能从数量上告诉我们相关关系的密切程度。

(三)确定相关关系之间的数学表达式

为了测定现象之间具体的数量联系,必须选择合适的数学模型近似地表达。由于这个数学表达式只是相关关系的近似表达式,通常又称为经验公式,也叫回归方程。如果现象之间的关系表现为直线相关,我们就采用配合直线的方法;如果现象之间的关系表现为各种曲线相关,则采用配合相应曲线的方法。采用这种方法的目的是使我们找到现象之间相互依存关系的数量上的规律性,以便我们对现象进行判断、推算和预测。

(四)对回归方程的可靠性进行测定

这是指通过测定因变量估计值和实际值之间的差异,以此来反映因变量估计值的可靠性。利用配合得到的直线或曲线方程,可以反映出现象间的数量变化关系,即当自变量的数量改变时,因变量的数量会随之发生怎样的变化。因为因变量的这种变化是估计值,它和实际值是有差别的,所以其可靠性如何就需要加以具体的衡量。这种差别越小,则说明回归估计的准确性越高,回归方程的可靠性越大;反之,则说明回归估计不够准确,回归方程的可靠性小。这种回归方程可靠性的测定,通常用回归估计标准误差来衡量。

第二节　简单线性相关分析

一、相关图和相关表

相关分析的出发点首先是确定现象之间有无相关关系、有什么样的关系，即表现为直线相关还是曲线相关。其做法一般是先进行定性分析，然后再进行定量分析。所谓定性分析，主要是利用人们的理论知识、专业知识、实际经验和分析研究能力，对现象之间有无相关关系做出初步的判断。如相互间确有相关关系，需进一步通过编制相关图表以直观地判断现象之间大致呈何种形式的相关，以此为计算相关系数、精确反映现象之间相关关系的方向和程度奠定基础。

相关图表是相关分析的重要工具，是相关表与相关图的统称。相关表属于第三章所讲的统计表的范畴，是在相关分析时使用的统计表。它视资料是否分组可分为简单相关表和分组相关表。相关图是根据相关表所做的统计图，仍有简单相关图与分组相关图之分。

1. 简单相关图表

简单相关表是指依据未经分组的资料所编制的相关表，是仅将自变量与因变量的对应值按一定标准（如由大到小等）平行排列所形成的统计表。比如，假定某企业产品产值与产品原材料费用资料如表 8-1 所示，该表就是一张简单相关表。

表 8-1　企业产品产值与产品原材料费用　　单位：万元

产值及费用	1 月	2 月	3 月	4 月	5 月	6 月	7 月	8 月
产品产值	120	260	310	380	450	500	610	680
原材料费用	62	86	98	110	125	142	168	190

根据表 8-1，我们可绘出简单相关图，如图 8-1 所示。

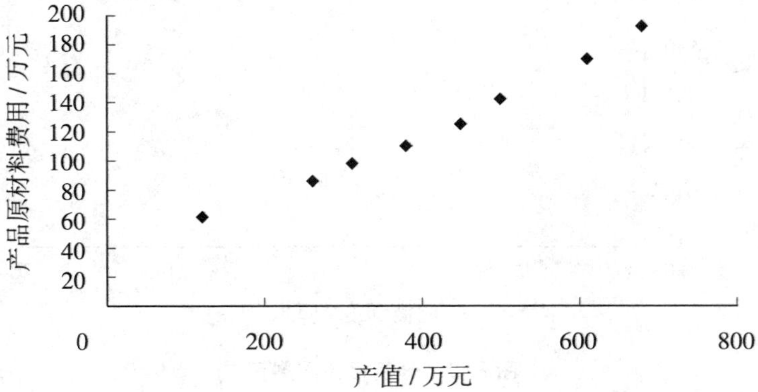

图 8-1　企业产品产值与产品原材料费用简单相关图展示

根据图 8-1 和表 8-1 可以直观地看出，该企业的产品产值与产品原材料费用之间是存在一定的数量依存关系的，它们之间呈现出很明显的直线相关关系。

2. 分组相关图表

图 8-1 和表 8-1 是在有关资料数据较少时使用的。在大量观察的情况下，原始资料会很多，据以按照上面的方法编制相关表就不那么方便。这样，使用、计算也就不那么方便，相关图也不好绘制。此时，就适宜编制分组相关表，并据以绘制相关图。所谓分组相关表，就是将原始数据进行分组而编制的相关表，其又分为单变量分组相关表和双变量分组相关表两种。

（1）单变量分组相关表

一般来讲，这种相关表只是对自变量进行分组并计算各组的次数，而对因变量不分组，但要计算其各组平均数。视具体资料，分的组既可是单项式的，也可是组距式的。

单变量分组相关表如表 8-2 所示。

表 8-2　单变量分组相关表展示

灌溉深度/厘米	田块数	平均亩产/千克
3	5	240
5	2	320
7	3	350
8	5	420
10	4	470
12	5	480
13	3	485
15	4	500

表 8-2 是实际工作中常用的一种单变量分组相关表，采用的是对自变量进行单项式分组的方式。其中，灌溉深度是自变量，平均亩产是因变量，田块数是自变量的次数。在此基础上，我们可以绘制分组相关图，如图 8-2 所示。

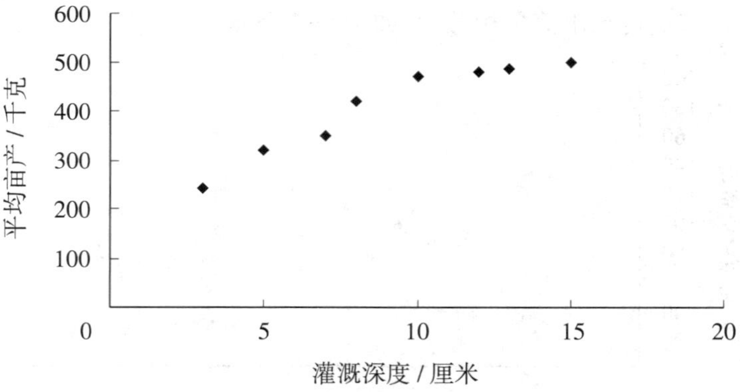

图 8-2　分组相关图展示

在某些场合下，根据资料的具体情况，我们也可进行单变量的组距式分组。该种分组能将资料简化，以便更有效地反映现象之间的相关关系。但要注意的是，用分组相关表的资料计算相关系数等指标时，要采用加权法，因为各个组代表的原始资料数目是不相同的。

(2)双变量分组相关表

它是指对自变量和因变量都进行分组而编制的相关表。由于对自变量和因变量都要进行分组,所以双变量分组相关表比单变量分组相关表要复杂一些,其形如棋盘,故也称棋盘式相关表,如表8-3所示。

表8-3　双变量分组相关表展示

按体重分组/千克	按身高分组/米							
	1.5以下	1.5~<1.55	1.55~<1.60	1.60~<1.65	1.65~<1.70	1.70~<1.75	1.75及以上	合计
65及以上	—	—	—	—	—	5	14	19
60~<65	—	—	—	—	10	18	8	36
55~<60	—	—	20	24	38	16	3	101
50~<55	—	—	22	26	34	14	—	96
45~<50	—	6	20	28	30	10	—	94
40~<45	3	3	12	16	13	5	—	52
40以下	2	—	—	—	—	—	—	2
合计	5	9	74	94	125	68	25	400

从表8-3中大体上可看出,这批学生的身高和体重之间具有直线正相关关系。这种将自变量从左至右按大小顺序排列,将因变量从上至下按大小顺序排列的目的是便于观察,以免发生误差。比如,把正相关误为负相关或把负相关误为正相关。

二、相关系数

相关图和相关表都能让我们初步了解现象之间有无相关关系以及有什么样的相关关系,但这种认识很粗略,因为它们很难让我们搞清楚相关关系的密切程度。为此,还需通过计算相关系数来衡量。相关系数是在直线相关条件下,说明两个现象之间相关关系密切程度的统计分析指标。

计算相关系数的基础资料是相关表。如果我们用 r 代表相关系数,它的计算方法如下:

(一)积差法

$$r = \frac{\sigma_{xy}^2}{\sigma_x \sigma_y}$$

式中:σ_{xy}^2 为自变量数列和因变量数列的协方差,即两个变量的共同方差。其计算公式为

$$\sigma_{xy}^2 = \frac{\sum (x-\bar{x})(y-\bar{y})}{n} = \frac{1}{n}\sum (x-\bar{x})(y-\bar{y})$$

σ_x 与 σ_y 分别代表自变量 x 与因变量 y 的标准差。它们的计算公式如下:

$$\sigma_x = \sqrt{\frac{\sum (x-\bar{x})^2}{n}}$$

$$\sigma_y = \sqrt{\frac{\sum (y-\bar{y})^2}{n}}$$

则相关系数为

$$r=\frac{\sigma_{xy}^{2}}{\sigma_{x}\sigma_{y}}=\frac{\frac{1}{n}\sum(x-\bar{x})(y-\bar{y})}{\sqrt{\frac{1}{n}\sum(x-\bar{x})^{2}}\sqrt{\frac{1}{n}\sum(y-\bar{y})^{2}}}$$

$$=\frac{\sum(x-\bar{x})(y-\bar{y})}{\sqrt{\sum(x-\bar{x})^{2}}\sqrt{\sum(y-\bar{y})^{2}}}$$

【例 8-1】某企业某种产品的产量与单位成本的相关情况如表 8-4 所示。

表 8-4　产量与成本相关表展示

产量／件 x	20	30	40	50	70
单位成本／元 y	17.2	15.8	15.1	14.5	13.6

利用表 8-4，编制出相关系数的计算表，如表 8-5 所示。

表 8-5　相关系数计算表展示

产量／件	单位成本／元	$x-\bar{x}$	$(x-\bar{x})^2$	$y-\bar{y}$	$(y-\bar{y})^2$	$(x-\bar{x})(y-\bar{y})$
20	17.2	-22	484	1.96	3.841 6	-43.12
30	15.8	-12	144	0.56	0.313 6	-6.72
40	15.1	-2	4	-0.14	0.019 6	0.28
50	14.5	8	64	-0.74	0.547 6	-5.92
70	13.6	28	784	-1.64	2.689 6	-45.92
合计	—	—	1 480	—	7.412 0	-101.40

将表 8-5 中的相关数据代入上述相关系数的计算公式，有

$$r=\frac{\sum(x-\bar{x})(y-\bar{y})}{\sqrt{\sum(x-\bar{x})^{2}}\sqrt{\sum(y-\bar{y})^{2}}}=\frac{-101.40}{\sqrt{1\,480}\times\sqrt{7.412}}=-0.968$$

（二）简捷法

从上面的计算可知，积差法计算相关系数是以两个变量的离差为基础的。因此，用积差法计算相关系数是比较烦琐的。我们可以在积差法公式的基础上，利用代数推演方法得到相关系数的若干简化计算公式。下面的公式，即代数推演后得到的计算相关系数常用的一个简化式。

$$r=\frac{n\sum xy-\sum x\cdot\sum y}{\sqrt{n\sum x^{2}-(\sum x)^{2}}\sqrt{n\sum y^{2}-(\sum y)^{2}}}$$

根据表 8-4 的资料，我们可编制如下的相关系数简化式计算表，如表 8-6 所示。

表 8-6　相关系数简化式计算表展示

产量/件 x	单位成本/元 y	x^2	y^2	xy
20	17.2	400	295.84	344
30	15.8	900	249.64	474
40	15.1	1 600	228.01	604
50	14.5	2 500	210.25	725
70	13.6	4 900	184.96	952
210	76.2	10 300	1 168.70	3 099

$$r=\frac{n\sum xy-\sum x\cdot\sum y}{\sqrt{n\sum x^2-(\sum x)^2}\sqrt{n\sum y^2-(\sum y)^2}}$$

$$=\frac{5\times3\ 099-210\times76.2}{\sqrt{5\times10\ 300-210^2}\times\sqrt{5\times1\ 168.7-76.2^2}}$$

$$=-0.968$$

可见,两种方法计算结果完全相同。用简捷法计算不仅较为简单,且与后面要介绍的回归分析可以使用同一张计算表,这样整个计算过程会更简化。因此,在实际工作中我们多用简捷法计算相关系数。

(三) 其他方法

(1) 在掌握了平均数的情况下,r 可用下式求得

$$r=\frac{\sum xy-n\bar{x}\bar{y}}{\sqrt{\sum x^2-n\bar{x}^2}\cdot\sqrt{\sum y^2-n\bar{y}^2}}$$

如上例:

$$r=\frac{3\ 099-5\times42\times15.24}{\sqrt{10\ 300-5\times42^2}\times\sqrt{1\ 168.7-5\times15.24^2}}=-0.968$$

(2) 在掌握了平均数及标准差的情况下,r 可用下式求得

$$r=\frac{\overline{xy}-\bar{x}\cdot\bar{y}}{\sigma_x\cdot\sigma_y}\qquad \overline{xy}=\frac{\sum xy}{n}$$

如上例:

$$r=\frac{619.8-42\times15.24}{17.205\times1.218}=-0.968$$

可见,无论运用哪种方法,它们的计算结果都是完全相等的。因为,这些计算方法都是积差法相关系数的变形,它们的基础是共同的,计算结果自然没有差异。

(四) 分组相关表的相关系数的计算

(1) 根据单变量分组相关表计算相关系数

$$r=\frac{\sum(x-\bar{x})(y-\bar{y})f}{\sqrt{\sum(x-\bar{x})^2f}\sqrt{\sum(y-\bar{y})^2f}}$$

简捷式为

$$r=\frac{\sum f\sum xyf-(\sum xf)(\sum yf)}{\sqrt{\sum f\sum x^2f-(\sum xf)^2}\sqrt{\sum f\sum y^2f-(\sum yf)^2}}$$

(2) 根据双变量分组相关表计算相关系数

$$r=\frac{\sum f_{xy}(x-\bar{x})(y-\bar{y})}{\sqrt{\sum f_x(x-\bar{x})^2\cdot\sum f_y(y-\bar{y})^2}}$$

式中:f_{xy} 表示 x 与 y 交错组的频数。

(五) 相关系数的取值与相关关系的密切程度

根据积差法这一计算相关系数的基本公式来看,相关系数的取值范围无疑介于"-1"和"1"之间。计算结果为负,表示两种现象之间是负相关的;反之,则表明现象相互之间是正相关的。当 $r=\pm1$ 时,此时的相关关系其实就是函数关系;当 $r=0$ 时,则是我们前面讲过的不相关。显然,r 越接近于 ±1,相关关系越密切;越接近于0,相关关系越微弱。于是,我们以相关系数取值的大小来判断现象之间相关关系密切程度。一般的标准是:

$|r|$ 在0.3以下,表明无相关;$|r|$ 在0.3和0.5之间,表明是低度相关;$|r|$ 在0.5和0.8之间,表明呈显著相关;$|r|$ 在0.8以上,表明是高度相关。

还需注意的是,用上述标准来进行判断,一般要求相关系数的原始依据要比较多。因为计算时依据的资料多,关系程度才更为可信。此外,如果相关系数数值很低,只能说明现象之间没有直线关系,但并不等于就没有曲线关系,因为相关系数只是用来说明直线相关条件下两个现象之间相关关系的方向和程度的。

第三节　回归分析

一、回归分析的概念

前面我们讲过,为了说明现象之间的相关关系,可以用相关系数来加以反映。但相关系数却不能说明某一现象发生一定量的变化时,另一与之相联系的现象的数量随之能发生多大的变化。例如,家庭的收入增加一定数量,家庭的支出一般会增加多少?也就是说,相关系数不能说明两个变量之间数量变化的一般关系值。而两个变量之间的这种数量变动关系,又是我们必须知道的,因为这种关系是进行各种统计推算和预测的依据。为了解决这一问题,我们只能求助于回归分析。所谓回归分析,是指对具有显著相关关系的事物或现象之间数量变化的一般关系进行测定,并建立一个相互之间关系的数学表达式,以便由一个已知量去估计或预测与之相关的另一个未知量的统计分析方法。表现现象之间数量关系的数学表达式,我们称为回归方程。

由此可见,回归分析与相关分析既有明显的区别,但又相互补充、密切联系。相关分析只能说明现象之间相关关系的有无、相关的方向和密切程度,不能说明现象相互之间数量变化的数量联系。所以,相关分析需要回归分析来补充,回归分析需要以相关分析为基础。

从数学的角度看,回归方法有不同的种类。按自变量的多少划分,只有一个自变量的叫一元回归,又称简单回归;而有两个或两个以上的自变量的,则叫多元回归,又称复回归。按回归的形态划分,又有直线回归(线性回归)和曲线回归(非线性回归)之分。在下面的内容中,我们只涉及一元直线回归分析的方法。

二、直线回归分析

(一)直线回归分析的特点

第一,我们在前面提到相关分析时,只需知道两个现象之间是否存在不严格的相互依存关系,所以不必指定哪个是自变量,哪个是因变量。但在回归分析中,必须根据研究的目的,确定哪个是自变量,哪个是因变量。也就是说,回归关系是指有一定方向的关系。

第二,在两个现象互为根据的时候,可以配合两条回归方程。例如身高和体重的关系,可以以身高为自变量 x,体重为因变量 y,来说明身高变化对体重变化的影响,此时方程称 y 倚 x 的回归,即 $y_c = a + bx$;反之,以体重为自变量 y,身高为因变量 x 时,则称 x 倚 y 的回归,即 $x_c = a + by$。

(二)直线回归方程配合的条件

1. 确定变量之间有无相关关系

在配合回归方程之前,首先要确定变量之间有无相关关系。从数学的角度看,没有依存关系的两个现象,也可以配合一条直线,但这条直线没有任何实际价值。所以,事先我们要多观察,根据相关的经验和知识,进行深入的分析,做出正确的判断。

2. 了解变量之间相关关系的形态、方向和程度

可利用相关图和相关表来帮助我们进行辨别,了解变量之间相关关系的形态、方向和程度。需要注意的是,如果形态表现为曲线相关,但它在一定的范围之内也是可以表现为直线相关的,所以在这个范围内仍可以使用配合直线的方法。同时,只有当相关关系显著时,配合的回归直线方程的代表性才大,因为此时的误差小。

3. 确定自变量和因变量

必须确定自变量和因变量,因为回归分析也是因果分析。有了两者的对应资料,才有回归分析的依据。

(三)一元直线回归方程的配合

为了说明怎样配合一条回归直线,我们再回头看看前面的图 8-1。如果我们要对该图上的相关点配合一条直线,然后用直线上的点来代表所有的相关点,要做到这一点并不难,可以画出无数条直线。但哪一条直线最合理,即最有代表性呢?数学上已给我们说明了,符合最小平方法(又叫最小二乘法)条件的那条线最具有代表性。这条线的表现形式为

$$y_c = a + bx$$

这就是我们所说的一元直线回归方程,式中的 y_c 代表直线的估计值,又叫理论值或趋势值。a、b 叫待定参数,a 代表直线的起点值,此值在相关图上表现为 y 轴上的一个点。其数学意义指在纵轴上的截距,表示当 $x = 0$ 时,y 的取值。b 代表回归系数(数学上

为斜率)，其含义是当自变量 x 每增加或减少一个单位时，因变量 y 平均增加或减少的值。

从上式可看出，只要解出 a、b 两个参数值，回归方程也就确定了。

高等数学证明了，根据最小平方法的要求，求解 a、b 两个待定参数要用以下的标准方程：

$$\sum y = na + b\sum x$$

$$\sum xy = a\sum x + b\sum x^2$$

对上式进行数学变换后得

$$a = \bar{y} - b\bar{x}$$

$$b = \frac{n\sum xy - \sum x\sum y}{n\sum x^2 - (\sum x)^2}$$

得到 a、b 两个参数的值后，代入回归方程中，就可得出所求的回归直线方程。此时，两个变量之间相关关系的数学表达式也就确定了。这条线最具有代表性，因为它符合最小平方法，也就是它满足以下条件：

$$\sum (y - y_c)^2 = \text{最小值}$$

在数学中，它被看成满足“最小离差平方和”的要求。也就是说，只有这条线上的每个估计值 y_c 距对应的实际值 y 的离差平方和是最小的。

【例 8-2】某市 8 个同类企业某种产品月产量和生产成本的有关资料如表 8-7 所示，试据以建立回归方程。

表 8-7　产量与成本关系

企业编号	月产量／千吨 x	生产成本／万元 y
1	1.2	62
2	2.0	86
3	3.1	80
4	3.8	110
5	5.0	115
6	6.1	132
7	7.2	135
8	8.0	160

从表 8-7 中可看出，生产成本是随着月产量的增加而增加的。因此，可将月产量看成自变量 x，生产成本看成因变量 y，并据此绘制如图 8-3 所示的相关图。从图 8-3 可看出，所有观察点分布呈近似的直线形式，于是我们可对其建立一元直线回归方程来反映两个现象之间的关系。

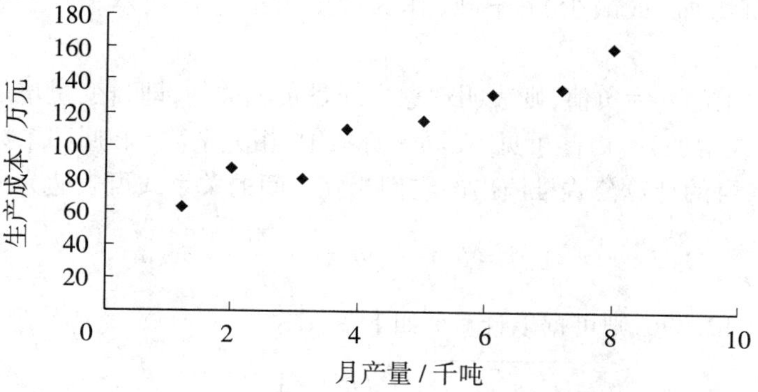

图 8-3　月产量与成本相关图展示

我们利用表 8-7 的资料,可得到建立回归方程的计算表,如表 8-8 所示。

表 8-8　回归方程的计算表展示

企业编号	月产量/千吨 x	生产成本/万元 y	x^2	y^2	xy
1	1.2	62	1.44	3 811	74.4
2	2.0	86	4.00	7 396	172.0
3	3.1	80	9.61	6 400	248.0
4	3.8	110	14.44	12 100	418.0
5	5.0	115	25.00	13 225	575.0
6	6.1	132	37.21	17 424	805.2
7	7.2	135	51.84	18 225	972.0
8	8.0	160	64.00	25 600	1 280.0
合计	36.4	880	207.54	104 214	4 544.6

$$\bar{x} = \frac{\sum x}{n} = \frac{36.4}{8} = 4.55$$

$$\bar{y} = \frac{880}{8} = 110$$

$$b = \frac{n\sum xy - \sum x \sum y}{n\sum x^2 - (\sum x)^2} = \frac{8 \times 4\,544.6 - 36.4 \times 880}{8 \times 207.54 - 36.4^2} = 12.896$$

$$a = \bar{y} - b\bar{x} = 110 - 12.896 \times 4.55 = 51.323$$

代入回归方程:

$$y_c = a + bx$$

得

$$y_c = 51.323 + 12.896x$$

据此,我们可以预测当月产量达到一定水平,如 8.5 千吨时,生产成本可能达到的水平。

当 $x = 8.5$ 时,则

$$y_c = 51.323 + 12.896 \times 8.5 = 160.939(\text{万元})$$

上例中,回归系数 $b = 12.896$,为正值,表明月产量与生产成本是正相关的,即作为自变量的月产量每增加(或减少)1 千吨,作为因变量的生产成本,就会随之增加(或减少)12.896 万元。

若回归方程中的 b 为负值,则表明现象之间是负相关的,即自变量增加(或减少),因变量随之减少(或增加)。由此可见,在同一资料中,相关系数 r 和回归系数 b 的符号是相同的。由它们各自的计算公式推演出的它们相互之间的关系式可表达为

$$r = b \cdot \frac{\sigma_x}{\sigma_y},\ b = r \cdot \frac{\sigma_y}{\sigma_y}$$

如上例,$b = 12.896$,则可据以计算 r 如下:

$$\delta_x = \sqrt{\frac{\sum x^2}{n} - (\bar{x})^2} = \sqrt{\frac{207.54}{8} - 4.55^2} = 2.289$$

$$\delta_y = \sqrt{\frac{\sum y^2}{n} - (\bar{y})^2} = \sqrt{\frac{104\ 214}{8} - 110^2} = 30.443$$

$$r = b \cdot \frac{\sigma_x}{\sigma_y} = 12.896 \times \frac{2.289}{30.443} = 0.97$$

它与相关系数简化式的计算结果是相同的:

$$r = \frac{n\sum xy - \sum x \cdot \sum y}{\sqrt{n\sum x^2 - (\sum x)^2}\sqrt{n\sum y^2 - (\sum y)^2}}$$

$$r = \frac{8 \times 4\ 544.6 - 36.4 \times 880}{\sqrt{8 \times 207.54 - 36.4^2} \cdot \sqrt{8 \times 104\ 214 - 880^2}} = 0.97$$

三、回归估计标准误差

(一)回归估计标准误差的概念

在两个变量相关的条件下,我们配合得到了回归直线,它同时又是可以反映这两个变量数量关系的平均线。因此,我们可以根据已知自变量的数值,推算出与之相关的因变量的数值。但是,推算出来的因变量的数值并不是精确的数值,它只是一个估计值、一个理论值,它和实际值是有差别的。如果将它们展示在图上,就会发现每个估计值(回归线上的值)和实际值(散点)几乎都有差异。也就是说,每一散点和回归直线都有距离,这个距离有大小、正负的不同,也即是离差有大小、正负之分。很明显,如果估计值和实际值相差较大,回归直线的代表性就弱;如果两者之间相差小,回归直线的代表性就强。只有在该差别相对较小的情况下,用回归方程做出估计或预测才具有实际价值。回归估计标准误差就是用来说明回归直线方程推算结果准确程度的统计分析指标,或者说是反映回归直线代表性强弱的统计分析指标。

回归估计标准误差(也称为估计标准误差),与第五章所讲的平均数的标准差的性质是相同的。只是平均数的标准差是说明平均数的代表性的,而回归估计标准误差是说明平均线(回归直线)的代表性的。

(二)回归估计标准误差的计算

按照标准差的计算原理,回归估计标准误差的计算公式为

$$S_{yc}=\sqrt{\frac{\sum(y-y_c)^2}{n-2}}$$

式中:y 代表因变量的实际值;y_c 代表因变量的估计值;分母的 $n-2$ 称为回归估计的自由度,因回归方程 $y_c=a+bx$ 存在 a、b 两个参数,方程因此而失去了两个自由度。

从公式可知,$y-y_c$ 是因变量实际值和估计值的估计误差,因其有大小、正负之分,如将其求和,则 $\sum(y-y_c)=0$。所以上式实际上也是一个平均误差,只是不是简单平均,而是经过乘方、平均、再开方的过程,它和标准差和计算过程是一样的,其作用是说明估计的准确程度,所以叫回归估计标准误差。

我们仍用例 8-2 的资料,来计算一下回归估计标准误差,如表 8-9 所示。

表 8-9 回归估计标准误差计算表展示

企业编号	月产量/千吨 x	生产成本/万元 y	$y_c=51.323+12.896x$	$y-y_c$	$(y-y_c)^2$
1	1.2	62	66.798 2	−4.798 2	23.023
2	2.0	86	77.115	8.885	78.943
3	3.1	80	91.300 6	−11.300 6	127.704
4	3.8	110	100.327 8	9.672 2	93.551
5	5.0	115	115.803	−0.803	0.645
6	6.1	132	129.988 6	2.011 4	4.046
7	7.2	135	144.174 2	−9.174 2	84.166
8	8.0	160	154.491	5.509	30.349
合计	36.4	880	—	0①	442.427

注:① 表示因小数取舍而有一点尾差。

$$S_{yc}=\sqrt{\frac{\sum(y-y_c)^2}{n-2}}=\sqrt{\frac{442.427}{8-2}}=8.59(\text{万元})$$

上式的计算显然很麻烦,因为它要求在利用最小平方法配合出回归方程后,将每一个自变量的实际值分别代入方程,求得每一个对应的估计值,然后再与其实际值对比计算。在实际工作中,如果已知 a、b 两个数值,则有一个简洁公式来计算回归估计标准误差。其公式为

$$S_{yc}=\sqrt{\frac{\sum y^2-a\sum y-b\sum xy}{n-2}}$$

上例中:

$$S_{yc}=\sqrt{\frac{\sum y^2-a\sum y-b\sum xy}{n-2}}$$

$$=\sqrt{\frac{104\,214-51.323\times 880-12.896\times 4\,544.6}{8-2}}$$

$$=8.59(\text{万元})$$

两种方式的计算结果可能会有一点出入,这是由于计算过程中小数的取舍造成的,可以忽略不计。

就本例而言，由于回归估计标准误差仅为因变量生产成本平均数的7.81%(8.59/110)，可以说根据资料所建立的回归方程的代表性是比较强的，据以做出的估计或预测的准确性也是较高的。

（三）回归估计标准误差与相关系数的关系

直观上讲，相关系数越大，现象之间的相关关系就越密切，在此基础上建立的回归方程的代表性就越强，回归估计的标准误差就越小，回归估计或预测的准确性就越高。可见，回归估计标准误差与相关系数之间有着密切的关系。这种关系，我们根据两者计算公式的数学推演，可定量地表达如下：

$$r=\sqrt{\frac{\sigma_y^2-S_{yc}^2}{\sigma_y^2}}=\sqrt{1-\frac{S_{yc}^2}{\sigma_y^2}}$$

在上式的基础上经进一步推导，可得

$$r^2=1-\frac{S_{yc}^2}{\sigma_y^2}$$

$$S_{yc}=\sigma_y\cdot\sqrt{1-r^2}$$

它表明，回归估计标准误差与相关系数是呈反比关系的。r 值越大，说明相关程度越密切，此时 S_{yc} 就越小，也就是相关点（实际值）距回归直线较近，因此回归方程的代表性也较强；反之，当 r 值越小，说明相关程度不密切，此时 S_{yc} 则越大，也就是相关点（实际值）距回归直线比较远，因此回归方程的代表性也就较差。同时，借助上面的公式，我们还可以根据相关系数 r 去推算回归估计标准误 S_{yc}；反过来，也可根据回归估计标准误差去推算相关系数。

综上所述，虽然回归标准误差和相关系数都可从不同角度说明变量间相关关系的密切程度，但相对来说，相关系数表明现象之间关系的密切程度更明确些，并能更直接说明是正相关还是负相关，所以它应用得更多一些。

【思考题】

1. 什么是相关关系？为什么相关分析要利用函数表达式？
2. 什么是相关系数？它如何测定现象之间的相关关系？
3. 什么是回归系数？它的经济含义如何？
4. 相关系数、回归系数和回归估计标准误差之间的关系如何？
5. 什么是回归直线？为什么说利用最小平方法配合的直线是最具有代表性的回归直线？
6. 相关关系有哪些种类？

【练习题】

一、单项选择题

1. 相关关系是(　　)。

A. 现象之间存在的固定的数理依存关系

B. 现象之间存在的不固定的数量依存关系

C. 函数关系

D. 因果关系

答案:(B)。

2. 相关系数为0,则说明两个变量之间是(　　)。

A. 正相关　　B. 负相关

C. 没有关系　　D. 没有直线关系

答案:(D)。

3. 在一元直线回归方程 $y_c = a + bx$ 中,$b > 0$ 表示(　　)。

A. 强相关　　B. 弱相关

C. 正相关　　D. 负相关

答案:(C)。

4. 关于父母身高对子女身高的影响的回归分析,估计或预测的是(　　)。

A. 父母的具体身高　　B. 父母的平均身高

C. 子女的具体身高　　D. 子女的平均身高

答案:(D)。

5. 当相关系数增大时,回归估计标准误差会(　　)。

A. 增大　　B. 减小

C. 不变　　D. 信息量不够,无法做出判断

答案:(B)。

二、实务题

1. 某企业生产某种产品的有关资料如下:

月份	1	2	3	4	5	6
产量/千件	2	3	4	3	4	5
单位成本/元	73	72	71	73	69	68

要求:

(1) 做出相关图,判断两者之间是否存在相关关系。

(2) 计算相关系数。

(3) 配合一元直线回归方程,并指出产量每增加1 000吨,单位成本平均下降多少元。

2. 某种商品的资料如下表所示:

价格/元	7	12	6	9	10	8	12	6	11
销售量/件	57	72	51	57	60	55	70	55	70

要求:

(1) 判断两个变量之间的相关关系。

(2) 配合回归方程,计算回归标准误差。

(3) 估计当价格为13元时,销售量可能达多少件。

3. 某公司10个企业有关资料如下表所示：

企业序号	1	2	3	4	5	6	7	8	9	10
工人劳动生产率/万元	8	10	10	10	12	12	14	16	18	20
利润率/%	5.5	6.0	6.5	7.0	8.0	8.5	9.0	10.5	12.5	14.0

试计算：

（1）相关系数；

（2）配合回归方程；

（3）回归估计标准误差。

4. 某市城调队调查了100户住户得知，职工平均月工资为1 100元，标准差系数为20%，平均每户存款为8 000元，标准差系数为25%，又知职工平均工资与银行存款两者之间的相关系数为0.89，问回归系数与回归估计标准误差是多少？

第九章　时间数列分析

第一节　时间数列的概念和种类

一、时间数列的概念

时间数列又称动态数列，是将反映某种现象在时间上变化发展的某一统计指标的一系列数值，按时间先后顺序排列所形成的数列。时间数列由两个基本要素构成：一个是资料所属的时间，另一个是各时间上的统计指标数值。

时间数列分析法就是借助时间数列，研究社会经济现象数量方面变化发展的一种统计方法。运用该方法，一方面可以描述社会经济现象的发展状况和结果；另一方面可以研究社会经济现象的发展速度、发展趋势，探索现象发展变化的规律性，并据以进行统计预测。此外，还可以利用性质不同但又相互联系的时间数列进行对比分析或相关分析，以反映现象之间的数量差异和数量联系。

二、时间数列的种类

时间数列的分类，主要是按其构成要素之一的统计指标性质不同来划分的。据此，时间数列可分为绝对数时间数列、相对数时间数列和平均数时间数列三种。其中，绝对数时间数列是基本数列，相对数时间数列和平均数时间数列都是由绝对数时间数列派生而形成的数列。

例如，我国 2013—2019 年国民经济主要指标的时间数列如表 9-1 所示。

表 9-1　国民经济主要指标的时间数列表

年份	2013	2014	2015	2016	2017	2018	2019
国内生产总值／亿元	588 019	635 910	689 052	743 585	820 754	919 281	986 515
第三产业产值占国内生产总值的比重／%	46.9	48.1	50.2	51.6	51.9	53.3	54.3
全国总人口年末数／万人	136 072	136 782	137 462	138 271	139 008	139 538	140 005
全国城镇私营单位就业人员年平均工资／元	32 706	36 390	39 589	42 833	45 761	49 575	53 604

资料来源：根据国家统计局 2014—2020 公布的数据资料整理。

在表 9-1 中，国内生产总值、全国人口年末数是绝对数时间数列，第三产业产值占国内生产总值的比重是相对数时间数列,全国职工年平均工资是平均数时间数列。

（一）绝对数时间数列

将反映现象的某一总量指标的一系列数值,按时间先后顺序排列所形成的时间数列,称为绝对数时间数列。它反映社会经济现象在各个时期达到的绝对水平及其发展变化的情况。按照总量指标所反映的社会经济现象所属时间的不同,绝对数时间数列又可进一步分为时期数列和时点数列两种。

1. 时期数列

在绝对数时间数列中,若各项指标数值都是反映某种现象在一段时期内发展过程的总量,即称为时期数列。表9-1所列的我国2013—2019年国内生产总值所构成的时间数列,就是一个时期数列。时期数列具有以下特点:

(1)数列中各个指标数值可以相加。由于时期数列中每个指标数值是表示现象在一段时期内发展过程的总量,相加之后就是现象在更长一段时期内发展过程的总量。因此,相加之和具有一定的经济意义。如表9-1中,将2015—2019年的国内生产总值相加,可得五年共实现的国内生产总值。

(2)数列中每一个指标数值的大小与其时期长短有直接关系。在时期数列中,每一个指标所包括的时期长度,称为“时期”。时期的长短,主要根据研究目的而定,可以是一日、一旬、一月、一季、一年、五年或更长时期。一般来说,时期愈长,指标数值愈大;时期愈短,指标数值愈小。

(3)数列中每个指标的数值,通常是通过连续不断地登记而取得的。

2. 时点数列

在绝对数时间数列中,若各项指标数值都是反映现象在某一时点上所达到的数量(总量),即称为时点数列。如表9-1中所列的我国2013—2019年全国总人口年末数所构成的时间数列,就是一个时点数列。时点数列具有以下特点:

(1)数列中各个指标数值不能相加。由于时点数列中每个指标数值表明现象在某一时点所达到的数量,相加之后无法说明应该属于哪一时点的数量,因此相加之和不具有实际经济意义。

(2)数列中每一个指标数值的大小与其时间间隔长短无直接关系。在时点数列中,两个相邻指标在时间上的距离称为“间隔”。由于时点数列中每个指标的数值,只表明现象在某一时点上的数量,这样,年末数值可能大于月末数值,也可能小于月末数值。因此,它的指标数值的大小与时间间隔长短没有直接关系。

(3)数列中每个指标的数值,通常是通过间隔一段时间登记一次而取得的。

（二）相对数时间数列

将反映现象的某一相对指标的一系列数值,按时间先后顺序排列所形成的时间数列,称为相对数时间数列。它反映现象数量对比关系的发展变化情况,说明社会经济现象的比例、构成、速度等的发展变化过程。表9-1中所列由第三产业占国内生产总值的比重所构成的时间数列,就是一个相对数时间数列。在相对数时间数列中,各个指标数值是不能相加的。

（三）平均数时间数列

将反映现象的某一平均指标的一系列数值,按时间先后顺序排列所形成的时间数列，称为平均数时间数列。它反映社会经济现象一般水平的发展变化趋势。表 9-1 中所列由全国城镇私营单位就业人员年平均工资所构成的时间数列，就是一个平均数时间数列。同样，在平均数时间数列中，各个指标数值也是不能相加的，但有时为了计算后面介绍的序时平均数，各个指标数值在计算过程中也需要相加，只是相加之后没有实际经济意义。

三、时间数列的编制原则

编制时间数列的目的是通过对时间数列中各个指标数值的对比来反映社会经济现象的发展变化过程及其规律性。因此，保证数列中各个指标数值的可比性，是编制时间数列应遵循的基本原则，具体包括以下四个方面：

1. 时期长短应该统一

在时期数列中，由于各个指标数值的大小与时期长短直接相关，时期越长，指标数值越大；反之亦然。若时期长短不一，就难以直接做出判断和比较。但这一原则也不能绝对化，有时为了特殊的研究目的，也可将时期不等的指标编成时间数列。我国不同历史时期的钢产量资料如表 9-2 所示。

表 9-2　我国不同历史时期的钢产量资料

时期／年	1900—1948	1953—1957	1996—2000
钢产量／万吨	760	1 667	57 853

从表 9-2 中可以明显看出，我国第一个五年计划时期的钢产量超过新中国成立前近半个世纪钢产量 1 倍以上，"九五" 时期的钢产量又比"一五" 时期有了更快的发展，增长了 33 倍以上。

对于时点数列来说，由于各个指标只反映现象在某一时点达到的数量，指标数值的大小与两时点的间隔的长短无关，所以不存在时期长短应该统一的问题，但为了更有利于对比分析，时点间的间隔长短最好能保持一致。

2. 总体范围应该一致

在时间数列中，各个指标所包括的总体范围前后各期应该一致。例如，要研究某省的工农业生产及人口变动情况，就必须注意该省的行政区划有无变动。若存在变动，则相应各项指标不能直接对比，而必须将资料进行适当调整，使前后各期总体范围一致后，才能对比。

3. 指标的经济内容应该相同

在实际工作中，有些指标的名称相同，但指标的经济内容或经济含义不同，便不能混合编制成一个时间数列。例如，1985 年以前，价格补贴是冲减财政收入，1985 年后价格补贴则列入财政支出。因此，进行财政收入与财政支出分析时，就不能直接对比，应作相应调整。

4. 计算口径应该统一

计算口径主要是指计算方法、计量单位、计算价格等。例如，当我们研究某企业劳动生产率的变化情况时，如果各期指标的计算方法不一致，有的按生产工人计算，有的按全部职工计算,有的按产品的实物量计算,有的按产品的价值量计算,这样,各指标之间显然没有可比性,从而也就不能运用动态分析方法来正确说明该企业劳动生产率的变动情况。

第二节　时间数列的水平分析指标

为了反映不同时期社会经济现象达到的总规模、总水平,以及发展趋势和发展速度,需要借助所编制的时间数列来进行动态分析。动态分析包括现象发展的水平分析和现象发展的速度分析。本节介绍现象发展的水平分析。

一、发展水平和平均发展水平

(一)发展水平

在时间数列中,各项具体的指标数值称为发展水平或时间数列水平。它反映社会经济现象在不同时期所达到的水平,是计算其他动态分析指标的基础。根据时间数列的分类,发展水平既可以是总量指标,如钢产量、年末人口数、国内生产总值等,也可以是相对指标,如学龄儿童入学率、人均国内生产总值等,还可以是平均指标,如职工平均工资、居民人均消费水平等。

在时间数列中,根据发展水平所处的位置不同,可将其分为最初水平、最末水平和中间水平。如果用符号 $a_0,a_1,a_2,a_3,\cdots,a_{n-1},a_n$ 代表时间数列中各个发展水平,通常时间数列的第一个指标数值 a_0 叫最初水平,最后一个指标数值 a_n 叫最末水平,其余各个指标数值则叫中间水平。此外,当对两个时期的发展水平作动态对比时,将作为对比基础时期的水平称为基期水平,将作为研究时期的水平称为报告期水平。若以表 9-1 中的第一个时间数列为例,2017 年的国内生产总值为最初水平(a_0),2023 年的国内生产总值为最末水平(a_n),其余各项数值为中间水平。若 2021 年的国内生产总值与 2019 年进行对比,则 2019 年的国内生产总值为基期水平,2021 年的国内生产总值为报告期水平;若 2023 年的国内生产总值与 2022 年进行对比,则 2022 年的国内生产总值为基期水平,2023 年的国内生产总值为报告期水平。因此,各项水平的名称是随着研究时间和目的的改变而改变的。

(二)平均发展水平

将不同时期的发展水平加以平均而得到的平均数称为平均发展水平,在统计上又称为序时平均数或动态平均数。它与第五章讲的一般平均数既有相同之处,又有明显区别。相同的是:序时平均数和一般平均数都是将现象的个别数量差异抽象化,以概括地反映现象的一般水平。区别在于:第一,序时平均数同一现象在不同时间上发展水平的平均数,从动态上说明其在某段时间内发展的一般水平,它是根据时间数列来计算的;而一般平均数是同一总体内各单位标志值的平均数,从静态上说明其在具体时间、地点条件下的一般水平,它是根据变量数列来计算的。第二,序时平均数是对同一现象不同时间上的数值差异的抽象化,而一般平均数是对同一时间总体内各单位某一数量标志值差异的抽象化。

序时平均数可以根据绝对数时间数列计算，也可以根据相对数时间数列或平均数时间数列进行计算，其中，由绝对数时间数列计算序时平均数的方法是最基本的。

1. 由绝对数时间数列计算序时平均数

由于绝对数时间数列分为时期数列和时点数列两种，它们具有不同性质，因而在这两种绝对数时间数列中计算序时平均数，其计算方法也就有所不同。

（1）由时期数列计算序时平均数。

由于时期数列中的各项指标数值可以相加，相加之和等于整个时期的总量。因此，可以采用简单算术平均法，即直接用数列中各时期的指标数值之和除以时期项数来计算序时平均数。其计算公式如下：

$$\bar{a}=\frac{a_1+a_2+\cdots+a_{n-1}+a_n}{n}=\frac{\sum a}{n}$$

式中：$\bar{a}$ 代表序时平均数；

a_i 代表各期发展水平；

n 代表时期项数。

【例 9-1】某企业 2023 年上半年各月工业增加值资料如表 9-3 所示，要求计算 2015 年上半年的月平均增加值。

表 9-3　上半年各月工业增加值资料

时间	1 月	2 月	3 月	4 月	5 月	6 月
增加值／万元	21.4	18.6	23.5	39.2	35.7	28.2

月平均增加值为

$$\bar{a}=\frac{21.4+18.6+23.5+39.2+35.7+28.2}{6}=\frac{166.6}{6}\approx 27.8(\text{万元})$$

（2）由时点数列计算序时平均数。

由于所掌握的时点数列的时点资料的不同，其序时平均数的计算方法也有所不同。时点数列一般都是不连续数列，但若逐日记录而又逐日排列形成的时点数列则可将其视为连续时点数列。以此为标准，可将时点数列分为连续时点数列和间断时点数列。

① 根据连续时点数列计算序时平均数。

在连续时点数列中有连续变动和非连续变动两种情况。

如果连续时点数列每日的指标数值都有变动，称为连续变动的连续时点数列。可用简单算术平均法计算序时平均数。其计算公式为

$$\bar{a}=\frac{\sum a}{n}$$

例如，已知某企业一个月内每天的出勤人数，要计算该月平均每天的出勤人数，可将每天的出勤人数相加，再除以该月的日历日数即可。

如果被研究现象不是逐日变动，而是间隔几天变动一次，这样的数列称为非连续变动的连续时点数列，则可用每次变动持续的时间（天数）作为权数(f)，计算加权算术平均数。其计算公式为

$$\bar{a}=\frac{\sum af}{\sum f}$$

【例 9-2】某企业 6 月 1 日职工人数为 300 人，6 月 11 日新进厂 9 人，6 月 16 日离厂 4 人，则该企业 6 月份平均职工人数为

$$\bar{a}=\frac{300\times10+309\times5+305\times15}{10+5+15}=304(\text{人})$$

② 根据间断时点数列计算序时平均数。

间断时点数列又分为时点间隔相等和间隔不等两种情况。

第一种情况，对时点间隔相等的间断时点数列求序时平均数。在实际统计工作中，对时点性质的指标，为了简化登记手续，往往间隔一定时间登记一次，如商业企业的商品库存额、工业企业的职工人数等，都只统计月末数字，从而组成间隔相等的间断时点数列。一般情况下，可假定现象在两个时点之间的变动是均匀的，这样，便可采用简单算术平均法计算相邻时点间的序时平均数。

【例 9-3】某企业 2023 年第二季度的职工人数资料如表 9-4 所示。

表 9-4　第二季度的职工人数资料

日期	3 月 31 日	4 月 30 日	5 月 31 日	6 月 30 日
职工人数／人	136	142	140	152

根据表 9-4 的资料，计算 4、5、6 各月和第二季度的平均职工人数：

$$4\text{ 月份平均职工人数}=\frac{136+142}{2}=139(\text{人})$$

$$5\text{ 月份平均职工人数}=\frac{142+140}{2}=141(\text{人})$$

$$6\text{ 月份平均职工人数}=\frac{140+152}{2}=146(\text{人})$$

$$\text{第二季度平均职工人数}=\frac{139+141+146}{3}=142(\text{人})$$

上述计算第二季度平均职工人数的两个步骤可以合并后简化为

$$\begin{aligned}\text{第二季度平均职工人数}&=\frac{\frac{136+142}{2}+\frac{142+140}{2}+\frac{140+152}{2}}{3}\\&=\frac{\frac{136}{2}+142+140+\frac{152}{2}}{4-1}\\&=142(\text{人})\end{aligned}$$

由此可见，如果是间隔相等的间断时点数列，计算序时平均数的公式可表示为

$$\bar{a}=\frac{\frac{a_1+a_2}{2}+\frac{a_2+a_3}{2}+\cdots+\frac{a_{n-1}+a_n}{2}}{n-1}$$

$$=\frac{\frac{a_1}{2}+a_2+a_3+\cdots+a_{n-1}+\frac{a_n}{2}}{n-1}$$

式中：$\bar{a}$ 代表序时平均数；

a_i 代表各时点指标数值；

n 代表时点个数。

这种方法又称为“首末折半法”。

第二种情况，对时点间隔不等的间断时点数列求序时平均数。在时点数列中，如果相邻时点之间的间隔不等，则需先求出两时点指标的平均数，然后再以时间间隔的长度作为权数(f)，采用加权算术平均法计算序时平均数。其计算公式为

$$\bar{a}=\frac{\frac{a_1+a_2}{2}\cdot f_1+\frac{a_2+a_3}{2}\cdot f_2+\cdots+\frac{a_{n-1}+a_n}{2}\cdot f_{n-1}}{\sum_{i=1}^{n-1}f_i}$$

式中：$\bar{a}$ 代表序时平均数；

a_i 代表各时点值；

f 代表各时点间隔的距离。

【例 9-4】某农场 2023 年生猪存栏数资料如表 9-5 所示。

表 9-5　生猪存栏数资料

日期	1月1日	3月1日	8月1日	10月1日	12月31日
生猪存栏数／头	1 420	1 400	1 200	1 250	1 460

根据以上资料，则该农场 2023 年生猪平均存栏数为

$$\bar{a}=\frac{\frac{1\,420+1\,400}{2}\times 2+\frac{1\,400+1\,200}{2}\times 5+\frac{1\,200+1\,250}{2}\times 2+\frac{1\,250+1\,460}{2}\times 3}{2+5+2+3}$$

$$=\frac{2\,820+6\,500+2\,450+4\,065}{12}$$

$\approx 1\,320$(头)

根据间断时点数列计算序时平均数的前提是，假定被研究现象在相邻两个时点之间的变动是均匀的，而实际变动并非完全如此，因此其计算结果只能是实际值的近似值。同时，为了使计算结果能尽量反映实际情况，间断时点数列的间隔期不宜过长。

2. 由相对数时间数列计算序时平均数

相对数分为静态相对数和动态相对数，这里讲的是由静态相对数所形成的时间数列。由于相对指标是两个总量指标对比的比值，因此一个相对数时间数列的后面，必然隐藏着

两个绝对数时间数列。基于这样的原因,由相对数时间数列计算序时平均数的基本方法就可表述为:先计算构成相对数时间数列的分子数列与分母数列的序时平均数,然后再将这两个序时平均数进行对比,即可求得相对数时间数列的序时平均数。其计算公式为

$$\bar{c} = \frac{\bar{a}}{\bar{b}}$$

式中:$\bar{c}$ 代表相对数时间数列的序时平均数;

$\bar{a}$ 代表分子数列的序时平均数;

$\bar{b}$ 代表分母数列的序时平均数。

根据上述公式在进行相对数时间数列的序时平均数的具体计算时,又分为以下两种情况:

(1) 由两个时期数列对比形成的相对数时间数列求序时平均数。

【例 9-5】某企业 2023 年第四季度生产计划完成情况资料如表 9-6 所示。计算该企业 2023 年第四季度的平均每月计划完成程度。

表 9-6　第四季度生产计划完成情况资料

完成情况	2023 年		
	10 月	11 月	12 月
a 实际产量 / 件	500	618	872
b 计划产量 / 件	500	600	800
c 产量计划完成 %($c = \frac{a}{b}$)	100	103	109

由于:

$$\bar{c} = \frac{\bar{a}}{\bar{b}} = \frac{\sum a/n}{\sum b/n} = \frac{\sum a}{\sum b}$$

将表 9 - 6 的数据代入公式,得

$$\begin{aligned}\text{第四季度平均每月计划完成程度} &= \frac{(500 + 618 + 872)/3}{(500 + 600 + 800)/3} \times 100\% \\ &= \frac{500 + 618 + 872}{500 + 600 + 800} \times 100\% \\ &= \frac{1\,990}{1\,900} \times 100\% = 104.74\%\end{aligned}$$

(2) 由两个时点数列对比形成的相对数时间数列求序时平均数。

① 间隔相等时,可采用如下公式:

$$\bar{c} = \frac{\bar{a}}{\bar{b}} = \frac{(\frac{a_1}{2} + a_2 + \cdots + a_{n-1} + \frac{a_n}{2})/n - 1}{(\frac{b_1}{2} + b_2 + \cdots + b_{n-1} + \frac{b_n}{2})/n - 1}$$

$$= \frac{\frac{a_1}{2} + a_2 + \cdots + a_{n-1} + \frac{a_n}{2}}{\frac{b_1}{2} + b_2 + \cdots + b_{n-1} + \frac{b_n}{2}}$$

【例 9-6】某企业 2023 年第四季度生产工人占全体职工的比重资料如表 9-7 所示，计算该企业 2023 年第四季度生产工人占全体职工的平均比重。

表 9-7　生产工人占全体职工的比重资料

工人数量及比重	9 月 30 日	10 月 31 日	11 月 30 日	12 月 31 日
a 生产工人数	435	452	462	576
b 全体职工人数	580	580	600	720
c 生产工人占全体职工的比重 /%	75	78	77	80

$$\text{第四季度生产工人数占全体职工人数的平均比重} = \frac{\frac{435}{2} + 452 + 462 + \frac{576}{2}}{\frac{580}{2} + 580 + 600 + \frac{720}{2}} \times 100\%$$

$$= \frac{1\,419.5}{1\,830} \times 100\%$$

$$= 77.6\%$$

若用两个变形公式计算，则

$$\bar{c} = \frac{\frac{580 \times 0.75}{2} + 580 \times 0.78 + 600 \times 0.77 + \frac{720 \times 0.80}{2}}{\frac{580}{2} + 580 + 600 + \frac{720}{2}} \times 100\%$$

$$= 77.6\%$$

$$\bar{c} = \frac{\frac{435}{2} + 452 + 462 + \frac{576}{2}}{\frac{435}{2 \times 0.75} + \frac{452}{0.78} + \frac{462}{0.77} + \frac{576}{2 \times 0.80}} \times 100\%$$

$$= 77.6\%$$

② 间隔不等时，则需用每两相邻时点间的间隔长度作为权数(f)，采用加权算术平均法计算出分子和分母数列的序时平均数，然后再对比即可。其计算公式为

$$\bar{c} = \frac{\bar{a}}{\bar{b}} = \frac{\left(\frac{a_1 + a_2}{2} \cdot f_1 + \frac{a_2 + a_3}{2} \cdot f_2 + \cdots + \frac{a_{n-1} + a_n}{2} \cdot f_{n-1}\right) / \sum_{i=1}^{n-1} f}{\left(\frac{b_1 + b_2}{2} \cdot f_1 + \frac{b_2 + b_3}{2} \cdot f_2 + \cdots + \frac{b_{n-1} + b_n}{2} \cdot f_{n-1}\right) / \sum_{i=1}^{n-1} f}$$

③ 由一个时期数列和一个时点数列对比形成的相对数时间数列求序时平均数。

【例 9-7】某商店 2023 年第三季度商品流转次数资料如表 9-8 所示，计算第三季度平均每月的商品流转次数。

表 9-8　第三季度商品流转次数资料

相关资料	7 月	8 月	9 月
a 商品流转额／万元	200	243	272
b 平均商品库存额／万元	80	90	85
c 商品流转次数($c = \frac{a}{b}$)	2.5	2.7	3.2

表 9-8 中，商品流转额为时期数，平均商品库存额是时点数列(商品库存额)的序时平均数，将商品流转额与平均商品库存额对比即得商品流转次数。如果要计算第三季度平均每月商品流转次数，则需先分别计算出分子和分母两个时间数列的序时平均数，然后再进行对比。

根据表 9-8 中所提供的资料，可采用如下公式：

$$\bar{c} = \frac{\bar{a}}{\bar{b}} = \frac{\sum a/n}{\sum b/n} = \frac{\sum a}{\sum b}$$

则该商店第三季度平均每月商品流转次数：

$$\bar{c} = \frac{200 + 243 + 272}{80 + 90 + 85} = 2.80(\text{次})$$

若求第三季度商品流转次数，则是用该季的商品流转总额与该季平均商品库存额对比而得。

$$\begin{aligned}\text{第三季度商品流转次数} &= \frac{\sum a}{\bar{b}} \\ &= \frac{200 + 243 + 272}{(80 + 90 + 85) \div 3} \\ &= 2.80 \times 3 \\ &= 8.4(\text{次})\end{aligned}$$

所以，第三季度商品流转次数也可以用该季度平均每月商品流转次数乘以月数求得。

3. 由平均数时间数列计算序时平均数

平均数时间数列可由一般平均数和序时平均数组成，由于两者各有其特点，因此计算序时平均数的方法也各不相同。前者序时平均数的计算方法与相对数时间数列计算序时平均数的方法相同，在此不再赘述。后者序时平均数的计算分以下两种情况：

(1) 当时期相等时，可直接采用简单算术平均来计算，如表 9-8 中第三季度的平均商品库存额 = (80 + 90 + 85) ÷ 3 = 85(万元)。其公式可概括为

$$\bar{a} = \frac{\sum \overline{a'}}{n}$$

式中：$\overline{a'}$ 为各时点数列的序时平均数。

(2) 当时期不等时，则可以平均数代表的时期为权数，计算加权算术平均。其公式可

概括为

$$\bar{a} = \frac{\sum \overline{a'} f}{\sum f}$$

【例 9-8】某企业 2023 年上半年各月平均职工人数资料如表 9-9 所示，计算上半年平均每月职工人数。

表 9-9　上半年各月平均职工人数资料

月份	1—3 月	4 月	5—6 月
平均职工人数／人	145	148	144

该企业上半年平均每月的职工人数为

$$\begin{aligned}\bar{a} &= \frac{\sum \overline{a'} f}{\sum f} \\ &= \frac{145 \times 3 + 148 \times 1 + 144 \times 2}{3 + 1 + 2} \\ &= 145(\text{人})\end{aligned}$$

二、增长量和平均增长量

（一）增长量

增长量是指社会经济现象在一定时期内所增长的绝对数量。它是报告期水平与基期水平之差，反映报告期比基期增长的水平。其计算公式为

$$\text{增长量} = \text{报告期水平} - \text{基期水平}$$

其中，增长量为正，表示增加额；增长量为负，表示减少额。

由于采用的基期不同，增长量可以分为逐期增长量和累计增长量。逐期增长量是指报告期水平与前一期水平之差，表明本期比前一期增长的绝对数量；累计增长量是指报告期水平与某一固定时期水平之差，表明本期比某一固定时期增长的绝对数量，也表明在某一段较长时期内总的增长量。这两个指标可用符号表示如下：

逐期增长量：$a_1 - a_0, a_2 - a_1, a_3 - a_2, \cdots, a_n - a_{n-1}$

累计增长量：$a_1 - a_0, a_2 - a_0, a_3 - a_0, \cdots, a_n - a_0$

逐期增长量与累计增长量之间的关系是：各逐期增长量之和等于相应的累计增长量。即

$$(a_1 - a_0) + (a_2 - a_1) + (a_3 - a_2) + \cdots + (a_n - a_{n-1}) = a_n - a_0$$

在实际工作中，为了消除季节变动的影响，常计算年距增长量，它是报告期水平与上年同期水平之差。用公式表示为

$$\text{年距增长量} = \text{报告期发展水平} - \text{上年同期发展水平}$$

例如，某地区 2014 年第三季度粮食产量为 300 万吨，2013 年第三季度为 250 万吨。则

$$\text{年距增长量} = 300 - 250 = 50(\text{万吨})$$

计算结果说明该地区 2014 年第三季度的粮食产量比 2013 年同期增产了 50 万吨。

(二) 平均增长量

平均增长量是说明社会经济现象在一定时期内平均每期增长的数量,它是逐期增长量所形成的时间数列的序时平均数。其计算公式为

$$平均增长量=\frac{逐期增长量之和}{逐期增长量个数}=\frac{累计增长量}{时间数列项数-1}$$

【例 9-9】某市 2020—2024 年水泥产量资料如表 9-10 所示,表下方是其增长量和平均增长量计算。

表 9-10　某市 2020—2024 年水泥产量资料　　单位:万吨

相关资料		年份				
		2020	2021	2022	2023	2024
水泥产量		59 700	66 104	72 500	86 208	97 000
增长量	逐期	—	6 404	6 396	13 708	10 792
	累计	—	6 404	12 800	26 508	37 300

$$\begin{aligned}年平均增长量&=\frac{6\,404+6\,396+13\,708+10\,792}{4}\\&=\frac{37\,300}{4}\\&=9\,325(万吨)\end{aligned}$$

或

$$\begin{aligned}年平均增长量&=\frac{37\,300}{5-1}\\&=9\,325(万吨)\end{aligned}$$

第三节　时间数列的速度分析指标

反映社会经济现象发展变化的速度指标有发展速度、增长速度、平均发展速度和平均增长速度。这四种指标具有密切的联系,其中发展速度是基本的速度分析指标。

一、发展速度和增长速度

(一) 发展速度

发展速度是表明社会经济现象发展程度的相对指标,是两个不同时期发展水平指标对比的结果,一般用百分数或倍数表示,说明报告期水平是基期水平的百分之几或若干倍。其计算公式为

$$发展速度=\frac{报告期水平}{基期水平}$$

由于采用的基期不同,发展速度可分为定基发展速度和环比发展速度。定基发展速度是报告期水平与某一固定时期水平之比,说明报告期水平是某一固定时期水平的百分

之几或若干倍，表明这种现象在较长时期内总的发展程度，因此有时也叫“总速度”。环比发展速度是报告期水平与前一期水平之比，说明报告期水平是前一期水平的百分之几或若干倍，表明这种现象逐期的发展程度。若计算的单位时期为一年，这个指标也可以叫“年速度”。两种发展速度的计算公式可表示如下：

定基发展速度：

$$\frac{a_1}{a_0},\frac{a_2}{a_0},\frac{a_3}{a_0},\cdots,\frac{a_n}{a_0}$$

环比发展速度：

$$\frac{a_1}{a_0},\frac{a_2}{a_1},\frac{a_3}{a_2},\cdots,\frac{a_n}{a_{n-1}}$$

定基发展速度与环比发展速度之间的关系表现为以下两点：

一是定基发展速度等于相应的各个环比发展速度的连乘积。

$$\frac{a_n}{a_0}=\frac{a_1}{a_0}\cdot\frac{a_2}{a_1}\cdot\frac{a_3}{a_2}\cdot\cdots\cdot\frac{a_n}{a_{n-1}}$$

二是两个相邻时期的定基发展速度之比，等于相应的环比发展速度。

$$\frac{a_n}{a_0}\div\frac{a_{n-1}}{a_0}=\frac{a_n}{a_{n-1}}$$

根据以上关系，可以进行这两种指标的相互推算。

在实际统计分析工作中，为了消除季节变动的影响，常计算年距发展速度。它是报告期发展水平与上年同期发展水平之比，表明本期比上年同期的相对发展程度。其计算公式为

$$年距发展速度=\frac{报告期发展水平}{上年同期发展水平}$$

例如，某地区 2015 年第一季度钢产量为 230 万吨，2014 年第一季度钢产量为 200 万吨，则

$$年距发展速度=\frac{230}{200}\times 100\%=115\%$$

表明 2015 年第一季度钢产量已达到 2014 年同期产量水平的 115%。

（二）增长速度

增长速度是表明社会经济现象增长程度的相对指标，是增长量与基期发展水平的比值。通常用百分数或倍数表示，说明报告期水平比基期水平增长了百分之几或若干倍。其计算公式为

$$增长速度=\frac{增长量}{基期水平}=\frac{报告期水平-基期水平}{基期水平}$$
$$=发展速度-1(或 100\%)$$

因此，增长速度与发展速度之间有密切的联系，两者仅相差一个基数。

由于采用的基期不同，增长速度也有定基增长速度和环比增长速度之分。定基增长速度是累计增长量与某一固定时期水平之比，说明社会经济现象在较长时期内总的增长程度。环比增长速度是逐期增长量与前一期发展水平之比，说明社会经济现象逐期的增长程度。需要说明的是，这两种增长速度指标不能直接进行相互换算，如要进行换算，需

先将环比增长速度加“1”转化为环比发展速度，再连乘得到定基发展速度，最后再减“1”，才能求得定基增长速度。

定基增长速度 = 定基发展速度 - 1(或 100%)

环比增长速度 = 环比发展速度 - 1(或 100%)

显然增长速度有正有负，发展速度大于“1”，则增长速度为正，表明现象增长的程度；反之，发展速度小于“1”，则增长速度为负，表明现象降低的程度。

现仍以前述水泥产量资料，计算发展速度和增长速度，如表 9-11 所示。

表 9-11　发展速度和增长速度计算表

相关资料		年份				
		2020	2021	2022	2023	2024
水泥产量／万吨		59 700	66 104	72 500	86 208	97 000
发展速度/%	定基	100	110.7	121.4	144.4	162.4
	环比	—	110.7	109.7	118.9	112.5
增长速度/%	定基	—	10.7	21.4	44.4	62.4
	环比	—	10.7	9.7	18.9	12.5

从表 9-11 可以看出，2024 年定基发展速度为 162.4%，而 2021—2024 年的环比发展速度的连乘积为：110.7% × 109.7% × 118.9% × 112.5% = 162.4%，正好等于 2024 年的定基发展速度。但环比增长速度的连乘积并不等于定基增长速度，所以两者不能直接进行数量上的相互推算。

在实际统计分析工作中，为了消除季节变动的影响，也常计算“年距增长速度”，说明年距增长量与上年同期发展水平对比所达到的相对增长程度。用公式表示为

$$年距增长速度 = \frac{年距增长量}{上年同期发展水平} = 年距发展速度 - 1(或 100\%)$$

例如，根据上述某地区 2025 年第一季度钢产量情况，其年距增长速度为

$$115\% - 1 = 15\%$$

说明 2025 年第一季度钢产量比 2024 年同期增长了 15%。

二、平均发展速度和平均增长速度

为了研究社会经济现象在一个较长时期内逐期平均发展变化的程度和逐期平均增长变化的程度，就需要计算平均发展速度和平均增长速度指标。它们是动态研究中很重要的两个分析指标。

(一) 平均发展速度

平均发展速度是各期环比发展速度的序时平均数，由于环比发展速度是根据同一现象在不同时间上的发展水平对比而得的动态相对数，因此它不能运用前述计算相对数时间数列序时平均数的方法来计算。目前，计算平均发展速度的方法主要有两种：几何平均法和方程法。两种方法的数理依据不同，具体计算和应用场合也不一样，现分述如下：

1. 几何平均法

计算平均发展速度时，因为总速度不等于各期环比发展速度的算术总和，而等于各期环比发展速度的连乘积，所以不能应用算术平均法，而要应用几何平均法。在实践中，如果用水平法制订长期计划，则要求用几何平均法计算其平均发展速度，按此速度发展可以保证在最后一年达到规定的水平 a_n。因而，几何平均法也称“水平法”，即从最初水平 a_0 出发，以平均发展速度 $\overline{X}$ 代替各期环比发展速度 $X_1, X_2, X_3, \cdots, X_n$，经过 n 期发展，正好达到最末水平 a_n。用公式表示如下：

$$a_0 \cdot X_1 \cdot X_2 \cdot X_3 \cdot \cdots \cdot X_n = a_n$$

$$a_0 \cdot \underbrace{\overline{X} \cdot \overline{X} \cdot \overline{X} \cdot \cdots \cdot \overline{X}}_{n个} = a_n \quad （各期环比发展速度相同）$$

$$\overline{X}^n = \frac{a_n}{a_0}$$

因此，平均发展速度 $\overline{X}$ 的计算公式为

$$\overline{X} = \sqrt[n]{\frac{a_n}{a_0}} \qquad ①$$

因为 $\frac{a_n}{a_0}$ 为 n 期的定基发展速度，也是整个时期的总速度，所以平均发展速度也可以用下列公式计算：

$$\overline{X} = \sqrt[n]{\frac{a_n}{a_0}} = \sqrt[n]{X_1 \cdot X_2 \cdot X_3 \cdot \cdots \cdot X_n} = \sqrt[n]{\Pi X} \qquad ②$$

$$\overline{X} = \sqrt[n]{\frac{a_n}{a_0}} = \sqrt[n]{R} \qquad ③$$

以上三个公式中：

$\overline{X}$ 代表平均发展速度；

$X_1, X_2, X_3, \cdots, X_n$ 代表各期环比发展速度；

Π 代表连乘符号；

R 代表总速度；

n 代表环比发展速度的个数(时间项数 - 1)。

计算平均发展速度时，根据所掌握资料的不同，可选用以上任何一个公式。如果掌握了最初水平和最末水平用①式；如果掌握了各期环比发展速度用②式；如果掌握了总速度则用③式。其计算结果是一致的。但无论运用哪一个公式都需要开高次方，在实际工作中，解决这个问题的办法有三种：

(1) 用电子计算器直接开 n 次方，这是运用最广泛、最简便的办法；

(2) 查“平均增长速度查对表”，采用查表法直接可以找到开方的值，也较简便易行；

(3) 采用对数的方法求解。

下面举例说明第一、第三种方法的应用。

此处仍以表 9-11 中我国 2020—2024 年的水泥产量资料为例。

若根据最初水平和最末水平计算平均发展速度，则

用计算器直接开方计算：

$$\overline{X}=\sqrt[n]{\frac{a_n}{a_0}}\times 100\%=\sqrt[4]{\frac{97\ 000}{59\ 700}}\times 100\%=112.9\%$$

用对数法计算：

$$\begin{aligned}\lg\overline{X}&=\frac{1}{4}(\lg 97\ 000-\lg 59\ 700)\\&=\frac{1}{4}\times(4.986\ 8-4.776\ 0)\\&=0.052\ 7\end{aligned}$$

查反对数表 $\overline{X}=1.129$ 或 112.9%。

若根据各环比发展速度计算平均发展速度：

$$\begin{aligned}\overline{X}&=\sqrt[n]{\Pi X}\\&=\sqrt[4]{110.7\%\times 109.7\%\times 118.9\%\times 112.5\%}\\&=112.9\%\end{aligned}$$

若根据总速度计算平均发展速度：

$$\overline{X}=\sqrt[n]{R}=\sqrt[4]{162.4\%}=112.9\%$$

2. 方程法

在实践中，如果长期计划按累计法制订，则要求用方程法计算平均发展速度，按此速度发展，可以保证计划内各期发展水平的累计数达到计划规定的总数，所以方程法也称为累计法。即从最初水平 a_0 出发，各期按平均发展速度 $\overline{X}$ 计算发展水平，则计算的各期发展水平的累计总和，应与实际所具有的各期发展水平的累计总和相等。据此列方程并求解，便得出平均发展速度。

设 $\overline{X}$ 为平均发展速度，按平均发展速度计算的各期水平的假定值为

第一期：$a_1=a_0\overline{X}$

第二期：$a_2=a_0\overline{X}\cdot\overline{X}=a_0\overline{X}^2$

第三期：$a_3=a_0\overline{X}^2\cdot\overline{X}=a_0\overline{X}^3$

⋮

第 n 期：$a_n=a_0\overline{X}^{n-1}\cdot\overline{X}=a_0\overline{X}^n$

故各期假定水平之和为

$$a_0\overline{X}+a_0\overline{X}^2+a_0\overline{X}^3+\cdots+a_0\overline{X}^n=a_0(\overline{X}+\overline{X}^2+\overline{X}^3+\cdots+\overline{X}^n)$$

因各期实际水平之和为

$$a_1+a_2+a_3+\cdots+a_n=\sum a$$

两者相等，故可列如下方程式：

$$a_0(\overline{X}+\overline{X}^2+\overline{X}^3+\cdots+\overline{X}^n)=\sum a$$

则

$$\overline{X}+\overline{X}^2+\overline{X}^3+\cdots+\overline{X}^n=\frac{\sum a}{a_0}$$

解这个方程所得的正根，就是要计算的平均发展速度。但要解这个高次方程极为复杂，在实际工作中都是根据“平均增长速度查对表”来计算的。

（二）平均增长速度

平均增长速度是各期环比增长速度的序时平均数，表明现象在一定时期内逐期平均增长变化的程度。根据增长速度与发展速度之间的换算关系，要计算平均增长速度，首先要计算出平均发展速度指标，其次将其减“1”（或100%）求得。其计算公式为

$$\text{平均增长速度}=\text{平均发展速度}-1(\text{或}100\%)$$

平均发展速度大于“1”，平均增长速度就为正，表示某种现象在一个较长时期内逐期平均递增的程度，也称为“平均递增速度”或“平均递增率”；反之，平均发展速度小于“1”，平均增长速度就为负，表示某种现象在较长时期内逐期平均递减的程度，也称为“平均递减速度”或“平均递减率”。

【例 9-10】某地区 2019—2024 年原油产量资料如表 9-12 所示，应用查表法求平均发展速度和平均增长速度。

表 9-12　原油产量资料　　单位：万吨

年份	原油产量	年份	原油产量
2019	6 122(a_0)	2022	8 395(a_3)
2020	6 775(a_1)	2023	9 281(a_4)
2021	7 539(a_2)	2024	9 861(a_5)

第一步，判断是递增还是递减速度：

$$\frac{a_1+a_2+a_3+a_4+a_5}{n}=\frac{6\,775+7\,539+8\,395+9\,281+9\,861}{5}=\frac{41\,851}{5}=8\,370.2$$

因为$\frac{a_1+a_2+a_3+a_4+a_5}{n}>a_0$，所以为递增速度，应在查对表的增长速度部分查找。

第二步，计算总发展速度：

$$\frac{a_1+a_2+a_3+a_4+a_5}{a_0}=\frac{41\,851}{6\,122}=6.836\,2(\text{或}683.62\%)$$

第三步，查表。在表 9-13中，$n=5$ 的栏内，找到最接近683.62%的数字是683.34%，对应的平均增长速度为10.6%，即可近似地得出平均发展速度是110.6%，说明“十五”期间该地区原油平均每年递增10.6%。为了说明查对表的使用方法，现将与此有关的一部分数据摘录，如表 9-13 所示。

表 9-13　查对表摘要

平均每年增长 /%	各年发展总和为基期的百分比 /%				
	1 年	2 年	3 年	4 年	5 年
…	…	…	…	…	…
10.6	110.60	232.92	368.21	517.84	683.34
10.7	110.70	233.24	368.90	519.07	685.32
10.8	110.80	233.57	369.59	520.31	687.30
10.9	110.90	233.89	370.97	521.54	689.29
…	…	…	…	…	…

（三）计算和应用平均发展速度应注意的问题

1. 根据统计研究目的选择计算方法

前述计算平均发展速度的方法有几何平均法（水平法）和方程法（累计法），这两种方法在具体运用上各有其特点和局限性。当目的在于考察最末一年发展水平而不关心各期水平总和时，可采用水平法；当目的在于考察各期发展水平总和而不关心最末一年水平时，可采用累计法。

2. 要注意社会经济现象的特点

（1）当现象随着时间的推移比较稳定地逐年上升或逐年下降时，一般采用水平法。但若时间数列中最初水平和最末水平受特殊因素影响而变得过高或过低时，则不可计算平均发展速度。

（2）当现象的发展不是有规律地逐年上升或下降，而是经常表现为升降交替，一般采用累计法。但若资料中间有几年环比速度增长得特别快，而有几年又降低得较多，出现明显的悬殊和不同的发展方向，也不可计算平均发展速度。

3. 应用分段平均速度来补充说明总平均速度

这在分析较长历史时期资料时尤为重要。因为仅仅根据一个总的平均速度指标只能笼统地反映现象在很长时期内逐年平均发展或增长的程度，对深入了解现象的发展变化过程往往是不够的。例如，要分析新中国成立以来粮食产量的平均速度时，就有必要分别以国民经济恢复时期、各个五年计划时期和各个特定时期（如受自然灾害影响等）分段计算平均速度加以补充说明。

4. 平均速度指标应与其他指标结合运用

（1）平均速度指标应与发展水平、增长量、环比发展速度、定基发展速度等各项基本指标结合运用，起到分析研究和补充说明的作用，从而避免认识上的片面性。

（2）在经济分析中，要把有关经济现象的平均速度指标结合运用。如工农业生产的平均速度、商品销售额与利润额的平均速度、基本建设投资额与新增固定资产的平均速度等，都可结合起来进行比较研究，为研究国民经济各种具有密切联系现象的发展动态提供数据资料。

第四节　时间数列变动分析

一、时间数列的影响因素

时间数列反映社会经济现象的发展变化过程，其各期发展水平是由多种因素相互影响、相互制约、共同作用的结果。这些因素按其性质和作用大致可归纳为四种：

第一种，长期趋势（T），是指现象在一段较长时期内，由普遍的、持续的、决定性的基本因素引起的变化。

第二种，季节变动（S），是指由自然季节变换和社会习俗等因素引起的有规律的周期性波动。

第三种，循环变动（C），是指社会经济发展中一种近乎规律性的盛衰交替变动。

第四种，不规则变动（I），是指现象除受以上各种变动的影响外，还受临时的、偶然的因素或不明原因引起的非周期性、非趋势性的随机变动。

当四种变动因素呈现出相互独立时，时间数列总变动（Y）体现为各因素的总和，即

$$Y = T + S + C + I$$

当四种变动因素呈现出相互影响的关系时，时间数列总变动（Y）体现为各因素的乘积，即

$$Y = T \cdot S \cdot C \cdot I$$

时间数列分析一般采用乘法模式，把受各个因素影响的变动分别测定出来，搞清研究对象发展变化的原因及规律，为预测和决策提供依据。事实上，有些现象的时间数列并非四种变动都存在，从长远来看，揭示经济现象发展的长期趋势和测定其受季节变动的影响，对于每一个具体的时间数列都是十分重要的。因此，本节只介绍长期趋势和季节变动的测定。

二、长期趋势的测定

长期趋势是现象在一个相当长的时期内持续向上或向下发展变动的趋势。例如，我国的国内生产总值、财政收入等在社会主义市场经济运行中，呈现出不断向上的趋势。测定长期趋势的主要目的是：首先，排除偶然因素的影响，把握现象的趋势变化；其次，从数量方面研究现象发展变化的规律性，探求合适的趋势线，为统计决策提供依据；最后，测定长期趋势，可以消除原有时间数列中长期趋势的影响，以便更好地显现和测定季节变动。

测定长期趋势的方法有很多，常用的有：时距扩大法、移动平均法、最小平方法等。

（一）时距扩大法

这是测定长期趋势的一种简便方法。它是将原来时间数列中的各个时期资料所反映的时期适当扩大，使指标数值相应增大，从而消除由于时距较短而使现象受偶然因素影响所引起的不均匀变动，显现现象的长期发展变化趋势。

【例 9-11】某企业 2024 年利润额资料如表 9-14 所示。

表 9-14　利润变动

月份	1	2	3	4	5	6	7	8	9	10	11	12
利润额/万元	41	42	52	43	45	51	53	40	51	49	56	54

从表 9-14 中可看出,数列变化并不均匀,即各月的利润额起伏不定,用这一时间数列不能清楚地反映该企业利润额变动的趋势。如果将各月的利润额资料整理成季度资料,即将时距扩大,即可整理出如表 9-15 所示的新的时间数列。

表 9-15　利润时间数

季度	1	2	3	4
利润额/万元	135	139	144	159

在整理后得到的时间数列中,利润额呈现出明显的上升趋势。

时距扩大法,可以用时距扩大的总数也可以用时距扩大的平均数来编制新的时间数列。前者只适用于时期数列;后者既适用于时期数列,又适用于时点数列。

运用时距扩大法来修匀时间数列应注意的是:第一,所扩大的各个时期的时距应当一致,以便相互比较;第二,时距的大小要适中,应根据具体现象的性质特点来确定,以能显现现象变化的趋势。

(二)移动平均法

移动平均法是对原有时间数列进行修匀,测定其长期趋势的一种常用而又较为简单的方法。它是采用逐项递推移动的方法,分别计算一系列移动的序时平均数,形成一个新的派生的序时平均数时间数列,来代替原有的时间数列。在这个新的时间数列中,短期的偶然因素引起的变动被削弱了,从而呈现出明显的长期趋势。

现仍以表 9-14 中某企业 2024 年各月的利润额资料,采取 3 项和 6 项移动平均分别进行修匀,计算其各个移动平均数,如表 9-16 所示。

表 9-16　移动平均数

月份	利润额/万元	3 项移动平均	6 项移动平均	
			第一次移动平均	移正平均
1	41	—	—	—
2	42	45	—	—
3	52	45.7	—	—
4	43	46.7	45.7	46.7
5	45	46.3	47.7	47.5
6	51	49.7	47.3	47.3
7	53	48	47.2	47.7
8	40	48	48.2	49.1
9	51	46.7	50	50.3
10	49	52	50.5	—
11	56	53	—	—
12	54	—	—	—

应用移动平均法分析长期趋势时,应注意以下 4 点:

第一,移动平均法对原时间数列修匀程度的大小,取决于移动平均的项数。如表 9-16中的计算结果表明,用 6 项移动平均比用 3 项移动平均修匀的程度更好,也就是说,移动平均的项数越多,修匀的效果越好,即趋势线越平滑。

第二,移动平均法所取项数的多少,应视资料的特点而定。原有时间数列如有循环周期变动,则应以循环周期的长度作为移动平均的项数。事实证明,当移动平均的时期长度等于周期长度或其整倍数时,它就能把周期的波动完全抹掉。因此,如根据各年的月份资料,则应取 12 项移动平均;如根据各年的季度资料,则应取 4 项移动平均。这样可消除季节变动的影响,能更准确地揭示现象发展的长期趋势。

第三,移动平均法采用奇数项移动比较简单,一次即得趋势值。如表 9-16 中,3 项移动平均,第一个移动平均数为(41+42+52)÷3=45(万元),即可正对 2 月份的原值;第二个移动平均数为(42+52+43)÷3≈45.7(万元),即可正对 3 月份的原值。若采用偶数项移动平均,由于偶数项移动平均数都是对在两项原值中间,如表 9-16 采用的 6 项移动平均所示。所以要将第一次移动平均所得到的数值再进行两项“移正平均”,得出移正值时间数列,以显现现象变动趋势。由于偶数项移动平均的工作量较大,因此一般多用奇数项移动平均。

第四,移动平均后所得的修匀数列,比原数列项数要少。移动时采用的项数愈多,虽能更好地修匀数列,但所得的趋势值项数愈少。奇数项移动平均所形成的新数列,首尾各少$\frac{n-1}{2}$项数值(n 为移动平均项数);偶数项移动平均所形成的新数列,首尾各少$\frac{n}{2}$项数值。如采用3项移动平均,首尾各少1项数值;采用6项移动平均,首尾各少3项数值。如新数列减少项数太多,则不利于分析长期趋势,故移动平均的项数不宜过多。

(三) 最小平方法

最小平方法又称为最小二乘法,是通过一定的数学模型,对原有的时间数列配合一条理想的趋势线来进行修匀。根据最小平方法的原理,这条趋势线必须满足最基本的要求,即原时间数列的实际值与趋势线的估计值的离差平方和为最小。用公式表示如下:

$$\sum (y - y_c)^2 = \text{最小值}$$

式中:y 代表原时间数列的实际值(各期发展水平);

y_c 代表趋势线的估计值。

长期趋势的类型很多,有直线型,也有曲线型,而最小平方法既可用于配合直线,又可用于配合曲线。所以,它是分析长期趋势最为常用且较为理想的方法。下面主要介绍如何根据社会经济现象的基本趋势用最小平方法配合直线方程做出相关的预测。

如果现象的发展水平其逐期的增长量大体相同,则可配合直线方程。直线方程的一般形式为

$$y_c = a + bt$$

式中:a 代表截距;

b 代表直线的斜率,即 t 每变动一个单位时,y 平均增加(或减少)的数量;

t 代表时间。

上述直线方程中，a、b 为两个未定参数，根据最小平方法的要求，即 $\sum(y-y_c)^2=$ 最小值，可用求偏导数的方法，导出以下联立方程组：

$$\begin{cases}\sum y = na + b\sum t \\ \sum ty = a\sum t + b\sum t^2\end{cases}$$

式中：n 为时间数列的项数。

为了计算方便，我们往往对时间 t 做出假设。当时间项数为奇数时，可假设 t 的中间项为 0，这时时间项依次排列为 …，－3，－2，－1，0，1，2，3，…；当时间项数为偶数时，时间项依次排列为 …，－5，－3，－1，1，3，5，…，这时，原点 0 实际上是在数列正中相邻两个时间的中点。以上两种假设 t 的方法，是为了使 $\sum t=0$，即时间项的正负相抵消，从而将原联立方程组简化为

$$\begin{cases}\sum y = na \\ \sum ty = b\sum t^2\end{cases}$$

因而 a、b 的值可以直接求得，即

$$\begin{cases}a = \dfrac{\sum y}{n} \\ b = \dfrac{\sum ty}{\sum t^2}\end{cases}$$

【例 9-12】某县粮食产量资料如表 9-17 所示。根据初步分析，可视为逐期增长量大体相同，所以配合直线趋势方程，现具体说明其计算方法。

表 9-17　某县粮食产量资料

年份	时间代码 t	粮食产量／千克 y	ty	t^2	y_c
1997	－4	217	－868	16	203.70
1998	－3	230	－690	9	217.97
1999	－2	225	－450	4	232.24
2000	－1	248	－248	1	246.51
2001	0	242	0	0	260.78
2002	1	253	253	1	275.05
2003	2	280	560	4	289.32
2004	3	309	927	9	303.59
2005	4	343	1 372	16	317.86
合计	0	2 347	856	60	2 347.02

将表 9-17 中数据代入联立方程组中，得

$$\begin{cases}2\,347 = 9a \\ 856 = 60b\end{cases}$$

则

$$a = \frac{2\,347}{9} = 260.78$$

$$b = \frac{856}{60} = 14.27$$

将 a、b 值代入直线方程，得

$$y_c = 260.78 + 14.27t$$

将各年的 t 值代入直线方程，可得各年的趋势值 y_c，如 表9-17最后一栏所示。可见，$\sum y_c$ 和 $\sum y$ 的数值非常接近。

根据该直线方程，可预测未来的发展水平。如预测该县2006年的粮食产量，即 $t = 5$ 时，则

$$y_c = 260.78 + 14.27 \times 5 = 332.13(\text{千克})$$

这个数据可作为经济预测的参考数据。

三、季节变动的测定

季节变动是指某些社会经济现象，在一年内随着季节的更替而引起的有规律性的变动。例如，农业中禽蛋的产量，商业中汗衫、背心的销售量，交通运输业中的客运量等，都具有不同程度的季节变动规律。研究季节变动的目的，在于消除由季节变动带来的不利影响，以便更好地组织生产，安排市场，满足人民生活的需要。例如在商业工作中，如果能很好地掌握各种主要商品的季节变动规律，就可以及时组织货源，保证供应，防止商品的积压或脱销现象的发生。

测定季节变动的方法有很多，从其是否考虑受长期趋势的影响来看，可以分为两种方法：一是不考虑长期趋势的影响，直接根据原始的时间数列来计算，常用的方法是按月平均法；二是考虑长期趋势的影响，根据剔除长期趋势影响后的数列来计算，常用的方法是移动平均趋势剔除法。无论使用哪种方法来测定季节变动，都需用至少三年的资料作为基本数据进行计算分析，这样才能较好地消除偶然因素的影响，使季节变动的规律性更加切合实际。

（一）按月平均法

按月平均法又称为按季平均法，若是月份资料就叫按月平均，若是季度资料则叫按季平均。计算的一般步骤如下：

（1）列表，将各年同月（季）的数值列在同一栏内。

（2）将各年同月（季）的数值加总，求出各月（季）平均数。

（3）将所有月（季）的数值加总，求出总的月（季）平均数。

（4）将各月（季）平均数与总的月（季）平均数对比求出各月（季）的季节比率（季节指数）。其计算公式为

$$\text{季节比率}(\%) = \frac{\text{各月（季）平均数}}{\text{全期各月（季）平均数}} \times 100\%$$

【例 9-15】某服装公司近三年羊毛衫的销售量资料如表 9-18 所示,试计算季节比率并预测下一年 10 月羊毛衫的销售量。

表 9-18　某服装公司羊毛衫销售量资料　　单位:万件

月份	第一年	第二年	第三年	三年合计	同月平均数	季节比率/%
1	82	110	123	315	105	181. 38
2	72	65	81	218	72. 67	125. 53
3	62	70	84	216	72	124. 37
4	38	40	45	123	41	70. 82
5	20	28	45	93	31	53. 55
6	5	7	9	21	7	12. 09
7	3	4	5	12	4	6. 91
8	4	5	6	15	5	8. 64
9	11	13	15	39	13	22. 46
10	80	96	94	270	90	155. 47
11	90	148	161	399	133	229. 75
12	85	134	144	363	121	209. 02
合计	552	720	812	2 084	57. 89	1 199. 99

由于是月份资料,因此季节比率之和应等于 1 200%,本例季节比率之和为 1 199. 99%,非常接近,若相差过大,应作调整。其方法是:先求出校正系数(校正系数 = $\frac{1\ 200}{12\text{个月季节比率之和}}$),再用此系数分别乘以原来各月的季节比率。若是季度资料,则季节比率之和应等于 400%。

从表 9-20 中各月的季节比率不难看出,该服装公司羊毛衫的销售量有较明显的季节变动,4—9 月是羊毛衫销售的淡季,其余各月是羊毛衫销售的旺季。掌握了销售量的季节变动规律,就可以采取相应的生产和销售措施。

根据季节变动资料也可进行某些经济预测。例如,已知今年 4 月羊毛衫的销售量是 50 万件,预测今年 10 月的销售量:

$$10\text{月销售量} = \frac{50}{70.82} \times 155.47 \approx 109.76(\text{万件})$$

按月平均法的优点是计算简便,缺点是没有考虑数列中长期趋势的影响。从例 9-15 中可以明显看出,后一年的数字比前一年同期的数字大,即现象的发展变化存在着长期趋势。这时,用按月平均法计算的季节比率就不够精确,为了弥补这个缺点,我们可以采用移动平均趋势剔除法来测定季节变动。

(二)移动平均趋势剔除法

这个方法是先对时间数列计算移动平均数,并作为相应时期的趋势值,然后将其从数列中剔除,再测定季节变动。

现仍以某服装公司销售羊毛衫的资料为例来介绍移动平均趋势剔除法。为方便计算,将例 9-15 中月份资料改为季度资料,其计算步骤为

1. 用移动平均法求出长期趋势

因是季度资料，故需采用四项移动平均并移正，如表 9-19 所示。

表 9-19　移动平均趋势剔除法应用

季度		销售量/万件 y	四项移动平均	二项移正平均 y_c	剔除趋势值 $y/y_c\times100\%$
第一年	一季	216	—	—	—
	二季	63	138	—	—
	三季	18	145.25	144.625	12.45
	四季	255	148.25	146.75	173.76
第二年	一季	245	149.25	148.75	164.71
	二季	75	180	164.625	45.56
	三季	22	190.75	185.375	11.87
	四季	378	196.75	193.75	195.097
第三年	一季	288	197.75	197.25	146.01
	二季	99	203	200.375	49.41
	三季	26	—	—	—
	四季	399	—	—	—

2. 剔除长期趋势

用原数列除以同一时期的趋势值。如表 9-19 中，第一年第三季度 $=\frac{18}{144.625}\times100\%\approx$ 12.45%；第四季度 $=\frac{255}{146.75}\times100\%=173.76\%$。其余以此类推。

3. 求季节比率

用表 9-19 中 y/y_c 得到的数据重新编排，成为表 9-20 中的基本数据，再按季计算平均季节比率。

表 9-20　按季计算平均季节比率

时间及其他	第一季	第二季	第三季	第四季	合计
第一年	—	—	12.71	173.76	—
第二年	164.71	45.56	11.87	195.097	—
第三年	146.01	49.41	—	—	—
合计	310.72	94.97	24.58	368.857	—
平均	155.36	47.485	12.29	184.429	399.564
校正系数	1.001 09	1.001 09	1.001 09	1.001 09	—
季节比率/%	155.53	47.54	12.30	184.63	400

表9-20中，各年同季的平均数已是季节比率，但由于四个季度的总和不等于400%，需计算校正系数进行校正。本例中，校正系数为$\frac{400}{399.564}=1.00109$，再用1.001 09乘以各季的平均季节比率。如表9-20中第一季的季节比率：1.001 09×1.553 6≈1.555 3(155.53%)，其余以此类推。经校正后的各季平均季节比率，即是应用移动平均趋势剔除法所求得的季节比率。

【思考题】

1. 什么是时间数列？其构成要素是什么？编制时间数列应遵循哪些原则？
2. 时间数列有几种？时期数列和时点数列的区别何在？
3. 什么是序时平均数？它与一般平均数有什么不同？如何计算？
4. 什么是逐期增长量和累计增长量？两者的关系如何？怎样计算平均增长量？
5. 发展速度与增长速度、环比发展速度与定基发展速度、平均发展速度与平均增长速度之间各有何关系？
6. 什么是长期趋势？测定长期趋势的方法有哪些？
7. 怎样运用移动平均法和最小平方法测定长期趋势？
8. 什么是季节变动？如何进行测定？

【练习题】

一、单项选择题

1. 在时间数列中，各个指标数值可以相加的是(　　)。

A. 时期数列　　B. 时点数列

C. 相对数时间数列　　D. 平均数时间数列

答案：(A)。

2. 对时点间隔不等的间断时点数列求序时平均数应采用(　　)。

A. 简单算术平均数　　B. 加权算术平均数

C. 调和平均数　　D. 几何平均数

答案：(B)。

3. 时间数列中的平均发展速度是(　　)。

A. 各期定基发展速度的序时平均数

B. 各期环比发展速度的序时平均数

C. 各期定基增长速度的序时平均数

D. 各期环比增长速度的序时平均数

答案：(B)。

4. 计算平均发展速度采用几何平均法的目的在于考察(　　)。

A. 最初时期发展水平　　B. 最末时期发展水平

C. 各期发展水平　　D. 期中发展水平

答案：(B)。

5. 季节变动的测定至少需要几年的数据资料？（　　）。

A. 1 年　　　　B. 2 年

C. 3 年　　　　D. 4 年

答案：(C)。

二、实务题

1. 某企业 2023 年的商品库存量资料如下表所示：

某企业 2023 年的商品库存量资料

日期	1 月 1 日	4 月 1 日	7 月 1 日	10 月 1 日	12 月 31 日
库存量 / 件	202	252	234	255	198

试计算该企业 2014 年上半年及全年的平均库存量。

2. 2019—2024 年某企业职工人数和工程技术人员数资料如下表所示：

2019—2024 年某企业职工人数和工程技术人员数资料

年份	2019	2020	2021	2022	2023	2024
年末职工人数 / 人	1 000	1 020	1 083	1 120	1 218	1 425
年末工程技术人员数 / 人	50	50	52	60	78	82

试计算“十五”期间工程技术人员占全部职工的平均比重。

3. 某企业 2024 年第一季度职工人数及产值资料如下表所示：

某企业 2024 年第一季度职工人数及产值资料

时间	1 月	2 月	3 月	4 月
产值 / 百元	4 000	4 200	4 500	—
月初人数 / 人	60	64	68	67

要求：(1) 编制第一季度各月劳动生产率的时间数列；

(2) 计算第一季度的月平均劳动生产率；

(3) 计算第一季度的劳动生产率。

4. 某自行车厂连续五年的自行车产量资料如下表所示：

某自行车厂连续五年的自行车产量资料

年份	2020	2021	2022	2023	2024
自行车产量 / 百辆	200	240	360	540	756

编制一张统计表，列出下列各种分析指标：发展水平与平均发展水平；增长量（逐期、累计）与平均增长量；发展速度（定基、环比）与平均发展速度；增长速度（定基、环比）与平均增长速度。

5. 已知某企业产品产量 2020 年比 2010 年增长 20%，2021 年比 2020 年增长 50%，2022 年比 2021 年增长 25%，2023 年比 2010 年增长 110%，2024 年比 2023 年增长 30%，求平均发

展速度。

6. 某地区 2015—2024 年酒的销售量资料如下表所示：

某地区 2015—2024 年酒的销售量资料

年份	2015	2016	2017	2018	2019	2020	2021	2022	2023	2024
销售量／万吨	350	400	380	450	460	520	500	550	600	620

要求：(1) 用移动平均法($N=3$) 求上表资料的长期趋势；

(2) 用最小平方法配合趋势直线方程；

(3) 预测 2025 年酒的销售量。

7. 某市汗衫、背心销售量资料如下表所示：

某市汗衫、背心销售量资料

年份	月份											
	1	2	3	4	5	6	7	8	9	10	11	12
2021	16	20	58	90	139	235	198	96	53	28	16	17
2022	15	23	66	91	148	253	240	127	78	50	25	19
2023	16	23	69	96	155	265	250	132	81	52	26	20

要求：(1) 用按月平均法计算汗衫、背心销售量的季节比率；

(2) 用移动平均趋势剔除法计算汗衫、背心销售量的季节比率。

8. 某市制定城市社会发展十年规划，该市人均绿化面积要在 2015 年人均 4 平方米的基础上 10 年后翻一番，试问：

(1) 若在 2025 年达到翻一番的目标，平均每年的发展速度是多少？

(2) 若在 2023 年就达到翻一番的目标，平均每年的增长速度是多少？

(3) 若“十三五”期间的平均发展速度为 110%，那么“十四五”期间应该以怎样的平均发展速度才能实现这一目标？

(4) 假定 2022 年的人均绿化面积为 6.6 平方米，以 2015 年为基期，其平均年增长量是多少？

第十章　统计指数

第一节　统计指数的含义、作用及分类

统计指数(Statistical Index)最先是作为一个特殊的统计指标而存在的,它起源于人们对食品价格变动的关注。从18世纪中叶物价指数的产生开始,随着人类社会的不断进步,统计指数的应用逐渐扩展到社会经济领域的各个方面,进而形成了一种研究社会经济现象数量变动和对比关系的特殊分析方法,即指数分析法(Method of Index Number)。

一、统计指数的含义

尽管提起指数人们并不陌生,比如反映股票价格变动的上证指数、反映经济运行状况的景气指数、反映居民生活水平的消费价格指数、反映空气质量的大气清洁度指数等,但我们绝不能将其与数学中的幂指数、指数函数等"指数"(Exponent)概念混淆在一起。那么,统计中的指数究竟是指什么呢?

我国统计界普遍认为,统计指数(亦简称"指数")的含义有广义和狭义两种理解。从广义上讲,凡是用来反映所研究的社会经济现象的数量在时间上的变动状况和在空间上的对比关系的相对数,如动态相对数、计划完成相对数和比较相对数等,都可称为指数。但从狭义来说,指数则是一种特殊的相对数,是指用来反映所研究的复杂社会经济现象的数量在时间上的综合变动状况的一种特殊相对数。

可见,为了认识统计中的指数,我们需要将所研究的社会经济现象划分为简单社会经济现象和复杂社会经济现象两类总体。前者可简称为"简单总体",是指总体中各构成单位(即总体单位)的单位数或标志值可以直接相加或无须相加的社会经济现象总体,如某种产品的产量或成本、某种商品的销售量或销售额等,是可以将其不同时期的数值直接相加的,则该种产品或该种商品就构成一个简单总体;又因这样的总体只包含一个个体,其同一时期的数值也就无须相加,那么它还是一个简单总体。而所谓复杂社会经济现象总体(可简称复杂总体),则是指总体中各构成单位的单位数或标志值不能直接相加的社会经济现象总体,如各种产品的产量、单位成本,各种商品的销售量、销售单价等,因每种产品或商品的使用价值和计量单位不同,是不能将其同一时期不同个体的数值直接相加的,此时由各种产品或商品构成的总体,就是一个复杂总体。复杂总体中的这种不能直接相加的情形,在统计中称为不能同度量。怎样使不能同度量变为能够同度量,这

是狭义的统计指数需要解决的首要问题。要反映这种总体数量的综合变动状况，简单地采用一般相对数的对比方法是不行的，只能运用统计指数这一特殊的相对数。

综上所述，我们认为统计中的指数具有如下性质：

第一，指数是一种动态的数值。指数是社会经济现象在不同时间上的数量的对比，具有表明发展变动的性质。比如，2024 年商品零售价格指数为 101%，说明 2024 年商品零售价格总水平与 2023 年相比，上升了 1 个百分点。

第二，指数是一种综合的数值。显然，简单社会经济现象不同时间上的数量的比较，属于动态相对指标。比如，某种食品 2024 年的价格指数为 125.6%，是将该种食品 2024 年的价格与 2023 年的进行比较而得出的，是该种食品价格的发展速度。综合某一时期诸多个体形成的复杂社会经济现象总体的数量与其另一时期的数量比较，这才是真正意义上的指数。如上面的 2024 年商品零售价格指数为 101%，该指数显然是综合了所有商品价格的变动，具有综合的性质。

第三，指数是一种平均的数值。指数即是一种综合数值，这就要求它能表明单个社会经济现象的普遍水平或一般水平。比如，2024 年某种食品的零售价格指数为 125.6%，另一食品的零售价格指数为 95.2%；某种服装的零售价格指数为 98.2%，另一服装的零售价格指数为 102.2%。这样，2024 年商品零售价格指数为 101%，则是将各种社会商品零售价格的涨跌加以平均而得到的，表明了全部社会商品零售价格的平均变动情况，故其具有一种平均的性质。

根据上面的分析，我们可以说，统计中的指数，一般应是指针对复杂社会经济现象总体的狭义指数，如上面提到的消费价格指数、商品零售价格指数等。只有在进行特定问题的分析时，才会运用到针对简单社会经济现象总体的广义指数。

二、统计指数的作用

统计指数作为一种特殊的统计指标或方法，在社会经济领域有着广泛的运用。它不仅可以反映单个事物的变化，也可以反映多种事物的综合变动；既可以反映现象在时间上的变动状况，也可以反映现象在空间上的对比关系。其主要作用概括起来有以下三个方面：

（一）综合反映复杂社会经济现象的数量在时间上的变动方向和程度

综合反映复杂社会经济现象的数量在时间上的变动方向和程度是统计指数最重要的一项作用。在社会经济现象中，大量存在着不能直接相加或不能直接对比的复杂总体，为了反映和研究它们的变动方向和变动程度，只能借助指数分析法，通过编制统计指数才能使其存在的问题得到解决。比如，可以通过编制产品产量指数，来综合反映各种产品产量的变动状况；可以通过编制物价指数，来反映各种社会商品价格的综合变动方向和程度。

（二）分析和测定复杂社会经济现象总量变动中各构成因素的影响情况

社会经济现象之间总是相互联系和相互制约的，某一现象的发展变化是其他现象变动所带来的结果。以统计指数的思维来看，复杂总体的总量是由两个或两个以上的因素通过乘积关系所构成的，这些构成因素总可分为数量指标因素和质量指标因素两类。比如，各种社会商品的零售总额，是各种社会商品所形成的复杂总体的总量，是由每种社会商品的销售量(数量指标因素)与对应的销售价格相乘后加总所得到的。这就意味着,零售总额这一复杂总体的总量有销售量和销售价格两个构成因素。于是,通过编制销售量指数和销售价格指数,就可以分析和测定这两个构成因素的变动对零售总额这一总量变动的影响情况。

(三)研究平均指标的变动及其受构成因素变动的影响情况

统计指数在这一方面的作用,参考本章后续内容中的平均指标变动的因素分析。

此外,我们还可以利用连续编制指数数列的方法,对复杂社会经济现象长时间的发展变化趋势进行分析,以便从中把握社会经济现象的变动规律,便于我们据以做出相应的预测和决策。这也是统计指数又一个方面的作用。

三、统计指数的分类

统计指数按照不同的研究目的和运用要求,可以有不同的分类。

(一)个体指数和总指数

按照指数所反映的对象范围,指数可分为个体指数和总指数。

1. 个体指数

个体指数是指反映单一个体基础上的简单总体的数量变动的相对数,如某种产品的产量指数、某种商品的价格指数等。个体指数是一种广义指标,我们在前面章节学习过的发展速度指标、比较相对指标都是个体指数。

2. 总指数

总指数是指反映由多个个体组成基础上的复杂总体的数量综合变动的相对数,如所有产品的单位成本指数、全部商品的销售量指数等。通常所说的狭义指数就是指总指数,这也是本章我们所讨论的重点。

此外,还有一种将指数法和分组法相结合而形成的指数,我们称其为组指数或类指数。它是指反映由某类个体组成基础上的复杂总体的数量综合变动的相对数。如商品零售价格指数,既有我们上面提到的某种商品零售价格的个体指数,也有社会上所有商品零售价格的总指数,还有某类商品(如食品类,服装、鞋帽类,家用电器及音像器材类等)零售价格的类指数。可见,组指数或类指数实质上还是总指数,只是其反映的对象的范围比总指数小。它与总指数相结合,可以更深入、更全面地反映复杂总体数量的综合变动情况。

(二)数量指标指数和质量指标指数

按照表现指数反映对象的数量所运用的指标的性质不同,指数可分为数量指标指数和质量指标指数。

1. 数量指标指数

数量指标指数是指说明反映对象的数量指标变动程度的一种相对数,如产品产量指数、商品销售量指数等。它表明了社会经济现象总的规模或总的水平变动情况。

2. 质量指标指数

质量指标指数是指说明反映对象的质量指标变动程度的一种相对数,如产品单位成本指数、商品销售价格指数等。它表明了社会经济现象之间数量对比关系、质量、效益等的变动情况。

（三）定基指数和环比指数

按编制指数数列时所采用的对比基期的不同，指数可分为定基指数和环比指数。

定基指数是指编制指数数列时，每期都以某一固定时期的水平作对比标准所形成的指数；环比指数则是指编制指数数列时，每期均以其前一时期的水平作为对比标准所形成的指数。实际上，指数数列仍然是时间数列，定基指数和环比指数也与定基发展速度和环比发展速度对应。它们通常可以结合使用，从而更充分、更深入地反映和认识社会经济现象发展变动的特点和趋势。

第二节　总指数的编制方法

我们知道，统计的研究对象是总体。从这点上讲，讨论指数编制的方法主要应是就针对复杂社会经济现象的总指数而言。作为反映简单社会经济现象的个体指数，因其性质是一个纯粹的发展速度指标，因此无论是编制数量指标个体指数还是质量指标个体指数，均可直接采用发展速度的计算方法。但是，总指数因其所反映对象的特殊性，编制就不如个体指数那样简单。其编制方法可采用两种形式：一是综合指数法，二是平均指数法。

一、综合指数法

（一）综合指数法的基本原理

综合指数法是指以两个不同时期经济内容相同的价值形态的总量指标对比而得到统计指数，用以说明复杂社会经济现象的数量综合变动的总指数编制方法。它是编制总指数的基本形式。

这里的价值形态的总量指标（即价值总量指标），就复杂现象总体而言，一般认为是由两个或两个以上的因素（分为数量指标因素和质量指标因素两类）通过乘积关系而形成的。比如，所有商品的销售总额这个价值总量指标，是由销售量（数量指标因素）和销售单价（质量指标因素）两个因素按下式计算得到的：

$$销售总额 = \sum(某种商品的销售量 \times 该种商品的销售单价)$$

显然，总指数要讨论的不是复杂现象总体价值总量指标的变动，而是其两个构成因素的数量的综合变动。但是，前面我们已经讲到，复杂现象总体中各构成单位的标志值（即此时的两个构成因素）是不能直接相加的，而要反映它们所构成的总体的数量综合变动，又需要将它们的标志值相加以综合起来。为解决这个矛盾，就必须引入一个相关的同度量因素，以使各构成单位的标志值由不能直接相加转换成可以相加。所谓同度量因素，是指使不能直接相加转换为能够相加的一种媒介物。显然，借助该媒介物的转换而相加所得到的总量指标，就唯有价值指标了。

现在，我们可将运用综合指数法编制总指数的原理简明概括如下：

首先，从客观现象之间的内在联系中，确定引入的同度量因素。在社会经济生活中，类似于上面提到的销售额与销售量和销售价格之间的数量关系的情形还有很多。比如，所有产品的生产总值这个价值总量指标，是由产品的产量（数量指标因素）和单位价格（质量指标因素）按下式来计算的：

$$生产总值 = \sum(某种产品的产量 \times 该种产品的单位价格)$$

再如，全部产品的原材料费用这个价值总量指标，是由产量（数量指标因素）、单位产品材料消耗量和材料单价（两者同为质量指标因素）三个因素按下式计算得到的：

$$\begin{matrix}原材料\\费用总额\end{matrix} = \sum\left(\begin{matrix}某种产品\\的产量\end{matrix} \times \begin{matrix}该种产品单位\\材料消耗量\end{matrix} \times \begin{matrix}所耗材料\\的单价\end{matrix}\right)$$

以前一式子的情况为例，在利用总指数反映复杂现象总体价值总量指标的构成因素的数量综合变动时，因各种商品销售量不能直接相加，要反映所有商品销售量的综合变动（此时的销售量一般称为指数化因素，即指数所要反映其变动的因素），显然不能直接采用这样的公式即 $\sum q_1 / \sum q_0$（q 表示销售量，1、0 分别表示报告期与基期）计算，而只有在引入对应商品的销售单价作同度量因素后，这样，销售量与销售单价乘积转换为销售额这种价值指标，各种商品的销售额才可以相加（各种商品的销售量也因此而实现了间接相加）。将两个不同时期这样相加得到的销售总额对比，也就反映了各种商品销售量的综合变动情况。其他两个式子的情况与之类似，不再赘述。

由此可见，在确定引入同度量因素时，一定要考虑客观现象之间的内在联系，像上面提到的有关数量关系式一样，立足于使各构成因素的乘积为某一价值指标来思考问题，以确定同度量因素该是什么。

其次，将同度量因素固定，以消除同度量因素变动的影响。前面已经讲到，同度量因素是一种使不能直接相加转换为能够相加的媒介物。它在指数的编制中必须固定下来；否则，我们就分不清某个指数究竟是反映指数化因素的变动，还是反映同度量因素的变动。需要说明的是，同度量因素除了起媒介作用外，还起着权数的作用，它可以衡量某一个体数量的变动对总体数量综合变动的影响程度。正是因为这样，同度量因素选择的时期的不同，所编制的指数的结果也就不同。

最后，将两个不同时期经济内容相同的价值总量指标进行对比，以测定复杂现象总体数量的综合变动情况。通过引入同度量因素并将其合理固定，不能直接相加的指数化因素借助价值指标可实现间接相加。在此基础上，将复杂现象总体在两个不同时期同一经济内容的价值总量指标加以对比，就可以反映其在指数化因素方面各个个体数量的综合变动情况。这种变动，也就是复杂现象总体数量的总变动。

总之，作为编制总指数的一种主要形式，综合指数法具有先综合（加总）后对比（相除）的特点。即借助同度量因素，先将复杂现象总体中的各个个体不能直接相加的某方面的标志值加总起来，然后再将其两个不同时期同一经济内容的价值总量指标相除，以测定出其数量综合变动的方向和程度。

（二）数量指标综合指数

数量指标综合指数是指以综合指数法的原理编制的反映数量指标的变动方向和程度的总指数，如产品产量指数、商品销售量指数等。可见，它是将复杂现象总体的价值总量指标中的质量指标因素作为同度量因素固定下来，而只考察数量指标因素的变动情况的一种总指数。现以表 10-1 的资料为例，说明数量指标综合指数的具体编制。

【例 10-1】某商店三种商品的销售情况如表 10-1 所示。

表 10-1　销售情况

商品	计量单位	基期销售量 q_0	报告期销售量 q_1	基期销售单价 p_0/元	报告期销售单价 p_1/元
A	千克	40	50	10	9
B	件	80	95	6	6
C	套	100	105	22	24

从表 10-1 中所列三种商品的销售量来看，按照发展速度的原理计算出它们的个体指数分别为 125%、118.75% 和 105%，表明报告期与基期相比，三种商品的销售量分别增长了 25%、18.75% 和 5%。但要综合说明它们销售量的总变动情况，则需编制销售量的总指数。

从综合指数法的原理来看，要编制销售量总指数，首先要确定同度量因素。表 10 - 1 中的三种商品因使用价值、计量单位的不同，它们的销售量是不能直接相加的。这时，我们从内在联系上可以确定，应以每种商品的销售单价作为同度量因素，在销售量的基础上乘以销售单价，就可得到销售额这一价值指标。这样，就可以借助它们销售额的加总而实现其销售量的相加，再以不同时期三种商品销售总额的对比来实现销售量的综合对比，以此反映三种商品销售量的综合变动情况。显然，在这里作为同度量因素的销售单价是一个质量指标。可见，编制数量指标综合指数时，应以相应的质量指标为同度量因素。此时的公式可表达为

$$\overline{K_q} = \frac{\sum q_1 p}{\sum q_0 p}$$

式中：$\overline{K_q}$ 表示数量指标综合指数（销售量总指数）；

q 代表数量指标（销售量）；

p 代表质量指标（销售单价）。

其次，要将同度量因素固定下来。从上式来看，为了单纯反映三种商品销售量的综合变动情况，必须将作为同度量因素的销售单价固定在某一时期，而不能像销售量一样发生不同时期的变动。一般而论，同度量因素固定时期的选择有基期和报告期两种。若将同度量因素的固定时期选择为基期，这就形成了统计上著名的拉氏指数（Etienne Laspeyres，拉斯贝尔斯，德国著名统计学家）公式；若将同度量因素的固定时期选择为报告期，就得到了统计上同样著名的派氏指数（Hermann Paasche，派许，德国著名统计学家）公式。那么，同度量因素固定的时期究竟作何选择呢？一般认为，这应根据统计的研究目的和固定后指标的现实经济意义而定。目前，普遍的固定时期的选择是基期。这样，数量指标综合指数的公式就可完整地表达如下：

$$\overline{K_q} = \frac{\sum q_1 p_0}{\sum q_0 p_0}$$

也就是说，编制数量指标综合指数的一般原则是，以基期相关联的质量指标作同度

量因素，即以相关联的质量指标作同度量因素，并将其固定在基期。下面，借助表 10-1 的资料，看看这一公式的具体运用情况。

$$\overline{K_q}=\frac{\sum q_1p_0}{\sum q_0p_0}=\frac{50\times 10+95\times 6+105\times 22}{40\times 10+80\times 6+100\times 22}\times 100\%=\frac{3\ 380}{3\ 080}\times 100\%$$
$$=109.74\%$$

该计算结果表明，尽管三种商品的销售量报告期与基期相比，分别增长了 25%、18.75% 和 5%，但综合来看，则平均增长了 9.74%，由于销售量的增长以致销售总额增加了 300 元，即

$$\sum q_1p_0-\sum q_0p_0=3\ 380-3\ 080=300(元)$$

（三）质量指标综合指数

质量指标综合指数是指以综合指数法的原理编制的反映质量指标的变动方向和程度的总指数，如产品单位成本指数、商品销售单价指数等。可见，它是将复杂现象总体的价值总量中的数量指标因素作为同度量因素固定下来，而只考察质量指标因素的变动情况的一种总指数。现仍以表 10-1 的资料为例，来说明质量指标综合指数的具体编制。

从表 10-1 中所列三种商品的销售单价来看，以发展速度的原理计算出的个体指数分别为 90%、100% 和 109.09%。这表明报告期与基期相比，A 商品的价格下跌了 10%，B 商品的价格持平，而 C 商品的价格则上涨了 9.09%。但是，要综合说明它们销售价格的总变动情况，就需编制销售单价的总指数。

要运用综合指数法的原理编制销售单价总指数，与上面讲的销售量总指数的编制一样，首先还是要确定同度量因素。表 10-1 中三种商品的销售单价，好像都是用"元"表示的，表面看来似乎是可以相加，但其实不然。所以，从内在联系中我们可以确定，若以每种商品的销售量作为同度量因素，将其与销售单价相乘而得到销售额，这样，就可以借助三种商品销售额的加总而实现其销售单价的相加。接下来，再以不同时期三种商品销售总额的对比来实现销售单价的综合对比，以此反映三种商品销售单价的综合变动情况。显然，这里我们又是以销售量这一数量指标作同度量因素的。可见，编制质量指标综合指数时，应以相应的数量指标为同度量因素。这个意思表达成公式即

$$\overline{K_p}=\frac{\sum qp_1}{\sum qp_0}$$

式中：$\overline{K_p}$ 表示质量指标综合指数（销售单价总指数）。

其他符号的含义与前面相同。

然后，同度量因素仍然要固定下来。前面已经讲到，同度量因素固定时期的选择一般有两种，在这里仍然如此，而且，根据选择的时期的不同，仍有拉氏指数与派氏指数之分。而根据统计的研究目的和固定后指标的现实经济意义，目前所做的普遍选择是报告期。这样，质量指标综合指数的公式便可完整地表达为

$$\overline{K_p}=\frac{\sum q_1p_1}{\sum q_1p_0}$$

这表明,编制质量指标综合指数的一般原则是,以报告期相关联的数量指标作同度量因素,即以相关联的数量指标作同度量因素,并将其固定在报告期。我们还是以表 10-1 的资料为例,看看该公式的具体运用情况。

$$\overline{K_p} = \frac{\sum q_1p_1}{\sum q_1p_0} = \frac{50\times 9 + 95\times 6 + 105\times 24}{50\times 10 + 95\times 6 + 105\times 22}\times 100\% = \frac{3\ 540}{3\ 380}\times 100\% \approx 104.73\%$$

该计算结果表明,尽管三种商品的销售单价报告期与基期相比,有增有减或持平,但综合来看,则平均增长了 4.73%;销售单价的增长使销售总额增加了 160 元:

$$\sum q_1p_1 - \sum q_1p_0 = 3\ 540 - 3\ 380 = 160(\text{元})$$

以上是运用综合指数法编制总指数的一般原理。它的最大优点是不仅可以反映复杂社会经济现象总体数量的变动方向和程度,而且还可以说明这种变动所产生的实际经济效果。但是,该方法的运用要求掌握全面的、相对应的数量指标和质量指标的原始资料,否则就无法据以进行总指数的编制。

(四)同度量因素固定时期的其他选择

前面我们已经讲到,同度量因素固定时期的选择一般有基期与报告期两种。但在实际的统计工作中,当编制某些总指数时,也可将同度量因素的固定时期确定为一个特定的时间。这样处理的目的主要是能更确切地表现指数所要反映的问题。最典型的有如下两种:

1. 工业产品产量总指数

工业产品产量总指数是一个数量指标指数,按照前面所讲的原则应以基期的价格作同度量因素。但是,长期以来,我国一直按下面的公式编制这一总指数:

$$\overline{K_q} = \frac{\sum q_1p_n}{\sum q_0p_n}$$

式中,p_n 表示某一固定时期的工业品出厂价格,该价格称为不变价格。新中国成立以来,我国曾经使用过 1950 年、1952 年、1957 年、1970 年、1980 年、1990 年不变价格,现正执行 2000 年不变价格。也就是说,只要国家没有宣布调整不变价格,那么,在编制某年的工业产品产量总指数时,就不得以上年的工业产品出厂价格为基期价格而代入指数式中进行相关的计算;否则,就会造成各年的工业产品产量总指数的不可比。因为,规定不变价格的目的,就是为了观察在同一价格水平的基础上工业产品产量的逐年变动情况,进而剔除价格变动因素对历年工业总产出增减的影响。

应注意的是,用固定时期的价格作同度量因素,使用时间不宜太长,否则该价格会脱离社会经济的实际情况。因此,如上面提到的,不变价格每隔若干年就需进行一次更换调整。

2. 成本计划完成指数

成本计划完成指数中的成本是指单位产品的成本而非全部产品的总成本。所以,该指数应是一个质量指标指数。若按照前面介绍的原则,它应以报告期的数量指标作同度量因素。然而,该指数在实际工作中则是按下式编制的:

$$\overline{K_z}=\frac{\sum q_n z_1}{\sum q_n z_n}$$

式中：z_1 为实际单位成本；

z_n 为计划单位成本；

q_n 为计划产品产量。

采用该种方式编制成本计划完成指数的目的，是避免实际的产品构成与做计划时的产品构成不一致而对产品成本计划的完成造成的影响。因为，不同的产品其成本也是不同的。一旦成本高的产品实际所占的比重比计划确定的比重大，就会造成实际成本高于计划成本；反之，实际成本则会低于计划成本。出现这些情况，都会影响对产品成本计划完成情况的正确反映。因此，采用计划产量（相当于基期产量）而不是实际产量（相当于报告期产量）作同度量因素，有利于正确考核产品成本的计划完成情况。

二、平均指数法

平均指数法是编制总指数的另一种形式，是指通过对个体指数进行加权平均而得到统计指数，用以说明复杂社会经济现象的数量综合变动的总指数编制方法。

一般来说，对个体指数进行平均的方式有算术平均、调和平均和几何平均。其中，几何平均的方式较少运用。但不管采用哪种方式，都应是加权平均而不是简单平均。所以，采用平均指数法编制总指数时，一个重要的问题就是正确地选择权数。进行这一选择，总的要求是，所选择的权数要能够评价出复杂社会经济现象总体中各构成因素在总体总量中的地位，也就是该权数要能较好地表明个体指数的重要性。根据这个要求，当运用平均指数法编制总指数时，既可以用某一价值总量指标为权数，也可以用某种比重指标为权数；既可以采用实际资料，也可以采用估计或推断的资料。

平均指数法因权数选择的不同，有独立存在的平均指数法与作为综合指数变形存在的平均指数法这两种。可见，平均指数法与综合指数法既有区别又有联系。从区别上看，主要是在解决复杂总体在同度量上的思路不同的问题。综合指数法是通过引入同度量因素，先计算出价值总量指标，然后进行对比，即先综合后对比；而平均指数法是在对个体指数进行加权平均的基础上得出总指数，是先对比得到了个体指数，然后再以一定的权数进行加权平均的综合，即先对比后综合。从联系上看，则主要表现为在选择某一特定权数的条件下，平均指数法是综合指数法的变形运用。

下面，我们就立足于两种指数法是变形关系这一前提，来讨论平均指数法的两种主要计算形式——加权算术平均指数和加权调和平均指数。

（一）加权算术平均指数

加权算术平均指数是指对个体指数采用加权算术平均的方法计算得到的总指数。它通常用于计算数量指标总指数。计算公式为

$$\overline{K_q}=\frac{\sum k_q\cdot W}{\sum W}$$

式中：k_q 为数量指标个体指数，其公式为$\frac{q_1}{q_0}$；

W 为权数。

上面已经讲到,平均指数法中的权数有各种各样的选择。若要使加权算术平均指数成为综合指数的变形,此时的权数应为 q_0p_0。这样,加权算术平均指数的公式就可完整表达为

$$\overline{K_q}=\frac{\sum k_q\cdot q_0p_0}{\sum q_0p_0}$$

下面,仍以表 10-1 的资料为例,采用加权算术平均指数来计算以下三种商品的销售量总指数,计算过程如表 10-2 所示。

表 10-2 加权算术平均指数计算

商品	计量单位	基期销售量 q_0	报告期销售量 q_1	销售量个体指数/% k_q	基期销售额/元 q_0p_0
A	千克	40	50	125	400
B	件	80	95	118.75	480
C	套	100	105	105	2 200

$$\begin{aligned}\overline{K_q}&=\frac{\sum k_q\cdot q_0p_0}{\sum q_0p_0}\times 100\%\\&=\frac{125\%\times 400+118.75\%\times 480+105\%\times 2\,200}{400+480+2\,200}\times 100\%\\&=\frac{3\,380}{3\,080}\times 100\%=109.74\%\end{aligned}$$

计算结果表明,三种商品的销售量报告期比基期平均增长了 9.74%。这一结果与前面数量指标综合指数的结果完全相同,其原因在于此时采用加权算术平均指数形式计算的销售量总指数,是以基期销售额(q_0p_0)为权数的,在该权数下,平均指数法与综合指数法之间存在着如下变形关系:

$$\overline{K_q}=\frac{\sum k_q\cdot q_0p_0}{\sum q_0p_0}=\frac{\sum \frac{q_1}{q_0}\cdot q_0p_0}{\sum q_0p_0}=\frac{\sum q_1p_0}{\sum q_0p_0}$$

若使用 q_0p_0 以外的任何其他权数,则上述变形关系就不成立。也就是说,要使加权算术平均指数成为数量指标综合指数的变形,应以基期的价值指标为权数。因此,运用平均指数法编制总指数的原则就是:编制数量指标总指数,应采用以基期价值指标为权数的加权算术平均指数。

(二)加权调和平均指数

加权调和平均指数是指对个体指数采用加权调和平均的方法计算得到的总指数。它通常用于质量指标指数的计算。其公式为

$$\overline{K_p}=\frac{\sum W}{\sum \frac{1}{k_p}\cdot W}$$

式中：k_p 为质量指标个体指数，其公式为$\frac{p_1}{p_0}$；

W 为权数。

根据权数选择的原理，若要保证加权调和平均指数成为综合指数的变形，此时的权数应为 q_1p_1。于是，加权调和平均指数的公式可完整地表达如下：

$$\overline{K_p}=\frac{\sum q_1p_1}{\sum \frac{1}{k_p}\cdot q_1p_1}$$

现仍用表 10-1 的资料说明加权调和平均指数的运用情况，如表 10-3 所示。

表 10-3 加权调和平均指数计算

商品	计量单位	基期销售单价／元 p_0	报告期销售单价／元 p_1	销售单价个体指数／% k_p	报告期销售额／元 q_1p_1
A	千克	10	9	90	450
B	件	6	6	100	570
C	套	22	24	109.09	2 520

$$\begin{aligned}\overline{K_p}&=\frac{\sum q_1p_1}{\sum \frac{1}{k_p}\cdot q_1p_1}\times 100\%\\&=\frac{450+570+2\,520}{\frac{1}{90\%}\times 450+\frac{1}{100\%}\times 570+\frac{1}{109.09\%}\times 2\,520}\times 100\%\\&=\frac{3\,540}{3\,380}\times 100\%=104.73\%\end{aligned}$$

该计算结果表明，三种商品的销售单价报告期比基期平均增长了 4.73%。可见，这一结果与前面质量指标综合指数的结果完全相同。其原因是，此时采用加权调和平均指数形式计算的销售单价总指数，是以报告期销售额（q_1p_1）为权数的，在该权数下，平均指数法与综合指数法之间存在着如下变形关系：

$$\overline{K_p}=\frac{\sum q_1p_1}{\sum \frac{1}{k_p}\cdot q_1p_1}=\frac{\sum q_1p_1}{\sum \frac{p_0}{p_1}\cdot q_1p_1}=\frac{\sum q_1p_1}{\sum q_1p_0}$$

若使用 q_1p_1 以外的任何其他权数，则上述变形关系就不成立。也就是说，要使加权调和平均指数成为质量指标综合指数的变形，应以报告期的价值指标为权数。所以，运用平均指数法编制总指数的原则就是：编制质量指标总指数，应采用以报告期价值指标为权数的加权调和平均指数。

需要说明的是，将平均指数法作为综合指数法的变形来认识的话，在两种平均指数的公式中，$\sum k_q\cdot q_0p_0$ 与 $\sum \frac{1}{k_p}\cdot q_1p_1$ 是对等的，都等于 $\sum q_1p_0$。认识清楚了这一点，当我们在平均指数法的具体运用中,若缺乏两者中的某一项,就可以用另一项来代替,以顺利完成有关的计算分析。

(三)固定权数平均指数

固定权数平均指数在国内外的指数实践中都有广泛的应用。如我国的商品零售价格指数、农副产品收购价格指数,以及西方的工业生产指数、消费品价格指数等,均采用了这种形式。

这里的固定权数是指用某一时期(既可能不是基期,也可能不是报告期)经过调整后的有关资料确定的比重,固定下来作为每个时期编制某些指数的权数,通常用 W 表示。确定固定权数的资料,可以根据有关普查或抽样调查,或者全面统计报表的资料调整而得,因而其取得较为方便、迅捷和灵活。资料所属时期,一般采用经济发展比较稳定的一个时期,这样可以增强资料的代表性,尽量避免以此确定的权数的偏差。因此,固定权数一经确定,即可在较长时间内使用而不变动,故称之为固定权数。

固定权数平均指数的形式,最普遍的是采用加权算术平均指数。其公式为

$$\overline{K} = \frac{\sum kW}{\sum W}$$

式中:k 为个体价格指数。

如我国的商品零售价格指数,采用固定权数平均指数编制的公式为

$$\overline{K_p} = \frac{\sum k_p W}{\sum W}$$

式中:k_p 代表某一商品或某类(组)商品的个体价格指数或类指数;W 代表所确定的某一时期某一商品或某类(组)商品的销售额占全部商品销售总额的比重,即 $q_n p_n / \sum q_n p_n$。

再如西方国家的工业生产指数,也就是我国的工业产品产量总指数,其采用固定权数平均指数编制的公式为

$$\overline{K_q} = \frac{\sum k_q W}{\sum W}$$

式中:k_q 代表每种或每类产品产量的个体指数或类指数;W 代表所确定的某一时期某一产品或某类产品的产值占全部产品生产总值的比重,即 $q_n p_n / \sum q_n p_n$。

采用固定权数平均指数,大大减少了指数编制的工作量;同时,增强了各期指数资料的可比性,有利于指数数列的正确分析。

综上所述,平均指数法和综合指数法都是编制总指数的方法,其经济内容是一致的。它们的区别除了编制的方法、适用的资料不同外,还表现在综合指数法的分子、分母之差具有表明价值总量指标的增减变动额这一经济意义,而平均指数法(除作为综合指数法的变形外)的分子、分母之差却不具有这样的经济意义。

第三节　指数体系与因素分析

一、指数体系的概念及其作用

社会经济现象的各种因素之间不是孤立存在的,而是相互联系和相互影响的。这种普遍联系和影响,在统计中可通过相应的经济方程来表现,如:

产品总成本 = 产量 × 单位产品成本

材料费用总额 = 产量 × 单位产品材料消耗量 × 材料单价

商品销售总额 = 销售量 × 销售单价

……

这些经济方程说明,社会经济现象各因素之间始终是相互影响、相互制约的。某一因素(如总成本等,表示结果)的变动,是由其他因素(如产量、单位成本等,表示原因)的变动引起的。于是,反映这些经济方程中各因素变动的指数之间,也就存在如下的数量关系:

产品总成本指数 = 产量指数 × 单位产品成本指数

材料费用总额指数 = 产量指数 × 单位产品材料消耗量指数 × 材料单价指数

商品销售总额指数 = 销售量指数 × 销售单价指数

……

这些指数之间形成的数量关系式,就是所谓指数体系。

由此可见,指数体系也就是指像上面一样的经济上有联系且数量上又构成一定对等关系的三个或三个以上的指数所形成的一个整体。例如:商品销售总额指数体系,是由销售额指数、销售量指数和销售价格指数构成;材料费用总额指数体系,则由材料费用总额指数、产量指数、单位产品材料消耗量指数和材料单价指数构成。在每一个指数体系中,根据经济方程,我们可将其中一个指数称为总变动指数(如销售额指数、材料费用总额指数等),其余的指数称为因素指数(如销售量指数和销售价格指数、产量指数、单位产品材料消耗量指数和材料单价指数)。总变动指数是反映复杂现象价值总量变动的指数,等于报告期价值总量与基期价值总量之比。用公式表达为

$$\overline{K_{qp}} = \frac{\sum q_1 p_1}{\sum q_0 p_0}$$

不难看出,总变动指数也是一种广义指数,是与个体指数一样的纯粹的发展速度指标。

这样,如果运用综合指数法来表示的话,指数体系可表达为

总变动指数 = 数量指标指数 × 质量指标指数

$$\frac{\sum q_1 p_1}{\sum q_0 p_0} = \frac{\sum q_1 p_0}{\sum q_0 p_0} \times \frac{\sum q_1 p_1}{\sum q_1 p_0}$$

显然,指数体系是建立在有关指标之间的经济联系的基础之上的,因而它们具有实

际的经济分析意义。这正是指数体系的作用之一。指数体系的主要作用是进行因素分析,即利用指数体系分析复杂社会经济现象总体的总变动中各因素变动的影响方向和程度。这种分析包括两个方面:一是相对数分析,就是根据指数体系中各指数的具体计算结果,指出复杂现象总体的总变动是哪些因素作用的结果,各因素的影响程度如何;二是绝对数分析,是指根据指数体系中各指数的分子、分母之差所形成的绝对额,说明各因素变动对总变动的绝对额所产生的影响。这种分析,既可以是两因素的分析,也可以是多因素的分析;既可以是价值总量指标的分析,也可以是平均指标的分析。另外,它还可以是复杂社会经济现象总体的分析,也还可以是简单社会经济现象总体的分析。总之,有了指数体系,也就有了各种各样的因素分析的基本依据。除此之外,利用指数体系,我们还可以进行指数间的相互推算,以根据已知的指数去推算未知的指数。

二、价值总量指标变动的两因素分析

价值总量指标变动的两因素分析,是针对一个价值总量指标由两个构成因素乘积而形成的情况。运用指数体系进行这种分析,按综合指数法表示的基本形式为

$$\begin{cases}\text{相对数分析:}\dfrac{\sum q_1p_1}{\sum q_0p_0}=\dfrac{\sum q_1p_0}{\sum q_0p_0}\times\dfrac{\sum q_1p_1}{\sum q_1p_0}\\ \text{绝对数分析:}\sum q_1p_1-\sum q_0p_0=\left(\sum q_1p_0-\sum q_0p_0\right)+\left(\sum q_1p_1-\sum q_1p_0\right)\end{cases}$$

(一)在复杂社会经济现象总体中

【例 10 - 2】根据表 10 - 1 的资料,分析三种商品销售总额的变动及其原因。

1. 计算反映总变动指数及其变动

$$\text{销售总额指数}\overline{K_{qp}}=\frac{\sum q_1p_1}{\sum q_0p_0}\times100\%=\frac{50\times9+95\times6+105\times24}{40\times10+80\times6+100\times22}\times100\%$$

$$=\frac{3\ 540}{3\ 080}\times100\%=114.93\%$$

$$\sum q_1p_1-\sum q_0p_0=3\ 540-3\ 080=460(\text{元})$$

该计算结果表明,三种商品的销售总额报告期比基期增长了 14.93%,增加了 460 元。

2. 计算反映因素指数及其影响

$$\text{销售量指数}\overline{K_q}=\frac{\sum q_1p_0}{\sum q_0p_0}\times100\%=\frac{50\times10+95\times6+105\times22}{40\times10+80\times6+100\times22}\times100\%$$

$$=\frac{3\ 380}{3\ 080}\times100\%=109.74\%$$

$$\sum q_1p_0-\sum q_0p_0=3\ 380-3\ 080=300(\text{元})$$

该计算结果表明,三种商品的销售量报告期比基期综合增长了 9.74%;由于销售量的增长,销售总额增加了 300 元。

$$销售单价指数\overline{K_p} = \frac{\sum q_1p_1}{\sum q_1p_0} \times 100\% = \frac{50 \times 9 + 95 \times 6 + 105 \times 24}{50 \times 10 + 95 \times 6 + 105 \times 22} \times 100\%$$

$$= \frac{3\ 540}{3\ 380} \times 100\% = 104.73\%$$

$$\sum q_1p_1 - \sum q_1p_0 = 3\ 540 - 3\ 380 = 160(元)$$

该计算结果表明：三种商品的销售单价报告期比基期综合增长了4.73%；销售价格的增长使销售总额增加了160元。

3. 综合概括

$$\begin{cases} 114.93\% = 109.74\% \times 104.73\% \\ 460 元 = 300 元 + 160 元 \end{cases}$$

在有的时候或某些场合，根据掌握的资料的具体情况，针对这类两因素分析，我们还可以或应该采用平均指数法的形式进行。

【例10-3】某企业生产的三种产品的产量个体指数和总成本资料如表10-4所示。

表10-4　产量个体指数和总成本资料

产品	计量单位	产量个体指数/% K_q	基期总成本/元 q_0p_0	报告期总成本/元 q_1p_1
甲	千克	85	2 400	2 000
乙	件	110	4 000	4 800
丙	个	105	29 000	30 000
合计			35 400	36 800

要求：分析三种产品总成本的变动及有关因素的影响。

此时，因资料所限，我们只能采用平均指数法来完成这一分析。分析步骤与例10-2相同。

$$总成本指数\overline{K_{qp}} = \frac{\sum q_1p_1}{\sum q_0p_0} \times 100\% = \frac{2\ 000 + 4\ 800 + 30\ 000}{2\ 400 + 4\ 000 + 29\ 000} \times 100\%$$

$$= \frac{36\ 800}{35\ 400} \times 100\% = 103.95\%$$

$$\sum q_1p_1 - \sum q_0p_0 = 36\ 800 - 35\ 400 = 1\ 400(元)$$

$$产量指数\overline{K_q} = \frac{\sum k_q \cdot q_0p_0}{\sum q_0p_0} \times 100\%$$

$$= \frac{85\% \times 2\ 400 + 110\% \times 4\ 000 + 105\% \times 29\ 000}{2\ 400 + 4\ 000 + 29\ 000} \times 100\%$$

$$= \frac{36\ 890}{35\ 400} \times 100\% = 104.21\%$$

$$\sum k_q \cdot q_0p_0 - \sum q_0p_0 = 36\ 890 - 35\ 400 = 1\ 490(元)$$

$$单位成本指数\overline{K_p} = \frac{\sum q_1p_1}{\sum \frac{1}{k_p} \cdot q_1p_1} \times 100\% = \frac{36\ 800}{36\ 890} \times 100\% = 99.76\%$$

$$\sum q_1p_1 - \sum \frac{1}{k_p} \cdot q_1p_1 = 36\ 800 - 36\ 890 = -90(元)$$

$$\begin{cases} 103.95\% = 104.21\% \times 99.76\% \\ 1\ 400\ 元 = 1\ 490\ 元 + (-90)\ 元 \end{cases}$$

计算结果表明，三种产品的总成本报告期比基期增长了3.95%，增加1 400元。这是三种产品的产量报告期比基期总体增长4.21%，使总成本增加1 490元，三种产品的单位成本报告期比基期总体下降0.24%，使总成本减少90元这两者共同作用的结果。总体来看，三种产品总成本的增长是由产品产量的增长引起的。

（二）在简单社会经济现象总体中

就现实中的很多经济方程而言，我们是不需要将某一个体的指标值与其他个体的指标值相加的。比如，企业的总产值，可以定量化地表达为企业职工人数与全员劳动生产率两个因素的乘积；再如，国内生产总值，可以量化为增加值率、社会劳动者平均人数与按总产出计算的劳动生产率三个因素的乘积。当进行总产值、国内生产总值的因素分析时，我们是不需要进行有关的加总计算的，故此时所面对的这样的社会经济现象总体，就是一种简单总体了。

现以实例说明简单社会经济现象总体的价值总量指标变动的两因素分析。

【例10-4】某企业的总产值及相关资料如表10-5所示。

表10-5　总产值及相关资料

项目	基期	报告期	发展速度/%
总产值 qp/万元	1 505	1 650	109.64
职工人数 q/人	602	600	99.67
全员劳动生产率 p/万元/人	2.5	2.75	110

$$总产值指数 = \overline{K_{qp}} = \frac{q_1p_1}{q_0p_0} \times 100\% = \frac{1\ 650}{1\ 505} \times 100\% = 109.64\%$$

$$q_1p_1 - q_0p_0 = 1\ 650 - 1\ 505 = 145(万元)$$

$$职工人数指数 = \overline{K_q} = \frac{q_1p_0}{q_0p_0} \times 100\% = \frac{q_1}{q_0} \times 100\% = \frac{600}{602} \times 100\% = 99.67\%$$

$$q_1p_0 - q_0p_0 = (q_1 - q_0) \cdot p_0 = (600 - 602) \times 2.5 = -5(万元)$$

$$全员劳动生产率指数 = \overline{K_p} = \frac{q_1p_1}{q_1p_0} \times 100\% = \frac{p_1}{p_0} \times 100\% = \frac{2.75}{2.5} \times 100\% = 110\%$$

$$q_1p_1 - q_1p_0 = (p_1 - p_0)q_1 = (2.75 - 2.5) \times 602 = 150(万元)$$

$$\begin{cases} 109.64\% = 99.67\% \times 110\% \\ 145\ 万元 = (-5)\ 万元 + 150\ 万元 \end{cases}$$

以上计算结果表明，该企业报告期与基期相比，总产值增长了 9.64%，增加了 145 万元。这是职工人数减少 0.33% 使其降低了 5 万元，以及全员劳动生产率增长 10% 使其增加 150 万元两者共同作用的结果。

由此可见，在简单总体中，无论是总变动指数还是因素指数，实际上都是对应指标的发展速度。所以，这些指数都是广义的指数。另外，在进行因素指数的绝对数分析时应特别注意，若采用对应指标的发展速度来代替其指数，应在分子、分母相减的基础上，再乘以基期或报告期的同度量因素。

三、价值总量指标变动的多因素分析

价值总量指标变动的多因素分析，是针对一个价值总量指标由两个以上的构成因素乘积而形成的情况。对复杂社会经济现象总体的价值总量指标变动进行多因素分析的方法与两因素分析相似，但应注意对价值总量指标进行分解时，要考虑各因素的排列顺序。一般的原则是：先数量指标因素，后质量指标因素，并保证相邻因素的乘积具有经济意义。如企业生产产品所耗用的原材料费用，其影响因素可分解为产品产量、单位产品材料消耗量和单位材料价格三个。它们应该按以下顺序排列：

原材料费用总额 = 产量 × 单位产品材料消耗量 × 单位材料价格

因为，相对于单位产品材料消耗量与单位材料价格而言，产量是数量指标；而产量与单位产品材料消耗量乘积的结果为原材料消耗总量，它与单位材料价格相比，作为数量指标无疑应排在单位材料价格的前面；而单位材料价格则是质量指标，应排在最后。其他情况下以此类推。

【例 10-5】某企业生产三种产品的有关资料如表 10-6 所示。

表 10-6　产品资料

产品	计量单位	产量 q		单位产品材料消耗量 m		单位材料价格 / 元 p	
		基期	报告期	基期	报告期	基期	报告期
A1	吨	300	400	5	6	50	40
B2	个	150	210	10	9	100	110
C3	件	500	550	2	1.8	20	24

要求：分析生产三种产品原材料费用总额的变动情况，及其分别受产量、单位产品材料消耗量和单位材料价格的变动的影响。

根据表 10-6 的资料，整理出计算分析时所需的原材料费用总额的有关数据，如表 10-7所示。

表 10-7 原材料费用总额的有关数据

产品	原材料费用总额/万元			
	$q_0m_0p_0$	$q_1m_0p_0$	$q_1m_1p_0$	$q_1m_1p_1$
A1	7.5	10	12	9.6
B2	15	21	18.9	20.79
C3	2	2.2	1.98	2.376
合计	24.5	33.2	32.88	32.766

$$\text{原材料费用总额指数}\overline{K_{qmp}} = \frac{\sum q_1m_1p_1}{\sum q_0m_0p_0} \times 100\% = \frac{32.766}{24.5} \times 100\% = 133.74\%$$

$$\sum q_1m_1p_1 - \sum q_0m_0p_0 = 32.766 - 24.5 = 8.266(\text{万元})$$

$$\text{指数产量}\overline{K_q} = \frac{\sum q_1m_0p_0}{\sum q_0m_0p_0} \times 100\% = \frac{33.2}{24.5} \times 100\% = 135.51\%$$

$$\sum q_1m_0p_0 - \sum q_0m_0p_0 = 33.2 - 24.5 = 8.7(\text{万元})$$

$$\text{单位产品材料消耗量指数}\overline{K_m} = \frac{\sum q_1m_1p_0}{\sum q_1m_0p_0} \times 100\% = \frac{32.88}{33.2} \times 100\% = 99.04\%$$

$$\sum q_1m_1p_0 - \sum q_1m_0p_0 = 32.88 - 33.2 = -0.32(\text{万元})$$

$$\text{单位材料价格指数}\overline{K_p} = \frac{\sum q_1m_1p_1}{\sum q_1m_1p_0} \times 100\% = \frac{32.766}{32.88} \times 100\% = 99.65\%$$

$$\sum q_1m_1p_1 - \sum q_1m_1p_0 = 32.766 - 32.88 = -0.114(\text{万元})$$

$$\begin{cases} 133.74\% = 135.51\% \times 99.04\% \times 99.65\% \\ 8.266\text{ 万元} = 8.7\text{ 万元} + (-0.32)\text{ 万元} + (-0.114)\text{ 万元} \end{cases}$$

以上计算结果表明：该企业在生产三种产品的过程中，三种产品的产量总体增长 35.51%，致使原材料费用增加 8.7 万元；三种产品的单位材料消耗量总体降低 0.96%，使得原材料费用减少 0.32 万元；三种产品所耗材料的单位价格降低 0.35%，造成原材料费用减少 0.114 万元。三者共同作用，使得原材料费用总额报告期比基期增长 33.74%，增加 8.266 万元。其中，产量是造成这种影响最大的因素。

四、平均指标变动的因素分析

（一）平均指标指数及其指数体系

平均指标（主要指算术平均数，下同）是反映社会经济现象总体一般水平或普遍水平的指标。它取决于两个因素:一个是总体内部各部分的水平(x),另一个是总体内部各部分的结构($\frac{f}{\sum f}$,各部分在总体中所占的比重)。平均指标的变动就是这两个因素变动的综合结果。因此,将指数体系的原理运用于平均指标变动的因素分析中,我们首先应明确这种情况下的指数体系以及构成它的各个平均指标指数是怎样的。

所谓平均指标指数,是指两个不同时期同一经济内容的平均指标对比所形成的指数。它反映社会经济现象的普遍水平或一般水平的变动情况。一般可用公式表达为

$$I=\frac{\bar{x}_1}{\bar{x}_0}$$

式中:I 代表平均指标指数;

1、0 仍分别代表报告期与基期;

$\bar{x}_1$ 表示报告期的某一平均指标;

$\bar{x}_0$ 表示基期同一经济内容的平均指标。

根据上面的分析可知,当对平均指标的变动进行因素分析时,建立此时的指数体系需要以下四个平均指标指数:

1. 可变构成指数

可变构成指数是全面反映总体平均水平综合变动情况的平均指标指数,其一般公式为

$$I_{可变}=\frac{\sum x_1f_1}{\sum f_1}\div\frac{\sum x_0f_0}{\sum f_0}=\frac{\bar{x}_1}{\bar{x}_0}$$

该指数同时反映了总体内各部分的水平(x)和各部分的结构($\frac{f}{\sum f}$)这两个因素的变动情况,正是这种综合变动,导致了总体平均水平的变动。在此基础上,按照综合指数法的原理,在测定一个因素变动的影响时,必须将另一个因素予以固定。这样,因固定的因素不同,也就产生了下面的结构影响指数和固定构成指数。

2. 结构影响指数

结构影响指数是指将总体内各部分的水平固定下来,专门反映各部分的结构(视为数量指标因素)变动及其对总体平均水平变动产生影响的平均指标指数。用公式表达为

$$I_{结构}=\frac{\sum x_0f_1}{\sum f_1}\div\frac{\sum x_0f_0}{\sum f_0}=\frac{\bar{x}_n}{\bar{x}_0}$$

3. 固定构成指数

固定构成指数是指将总体内各部分的结构固定下来,专门反映各部分的水平(视为质量指标因素)变动及其对总体平均水平变动产生影响的平均指标指数。表达成公式为

$$I_{固定}=\frac{\sum x_1f_1}{\sum f_1}\div\frac{\sum x_0f_1}{\sum f_1}=\frac{\bar{x}_1}{\bar{x}_n}$$

4. 指数体系

可变构成指数 = 结构影响指数 × 固定构成指数

$$\frac{\sum x_1f_1}{\sum f_1} \div \frac{\sum x_0f_0}{\sum f_0} = \left(\frac{\sum x_0f_1}{\sum f_1} \div \frac{\sum x_0f_0}{\sum f_0}\right) \times \left(\frac{\sum x_1f_1}{\sum f_1} \div \frac{\sum x_0f_1}{\sum f_1}\right)$$

（二）平均指标变动的因素分析

利用上面的平均指标指数体系（亦称可变构成指数体系）进行平均指标变动的因素分析，基本形式为

相对数分析：
$$\frac{\sum x_1f_1}{\sum f_1} \div \frac{\sum x_0f_0}{\sum f_0} = \left(\frac{\sum x_0f_1}{\sum f_1} \div \frac{\sum x_0f_0}{\sum f_0}\right) \times \left(\frac{\sum x_1f_1}{\sum f_1} \div \frac{\sum x_0f_1}{\sum f_1}\right)$$

绝对数分析：

总体平均水平：
$$\frac{\sum x_1f_1}{\sum f_1} - \frac{\sum x_0f_0}{\sum f_0} = \left(\frac{\sum x_0f_1}{\sum f_1} - \frac{\sum x_0f_0}{\sum f_0}\right) + \left(\frac{\sum x_1f_1}{\sum f_1} - \frac{\sum x_0f_1}{\sum f_1}\right)$$

总体价值总量：
$$\left(\frac{\sum x_1f_1}{\sum f_1} - \frac{\sum x_0f_0}{\sum f_0}\right) \cdot \sum f_1$$
$$= \left(\frac{\sum x_0f_1}{\sum f_1} - \frac{\sum x_0f_0}{\sum f_0}\right) \cdot \sum f_1 + \left(\frac{\sum x_1f_1}{\sum f_1} - \frac{\sum x_0f_1}{\sum f_1}\right) \cdot \sum f_1$$

【例 10-6】将某企业的全体职工划分为三类工种，各工种的职工构成及其工资水平的资料如表 10-8 所示。试对该企业全体职工的总平均工资与工资总额的变动进行因素分析。

表 10-8　职工构成与工资水平资料

工种	月工资／元		职工人数／人	
	基期	报告期	基期	报告期
一类	1 000	1 050	650	580
二类	1 500	1 600	240	350
三类	2 000	2 150	110	70
合计	—	—	1 000	1 000

根据表 10-8 的资料，做出如下辅助计算：

$$\bar{x}_0 = \frac{\sum x_0f_0}{\sum f_0} = \frac{1\,000 \times 650 + 1\,500 \times 240 + 2\,000 \times 110}{650 + 240 + 110} = 1\,230(\text{元})$$

$$\bar{x}_1 = \frac{\sum x_1f_1}{\sum f_1} = \frac{1\,050 \times 580 + 1\,600 \times 350 + 2\,150 \times 70}{580 + 350 + 70} = 1\,319.5(\text{元})$$

$$\bar{x}_n = \frac{\sum x_0 f_1}{\sum f_1} = \frac{1\ 000 \times 580 + 1\ 500 \times 350 + 2\ 000 \times 70}{580 + 350 + 70} = 1\ 245(\text{元})$$

进行因素分析所需的资料计算如下：

（1） $$I_{可变} = \left(\frac{\sum x_1 f_1}{\sum f_1} \div \frac{\sum x_0 f_0}{\sum f_0}\right) \times 100\% = \frac{1\ 319.5}{1\ 230} \times 100\% = 107.28\%$$

$$\frac{\sum x_1 f_1}{\sum f_1} - \frac{\sum x_0 f_0}{\sum f_0} = 1\ 319.5 - 1\ 230 = 89.5(\text{元})$$

$$\left(\frac{\sum x_1 f_1}{\sum f_1} - \frac{\sum x_0 f_0}{\sum f_0}\right) \cdot \sum f_1 = 89.5 \times 1\ 000 = 8.95(\text{万元})$$

（2） $$I_{结构} = \left(\frac{\sum x_0 f_1}{\sum f_1} \div \frac{\sum x_0 f_0}{\sum f_0}\right) \times 100\% = \frac{1\ 245}{1\ 230} \times 100\% = 101.22\%$$

$$\frac{\sum x_0 f_1}{\sum f_1} - \frac{\sum x_0 f_0}{\sum f_0} = 1\ 245 - 1\ 230 = 15(\text{元})$$

$$\left(\frac{\sum x_0 f_1}{\sum f_1} - \frac{\sum x_0 f_0}{\sum f_0}\right) \cdot \sum f_1 = 15 \times 1\ 000 = 1.5(\text{万元})$$

（3） $$I_{固定} = \left(\frac{\sum x_1 f_1}{\sum f_1} \div \frac{\sum x_0 f_1}{\sum f_1}\right) \times 100\% = \frac{1\ 319.5}{1\ 245} \times 100\% = 105.98\%$$

$$\frac{\sum x_1 f_1}{\sum f_1} - \frac{\sum x_0 f_1}{\sum f_1} = 1\ 319.5 - 1\ 245 = 74.5(\text{元})$$

$$\left(\frac{\sum x_1 f_1}{\sum f_1} - \frac{\sum x_0 f_1}{\sum f_1}\right) \cdot \sum f_1 = 74.5 \times 1\ 000 = 7.45(\text{万元})$$

（4）综合概括：

$$\begin{cases} \text{相对数分析：}107.28\% = 101.22\% \times 105.98\% \\ \text{绝对数分析：}\begin{cases} \text{总体平均水平：}89.5\ \text{元} = 15\ \text{元} + 74.5\ \text{元} \\ \text{总体价值总量：}8.95\ \text{万元} = 1.5\ \text{万元} + 7.45\ \text{万元} \end{cases} \end{cases}$$

以上计算结果表明：该企业报告期与基期相比，各工种职工人数构成的变动使总平均工资增长1.22%，人均增加15元，进而使工资总额增加了1.5万元；各工种职工工资水平的变动使总平均工资增长5.98%，人均增加74.5元，进而使工资总额增加了7.45万元。两者共同作用，使企业报告期的总平均工资比基期增长7.28%，人均共增加89.5元，进而造成工资总额增加8.95万元。其中，各工种职工工资水平的变动，是引起企业总平均工资和工资总额增加的主要因素。

【思考题】

1. 如何理解统计指数？它的分类和作用各有哪些？

2. 总指数的编制有哪两种方法？两者的关系怎样？

3. 数量指标综合指数与加权算术平均指数有着怎样的联系？质量指标综合指数与加权调和平均指数又有着怎样的联系？

4. 什么是指数体系？有何作用？

【练习题】

一、单项选择题

1. 在综合指数法中，数理指标综合指数的同度量因素是(　　)。

A. 基期的质量指标　　B. 报告期的质量指标

C. 基期的数量指标　　D. 报告期的数量指标

答案：(A)。

2. 在综合指数法中，质量指标综合指数的同度量因素是(　　)。

A. 基期的质量指标　　B. 报告期的质量指标

C. 基期的数量指标　　D. 报告期的数量指标

答案：(D)。

3. 若加权算术平均指数法与数量指标综合指数的结果相等，则采用的权数是(　　)。

A. 基期的质量指标　　B. 报告期的质量指标

C. 基期的价值指标　　D. 报告期的价值指标

答案：(C)。

4. 若加权调和平均指数法与质量指标综合指数的结果相等，则采用的权数是(　　)。

A. 基期的数量指标　　B. 报告期的数量指标

C. 基期的价值指标　　D. 报告期的价值指标

答案：(D)。

5. $\frac{\sum q_1p_1}{\sum q_0p_0}=\frac{\sum q_1p_0}{\sum q_0p_0}\times\frac{\sum q_1p_1}{\sum q_1p_0}$，这是什么指标体系？(　　)。

A. 个体指数体系　　B. 综合指数体系

C. 价值总量指标指数体系　　D. 平均指标指数体系

答案：(C)。

二、实务题

1. 某商店销售的三种商品的有关资料如下表所示：

某商店销售的三种商品的有关资料

商品	计量单位	基期		报告期	
		销售量	单价／元	销售量	单价／元
A	台	3 000	100	2 000	95
B	件	2 000	200	2 000	200
C	台	1 000	300	1 800	250

要求：试从相对数与绝对数两个方面分析三种商品销售总额的变动及其影响因素的影响。

2. 某企业两种产品的成本资料如下表所示：

某企业两种产品的成本资料

产品	生产总成本／万元		第二季度比第一季度单位成本降低／%
	第一季度	第二季度	
甲	750	780	5
乙	500	520	3

要求：利用指数体系分析两种产品的生产总成本第二季度相比第一季度发生的变动及其影响。

3. 某企业报告期和基期的产量与工人人数资料如下表所示：

某企业报告期和基期的产量与工人人数资料

工人分组	产量／万吨		工人人数／人	
	基期	报告期	基期	报告期
技术工人	26.0	66.0	650	1 500
普通工人	22.8	25.2	950	1 000
合计	48.8	91.2	1 600	2 500

要求：试从相对数和绝对数两个方面，分析该企业以产量计算的总平均劳动生产率的变动情况以及各组工人劳动生产率和各组工人人数结构变动对总平均劳动生产率的影响。

4. 利用指数体系进行以下推算：

（1）已知某企业基期总产值为100万元，报告期总产值比基期增长14%，又知以基期价格计算的报告期总产值为112万元，则产量总指数为多少？因产量变动而增减的总产值又是多少？

（2）某商场的商品销售量总指数为105%，由于销售量增长而增加的销售额为10万元，又知道商品的销售价格总指数为110%，则由于销售价格上涨而增加的销售额为多少？

第十一章　统计综合分析与评价

第一节　统计综合分析概述

一、统计综合分析的概念和作用

（一）统计综合分析的概念

统计综合分析是整个统计研究过程中的一个重要阶段，是充分发挥统计职能的关键环节。它是根据统计研究的目的和要求，以统计资料为依据，在正确的实质性科学理论的指导下，运用科学的统计分析方法和指标体系，对现象和事物的有关指标进行对比、分析和综合研究，从而揭示事物的内在联系及其发展变化的规律性，并在此基础上做出结论，提出解决问题的对策措施。

在经过统计调查和统计整理之后，我们取得了对社会经济现象的初步认识，但这种认识，仅仅是基于事物表面现象的、感性的认识，而统计综合分析的过程，就是由感性认识上升到理性认识的过程，是由感觉事物的外部联系到认识事物本质特征的过程。需要强调的是，统计综合分析并非单纯的数字罗列，而是一个逻辑思维过程，是一种研究实际问题的复杂的、创造性的智力劳动。分析研究过程中要根据分析方法的需要进行许多计算，这是得出定量分析结果的必要手段。但计算结果并不等于分析的结论，分析的结论产生于对计算结果的思考。如某种产品的产量增加很多，超额完成计划目标，是好事吗？不一定。短线产品产量增加是好事，长线产品产量增加就不是好事。经济增长速度的提高在一定范围内是好事，超过了一定限度也会出问题。简单现象要思考，复杂现象更需要缜密思考。

（二）统计综合分析的作用

1. 统计综合分析是认识客观世界的重要工具

对于自然现象，统计综合分析在天文、气象、生物等领域起着重要的作用。在社会经济现象方面，从国民经济的综合平衡、各种比例关系的协调发展，到农贸市场的商品价格、企业的生产经营管理，都要运用统计综合分析。统计综合分析既可以认识客观世界，又能促进各部门、各领域的发展；同时各部门、各领域的发展也推动了统计分析理论的完善与发展。

2. 统计综合分析有利于人们从数量上、总体上认识客观事物

从数量上、总体上认识客观事物，既是人们认识上的需要，使认识更加清晰明了，又可以避免以偏概全，有助于获得规律性的认识。这种规律性的认识在现状分析中常常用来作为在一定条件下的判断标准，也是预测分析的重要根据。它还对实质性的科学研究起着重要作用。

3. 统计综合分析是发挥统计整体功能、提高统计工作地位的重要手段

随着我国改革开放的深入，社会经济领域发生了深刻的变化，各级领导为了正确分析社会经济问题，做出科学的决策，对统计分析的要求越来越高，既要求有关部门提供统计数据，又要求加强分析研究，提出建议，为决策提供依据。统计综合分析把数据、情况、问题、建议等融为一体，既有定量分析，又有定性分析，比一般统计数据更集中、更系统、更清楚地反映客观实际，因而是发挥统计信息、咨询和监督作用的主要手段；同时，也提高了统计工作的社会地位。

4. 统计综合分析是增进社会了解的重要窗口

统计综合分析可以综合反映和传播多种统计信息，提供分析整个国民经济和社会发展状况的有关资料；分析企业生产管理中供、产、销各环节，以及人、财、物各因素，反映企业机制、劳动力状况和财务状况；可以提供国内和国外、现在和过去各方面的分析资料，因而它是充分展示各种统计成果的重要窗口。这个窗口既向各级党政领导和各界传递了统计信息，也增进了人们对统计工作的了解。

5. 统计综合分析是科学研究的依据和工具

科学研究应该是定性和定量研究相结合。统计综合分析的成果可以成为进一步进行科学研究的依据，科学研究人员也需要借助统计综合分析方法对研究对象进行定量研究。

二、统计综合分析的种类

统计综合分析可以从不同的角度进行分类，分类有助于对各种分析内容进一步了解。现将五种常用的分类阐述如下：

（一）按统计综合分析对象的范围分类

按统计综合分析对象的范围可将其分为宏观分析和微观分析。

宏观分析是指对国民经济和门类较多地区经济的全面系统的分析研究。它分析的范围较广，如市场分析、人口问题分析、国民经济布局问题分析、各种重要比例分析等。

微观分析是指对基层企业、部门和具体活动的分析研究。它分析的范围相对较窄，如对某个企业的生产经营情况的分析等。

应该注意的是，宏观与微观是两个相对的概念，不能绝对化。一般来讲，宏观分析是众多微观现象的总体研究，而微观分析则是宏观分析的基础，往往是宏观分析的具体例证。

（二）按统计综合分析的总体分类

按统计综合分析的总体可将其分为国民经济综合分析、部门综合分析、地区综合分析和企业综合分析。

国民经济综合分析是从国民经济的总体出发，从社会扩大再生产的总体来分析研究

国民经济的发展速度、各部门之间的结构以及国民经济中一些重大的比例关系，如第一、二、三产业增加值之间的比例关系，财政收入与财政支出的比例关系等。

部门综合分析是以国民经济各部门为分析研究总体，对各部门内部的总量、发展速度、结构和比例关系进行的分析，如商业部门商业零售额发展速度的分析、工业部门的加工业与原材料工业之间比例关系的分析等。

地区综合分析是以一个地区为分析研究总体，分析地区经济发展中一些重要的比例关系，如对我国中部地区与西部地区的信息产业与传统产业比例关系的分析等。

企业综合分析是以企业作为分析研究的总体，对企业内部的发展速度、结构、比例关系及生产效益等所进行的综合分析研究，如对企业的人力、财力、物力的分析，对供、产、销之间比例关系的分析等。

(三) 按统计综合分析的时间分类

按统计综合分析的时间可将其分为定期分析和预计分析。

定期分析是指在一定时期内对生产经营活动情况进行的全面分析。分析的对象主要是计划执行的结果和业务工作进度。其目的是及时反映计划完成或未完成的原因以及进度不平稳的问题，提出按时完成的措施。

预计分析是指在报告期尚未结束前，根据计划完成进度，结合主、客观条件，预计到计划期结束时任务完成情况的一种分析。其目的是预计生产或业务工作的发展趋势及可能发生的问题，为指导整个生产或业务工作，编制下阶段计划提供依据。预计分析反映问题灵敏，提出问题及时，便于掌握情况，及时采取措施，保证计划的完成。

(四) 按统计综合分析的时态分类

按统计综合分析的时态可将其分为静态分析和动态分析。

静态分析是指对社会经济现象在一定时间上的规模、水平、对比关系、经济效益等方面所做的分析。

动态分析是对社会经济现象在不同时间的发展变化情况所做的分析。

当然，静态分析和动态分析不是相互排斥的，只是分析的侧重点不同。

(五) 按统计综合分析认识作用的层次分类

按统计综合分析认识作用的层次可将其分为状态分析、规律分析和前景分析。

状态分析是指对一定时间、地点条件下的社会经济现象所达到的规模、水平、速度及各种关系所进行的分析研究。

规律分析是对事物之间客观存在的、必然的数量关系以及对较长一段时间内事物发展变化的模式所做的分析研究。

前景分析是对客观事物未来将表现出的状态所做的分析研究。

这三种分析是相互联系的，体现了认识上三个由浅入深的层次。对状态的认识是最基本的，只有在此基础上才可能揭示现象的规律，也只有循着所揭示的规律，才有可能预测其未来的前景。

三、统计综合分析的步骤

作为一种统计方法，统计综合分析根据分析任务以及所研究重点的不同，可以选择各种不同的形式，但无论何种形式的综合分析，其基本程序都是相同的。一般来讲统计综合分析可分为以下六个步骤：

（一）确定分析目的并选定分析课题

统计分析是一项针对性很强的工作，要做好这项工作，必须首先明确分析研究所要解决的问题是什么，只有明确了分析目的，才能达到节时省力、提高分析质量的效果。统计综合分析目的的确定集中体现在研究课题的选择上，选定课题是统计分析的初始环节，是研究设计的前提。选择课题的总的原则是根据客观需要，选择的应是关键问题，并且要有相当的预见性，能超前提出即将出现的问题、情况；具体来源则可以是多种多样，如领导关心的问题，社会各界关注的热点问题，有争论的难点问题，改革开放中出现的新情况、新问题等。

（二）设计研究课题

课题选定之后，分析研究人员需要制订一个切实可行的分析研究计划，即进行研究设计。其主要内容有：确定研究的对象和内容，说明研究的目的和意义，论证课题的必要性和可行性，规划研究的指导思想、纲目和方法以及确定整个研究过程的实际步骤和分工。

（三）建立统计综合分析指标体系

确定了分析对象和目的，还需根据分析目的，使分析对象具体化，以便有可能对其数量方面进行认识，而建立统计综合分析指标体系，就是这一数量化过程的重要环节。对于统计综合分析面对的复杂问题，需要应用多个指标来较全面地把握。这些由若干相互联系的统计指标形成的整体称为指标体系。建立分析指标体系，一般应遵循以下原则：一是科学性原则，即指标体系要能够客观地反映分析对象本身的性质、特点、内在关系和运动过程；二是全面性原则，即指标体系应尽可能从各个角度反映分析对象的全貌；三是敏感性原则，即指标体系中的各个指标应能比较敏感地反映分析对象的具体变化；四是实用性原则，即指标体系的设计要有利于统计资料的取得。

（四）收集、审查和整理资料

统计综合分析是以统计数据资料为基础，因此在课题选定和指标体系设计完成后，就要按照分析的要求，及时、全面地收集有关资料。资料是多方面的，有日常积累的和专门收集的、本单位的和外单位的、国内的和国外的、直接有用的和间接有用的等，有时还需在分析中进行一些补充性的调查。由于资料的来源不同，在总体范围、指标口径、计算方法、准确程度等方面都会有所区别，因此有必要对所获得的资料进行审查和鉴别，根据研究需要和资料情况进行取舍，对取用的资料进行质量评价，并进行必要的调整、估计和换算；对经过审查、调整和换算的资料，可以根据预定的方法和手段进行必要的计算，然后进一步整理成比较完整、系统的资料，作为统计综合分析的直接依据。

（五）运用统计分析方法，做出判断，得出结论

统计综合分析的过程，就是依据经过审查、鉴别和整理后的资料，运用各种统计分析方法进行仔细思考和系统周密分析研究的过程。在分析过程中，要利用统计所特有的分析方法，如分组法、指数法、动态分析法、平衡分析法、抽样推断法等。这些方法中既有描述方法，又有推算方法；既有静态分析，又有动态分析；既分析结构，又比较总量。统计分析人员需从大量的统计资料中发现问题，形成初步的意见或观点，并找出原因，做出判断，得出结论。对于已形成的判断和结论要设法进行多方面的验证。

（六）撰写分析报告

这是统计综合分析的最后程序，是研究成果的集中体现。它是在对统计资料和有关情况进行研究的基础上，用简明扼要的文字，主题突出、逻辑层次清晰地表述分析研究结果的一种形式。其一般包括下面四部分内容：一是基本情况概述；二是分析发现的问题及主要成绩；三是分析问题产生的原因；四是提出可行的对策。

提供统计分析报告以后，还要注意收集反馈信息，以便进一步改进和提高统计综合分析工作，使它发挥更好的功效。

第二节　统计比较

一、统计比较的概念和作用

比较是人们认识客观事物时普遍采用的一种有效的逻辑思维方法。所谓统计比较，就是指将统计指标所反映的实际数量状况与有关标准进行对照，计算出数量上的差别和变化，并进而做出判断和评价。

统计比较是最常用的统计分析方法之一，其作用主要有以下三点：

第一，从数量差别及变化中认识现象。一个或一组单纯的统计指标数值只能说明总体的实际数量状况，无法得到明确的认识。只有通过统计比较，才能帮助我们做出判断和评价，得出结论性的认识，并由此引发出需要解释和研究的问题。例如，仅有某个企业产值、利润等指标，无法做出任何判断和评价，只有将这些指标与过去比较，与同行业平均水平比较，与国内外先进水平比较，才能评价这个企业经济效益是增长还是降低，在同行业中的地位如何，以及在国内外市场上竞争能力的强弱等。

第二，进行监督。将实际完成量与计划完成量相比，将实际质量与规定质量标准相比，将本单位的水平与先进水平相比，看其是否符合要求，是否存在差距，可以发挥统计比较在认识社会经济现象中的监督检查作用，并由此出发去分析发生问题的原因，寻求解决问题的办法，减少甚至消灭差距。

第三，促进管理。差异的出现往往是由管理不严或管理制度有缺陷造成的，运用统计指标在各地区、各单位和各部门之间进行比较，能发现它们之间的差距，从而促进它们加强内部管理，产生快速发展的动力。

二、统计比较的种类

统计比较可以从不同的角度划分为不同的类型，通常可分为以下三种：

（一）按比较的时间状况分类

按比较的时间状况可将统计比较分为静态比较和动态比较两种。

静态比较也称为横向比较，是同一时间条件下不同总体间的数量比较，如不同地区的比较、不同部门的比较、实际完成情况和计划目标或规定标准的比较等。

动态比较也称纵向比较，是同一统计指标不同时间上数值的比较，反映所研究现象随历史发展而发生的数量上的变化。

根据统计分析的需要，这两种比较方法既可以单独使用，也可以综合使用。数量比较的结果总称为比较指标，分别称为静态比较指标和动态比较指标。

（二）按比较方式分类

按比较方式可将其分为相对比较和相差比较两种。

相对比较是将比较对象的指标数值和比较标准相除而进行的，比较的结果表现为相对数，如倍数、系数、百分数等。它表明静态差别的比率或动态变化的程度。

相差比较是将比较对象的指标数值和比较标准相减而进行的，比较的结果表现为两者的差的绝对量。

这两种比较方式给人的感受是不相同的，在实际比较工作中，通常把相对比较和相差比较结合使用，使人们对事物的认识更加全面和完整。

（三）按比较时说明对象的范围分类

按比较时说明对象的范围可将其分为局部比较和综合比较两种。

局部比较是比较总体现象的某一方面（局部），可以是单独一项统计指标的比较，也可以将反映某一方面（局部）的若干指标联系起来进行分析研究。

综合比较是对整个总体或若干方面的全面评价和比较，也称综合评价。例如，对国民经济和社会发展的综合评价、对同类企业经济效益的综合评价、对某种产品质量的综合评价等。

三、统计比较标准

统计比较是将比较对象的统计数据与同一现象的另一数据相对照而进行的。作为对照依据的数据称为比较标准，即比较的基数。在统计比较中，比较标准的选择是非常重要的问题，应根据分析研究的目的来选择适当的比较标准。常用的比较标准有以下四种：

（一）计划数据标准

计划数据标准是以计划部门或业务部门制订的计划数据作为比较标准的。由于计划是按不同时间制订的，因此月度、季度、年度以及五年计划都可以作为比较标准。

（二）空间数据标准

空间数据标准以同一时间内与比较对象不同空间的数据作为比较标准。常见的有平均水平标准、先进水平标准和相似空间标准。

（三）时间数据标准

时间数据标准一般用比较对象自身的历史数据作为比较标准，观察和分析研究自身的发展变化。有时也可以用另一空间的历史数据作为比较标准。例如，以某国某一时期的历史数据作为比较标准。常见的有前期数据标准、历史最好时期数据标准和历史转折前期数据标准。

（四）经验数据和理论数据标准

经验数据是根据大量的或长期的资料总结计算而得的正常值，在一定条件下具有相对的稳定性，可以用来作为比较标准。例如，国际上一般认为偿债率（每年偿还外债的本息额占出口收汇总额的比重）大体以25%为警戒线，超过则会使偿债发生困难。理论数据标准也是以一定的正常值作为比较标准的。只是这种正常值是以经验为基础，根据理论推算出来的，这两种比较标准在实际工作中很有用，同时有助于评价和判断事物的发展是否正常。

第三节　统计综合评价

一、统计综合评价的意义和作用

评价是对事物的评定、判别和估价。统计综合评价是指利用社会经济现象总体的指标体系，结合各种定性材料，构建综合评价模型，并通过数量的比较、计算，求得综合评价值，对被评对象做出明确的评定和排序的一种统计分析方法。综合评价的结果表现为排出名次顺序，分出等级并做出判断。

不同的统计指标在不同单位、不同地区以及各经济活动主体之间，其数值大小、高低各不相同，互有长短。这就需要对这些有差异的指标进行综合评价，做出总体优劣的判断，而统计指标体系正是从被评对象的整体出发，对被评对象进行全面衡量。

由于统计综合评价具有客观、全面的优点，因此在日常生活中得到广泛的应用。其作用主要体现在两个方面：一是对所分析的现象有一个综合的认识。从本质上讲，综合评价是一种多指标综合的方法，即通过将事物不同方面的评价值综合在一起，获得对事物整体性的认识。二是对不同地区或单位之间的综合评价结果进行比较和排序。对所研究的现象，我们不仅要对其本身的状况与水平有一个全面、综合的认识，还要了解它在同类现象中的层次地位，即对其质量有一个序列认识，用以比较各评价主体的差异状况，分析差距水平。

国际上早已使用了一些综合评价方法，例如宏观经济监测中的综合评价、联合国发展指数、生活质量指数等。我国近年来为进行经济效益综合评价、宏观经济监测预警、社会发展水平综合评价等工作，开展了综合评价问题的研究。它是统计学中有待研究和发展的一个重要的理论和实践问题。

二、统计综合评价的步骤

统计综合评价有各种各样的评价方法，但它们的基本步骤与过程大致相同。具体包括：

第一步，明确评价目标。统计评价的目标决定了综合评价的指标体系及具体方法。因此，对某一事物进行综合评价，首先要明确为什么要综合评价，评价事物的哪些方面，评价的精度要求及通过评价要说明什么问题等。

第二步，确定综合评价指标体系。要从被评对象的整体出发，建立一套能够从不同角度、不同侧面反映被评对象的指标体系。这是关系到综合评价是否客观、准确的关键问题。选择评价指标的主要原则有：科学性（根据被评对象的性质、特点和运动过程来选择影响大的重要指标）、目的性（根据综合评价的目的来选择评价指标）、全面性（所选择的指标能够代表被评对象全面的情况）和可行性（所选择的指标在资料收集、计算等方面是可行的）。

第三步，选择综合评价方法。综合评价方法的主要作用是使不能同度量的指标同度量化(即无量纲化),以及将各指标价值合成总评价值。综合评价的方法有很多,有的简单,有的复杂,各有其特点及运用领域,应根据具体情况选择一种或几种方法。

第四步,确定评价指标的权重系数。虽然所选的每个评价指标都反映被评对象某一方面的特征,但各指标在总目标评价中的重要程度有所不同。因此,需要根据各指标的重要性赋予不同的权重系数。某项指标的重要程度越高,应分配的权重系数越大;反之则越小。但是各指标的权重系数之和必须等于1。

第五步,选择合适的评价标准。评价标准选择得合适与否,直接关系到评价结果的质量高低。有时由于评价标准选择得不恰当,甚至会得出错误的结论。因此,确定科学、客观的评价标准是进行综合评价的一个重要步骤。评价标准也即是前述的比较标准,我们可根据具体的评价目标及方法进行选择。

第六步,将各指标的评价值合成总评价值,并进行评价。首先,将各指标的实际值转化为评价值,其次将各指标的评价值合成总评价值,再与所选定的评价标准进行对比,以确定优劣,排出名次顺序或进行其他分析研究。

以上六个步骤中,综合评价指标体系的确定和综合评价方法的选择是最为关键的。

三、综合评价的一般方法

(一) 综合评分法

这是一种常用的综合评价方法。首先根据评价目的及被评对象的特点选择若干指标组成评价指标体系,并确定各项指标的评分标准及打分方法;其次根据各项指标的实际数值按评分标准打分,将所有指标的分值加以综合得出总分;最后与评价标准进行比较,做出全面评价,以确定优劣,排出名次顺序或分出等级。

综合评分法的关键是评价标准和打分方法的确定。常用的计分方法有:① 名次计分法,即先根据各评价指标的优劣排出被评对象的名次,名次在前得高分,名次在后得低分,然后综合同一总体各指标的得分便可排定顺序或作进一步的分析评价。② 百分法,即以100分为标准总分,然后分别规定各个指标占多少分,可以等分,也可以不等分,同时规定打分标准——每项指标达到什么水平可以得多少分,再根据实际值按规定标准分别计分,最后将各指标的得分加以综合就得到总分。

下面以一个简单的例子说明综合评分法的应用。

【例 11-1】某电视机厂用问卷调查的形式请消费者对本厂生产的某型号电视机的质量进行评价,所用方法为百分法(分为100分、80分、60分、40分和20分五个层次),回收有效问卷1 000份。假设所选评价指标及评分结果资料如表11-1所示。

表 11-1　消费者对电视机质量评分结果分组

评价指标	得票数					平均得分
	100分	80分	60分	40分	20分	
清晰度	500	200	200	50	50	81
耗电量	400	250	200	100	50	77
抗震能力	100	500	200	100	100	68

首先，分别就每一项评价指标计算 1 000 份有效问卷的平均得分（表 11-1 最后一栏），如清晰度的平均得分为：

$$(500 \times 100 + 200 \times 80 + 200 \times 60 + 50 \times 40 + 50 \times 20) \div 1\ 000 = 81(\text{分})$$

用同样的方法可算出耗电量和抗震能力的平均得分。

其次，计算该型号电视机的综合得分。假定清晰度、耗电量及抗震能力三个指标的权重系数分别为 0.4、0.4 和 0.2，则该厂该型号电视机质量的综合平均得分为

$$81 \times 0.4 + 77 \times 0.4 + 68 \times 0.2 = 76.8(\text{分})$$

用同样的方法，可以计算出其他电视机厂同型号电视机的综合得分，利用所得结果，便可作进一步的分析与评价。

综合评分法简单易行，容易掌握和运用，但显得比较粗糙，主观因素影响较大。

（二）功效系数法

功效系数是指各评价指标的实际值占该指标允许变动范围的相对位置。功效系数法则在进行综合评价时，先运用功效系数对各指标进行无量纲同度量化（通常称为无量纲化）转换，然后再采用算术平均法或几何平均法对各功效系数求总功效系数，作为总体的综合评价值，并加以比较判断。具体做法是：

第一，确定反映被评对象特征的各项评价指标 $x_i(i = 1,2,3,\cdots,n)$。

第二，确定各项评价指标的满意值 x_i^h 和不允许值 x_i^s。满意值是指在目前条件下可能达到的最优值；不允许值为该指标不应出现的最低值。满意值与不允许值之差就作为允许变动范围的参照系。

第三，计算各项评价指标的功效系数 d_i，对指标进行无量纲化处理。一般计算公式为

$$\mathrm{d}_i = \frac{x_i - x_i^s}{x_i^h - x_i^s} \quad ①$$

或

$$\mathrm{d}_i = \frac{x_i^h - x_i}{x_i^h - x_i^s} \quad ②$$

其中，公式①用于正指标，公式②用于逆指标。如果要求无量纲化后的评价值不能出现零，可作如下变换，以正指标为例：

$$\mathrm{d}_i = \frac{x_i - x_i^s}{x_i^h - x_i^s} \cdot \alpha + (1 - \alpha) \qquad (0 < \alpha < 1)$$

第四，根据各指标的重要程度，确定各项评价指标的权重系数 p_i。

第五，计算被评对象的总功效系数 D，然后根据 D 值大小排列其优劣顺序。

现举例说明这种方法的应用。

【例 11-2】某市 2024 年四个流通企业主要经济效益指标如表 11-2 所示，要求对这四个企业的经济效益进行综合评价以排定名次，所用方法为功效系数法。

表 11-2　四个流通企业主要经济效益指标

效益指标 / 企业	资金利润率 /% x_1	全员劳动生产率 / 元 / 人 x_2	商业增加值率 /% x_3	资金周转次数 / 次 x_4	商品适销率 /% x_5
A	14.19	16 000	75.12	5.21	95.05
B	18.25	18 000	70.85	6.20	93.25
C	12.98	15 800	60.32	4.78	97.32
D	19.72	16 500	68.25	6.90	91.88

(1) 确定各指标的满意值和不允许值,本例假定满意值和不允许值均用同行业最高值和同行业最低值,如表 11-3 所示。

(2) 计算各企业各个指标的功效系数,以 A 企业为例:

$$d_1 = \frac{x_1 - x_1^s}{x_1^h - x_1^s} = \frac{14.19 - 10.72}{20.96 - 10.72} = \frac{3.47}{10.24} = 0.34$$

$$d_2 = \frac{x_2 - x_2^s}{x_2^h - x_2^s} = \frac{16\,000 - 15\,500}{18\,500 - 15\,500} = \frac{500}{3\,000} = 0.17$$

$$d_3 = \frac{x_3 - x_3^s}{x_3^h - x_3^s} = \frac{75.12 - 50.32}{78.31 - 50.32} = \frac{24.8}{27.99} = 0.89$$

$$d_4 = \frac{x_4 - x_4^s}{x_4^h - x_4^s} = \frac{5.21 - 4.01}{7.21 - 4.01} = \frac{1.2}{3.2} = 0.38$$

$$d_5 = \frac{x_5 - x_5^s}{x_5^h - x_5^s} = \frac{95.05 - 90.23}{98.04 - 90.23} = \frac{4.82}{7.81} = 0.62$$

用同样的方法可以计算出其他三个企业各指标的功效系数,如表 11-3 所示。

表 11-3　各指标功效系数计算

效益指标		x_1	x_2	x_3	x_4	x_5
不允许值 x_i^s		10.72	15 500	50.32	4.01	90.23
满意值 x_i^h		20.96	18 500	78.31	7.21	98.04
功效系数 d_i	A	0.34	0.17	0.89	0.38	0.62
	B	0.74	0.83	0.73	0.68	0.39
	C	0.22	0.10	0.36	0.24	0.91
	D	0.88	0.33	0.64	0.90	0.21

(3) 分别合成各企业的总功效系数 D。本例中,假定五个指标的权重系数分别为 0.30、0.25、0.20、0.15、0.10,采用加权算术平均法求总功效系数 D。

$$\begin{aligned} D_A &= 0.34 \times 0.30 + 0.17 \times 0.25 + 0.89 \times 0.20 + 0.38 \times 0.15 + 0.62 \times 0.10 \\ &= 0.10 + 0.04 + 0.18 + 0.06 + 0.06 \\ &= 0.44 \end{aligned}$$

同理,可求得 $D_B = 0.72$, $D_C = 0.30$, $D_D = 0.63$。

由总功效系数可以看出:$D_B > D_D > D_A > D_C$。这样就可以排出四个企业综合经济效益的名次顺序。

(三) 平均指数法

该方法是在选定被评对象的指标体系的基础上,将评价指标的实际值与相应的某种基准值进行比较,得到个体指标指数值,然后用事先确定的每项指标的权数对各个体指数进行加权平均,算出综合评价的平均指数(总指数)。其计算公式为

$$K = \sum k_i \cdot w_i$$
$$= \sum \frac{q_{i1}}{q_{i0}} \cdot w_i$$

式中:K 代表综合评价的总指数;

q_{i1} 代表第 i 个评价指标的实际值;

q_{i0} 代表第 i 个评价指标的基准数值(可以是过去的实际数、计划定额数或一定范围的平均数);

k_i 代表第 i 个评价指标的个体指数;

w_i 代表第 i 个评价指标的权重系数。

现仍以经济效益综合评价为例,说明平均指数法的应用。

【例 11-3】某企业 2024 年主要经济效益指标如表 11-4 所示,用平均指数法对该企业的经济效益进行综合评价。

表 11-4　某企业 2024 年经济效益平均指数评价分析

项目	本期实际水平 q_{i1}	上期实际水平 q_{i0}	个体评价指数/% $k_i = \frac{q_{i1}}{q_{i0}}$	权重/% w_i	$k_i \cdot w_i$/%
资金利润率/%	15	13.5	111.1	30	33.3
全员劳动生产率/万元/人	2.5	2.4	104.2	25	26.0
商业增加值率/%	60	58	103.4	20	20.7
资金周转次数/次	5	4	125.0	15	18.8
商品适销率/%	95	95	100.0	10	10
合计	—	—	—	100	108.8

计算过程如表 11-4 所示,则综合评价的平均指数(总指数)为 108.8%,表明该企业的经济效益从总体上讲比 2023 年提高了 8.8%。

该方法简单易懂,可以方便地进行横向、纵向比较,但也有一定局限性,即权重的确定受主观因素的影响较大。此外,运用该方法时,还需注意以下两点:

(1) 逆指标(数值越小越好的指标)必须转换成正指标才能进行加权平均计算,方法是取其倒数。

(2) 比较标准的选择影响综合评价的意义。用计划数作标准,所评价的是被评对象

的计划完成情况；用时间作标准，所评价的是被评对象的发展(增长)情况；用平均数作标准，则既可用来进行历史比较，也可用来进行横向比较。

四、综合国力评价

国力是指一个国家在各个方面所具备的实力，最主要的是经济实力。综合国力则是指一个主权国家在一个时期内所拥有的各种力量的有机总和，是一个国家赖以生存和发展的基础，也是世界强国据以确立其国际地位、发挥其国际影响和作用的实力基础。认识一个国家综合国力的途径就是对其进行综合测定，用综合测定值评价一个国家的综合国力水平及进行横向的国际比较。因此，综合国力评价实质上是运用统计综合评价方法从宏观上进行定量分析的一项统计研究工作。

对一个国家的综合国力进行评价，关键是确定构成综合国力的基本要素，然后再分别设置反映各种构成要素特征的分指标体系，从而形成一个系统反映一国综合国力的分层次、分主次的具有高度概括性和战略性的指标体系。一般来说，综合国力构成要素包括物质要素和精神要素两大类，具体涵盖一个国家的地理、资源、人口、经济、军事、科技、政治组织以及民族精神和凝聚力等。

此外，就是关于综合国力各项具体指标及整个指标体系计算方法的选择。各项具体指标中的物质因素指标具有直观性和可计量性，可以从各国及国际机构常规统计中已发布的统计资料中获得，或者采用适当的方法经过计算处理后获得。而精神因素指标则是无形的，不可计量性是其普遍特征，进行综合国力评价时，必须把它们转换成可计量的数量指标，然后采用综合评分法和平均指数法相结合的方法，将各种属性不同、量纲不一的指标标准化，再合成一个数值，并以此对国力进行综合评估与比较分析。

【思考题】

1. 什么是统计综合分析？进行统计综合分析有哪些基本步骤？
2. 什么是统计比较？常用的统计比较标准有哪些？
3. 什么是统计综合评价？统计综合评价可以帮助我们达到什么目的？

【练习题】

一、单项选择题

1. 统计综合分析按认识作用的层次不同分为(　　)。

A. 历史分析、现状分析和前景分析

B. 状态分析、规律分析和前景分析

C. 定性分析、静态分析和动态分析

D. 微观分析、中观分析和宏观分析

答案：(B)。

2. 下列哪项不属于综合评价的标准？(　　)。

A. 计划标准　　　　B. 空间数据标准

C. 时间数据标准　　D. 客观标准

答案：(D)。

3. 下列哪项是统计综合评价中受主观因素影响最大的？(　　)。

A.确定综合评价指标体系　　B. 选择综合评价方法

C.确定综合评价指标权重　　D. 选择综合评价标准

答案:(C)。

4. 相对于综合评分法,功效系数法的优点体现在(　　)。

A.评价指标的确定　　B. 评分方法的选择

C.权重系数的确定　　D. 上述均正确

答案:(B)。

5. 相对于综合评分法,平均指数法的优点体现在(　　)。

A.评价指标的确定　　B. 评价方法的选择

C.权重系数的确定　　D. 上述均正确

答案:(B)。

二、实务题

1. 某电器公司为了解本公司R型号空调机的消费满意程度,请客户对该型号空调机的价格、制冷效果、耐用度、耗电量进行评分。评分按百分法,即对每一评价项目,根据满意程度按100分、80分、60分、40分四个等级打分。四个项目的权重系数分别设定为0.3、0.3、0.2、0.2。收回客户有效问卷的资料整理如下表所示:

收回客户有效问卷的资料整理

评价项目	各评分等级得票数				
	100分	80分	60分	40分	合计
价格	280	160	60	0	500
制冷效果	120	200	100	80	500
耐用度	160	160	100	80	500
耗电量	100	160	120	120	500

试用综合评分法对该型号空调机进行综合分析。

2. 某企业2024年各项经济指标的满意值、不允许值及实际完成情况如下表所示:

相关情况

项目	实际值 x_i	不允许值 x_i^s	满意值 x_i^h	权重/% w_i
资金利润率/元/百元	22	20	30	30
人均增加值/元/人	3 600	2 000	5 000	30
净资产率/元/百元	43	40	48	20
产品质量稳定提高率/%	82	80	100	20

试用功效系数法计算该企业2024年综合经济指标。

3. 假设某企业 2024 年各项经济效益指标完成情况如下表所示：

假设某企业 2024 年各项经济效益指标完成情况

项目	实际值 2005 年	基期值 1995 年	权重 /%
产品销售率 /%	81	90	20
流动资金周转次数 / 次	2. 7	3	20
产值利润率 / 元 / 百元	22	22. 22	25
资金利润率 / 元 / 百元	23. 3	22. 6	20
全员劳动生产率 / 元 / 人	12 191	13 049	15
合计	—	—	100

试用平均指数法对该企业经济效益进行综合评价。

第十二章 Excel 在统计中的应用

第一节 统计软件与 Excel

一、统计与统计软件

通过前面章节的学习我们已经知道，统计是对数据进行收集、整理、加工、分析的一项工作。也就是说，统计工作的直接成果，就是各种各样的统计数据。统计数据是国家社会经济信息的主体，也是企业经营管理信息的主体，同时还是科学研究信息的主体。随着信息技术的不断发展，在统计数据的收集整理、加工分析、利用管理等过程中，计算机和互联网等现代化的方式正在统计中得到越来越广泛的应用。实际上，尽管最初的计算机仅仅是为科学计算而建造的，但大型计算机的最早一批用户就包含统计人员，而现在统计人员仍然是进行数字计算最多的用户。因此，统计离不开计算机，更离不开各种各样的统计软件。

统计软件（亦称统计应用软件）是应用软件在统计领域或统计行业中的应用所形成的一类分支。中国人民大学统计数据库研究室提出了如图 12-1 所示的统计应用软件分类标准。

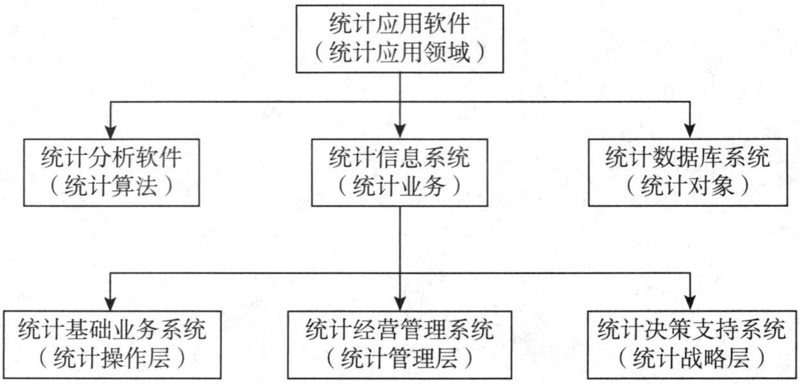

图 12-1 统计应用软件分类标准

该研究认为，统计分析软件是依据统计分析算法开发的、支持数据分析的工具型软件，比如著名的 SPSS 和 SAS 等就属此类。统计分析软件已经较为广泛地进入了我国统计应用和统计教学等领域。正因如此，现在不少人就将统计软件等同于统计分析软件，这种对统计软件的认识显然是不够的。

统计信息系统是采用计算机软件开发工具，结合统计分析软件和统计数据库管理系统等核心技术开发的、处理统计业务的信息系统。该系统根据统计业务的不同处理层次和服务对象，可进一步分为统计基础业务系统、统计经营管理系统和统计决策支持系统。其中，统计基础业务系统主要用于统计数据收集处理和报表采集处理，包括统计专项调查与普查处理系统等；统计经营管理系统主要用于统计数据和报表的汇总、查询、传输、基本分析和信息发布等；统计决策支持系统主要用于统计数据综合分析预测和深入的数据挖掘处理等。显然，该系统几乎涵盖了整个统计工作的具体流程。

统计数据库系统是指使用统计数据库管理系统建立的，包含统计数据资源的数据库系统。其中的统计数据库管理系统，则是根据统计处理对象（即统计数据）的特征和一般处理功能研制的数据库管理系统。目前，国内外关于该管理系统较为成熟的产品还比较少，而往往使用的都是一般通用数据库管理系统和电子表格系统开发的统计数据库系统。

二、主要统计软件简介

当前，在世界范围内应用的统计软件是很多的，我们在这里主要介绍以下三种：

（一）SPSS 软件

SPSS（statistical package for the social science）——社会科学统计软件包，是世界著名的统计分析软件之一。20 世纪 60 年代末，美国斯坦福大学的三位研究生研制开发了最早的统计分析软件 SPSS，同时成立了 SPSS 公司，并于 1975 年在芝加哥组建了 SPSS 总部。20 世纪 80 年代以前，SPSS 统计软件主要应用于企事业单位。自 1984 年 SPSS 总部首先推出了世界第一个统计分析软件微机版本 SPSS/PC+后，极大地扩充了它的应用范围，使其能很快地应用于自然科学、技术科学、社会科学的各个领域，世界上许多有影响的报纸杂志纷纷就 SPSS 的自动统计绘图、数据的深入分析、使用方便、功能齐全等方面给予高度的评价与称赞，从而确立了其个人用户市场第一的地位。

SPSS for Windows 是一个组合式软件包，使用 Windows 的窗口方式展示各种管理和分析数据方法的功能，使用对话框展示出各种功能选择项，只要掌握一定的 Windows 操作技能、粗通统计分析原理，就可以使用该软件为特定的科研工作服务。SPSS 的基本功能包括数据管理、统计分析、图表分析、输出管理等。而 SPSS 的统计分析过程则包括了描述性统计、均值比较、一般线性模型、相关分析、回归分析、对数线性模型、聚类分析、数据简化、生存分析、时间序列分析、多重响应等几大类。每类中又分好几个统计过程，比如回归分析中又分线性回归分析、曲线估计、Logistic 回归、Probit 回归、加权估计、两阶段最小二乘法、非线性回归等多个统计过程，而且每个过程中又允许用户选择不同的方法及参数。

SPSS 易学易用，分析结果清晰、直观，而且可以直接读取 EXCEL 及 DBF 数据文件，现已推广到各种操作系统的计算机上，和 SAS、BMDP 并称国际上最有影响的三大统计软件。在国际学术界有条不成文的规定，即在国际学术交流中，凡是用 SPSS 软件完成的计算和统计分析,可以不必说明算法,由此可见其影响之大和信誉之高。但是,它很难与一般办公软件如 Office 或是 WPS 2000 直接兼容;而且,其统计分析功能与另外两个软件即 SAS 和 BMDP 相比仍有一定欠缺。

虽然如此,但鉴于其操作简单,统计方法比较齐全,绘制图形、表格较为方便,输出结果比较直观,目前已经在我国逐渐流行起来,在社会科学、自然科学的各个领域发挥了巨大作用。该软件还可以应用于经济学、生物学、心理学、医疗卫生、体育、农业、林业、商业、金融等各个领域。

(二)SAS 软件

SAS 是英文 statistical analysis system 的缩写,翻译成汉语是“统计分析系统”,最初由美国北卡罗来纳州立大学两名研究生研制。他们于 1976 年创立 SAS 公司。

SAS 是美国 SAS 软件研究所研制的一套大型集成应用软件系统,具有完备的数据存取、数据管理、数据分析和数据展现功能。在数据处理和统计分析领域,SAS 被誉为国际上的标准软件和最权威的优秀统计软件包,广泛应用于政府行政管理、科研、教育、生产和金融等不同领域,发挥着重要的作用。SAS 系统中提供的主要分析功能包括统计分析、经济计量分析、时间序列分析、决策分析、财务分析和全面质量管理工具等。

SAS 系统是一个组合软件系统,由多个功能模块组合而成,其基本部分是 BASE SAS 模块。BASE SAS 模块是 SAS 系统的核心,是 SAS 系统的中央调度室,承担着主要的数据管理任务,并管理用户使用环境,进行用户语言的处理,调用其他 SAS 模块和产品。也就是说,SAS 系统的运行,首先必须启动 BASE SAS 模块。它除可单独存在外,也可与其他产品或模块共同构成一个完整的系统。在 BASE SAS 的基础上,还可以增加如下不同的模块而增加不同的功能:SAS/STAT(统计分析模块)、SAS/GRAPH(绘图模块)、SAS/QC(质量控制模块)、SAS/ETS(经济计量学和时间序列分析模块)、SAS/OR(运筹学模块)、SAS/IML(交互式矩阵程序设计语言模块)、SAS/FSP(快速数据处理的交互式菜单系统模块)、SAS/AF(交互式全屏幕软件应用系统模块)等。

SAS 有一个智能型绘图系统,不仅能绘制各种统计图,还能绘出地图。SAS 提供多个统计过程,每个过程均含有丰富的任选项。用户还可以通过对数据集的一连串加工,实现更为复杂的统计分析。此外,SAS 还提供了各类概率分析函数、分位数函数、样本统计函数和随机数生成函数,使用户能方便地实现特殊统计要求。目前 SAS 软件对 Windows 和 Unix 两种平台都提供支持,最新版本分别为 8.1 和 6.12。最新版本大大加强了 SAS 系统和其他软件厂商的应用系统之间相互操作的能力,为各应用系统之间的信息共享和交流奠定了坚实的基础。

虽然在我国 SAS 的广泛应用还是近几年的事,但是随着计算机应用的普及和信息事业的不断发展,越来越多的单位采用了 SAS 软件。尤其在教育、科研领域,SAS 软件已成为专业研究人员进行统计分析的标准软件。然而,由于 SAS 系统是从大型机上的系统发展而来,其操作至今仍以编程为主,人机对话界面不太友好,系统地学习和掌握 SAS,需要花费一定的时间和精力。而对大多数科技工作者而言,需要掌握的仅是如何利用 SAS 来解决自己的实际问题,因此往往会与 SAS 软件失之交臂。但不管怎样,SAS 作为专业统计软件中的“巨无霸”,现在还很难有什么统计软件足以与之抗衡。

（三）S-plus 软件

S-plus 软件不仅功能齐全，而且具备强大的编程功能，使得研究人员可以编制自己的程序来阐释自己的理论和方法。所以，它是统计学家喜爱的一款软件。正因如此，尽管它不如上面两种软件那么有名，我们也在这里对其作一个简介。

S 语言是由 AT&T 贝尔实验室开发的一种用来进行数据探索、统计分析、作图的解释型语言。它丰富的数据类型（向量、数组、列表、对象等）特别有利于实现新的统计算法，其交互式运行方式及强大的图形及交互图形功能使得我们可以方便地探索数据。目前，S 语言的实现版本主要就是 S-plus。

S-plus 基于 S 语言，并由 MathSoft 公司的统计科学部进一步完善。作为统计学家及一般研究人员的通用方法工具箱，S-plus 强调演示图形、探索性数据分析、统计方法、开发新统计工具的计算方法，以及可扩展性。S-plus 有微机版本和工作站版本。它是一个商业软件，可以直接用来进行标准的统计分析并得到所需结果，但是它主要的特点是可以交互地从各个方面去发现数据中的信息，并可以很容易地实现一个新的统计方法。

三大统计软件比较情况如表 12-1 所示。

表 12-1　三大统计软件比较情况

软件		S-plus	SAS	SPSS
开发者		贝尔实验室	美国 SAS 软件研究所	美国 SPSS 公司
应用范围	适合应用范围	统计研究、临床药效显著性等	市场需求预测、销售预测、潜在客户开发、CRM、经营绩效分析等	典型的应用是民意调查、问卷分析，主要用于社会科学研究
	适合领域	制造、金融、生物医药等	管理科学（企业、资料、财务、会计、经济等）	社会科学（社会、教育、心理、政治、行政、传播等）
	产品定位	统计研究人员	专业研究及编程人员	应用统计人员
	扩展性	可自创或扩展分析方法，可从 Web 上下载分析方法。S-plus 是全球的研究人员用来研发的先进的统计方法，用以解决新的数据分析问题。新的 S-plus 函数及程序，都可以从专业网站，或是 S-plus 自己的社区论坛上下载	SAS 语言具有强大的对数据处理的能力，但其不具有对新算法的集成功能，因此算法比较固定，需随着 SAS 软件的版本更新才能更新算法	不具备扩展性，无法编写新算法，只能使用软件提供的固定功能

表12-1(续)

软件		S-plus	SAS	SPSS
开发者		贝尔实验室	美国SAS软件研究所	美国SPSS公司
易用性	操作界面	可视化操作,同时提供command与script编辑窗口,支持编程	纯编程界面,操作困难	使用Windows的窗口方式展示各种功能,使用对话框展示出各种功能选择项,只要掌握一定的Windows操作技能,粗通统计分析原理,就可以使用该软件为特定的科研工作服务
	数据兼容	S-plus可以直接导入和保存几乎各种数据(库)格式	直接兼容较少的数据(库)格式,对于其他不直接兼容的数据格式需使用SAS Access将数据格式转换为SAS数据格式才能使用	能打开Excel、Access文本编辑器等生成的数据文件
	数据处理	利用S语言轻松获得数据的控制权,对数据进行各种操作,简单明了	数据处理功能非常强大,SAS语言的优势所在	只能利用菜单进行一些数据的常规操作
	图形功能	强大的图形功能对数据从多个角度进行探索	图形功能一般	可以生成数十种基本图和交互图,并可对其进行编辑
	分析方法	S-plus提供超过4 200种包含传统及现代技巧的数据分析函数。方便的菜单、工具列及对话框,让你轻松地存取和分析数据	具有完备的数据存取、数据管理、数据分析和数据展现功能,功能相当强大	提供很多常用统计方法,但是分析功能仍然有所欠缺
	编程灵活性	使用S语言可以很方便编写自己的算法,得到你想要的结果	对于数据预处理、操作方面具有很强的灵活性,但对于统计分析功能灵活性不强	几乎是固定的用法,不具备灵活性
	分析结果报告	支持图形化、文字框或是HTML表格。用鼠标轻松点击,就可以把分析结果自动生成为Word文档和PowerPoint文档	统计分析结果详细,支持Word和HTML格式,但是输出图形品质不高	分析结果清晰、直观、易学易用。支持HTML格式报告,但很难与一般办公软件直接兼容,需用相关软件来重新绘制相关图表
	编程扩展	可以整合到几乎任何系统内	可以承担OLE SERVER的功能,并支持所有对OLE进行支持的前端表现工具厂家	支持OLE技术和ActiveX技术,还可以通过Visual Basic编程来控制SPSS

三、Excel 简介

严格说来，Excel 并不是一种统计软件，尽管对于简单的统计处理，它的运用还算方便，但对于多数专业一些的统计问题，还是需要靠其他专门的统计软件来处理。但作为一款数据表格软件，Excel 必然具有一定的统计计算功能，而且，凡是安装有 Microsoft Office 的计算机，基本上都装有 Excel。所以，考虑到本书所面对的读者的具体情况和 Excel 的普遍性，我们在本章里就不去介绍专业性很强的专业统计软件的应用，而为大家讲讲 Excel 这一大众化软件在统计中的应用。

（一）Excel 的功能简介

Microsoft Excel 是美国微软公司开发的 Windows 环境下的电子表格系统，系 Microsoft Office 办公自动化集成软件的重要组成部分，是目前应用最为广泛的表格处理软件之一。Excel 具有强有力的数据库管理功能、丰富的宏命令和函数、强有力的决策支持工具。它与统计相关的主要功能有以下四个：

1. 分析能力

Excel 除了可以做一些一般的计算工作外，还有四百多个函数，用来进行统计、财务、数学、字符串等操作以及各种工程上的分析与计算。Excel 还专门提供了一组现成的数据分析工具，称为“分析工具库”，这些分析工具为建立复杂的统计或计量分析工作带来了极大的方便。

2. 图表能力

在 Excel 中，系统有一百多种不同格式的图表可供选用，用户只要做几个简单的按键动作，就可以制作精美的图表。

3. 数据库管理能力

对于一个公司，每天都会产生许多新的业务数据，如销售的数据、库存变化的数据、人事变动的数据等。这些数据必须加以处理，才能知道每段时间的销售金额、某个时候的存货量、要发多少薪水给每个员工等。要对这些数据进行有效的处理，就离不开数据库系统。Excel 提供了类似的数据库管理功能，保存在工作表内的数据都是按照相应的行和列存储的，这种数据结构再加上 Excel 提供的有关处理数据库的命令和函数，使得 Excel 具备了能组织和管理大量数据的能力。

4. 连接和合并功能

通常，每个工作在一张工作表上执行即可，早期的工作表软件都只能在一张工作表上执行，但有时需要同时用到多张工作表。例如，公司内每个分公司每月都会有会计报表，要将各分公司的资料汇总起来，就需要用到连接和合并功能。Excel 很容易将工作表连接起来，并进行汇总工作。Excel 内一个工作簿可以存放许多工作表、图形等，每个工作簿文件最多可以由 255 张工作表组成。

（二）Excel 的工作界面

利用 Excel 进行相关的统计处理，我们首先需要进入 Excel 并打开新的工作簿。这时就得到如图 12-2 所示的画面，该画面即为 Excel 的工作界面。

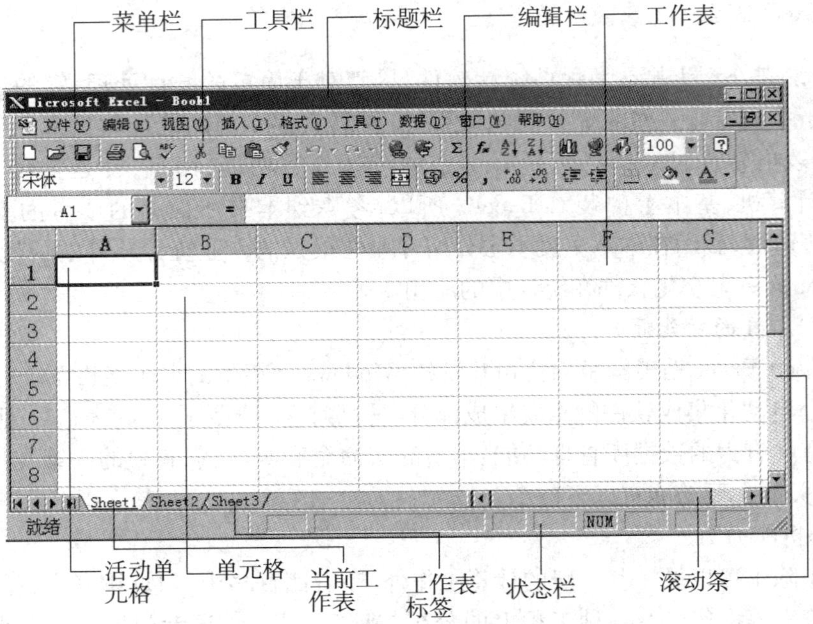

图 12-2　Excel“菜单”栏

按从上到下的顺序,该画面包括的内容以及它们的作用如下:

1.“标题”栏

它告诉用户正在运行的程序名称和正在打开的文件的名称。

2.“菜单”栏

该栏按功能把 Excel 命令分成不同的菜单组,如图 12-2 所示。当某一菜单项被选中时,引出一个下拉式菜单,可以从中选取相应的子菜单。

3.“工具”栏

Excel 可显示几种工具栏,这些工具可以控制和简化用户的操作。用户可以配置“工具”栏的内容,通过“视图”菜单中的“工具”栏子菜单来选择显示不同类型的“工具”或全部显示出来。下面介绍出现在 Excel 开始屏幕中的两种“工具”栏。

(1)“常用”工具栏。该栏中为用户准备了访问 Excel 最常用命令的快捷按钮,如“新建文件”按钮、“打开文件”按钮、“保存文件”按钮等。

(2)“格式”工具栏。该栏专门放那些和文本外观有关的命令,如字体、字号、对齐方式及其他选项。

4.“编辑”栏

该栏给用户提供活动单元格的信息。在“编辑”栏中用户可以输入和编辑公式。“编辑”栏由“名字”栏和“公式”栏组成。位于“编辑”栏左侧的“名字”栏中显示的是活动单元格的坐标,也可在“名字”栏中直接输入一个或一块单元格的地址进行单元格的快速选定;位于“编辑”栏右侧的“公式”栏可用于编辑活动单元格的内容,包含三个按钮和一个编辑区。当向活动单元格输入数据时,公式栏中便出现三个按钮,三个按钮从左至右分别是:“×”(取消)按钮、“√”(确认)按钮和“=”(公式指南)按钮。通常 Excel 在工作区中显示“编辑”栏。在“视图”菜单中的“编辑栏”命令是一个开关命令，可以用于隐藏或显示“编辑”栏。

5. 工作表

工作簿窗口包含了 16 张独立的工作表（Sheet）。开始时，窗口中显示第一张工作表“Sheet1”，该表为当前工作表。当前工作表只有一张，用户可通过点击工作表下方的标签激活其他工作表为当前工作表。工作表是一个由行和列组成的表格。行号和列号分别用数字和字母区别。行由上自下范围为 1～65 536，列号则由左到右采用字母编号 A～IV。因此，每张表为 65 536 行×256 列，若从 Excel 导入的数据超过以上范围，则会被 Excel 自动截去。每一个行、列坐标所指定的位置称为单元格。在单元格中用户可以键入符号、数值、公式以及其他内容。

6. 工作表标签

它通常用“Sheet1”“Sheet2”等名称来表示，用户也可以通过用鼠标右击标签名，选择弹出菜单中“重命名”命令来修改标签名。Excel 一般同时显示工作表队列中的 3 个标签。利用标签队列左边的一组标签滚动按钮可显示队列中的后续工作表的标签。工作簿窗口中的工作表称为当前工作表，当前工作表的标签为白色，其他为灰色。

7. “滚动”栏

当工作表很大时，如何在窗口中查看表中的全部内容呢？可以使用工作簿窗口右边及下边的滚动栏，使窗口在整张表上移动查看，也可以通过修改常用“工具”栏中“显示比例框”的参数来扩大整个工作表的显示范围。

8. “状态”栏

该栏位于 Excel 窗口底部，左端是信息区，右端是键盘状态区。在信息区中，显示的是 Excel 的当前工作状态。例如，当工作表准备接受命令或数据时，信息区显示“就绪”；当在“编辑”栏中键入新的内容时，信息区显示“输入”；当选取菜单命令或工具按钮时，信息区显示此命令或工具按钮用途的简要提示。在键盘状态区中，显示的是若干按键的开关状态。例如，当按［Caps Lock］键时，状态栏中便显示“CAPS”。与“编辑”栏相同，在“视窗”菜单中的“状态”命令是一个开关命令，可以用于隐藏或显示“状态”栏。

（三）Excel 数据分析程序的安装

当使用 Excel 进行统计中的相关处理时，要经常使用到 Excel 中的一些函数和数据分析工具。其中，函数是 Excel 预定义的内置公式。而数据分析工具（Excel 称为“分析工具库”），则必须通过运行“安装”程序来加载。其加载方法是（放入 Office 系统光盘）：

首先，进入 Microsoft Excel。在安装了 Microsoft Office 后，既可以按图 12-3 所示的方式进入，也可以通过双击桌面的 Microsoft Excel 快捷方式进入。

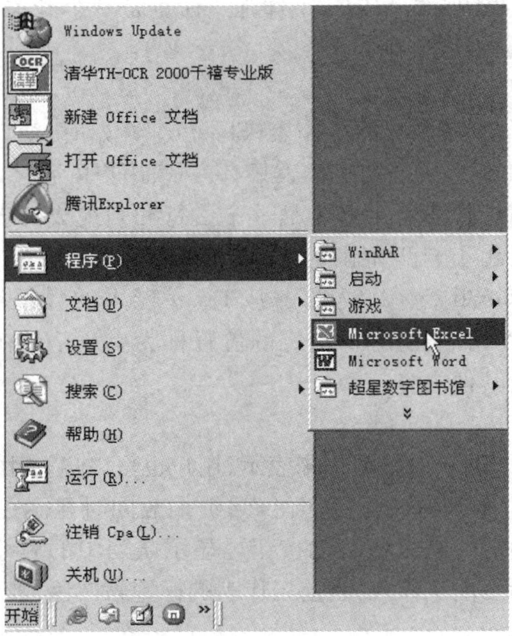

图 12-3 Excel 进入图示

其次,点击"工具"菜单,在其下拉菜单中点击"加载宏"选项,如图 12-4 所示。

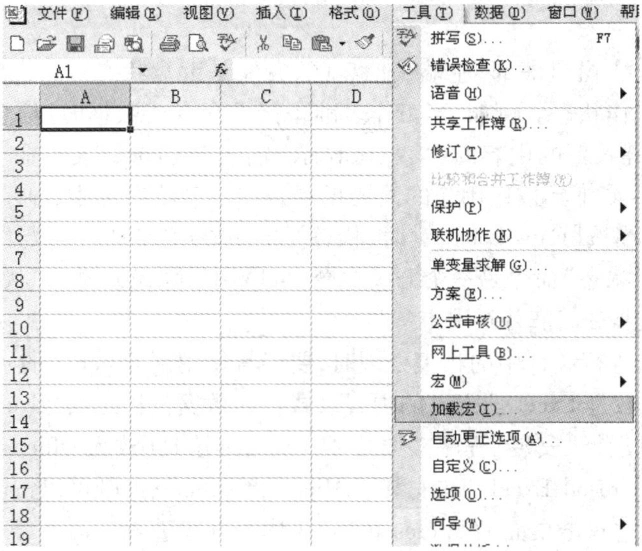

图 12-4 Excel"加载宏"选项

最后,在该选项弹出的菜单中,勾选"分析工具库",点击确定,即完成了数据分析工具程序的安装,如图 12-5 所示。

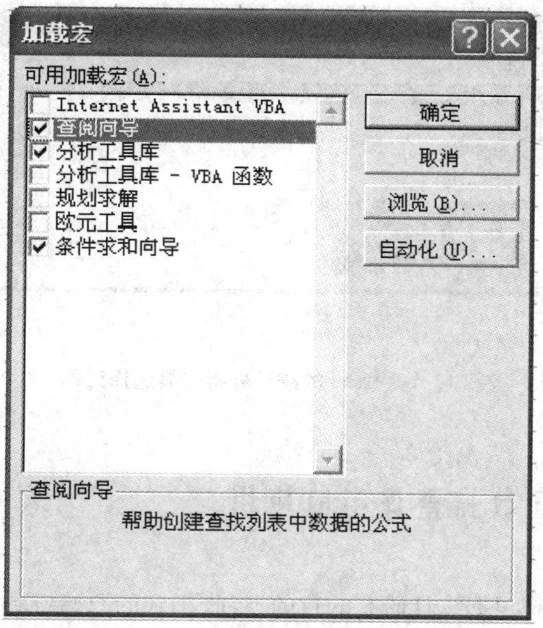

图 12-5 Excel 中的"分析工具库"选项

安装完毕,若再点击"工具"菜单,该菜单里就会出现"数据分析"命令选项。点击该选项,即会弹出如图 12-6 所示的 Excel 的统计分析工具选择菜单(拉动滚动条可查看该菜单的全部内容),在该菜单中选中某一统计分析工具,点击"确定",就可进入该统计分析工具的运行状态。这样,在建立复杂的统计分析时,使用现成的数据分析工具,可以节省很多时间。因为,我们只需为每一个统计分析工具提供必要的数据和参数,该工具就会使用适宜的统计或数学函数,在输出表格中显示相应的结果。

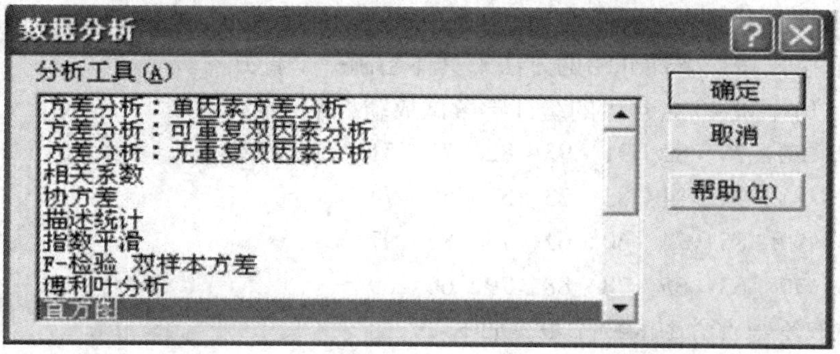

(a)

图 12-6 Excel 的统计分析工具选择菜单

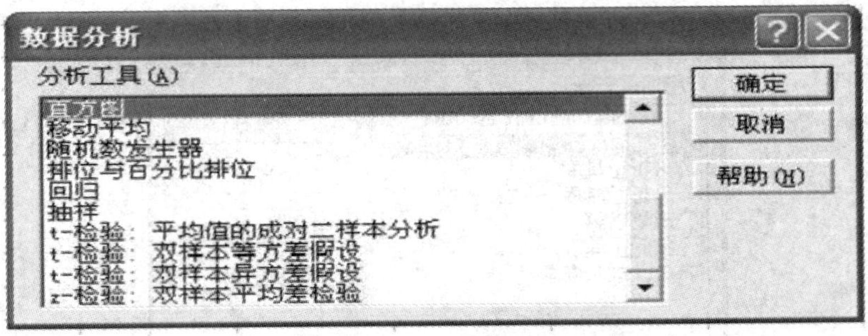

(b)

图 12-6　Excel 的统计分析工具选择菜单

第二节　Excel 在数据整理中的应用

统计数据的整理是根据统计研究的目的，将收集到的原始资料进行条理化、系统化，为统计分析提供基础资料的工作过程。它在统计工作中起着承前启后的作用，在整个统计工作中占有重要的地位。这项工作通常通过一些图表和形成某些指标来体现，它的有关内容，也可以借助 Excel 来完成。这主要体现在两个方面，即利用 Excel 绘制统计图、利用 Excel 生成反映集中趋势的相关指标。

一、利用 Excel 绘制统计图

（一）直方图

直方图是指用若干直方矩形图来表示频数分布所形成的一种统计图，可以利用从 Excel“工具”菜单中下拉选择数据分析/直方图的方式进行绘制。在确定了分组组限的基础上，我们可以按照下面介绍的方法来具体绘制一个直方图。

【例 12-1】某班 40 名学生的统计学考试成绩如下：

89	98	80	70	82	91	93	82	71	51
53	71	83	93	94	83	73	57	58	74
84	95	97	85	74	60	62	75	85	97
99	85	77	63	65	78	88	79	66	69

利用该例绘制直方图的操作步骤如下：

第一步，进入 Excel 并打开新的工作簿，如图 12-7 所示。

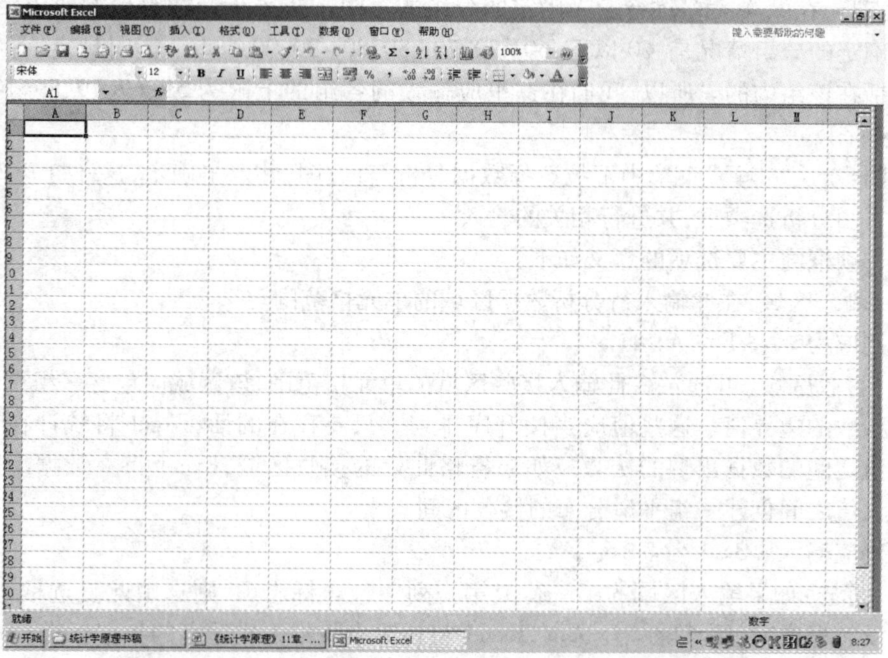

图 12-7 在 Excel 中打开新的工作簿

第二步，在 A 单元格逐行输入 40 名学生统计学考试成绩的原始数据，如图 12-8 所示。

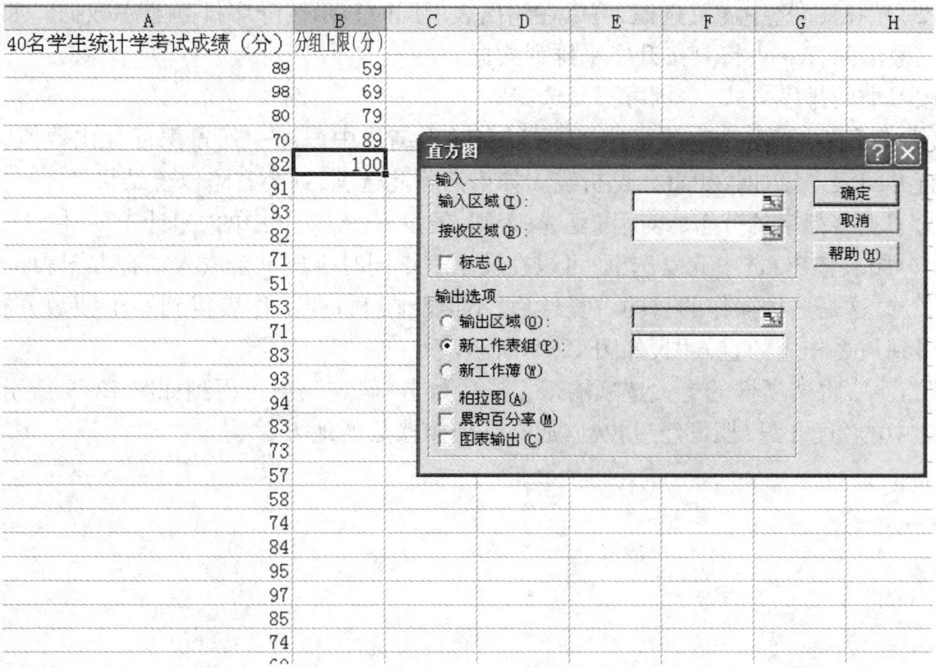

图 12-8 在 Excel 中绘制直方图

第三步，在 B 单元格逐行输入确定的分组的上限。按照统计数整理的要求，我们对该例所确定的分组情况是：60 以下、60～70、70～80、80～90、90 以上。同时规定，各组上限是不包括在该组内的。所以，我们在这里应输入的各组的上限为 59、69、79、89、100。如图 12-8 所示。

第四步，从“工具”菜单中下拉选择数据分析/直方图，并点击确定，这样打开图 12-8 中的直方图分析选项框，并进行相关的输入。

该选项框内主要选项的含义如下：

(1)输入区域：在此输入待分析数据区域的单元格范围。

本例应为 $A$1：$A$41。

(2)接收区域(可选)：在此输入接收区域的单元格范围，该区域应包含一组可选的用来计算频数的边界值。这些值应当按升序排列。只要存在的话，Excel 将统计在各个相邻边界值之间的数据出现的次数。如果省略此处的接收区域，Excel 将在数据组的最小值和最大值之间创建一组平滑分布的接收区间。

本例应输入 $B$1：$B$6。

(3)标志：如果输入区域的第一行或第一列中包含标志项，则选中此复选框；如果输入区域没有标志项，则清除该复选框，Excel 将在输出表中生成适宜的数据标志。

本例应复选，因本例当输入资料时，输入区域的第一行和第一列均包含标志项。

(4)输出区域：在此输入结果输出表的左上角单元格的地址。如果输出表将覆盖已有的数据，Excel 会自动确定输出区域的大小并显示信息。

本例可输入 $D$1，表示输出表的左上角单元格的位置在第 E 列的第一行。

(5)柏拉图：选中此复选框，可以在输出表中同时显示按降序排列频率数据。如果此复选框被清除，Excel 将只按升序来排列数据。

按习惯的排序方式，本例可不复选。

(6)累积百分率：选中此复选框，可以在输出结果中添加一列累积百分比数值，并同时在直方图表中添加累积百分比折线。如果清除此选项，则会省略以上结果。

为了观察频率的分布，本例可复选；否则，便没有图 12-9 中的“累计%”一栏。

(7)图表输出：选中此复选框，可以在输出表中同时生成一个嵌入式直方图表。

必选，这是这种操作的目的。复选后，不但能在 Excel 工作表得到一个频数分布表，还可得到与之相应的直方图，如图 12-9 所示。

第五步，将选项框的有关选项输入完毕后点击“确定”，就可得到如图 12-9 所示的结果。图中的“直方图”框可经过拉动，放在任何想摆放的地方。

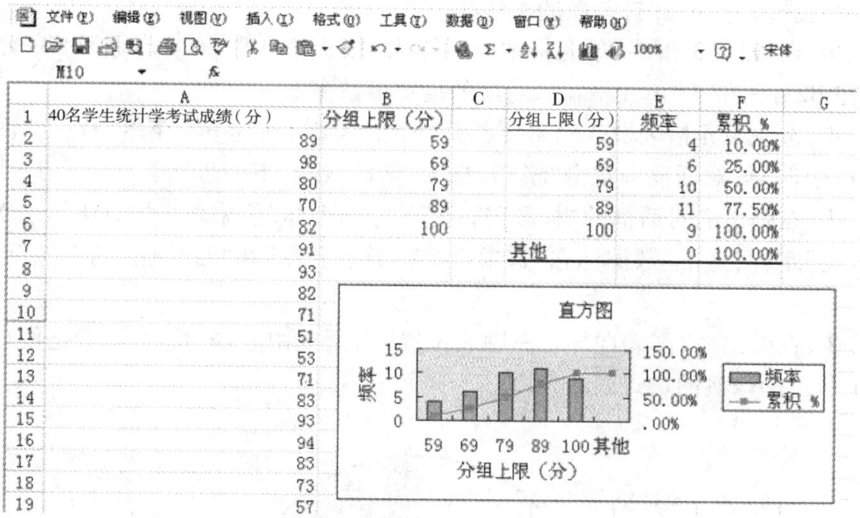

图 12-9　累计百分率的显示图

另外,我们对输出的直方图还可以进行修改。修改后的直方图可以与原始数据放在一起,也可以输出到新的工作表。比如,我们可以右键单击直方图中的任一直方矩形图,在弹出的菜单中点击“数据系列格式”,在出现的对话框中点击“选项”,将其中的“分类间距”调整为0,于是就可得到如图 12-10 所示的新的直方图了。

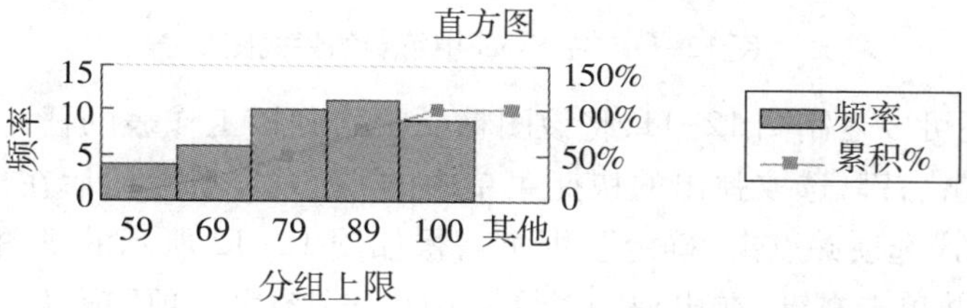

图 12-10　直方图的修改示例

需要说明的是,在 Excel 的直方图中标示的“频率”,实际上是统计中的频数而非频率,只是 Excel 将其称为“频率”。在 Excel 中,除了可得到累计频率外,是得不出统计上的频率的。

(二)其他常用的统计图

Excel 中的图表类型很多,利用它除了可以绘制上面所讲的直方图外,还可以绘制饼式图、折线图和散点图等。下面再介绍两种统计图的做法。

1. 饼式图

饼式图是指在一个圆中,以扇形面积来表示数值的大小的一种图形。该种图一般主要用于表示总体中各组成部分所占的比例,在研究结果性问题时经常用到。下面以 2004 年我国三次产业的增加值为例,看看饼式图的绘制。

【例 12-2】2004 年我国三次产业的增加值分别为:第一产业 20 744 亿元,第二产业 72 387 亿元,第三产业 43 384 亿元。

该例要通过绘制饼式图来表达各次产业增加值的比重,可按如下步骤操作:

第一步，进入 Excel 并打开新的工作簿。

第二步，在 A2、A3 和 A4 单元格中分别输入“第一产业”“第二产业”和“第三产业”字样，并在 B2、B3 和 B4 单元格输入对应的增加值数字。

第三步，选取单元格区域 A2∶B4，点击“插入”菜单，在其下拉菜单中点击“图表”；在弹出的“图表向导”对话框中双击“饼图”选项，然后点击“下一步”。

第四步，在弹出的对话框的“标题”选项下的“图表标题”中填上“2004 年三次产业增加值百分比”字样；点击“数据标志”选项，勾选“类别名称”和“百分比”两个选项，并点击“下一步”。

第五步，在弹出的“图表向导——图表位置”对话框中点击“完成”，于是便得到了如图 12-11 所示的该例的饼式图。

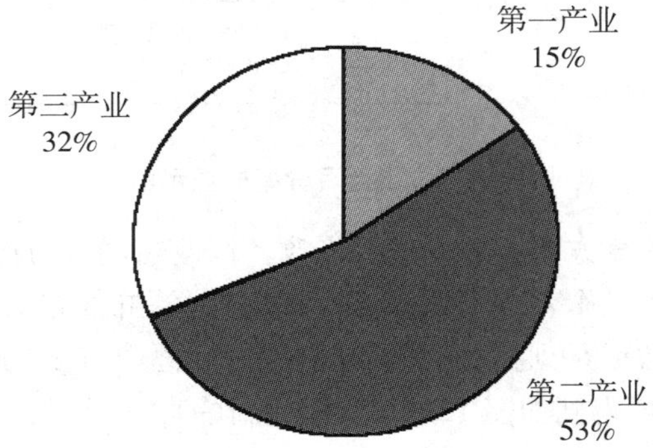

图 12-11　在 Excel 中绘制的饼式图

另外，我们还可以复制图 12-11，将该图粘贴一份到该工作表的任一位置，在新复制的图形图表区单击右键，选取弹出的快捷菜单中的“图表类型”，然后在出现的对话框中选择“分裂的饼图”选项并点击“确定”，即可获得如图 12-12 所示的饼图。然后，鼠标指着图表的任一处并单击右键，在出现的对话框中点击“图表选项”项，像上面所讲的一样添上标题，勾选“百分比”并点击“确定”，再改变一下标题颜色，此时，我们就可得到如图 12-13所示的完整的分裂的饼图了。

图 12-12　分裂的饼图

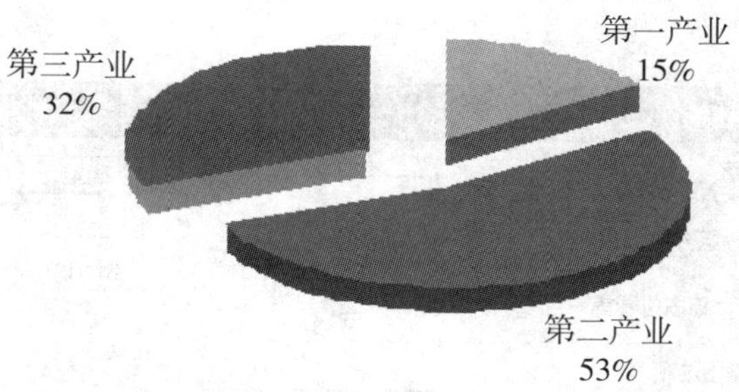

图 12-13　带百分比的分裂的饼图

2. 折线图

折线图是用直线线段将各数据点连接起来而组成的图形，以折线方式显示数据的变化趋势。折线图常用来分析数据随时间的变化趋势，也可用来分析比较多组数据随时间变化的趋势。在折线图中，一般情况下水平轴（*X* 轴）用来表示时间的推移，并且时间间隔相同；而垂直轴（*Y* 轴）代表不同时刻的数值的大小。下面，以我国 2004 年各月广义货币供应量的资料为例，来看看该种统计图的绘制。

【例 12-3】2004 年我国广义的货币供应量的资料如表 12-2 所示。

表 12-2　2004 年我国广义的货币供应量的资料表　　单位：亿元

月份	1	2	3	4	5	6	7	8	9	10	11	12
供应量	2 251	2 270	2 317	2 336	2 348	2 384	2 381	2 397	2 438	2 437	2 471	2 532

折线图的绘制方法比饼式图要简单，基本步骤也差不多，只需在第三步点击“插入”菜单后，在其下拉菜单中点击“图表”，在弹出的“图表向导”对话框中双击“折线图”选项，并在接下来的有关步骤中输入图表标题，然后点击“完成”，即可得到如图 12-14 所示的折线图了。

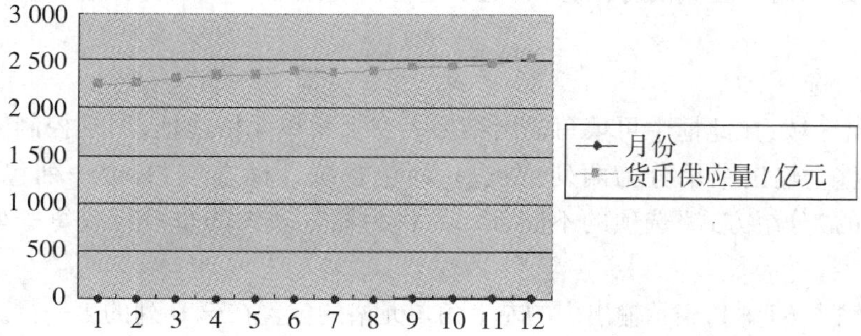

图 12-14　在 Excel 中绘制的折线图

二、利用 Excel 生成反映集中趋势的相关指标

变量值分布的集中趋势，在统计上是通过各种各样的平均指标来表示的，这属于描述统计的范畴。Excel 在这方面的应用，与利用 Excel 绘制直方图的应用的操作步骤差不多，只是第四步应选择“描述统计”选项，并在如图 12-15 所示的分析选项框中进行与之

相关的输入。

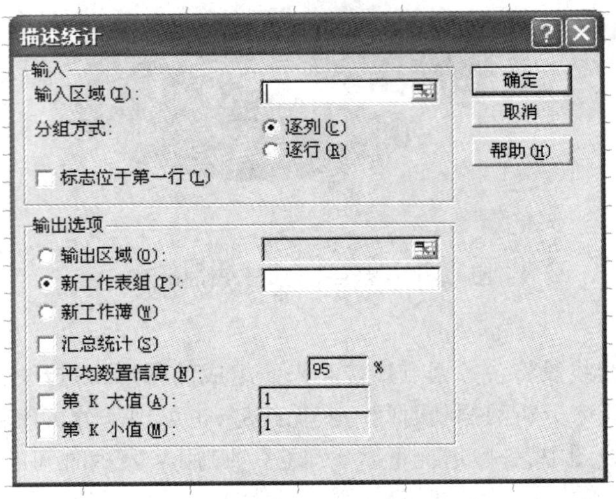

图 12-15 “描述统计”的分析选项框

该对话框内有关选项的含义如下:

(1)输入区域:在此输入待分析数据区域的单元格范围。一般情况下 Excel 会自动根据当前单元格确定待分析数据区域。

此处仍以例 12-1 为例,应输入 $A$1:$A$41。

(2)分组方式:如果需要指出输入区域中的数据是按行还是按列排列,则单击“逐行”或“逐列”。

本例应单击“逐列”。

(3)标志位于第一行/列:如果输入区域的第一行中包含标志项(变量名),则选中“标志位于第一行”复选框;如果输入区域的第一列中包含标志项,则选中“标志位于第一列”复选框;如果输入区域没有标志项,则不选任何复选框,Excel 将在输出表中生成适宜的数据标志。

本例应勾选。

(4)输出区域:在此框中可填写输出结果表左上角单元格地址,用于控制输出结果的存放位置。整个输出结果分为两列:左边一列包含统计标志项,右边一列包含统计值。根据所选择的“分组方式”选项的不同,Excel 将为输入表中的每一行或每一列生成一个两列的统计表。

本例可输入 $D$1,表示输出表的左上角单元格的位置在第 D 列的第一行。

(5)汇总统计:指定输出表中生成下列统计结果,则选中此复选框。这些统计结果有:平均(平均数)、中值(中位数)、模式(众数)、标准偏差(标准差)、方差、区域(全距)、最小值、最大值、求和、计数(总体单位数)等。

本例应勾选。

将以上选项框的有关选项输入完毕后点击确定,就可得到如图 12-16 所示的结果。

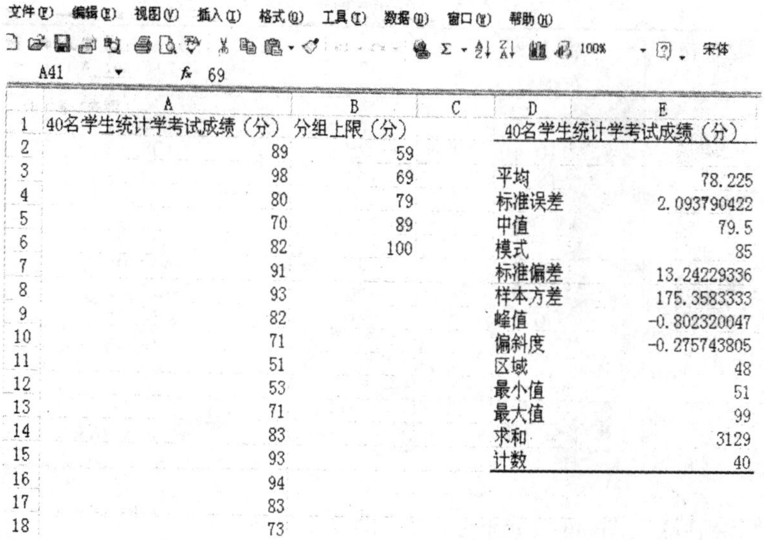

	A	B	C	D	E
1	40名学生统计学考试成绩（分）	分组上限（分）		40名学生统计学考试成绩（分）	
2	89	59			
3	98	69		平均	78.225
4	80	79		标准误差	2.093790422
5	70	89		中值	79.5
6	82	100		模式	85
7	91			标准偏差	13.24229336
8	93			样本方差	175.3583333
9	82			峰值	-0.802320047
10	71			偏斜度	-0.275743805
11	51			区域	48
12	53			最小值	51
13	71			最大值	99
14	83			求和	3129
15	93			计数	40
16	94				
17	83				
18	73				

图 12-16　输出结果

第三节　Excel 在相关分析和回归分析中的应用

相关与回归分析主要是对具有显著相关关系的现象之间的关系进行定量研究的一种方法。在该方法中，我们可以借助 Excel 的有关分析工具，来判断现象间是否具有相关关系，以及这种关系的密切程度，进而利用回归方程来对该种相关关系进行定量化的表达，以在此基础上进行相应的估计或预测。

一、利用 Excel 绘制散点图

散点图又称相关图，用于分析两个变量之间的相关关系。通过作散点图对变量之间的相关关系进行直观的观察，不但可以得到定性的结论，而且可以通过观察剔除异常的数据，从而提高回归估计的准确性。求解回归方程的第一步就是绘制散点图。它是观察两个变量之间关系程度最为直观的工具之一，利用 Excel 的图表向导，可以非常方便地创建并且改进一个散点图，也可以在一个图表中同时显示两个以上变量之间的散点图。

【例 12-4】10 家百货商店每人每月平均销售额与利润率的资料如表 12-3 所示（为便于验证，同时列出计算栏）。

表 12-3 每人每月平均销售额与利润率的资料

人均月销售额/千元 x	利润率 /% y	x^2	y^2	xy
6	12.6	36	158.76	75.6
5	10.4	25	108.16	52.0
8	18.5	64	342.25	148.0
1	3.0	1	9	3.0
4	8.1	16	65.61	32.4
7	16.3	49	265.69	114.1
6	12.3	36	151.29	73.8
3	6.2	9	38.44	18.6
3	6.6	9	43.56	19.8
7	16.8	49	282.24	117.6
$\sum x = 50$	$\sum y = 110.8$	$\sum x^2 = 294$	$\sum y^2 = 1\ 465$	$\sum xy = 645.9$

利用该例绘制散点图,可按如下步骤操作:

第一步,进入 Excel 并打开新的工作簿。

第二步,在 A、B 单元格分别逐行输入 10 家商店的人均月销售额与利润率的原始数据,如图 12-17 所示。

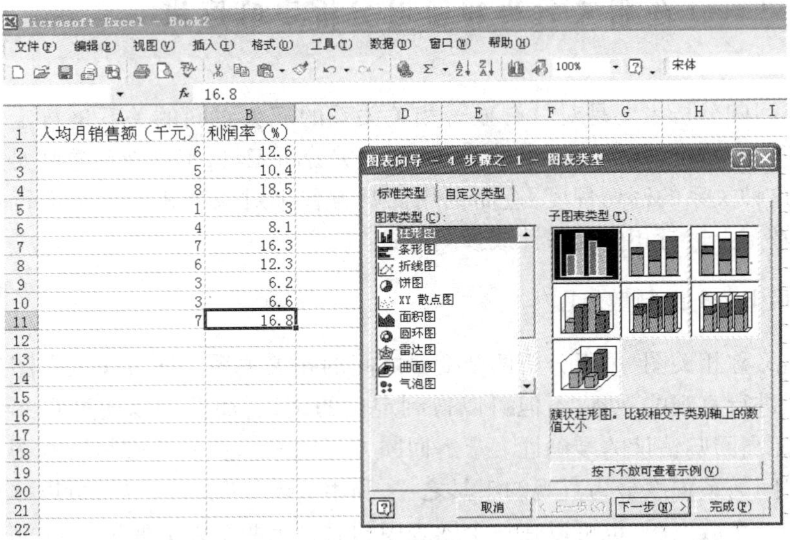

图 12-17 在 Excel 中输入相关数据

第三步,选择“插入”菜单的“图表”子菜单,进入图表向导,在弹出的如下图所示的“图表类型”对话框中选择“散点图”,并点击“下一步”。

第四步,在接下来的对话框的“数据区域”填上 \$A\$1:\$B\$11;“系列产生在”项勾选“列”,再点击“下一步”,在弹出的又一对话框中填写“标题”项下的“图表标题”“数值(x)轴”和“数值(y)轴”代表的内容。

第五步,填写完毕,点击“下一步”,在出现的对话框中选择“作为其中的对象插入”选项(也可选择“作为新工作表插入”),并点击“完成”,便得到了如图 12-18 所示的散点图。

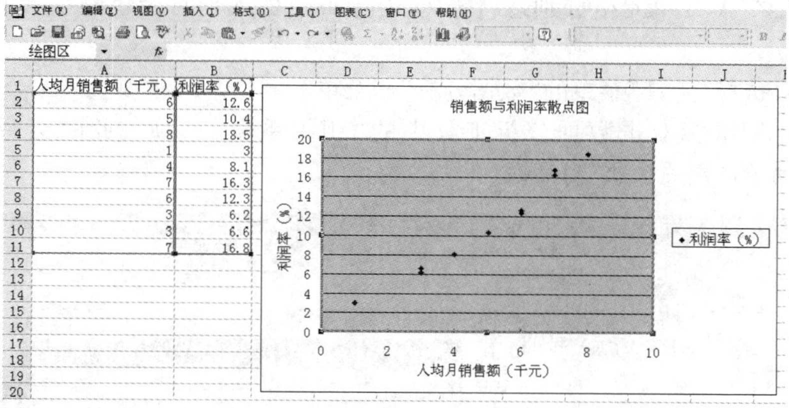

图 12-18　在 Excel 中绘制的散点图

从图 12-18 来看，10 家商店的人均月销售额与利润率之间形成的散点，在图上的分布十分规整，几乎呈一条直线，表明两者之间具有密切的相关关系。至于它们之间究竟密切到什么程度，这就有赖于相关系数来具体测定了。

另外，在散点图中，把鼠标放在任一数据点上，右击，在快捷菜单中选择“添加趋势线”，打开趋势线对话框。在“添加趋势线”对话框中打开“类型”页面，选择“线性”选项，在“选项”页面中选择“显示公式”选项，单击“确定”按钮，得到趋势回归图，如图 12-19 所示。

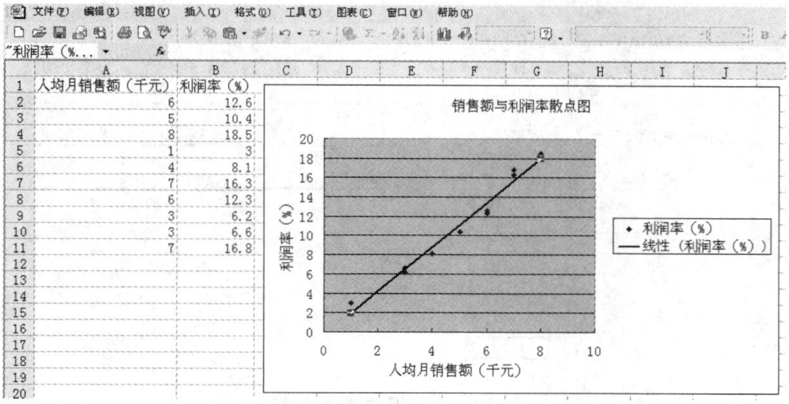

图 12-19　在散点图中添加趋势线

二、利用 Excel 计算相关系数

散点图（包括统计中的相关表）尽管能够直观地表现变量之间的相关关系，但这种表现显得粗略而笼统。变量之间具有的这种相关关系究竟密切到何种程度、是什么性质，均需通过计算出相关系数或相关指数来予以衡量。这项工作，也可以借助 Excel 来完成。

下面，我们仍以例 12-4 的资料，看看利用 Excel 是如何计算出相关系数的。

第一步，进入 Excel 并打开新的工作簿。

第二步，在 A、B 单元格分别逐行输入 10 家商店的人均月销售额与利润率的原始数据。

第三步，选择“工具”菜单的“数据分析”子菜单。

第四步，用鼠标双击数据分析工具中的“相关系数”选项，此时会弹出一个如图 12-20所示的“相关系数”对话框。

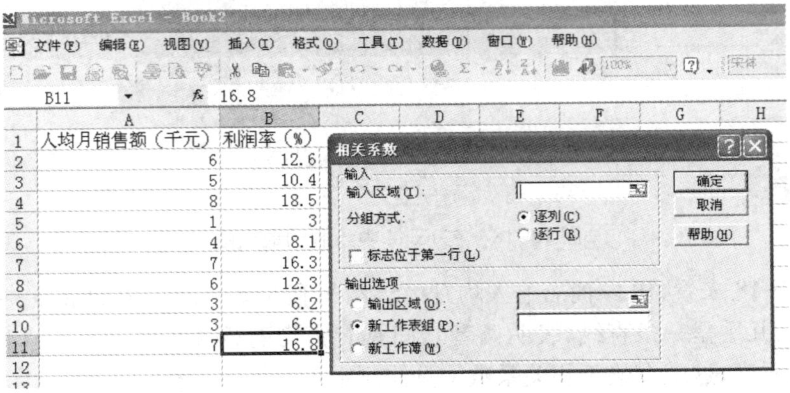

图 12-20 “相关系列”对话框

第五步，填写该对话框，如在“输入区域”，应填上 $A$1:$B$11，并勾选“标志位于第一行”；在“输出区域”填写 $D$1，完毕点击“确定”，即可得到如图 12-21 所示的相关系数矩阵。

图 12-21 相关系数矩阵

该结果表示，10 家商店人均月销售额与利润率之间的相关系数为0.987 377 028，两者之间是高度正相关的。至于该矩阵中的两个“1”，则分别表示人均月销售额和利润率各自的自相关系数。

三、利用 Excel 进行一元线性回归分析

回归分析是对具有显著相关关系（相关系数在 0.5 以上）的两个或两个以上的变量之间的数量变动关系进行测定，确立一个相应的数学表达式（即回归方程），以便由一个已知的量去推测一个未知的量，进而进行相关的估计和预测的一种分析方法。

回归分析有不同的类型，这里我们仅介绍 Excel 在一元线性回归分析（使用“最小二

乘法”)中的运用。

操作步骤:

第一步,选择“工具”菜单的“数据分析”子菜单,双击“回归”选项,弹出回归分析对话框。其中主要选项的含义如下:

(1)Y 值输入区域:在此输入因变量数据区域,该区域必须由单列数据组成。

(2)X 值输入区域:在此输入自变量数据区域,Excel 将对此区域中的自变量从左到右按升序排列,自变量的个数最多为 16。

(3)置信度:如果需要在汇总输出表中包含附加的置信度信息,则选中此复选框,然后在右侧的编辑框中,输入所要使用的置信度,95%为默认值。

(4)常数为零:如果要强制回归线通过原点,则选中此复选框。

(5)输出区域:在此输入对输出表左上角单元格的引用。

(6)线形拟合图:如果需要为预测值和观察值生成一个图表,则选中此复选框。

第二步,按如下方式填写对话框:Y 值输入区域为 \$B\$1:\$B\$11。X 值输入区域为 \$A\$1:\$A\$11;输出区域为 \$C \$1,并选择“标志”和“线性拟合图”两个复选框,然后单击“确定”按钮即可得出如图 12-22 所示的结果。

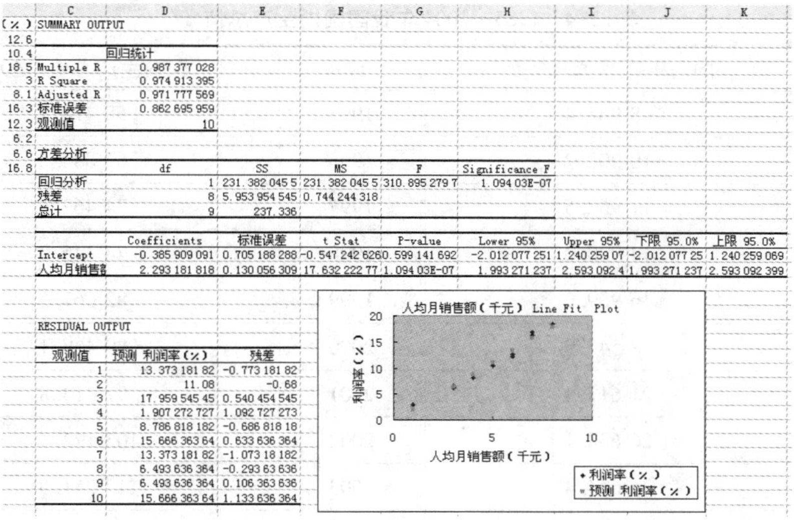

	C	D	E	F	G	H	I	J	K
(%)	SUMMARY OUTPUT								
12.6									
10.4		回归统计							
18.5	Multiple R	0.987 377 028							
3	R Square	0.974 913 395							
8.1	Adjusted R	0.971 777 569							
16.3	标准误差	0.862 695 959							
12.3	观测值	10							
6.2									
6.6	方差分析								
16.8		df	SS	MS	F	Significance F			
	回归分析	1	231.382 045 5	231.382 045 5	310.895 279 7	1.094 03E-07			
	残差	8	5.953 954 545	0.744 244 318					
	总计	9	237.336						
		Coefficients	标准误差	t Stat	P-value	Lower 95%	Upper 95%	下限 95.0%	上限 95.0%
	Intercept	-0.385 909 091	0.705 188 288	-0.547 242 626	0.599 141 692	-2.012 077 251	1.240 259 07	-2.012 077 25	1.240 259 069
	人均月销售额	2.293 181 818	0.130 056 309	17.632 222 77	1.094 03E-07	1.993 271 237	2.593 092 4	1.993 271 237	2.593 092 399

RESIDUAL OUTPUT

观测值	预测 利润率(%)	残差
1	13.373 181 82	-0.773 181 82
2	11.08	-0.68
3	17.959 545 45	0.540 454 545
4	1.907 272 727	1.092 727 273
5	8.786 818 182	-0.686 818 18
6	15.666 363 64	0.633 636 364
7	13.373 181 82	-1.073 18 182
8	6.493 636 364	-0.293 63 636
9	6.493 636 364	0.106 363 636
10	15.666 363 64	1.133 636 364

图 12-22 Excel 在一元线性回归分析中的图示

该结果可以分为四个部分:第一部分是回归统计的结果,包括相关系数、回归标准差以及样本个数等;第二部分是方差分析的结果;第三部分是回归方程的截距和斜率的估计值等,根据这部分的结果可知回归方程为 $Y=-0.385\ 909\ 091+2.293\ 181\ 818X$;第四部分是样本散点图(与图中最下面的数据配合),其中菱形小方块代表的点是样本的真实散点图,正方形小方块代表的点是根据回归方程进行样本历史模拟的散点。如果觉得散点图不够清晰,可以用鼠标拖动图形的边界,以达到控制图形大小的目的。

第四节　Excel 在时间数列分析中的应用

时间数列分析的内容主要有两大部分：一部分是时间数列的指标分析，包括水平分析指标和速度分析指标；另一部分是时间数列的变动趋势分析，包括长期趋势和季节变动分析。Excel 在时间数列分析中的应用，主要是指在第二方面的应用。

一、利用 Excel 进行移动平均

移动平均是观察现象长期趋势的方法之一，是将反映现象变动情况的原时间数列的时距扩大，采用逐项依次递移的方法，分别计算数列中指标数值的一系列序时平均数，并以此形成一个新的时间数列的一种方法。

下面，以我国 1985—2004 年国内生产总值的资料为例，说说如何利用 Excel 进行移动平均。

【例 12-5】1985—2004 年我国国内生产总值如表 12-4 所示。

表 12-4　1985—2004 年我国国内生产总值

年份	国内生产总值/亿元	年份	国内生产总值/亿元
1985	8 964.4	1995	58 478.1
1986	10 202.2	1996	67 884.6
1987	11 962.5	1997	74 462.6
1988	14 928.3	1998	78 345.2
1989	16 909.2	1999	82 067.5
1990	18 547.9	2000	89 468.1
1991	21 617.8	2001	97 314.8
1992	26 638.1	2002	105 172.3
1993	34 634.4	2003	117 251.9
1994	46 759.4	2004	136 515.0

第一步，进入 Excel 并打开新的工作簿。

第二步，在 A、B 单元格分别逐行输入年份与国内生产总值的原始数据。

第三步，选择“工具”菜单的“数据分析”子菜单。

第四步，用鼠标双击数据分析工具中的“移动平均”选项，此时会弹出“移动平均”对话框。

第五步，填列该对话框：

(1)在“输入区域”填上 $B$1：$B$21；

(2)勾选“标志位于第一行”；

(3)视移动平均项数的要求填列“间隔”，本例为 3，即进行三项移动平均；

(4)在“输出区域”填上 \$C\$1；

(5)勾选“图表输出”。

第六步，点击“确定”，即得到移动平均的结果。在此基础上对图表加以修改调整，即可得到如图 12-23 所示的图示。

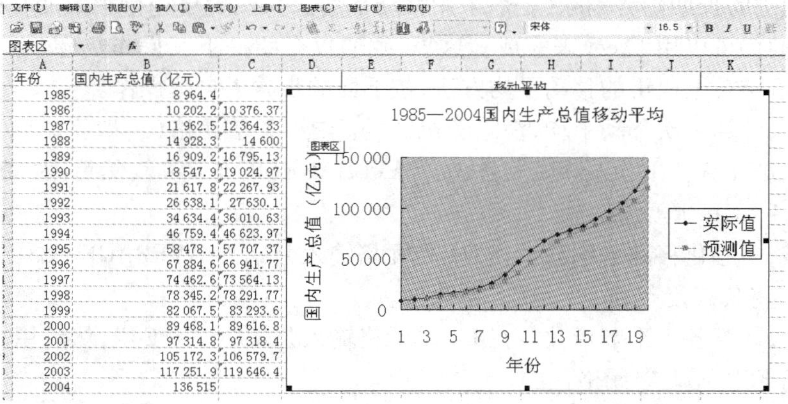

年份	国内生产总值（亿元）	
1985	8 964.4	
1986	10 202.2	10 376.37
1987	11 962.5	12 364.33
1988	14 928.3	14 600
1989	16 909.2	16 795.13
1990	18 547.9	19 024.97
1991	21 617.8	22 267.93
1992	26 638.1	27 630.1
1993	34 634.4	36 010.63
1994	46 759.4	46 623.97
1995	58 478.1	57 707.37
1996	67 884.6	66 941.77
1997	74 462.6	73 564.13
1998	78 345.2	78 291.77
1999	82 067.5	83 293.6
2000	89 468.1	89 616.8
2001	97 314.8	97 318.4
2002	105 172.3	106 579.7
2003	117 251.9	119 646.4
2004	136 515	

图 12-23　利用 Excel 进行移动平均的图示

当然，我们还可以利用 Excel 进行与移动平均类似的指数平滑，来观察现象的长期趋势。其操作方法与移动平均基本相同，只是在填列对话框时，其中的“阻尼系数（ α ）”就是我们通常所讲的平滑系数，其取值范围为 $0<\alpha<1$，需视具体情况和要求而定。在此，我们对其就不再赘述了，读者可参见图 12-24。

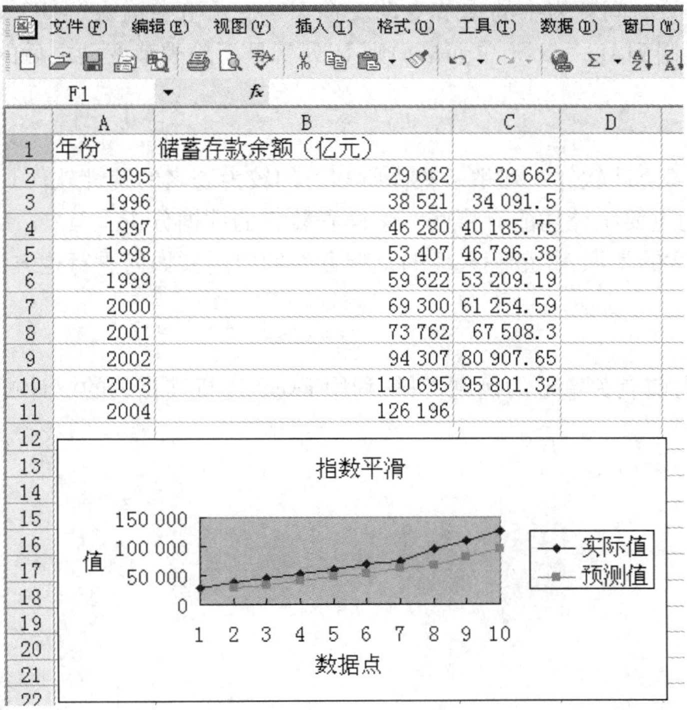

	A	B	C
1	年份	储蓄存款余额（亿元）	
2	1995	29 662	29 662
3	1996	38 521	34 091.5
4	1997	46 280	40 185.75
5	1998	53 407	46 796.38
6	1999	59 622	53 209.19
7	2000	69 300	61 254.59
8	2001	73 762	67 508.3
9	2002	94 307	80 907.65
10	2003	110 695	95 801.32
11	2004	126 196	

图 12-24　指数平均图示

二、利用 Excel 进行季节变动的测定

现象的季节变动是指随着时间的推移，其在受到季节更替、生产条件和自然因素的影响时，呈现出的有规律性的周期变动。季节变动的测定常采用长期趋势剔除法，即先将时间数列中的长期趋势剔除(一般采用移动平均法)，然后再进行季节变动的测定。正因如此，我们仍可以用 Excel 来完成。这里，我们仅介绍一下其操作步骤，不再以例详细讲解，读者可结合上面讲的移动平均方法，按下面的步骤去自行操作。

第一步，计算一次移动平均，消除随机波动。在 C3 单元格(一般将时间和指标及其数值分别安排在 A、B 单元格)填入公式"=AVERAGE(B2：B5)"，然后用"填充柄"将公式复制到 C4：C11 单元格。

第二步，中心化移动平均数。在 D4 单元格输入公式"=AVERAGE (C3：C4)"，然后用"填充柄"将公式复制到 D5：D11 单元格。

第三步，计算各个季节指数。在 E4 单元格输入公式"=B4/E4"，然后用"填充柄"将公式复制到 E5：E11 单元格。

第四步，计算平均季节指数。在 F4 单元格中输入公式"=AVERAGE(E4,E8)"，然后用"填充柄"将公式复制到 F5：F7 单元格。

第五步，计算调整后的季节指数。为了让季节指数的总平均为 1，必须对季节指数加以调整。在 G4 单元格中输入公式"=F4/AVERAGE($F$4：$F$7)"，然后用"填充柄"将公式复制到 G5：G7 单元格。G4：G7 就是最终计算出的季节指数，按 G4：G7 给出的四个季度的季节指数，将季节指数填充到 G2：G13 的其他单元格。

第六步，消除时间数列中的季节变动。在 H2 单元格中输入"=B2/F2"，然后用"填充柄"将公式复制到 H3：H13 单元格。则 H 列就是消除季节变动之后的新的时间数列。

【思考题】

1. 如何理解统计软件？列举一些你所知道的较为著名的统计软件。
2. Excel 的主要统计功能有哪些？怎样安装它的数据分析工具？
3. 通过本章的学习，你最感兴趣的是哪方面的应用？如何进行这方面应用的操作？

【练习题】

借助本章之前有关章节的例题资料，利用 Excel 进行其相关的统计操作，并与原来的结果进行比较。

参考文献

[1]张卿．实用统计学原理[M]．北京:机械工业出版社,2006.

[2]高敏雪．国民经济核算原理与中国实践[M]．北京:中国人民大学出版社,2006.

[3]周英豪．新编统计学[M]．北京:北京大学出版社,2006.

[4]孙允午．统计学[M]．上海:上海财经大学出版社,2006.

[5]路金芳．统计学原理[M]．郑州:黄河水利出版社,2006.

[6]于声涛,杜树靖．统计学基础[M]．北京:对外经济贸易大学出版社,2005.

[7]刘春英．应用统计[M]．北京:中国金融出版社,2005.

[8]佚名．中国统计年鉴(2004)[M]．北京:中国统计出版社,2005.

[9]米小琴．统计计算[M]．北京:清华大学出版社,2004.

[10]王怀伟．统计学教程[M]．北京:清华大学出版社,北京交通大学出版社,2004.

[11]杨家栋．统计学原理[M]．3 版．北京:中国商业出版社,2003.

[12]李洁明．统计学原理[M]．上海:复旦大学出版社,2003.

[13]焦红浩,李勇,陈琴．统计学原理[M]．成都:西南财经大学出版社,2001.

[14]刘惠慧,毛伟君．现代统计学[M]．广州:中山大学出版社,2001.

[15]李莉．统计学概论[M]．北京:中国商业出版社,2001.

[16]黄良文．统计学原理[M]．北京．中央广播电视大学出版社,1996.

[17] 李洁明,祁新娥．统计学原理[M].6 版．上海:复旦大学出版社,2014.

[18] 高敏雪,李静萍,许健．国民经济核算原理与中国实践[M]．3 版．北京:中国人民大学出版社,2013.

[19] 杨明,曾平华,张理想．统计学原理[M].北京:电子工业出版社,2014.

[20]宫春子,刘卫东,刘宝,等.统计学原理[M].3 版.北京:机械工业出版社,2020.

[21]李洁明,祁新娥 ,统计学原理 [M].8 版.上海:复旦大学出版社,2021.

[22]成都市统计局,国家统计局成都调查队,成都统计年鉴 2020[M].北京:中国统计出版社,2020.

[23]全国统计专业技术资格考试用书编写委员会,统计业务知识(2023 版)[M].北京:中国统计出版社,2023.

[24]全国统计专业技术资格考试用书编写委员会,统计相关知识(2023 版)[M].北京:中国统计出版社,2023.

[25]国家统计局四川调查总队,四川调查年鉴(2023)[M].北京:中国统计出版社,2023.

[26]国家统计局 ,中国统计年鉴(2023)[M].北京: 中国统计出版社,2023.

[27]国家统计局,2021 四川统计年鉴[M].北京:中国统计出版社,2021.